Volker Maaß

Experimentierklauseln für die Verwaltung und ihre verfassungsrechtlichen Grenzen

Schriften zum Öffentlichen Recht

Band 863

Experimentierklauseln für die Verwaltung und ihre verfassungsrechtlichen Grenzen

Zugleich ein Beitrag zu § 7a BerlHG

Von

Volker Maaß

Duncker & Humblot · Berlin

Die Deutsche Bibliothek – CIP-Einheitsaufnahme

Maaß, Volker:
Experimentierklauseln für die Verwaltung und ihre verfassungsrechtlichen Grenzen : zugleich ein Beitrag zu § 7a BerlHG / Volker Maaß. – Berlin : Duncker und Humblot, 2001
(Schriften zum öffentlichen Recht ; Bd. 863)
Zugl.: Berlin, Freie Univ., Diss., 2001
ISBN 3-428-10558-3

D 188

Fremddatenübernahme: Selignow Verlagsservice, Berlin
Druck: Werner Hildebrand, Berlin
Printed in Germany

ISSN 0582-0200
ISBN 3-428-10558-3

Gedruckt auf alterungsbeständigem (säurefreiem) Papier
entsprechend ISO 9706 ♾

Im Gedenken an meinen Vater
meiner Mutter gewidmet

Vorwort

Die vorliegende Arbeit wurde im Sommersemester 2001 vom Fachbereich Rechtswissenschaft der Freien Universität Berlin als Dissertation angenommen. Das Manuskript wurde im Dezember 2000 abgeschlossen und nur noch geringfügig verändert. Nicht mehr berücksichtigt wurde das Gesetz zur Verbesserung der Zusammenarbeit von Arbeitsämtern und Trägern der Sozialhilfe vom 20. November 2000 (BGBl I, S. 1590 f.), welches am 01. Dezember 2000 in Kraft getreten ist und befristete Experimentierklauseln enthält, die es ermöglichen, im Rahmen von Modellvorhaben die Instrumente der aktiven Arbeitsförderung und die Hilfe zur Arbeit flexibler anzuwenden und von Vorschriften über den Datenschutz, über die Zusammenarbeit der Leistungsträger untereinander sowie von Verfahrensvorschriften abzuweichen.

An dieser Stelle gilt es, vielen Menschen Dank zu sagen. Zuvörderst meinem Doktorvater, Herrn Univ.-Prof. Dr. Markus Heintzen, der die Arbeit in jedem Stadium in unvergleichlicher Weise gefördert und mir als seinem Wissenschaftlichen Mitarbeiter viel Vertrauen entgegengebracht und Freiraum gelassen hat. Kaum minder weiß ich den Beitrag von Herrn Univ.-Prof. Dr. Philip Kunig zu würdigen, der mit seinem Zweitvotum sofort zur Stelle war.

Christina Schulz hat nicht nur als Diskussionspartnerin einen erheblichen Anteil am Gelingen dieser Arbeit. Sie hat mich auch in mancher Motivationskrise gestützt. Meine Kolleginnen und Kollegen Svea von Hübbenet, Johannes Kroymann, André Lietzmann, Dr. Andreas Musil, Dagmar Neubauer, Sylvia Rosendahl, Benjamin Schulz-Masuch und Annett Witte haben mir durch ihre freundschaftliche Art das Leben in Berlin angenehm gestaltet und damit Rahmenbedingungen geschaffen, die ich nicht zu erhoffen wagte. Bedanken möchte ich mich bei Tanja Bolduan, die mir plan- und liebevoll zur Seite stand.

Nicht zuletzt danke ich dem Herausgeber der „Schriften zum Öffentlichen Recht", Herrn Prof. Dr. Norbert Simon, für die Aufnahme der Arbeit in diese Reihe und dem Bundesinnenministerium für den gewährten Druckkostenzuschuss.

Hamburg, im Mai 2001 *Volker Maaß*

Inhaltsverzeichnis

Teil 3

Verfassungsrechtliche Grenzen von Experimentierklauseln

Teil 4

Handhabung der Experimentierklauseln in der Praxis

Teil 5

Referenzgebiet: § 7 a BerlHG

Abkürzungsverzeichnis

a. E.	am Ende
a. F.	alte Fassung
ABl	Amtsblatt
Abs.	Absatz
ADV	Automatisierte Datenverarbeitung
AllMBl	Allgemeines Ministerialblatt der Bayerischen Staatsregierung
AO	Amtsordnung
AöR	Archiv des öffentlichen Rechts
ArbuSozPol	Arbeit und Sozialpolitik
Art.	Artikel
AT	Allgemeiner Teil
AZV	Verordnung über die Arbeitszeit der Bundesbeamten
AZVO	Verordnung über die Arbeitszeit der Beamten in Berlin
BAGE	Entscheidungen des Bundesarbeitsgerichts
BauGB	Baugesetzbuch
BauO	Bauordnung
BayVBl	Bayerische Verwaltungsblätter
BayVerfGH	Bayerischer Verfassungsgerichtshof
BB	Betriebs-Berater
BBesG	Bundesbesoldungsgesetz
Bbg.	Brandenburg
BerlHG	Berliner Hochschulgesetz
BezO	Bezirksordnung
BGB	Bürgerliches Gesetzbuch
BGBl	Bundesgesetzblatt
BHO	Bundeshaushaltsordnung
BKK	Die Betriebskrankenkasse
BR-Drs.	Bundesratsdrucksache
BremStGH	Bremischer Staatsgerichtshof
BSG	Bundessozialgericht
BSGE	Entscheidungen des Bundessozialgerichts
BSHG	Bundessozialhilfegesetz
BT-Drs.	Bundestagsdrucksache
BVerfG	Bundesverfassungsgericht
BVerfGE	Entscheidungen des Bundesverfassungsgerichts
BVerwGE	Entscheidungen des Bundesverwaltungsgerichts
BW	Baden-Württemberg
BWVP	Baden-Württembergische Verwaltungspraxis
bzw.	beziehungsweise
CDU	Christlich Demokratische Union Deutschlands

CSU	Christlich-Soziale Union in Bayern e. V.
d.h.	das heißt
ders.	derselbe
dies.	dieselben
Diss.	Dissertation
DÖV	Die Öffentliche Verwaltung
DRiG	Deutsches Richtergesetz
Drs.	Drucksache
DUZ	Deutsche Universitätszeitung
DVBl	Deutsches Verwaltungsblatt
DVP	Deutsche Verwaltungspraxis
EG	Europäische Gemeinschaft
EGZPO	Gesetz, betreffend die Einführung der Zivilprozeßordnung
Erl.	Erläuterung
e. V.	eingetragener Verein
f.	folgende
F.D.P.	Freie Demokratische Partei
ff.	folgende
Fn.	Fußnote(n)
FU	Freie Universität Berlin
GBl	Gesetzblatt
GemHVO	Gemeindehaushaltsverordnung
GemKVO	Gemeindekassenverordnung
GG	Grundgesetz
GKV	Gesetzliche Krankenversicherung
GkZ	Gesetz über kommunale Zusammenarbeit
GO	Gemeindeordnung
GSG	Gesundheitsstrukturgesetz
GTK	Gesetz über Tageseinrichtungen für Kinder
GVBl	Gesetz- und Verordnungsblatt
Habil.	Habilitation
HbStR	Handbuch des Staatsrechts der Bundesrepublik Deutschland
HG	Haushaltsgesetz
HGB	Handelsgesetzbuch
HGO	Hessische Gemeindeordnung
HGrG	Haushaltsgrundsätzegesetz
HKO	Hessische Landkreisordnung
HRG	Hochschulrahmengesetz
Hrsg.	Herausgeber
hrsg.	herausgegeben
Hs.	Halbsatz
HschG	Hochschulgesetz
i. d. F.	in der Fassung
i. d. R.	in der Regel
i. S. d.	im Sinne der, im Sinne des
i. V.	in Verbindung
i. V. m.	in Verbindung mit

i. w. S.	im weiteren Sinne
JA	Juristische Arbeitsblätter
JöR n. F.	Jahrbuch des öffentlichen Rechts der Gegenwart, neue Folge
JR	Juristische Rundschau
jur.	juristische
JuS	Juristische Schulung
JZ	Juristenzeitung
KABl	Kirchliches Amtsblatt
KAG	Kommunalabgabengesetz
KapAEG	Kapitalaufnahmeerleichterungsgesetz
KGSt	Kommunale Gemeinschaftsstelle für Verwaltungsvereinfachung
KJ	Kritische Justiz
KO	Kirchenordnung
KommG	Kommunalisierungsmodellgesetz
KrO	Kreisordnung
KSVG	Kommunalselbstverwaltungsgesetz
KuR	Kirche und Recht
KV	Kommunalverfassung
l.	linke
LBG	Landesbeamtengesetz
LHO	Landeshaushaltsordnung
LKrO	Landkreisordnung
LKV	Landes- und Kommunalverwaltung
LSA	Land Sachsen-Anhalt
LT-Drs.	Landtagsdrucksache
LVerfGE	Entscheidungen der Verfassungsgerichte der Länder Berlin, Brandenburg, Bremen, Hamburg, Hessen, Mecklenburg-Vorpommern, Saarland, Sachsen, Sachsen-Anhalt, Thüringen
LVwG	Landesverwaltungsgesetz
Meckl.-Vorp.	Mecklenburg-Vorpommern
ModernG	Modernisierungsgesetz
m. w. N.	mit weiteren Nachweisen
NachtragsHG	Nachtragshaushaltsgesetz
Nds.	Niedersachsen
NdsVBl	Niedersächsische Verwaltungsblätter
NJW	Neue Juristische Wochenschrift
NOG	Neuordnungsgesetz
Nr.	Nummer
NSM	Neues Steuerungsmodell
NVwZ	Neue Zeitschrift für Verwaltungsrecht
NW	Nordrhein-Westfalen
NWVBl	Nordrhein-Westfälische Verwaltungsblätter
OVG	Oberverwaltungsgericht
r.	rechte
RdJB	Recht der Jugend und des Bildungswesens
Rdnr.	Randnummer(n)
Rh.-Pf.	Rheinland-Pfalz

RS	Rechtssammlung der Evangelisch-Lutherischen Kirche in Bayern
S.	Satz, Seite(n)
SächsVBl	Sächsische Verwaltungsblätter
SchulVerfG	Schulverfassungsgesetz
SGB	Sozialgesetzbuch
SH	Schleswig-Holstein
sog.	so genannte(n)
Sp.	Spalte
TGO	Teilgrundordnung der Freien Universität Berlin
ThürVBl	Thüringische Verwaltungsblätter
u. Ä.	und Ähnliches
u. a.	und andere, unter anderem
UG	Universitätsgesetz
usw.	und so weiter
v.	von
v. H.	von Hundert
Verf.	Verfasser, Verfassung
VerfGH	Verfassungsgerichtshof
VerwArch	Verwaltungsarchiv
VG	Verwaltungsgericht
VGH	Verwaltungsgerichtshof
VGHE	Sammlung von Entscheidungen des Bayerischen Verwaltungsgerichtshofs mit Entscheidungen des Bayerischen Verfassungsgerichtshofs, des Bayerischen Dienststrafhofs und des Bayerischen Gerichtshofs für Kompetenzkonflikte
vgl.	vergleiche
Vgl.	Vergleiche
VR	Verwaltungsrundschau
VSSR	Vierteljahresschrift für Sozialrecht
VuF	Verwaltung und Fortbildung
VvB	Verfassung von Berlin
VVDStRL	Veröffentlichungen der Vereinigung der Deutschen Staatsrechtslehrer
VwVfG	Verwaltungsverfahrensgesetz
WissR	Wissenschaftsrecht
WRV	Weimarer Reichsverfassung
z. B.	zum Beispiel
ZfSoz	Zeitschrift für Soziologie
ZG	Zeitschrift für Gesetzgebung
Ziff.	Ziffer
ZParl	Zeitschrift für Parlamentsfragen
ZRP	Zeitschrift für Rechtspolitik
ZStW	Zeitschrift für die gesamte Strafrechtswissenschaft
z. T.	zum Teil

Einleitung

I. Verwaltungsmodernisierung

Experimentierklauseln für die Verwaltung sind eng mit dem Begriff der Verwaltungsmodernisierung verknüpft. Bestrebungen, die Verwaltung zu modernisieren, sind annähernd so alt wie die Verwaltung selbst.[1] Spätestens seit der Freiherr vom Stein in seiner Nassauer Denkschrift vom Juni 1807 eine „Reform" des preußischen Staates „an Haupt und Gliedern" forderte und gemeinsam mit Hardenberg verwirklichte, stehen Verwaltungsreformen in Deutschland immer wieder auf der Tagesordnung.[2] Teile der damaligen Reformziele, wie die Verringerung der aufgeblähten Staatsbürokratie, den Gemeinden das Recht der Selbstverwaltung einzuräumen und die Bevölkerung stärker am Staatsleben zu beteiligen, haben noch heute Aktualität.

Auch in der Bundesrepublik Deutschland gab es in regelmäßigen Abständen Versuche, die Verwaltung den Entwicklungen der Zeit anzupassen.[3] Eine erste Reformphase nach dem zweiten Weltkrieg war davon geprägt, die Rechtsstaatlichkeit wiederherzustellen.[4] Ende der 60er Jahre wurde versucht, Demokratiedefizite abzubauen, indem beispielsweise die Beteiligungsrechte der Bürger erweitert und die Organisationsformen bürgerfreundlicher ausgestaltet wurden.[5] In etwa zehn Jahre später begann eine dritte Modernisierungsphase, in deren Mittelpunkt die Ökonomisierung von Staat und Verwaltung stand. Kennzeichnend waren Privatisierungen vielfältigster Art, dem Typ nach Aufgabenprivatisierung, Vermögensprivatisierung und Organisationsprivatisierung.[6] Zugleich bestimmten Zielvorgaben wie Deregulierung, Rechtsvereinfachung sowie Personal- und Subventionsabbau die 80er Jahre.[7] Die vergangene Dekade stand schließlich ganz im Zeichen interner Rationalisierung von

---

[1] Instruktiv *Helmut Spörlein*, Die Reform einer Verwaltung – einige Gedanken zur Verwaltungsreform in Niedersachsen, NdsVBl 1998, 177.

[2] Siehe *Maximilian Wallerath*, Kommunale Selbstverwaltung und Verwaltungsmodernisierung – eine Zwischenbilanz –, DVP 1998, 53.

[3] Für den Bereich der Kommunen hierzu *Hellmut Wollmann*, Politik- und Verwaltungsmodernisierung in den Kommunen: zwischen Managementlehre und Demokratiegebot, Die Verwaltung 32 (1999), 345, 347 ff.

[4] Siehe *Werner Thieme*, Wiederaufbau oder Modernisierung der deutschen Verwaltung, Die Verwaltung 26 (1993), 353 ff.

[5] Vgl. *Wolfgang Seibel*, Entbürokratisierung in der Bundesrepublik Deutschland, Die Verwaltung 19 (1986), 137 ff.

[6] Siehe *Klaus König*, „Neue" Verwaltung oder Verwaltungsmodernisierung: Verwaltungspolitik in den 90er Jahren, DÖV 1995, 349, 358.

[7] Vgl. hierzu auch *Klaus König*, Prozedurale Rationalität – Zur kontraktiven Aufgabenpolitik der achtziger Jahre –, VerwArch 86 (1995), 1 ff.

Staat und Verwaltung.[8] Damit folgte das vereinte Deutschland einer internationalen Entwicklung,[9] die seit Anfang der 80er Jahre z. B. in Großbritannien, Neuseeland und Australien unter dem Begriff des „New Public Management" firmiert.[10] Zentrale Elemente dieses Managementkonzepts sind die Schaffung von selbstständigen, dezentralisierten Einheiten, eine ziel- und ergebnisbezogene Steuerung sowie die Orientierung an Organisationsstrukturen von Privatunternehmen. Mit letzterem Gedanken wird deutlich, dass ursprünglich für private Unternehmen konzipierte Managementmodelle, wie „Lean Management"[11] und „Total Quality Management"[12], auf den öffentlichen Sektor übertragen wurden.

Von der Verwaltungsmodernisierung werden alle Ebenen der staatlichen und unterstaatlichen Verwaltung erfasst.[13] So haben sich auch auf lokaler Ebene Reformbemühungen in Managementmodellen niedergeschlagen.[14] Das nach der niederländischen Stadt Tilburg benannte Tilburger Modell sieht vor, die Stadtverwaltung nach dem Vorbild eines privatwirtschaftlich operierenden Konzerns umzugestalten. In Deutschland sind diese Ansätze aufgenommen und von der Kommunalen Gemeinschaftsstelle für Verwaltungsvereinfachung (KGSt) zu einem „Neuen Steuerungsmodell" (NSM) entwickelt worden.[15] Seither gibt es kaum eine Kommune in

---

[8] *Rainer Pitschas*, Verwaltungsmodernisierung, Dienstrechtsreform und neues Personalmanagement, Die Verwaltung 32 (1999), 1, 3.

[9] Zur internationalen Entwicklung *Klaus König*, Verwaltungsmodernisierung im internationalen Vergleich, – Acht Thesen –, DÖV 1997, 265 ff.

[10] Zu dessen Inhalt und Rechtsproblemen *Manfred Miller*, Rechtsprobleme modernen Verwaltungshandelns, LKV 1998, 421 ff. Die unterschiedlichen Entwicklungen in einzelnen europäischen Staaten sowie in Nordamerika, Neuseeland und Australien beschreibt *Christoph Reichard*, Internationale Trends im kommunalen Management, in: Gerhard Banner/ders. (Hrsg.), Kommunale Managementkonzepte in Europa, 1993, S. 3, 8 ff.

[11] Vgl. zu diesem Begriff nur *Dirk Bösenberg/Heinz Metzen*, Lean Management – Vorsprung durch schlanke Konzepte, 5. Auflage, 1995.

[12] Siehe zu den Begriffen „Neues Steuerungsmodell", „Lean Management" und „Total Quality Management" *Jürgen Wohlfarth*, Kommunalrecht, 2. Auflage, 1998, S. 262 ff.

[13] Zu Ansätzen einer neuen Verwaltung in Deutschland auf kommunaler, Landes- und Bundesebene ausführlich *Klaus König/Joachim Beck*, Modernisierung von Staat und Verwaltung, 1997, S. 56 ff. Auf Bundesebene gab es das Konzept des „schlanken Staates", neuerdings das des „aktivierenden Staates", vgl. *Klaus König/Natascha Füchtner*, „Schlanker Staat" zwischen Bonn und Berlin, VerwArch 90 (1999), 1 ff.; *Christoph Reichard*, Staats- und Verwaltungsmodernisierung im „aktivierenden Staat", VuF 27 (1999), 117 ff. Zu neuen Steuerungen in der Landesverwaltung, Ministerialverwaltung und auf der Ebene einer Bezirksregierung *Dierk Freudenberg*, Neues Steuerungsmodell in der Landesverwaltung, DVP 1998, 47 ff.; *Hilmar Demuth*, Die Ministerialverwaltung als Gegenstand der Verwaltungsreform, in: Martin Morlok/Rupert Windisch/Manfred Miller (Hrsg.), Rechts- und Organisationsprobleme der Verwaltungsmodernisierung, 1997, S. 75 ff.; *Jürgen Diedrich*, Neue Steuerung für eine Bezirksregierung, NWVBl 1999, 325 ff.

[14] Vgl. zuletzt *Günther E. Braun*, Konzept des integrierten Kommunalmanagements, Die Verwaltung 32 (1999), 377 ff.

[15] Die Entwicklung erfolgte über mehrere Jahre in folgenden Berichten der KGSt:
Dezentrale Ressourcenverantwortung: Überlegungen zu einem neuen Steuerungsmodell, KGSt-Bericht 12/1991; Wege zum Dienstleistungsunternehmen Kommunalverwaltung, Fall-

Deutschland, welche nicht über ein NSM nachdenkt bzw. es – in unterschiedlichem Umfang – umsetzt.[16] Die Kerngedanken „des“ NSM lassen sich wie folgt zusammenfassen:[17]

- Führung durch Leistungsabsprache statt durch Einzeleingriff (Kontraktmanagement),
- dezentrale Gesamtverantwortung, d. h. Delegation von Entscheidungsbefugnissen in Bezug auf Ressourcen von der zentralen auf die Fachbereichsebene und Zusammenführung von Fach- und Ressourcenverantwortung,
- Ablösung der Input- durch eine Outputsteuerung, d. h. Orientierung an den von einer Verwaltungseinheit zu erbringenden Leistungen (den „Produkten“ der Verwaltung), basierend auf einer Beschreibung der Leistungen samt Darstellung der Kosten, und nicht an den von einer zentralen Instanz zur Verfügung gestellten finanziellen Ressourcen,
- Vorgabe eines Budgets für den Fachbereich,
- Steuerung und Controlling[18],
- Qualitätsmanagement und Aktivierung von Wettbewerbselementen,
- Verhaltensreform und Qualifizierung der Mitarbeiter.

Die Zahl der verwaltungswissenschaftlichen Publikationen über die verschiedenen Reformmodelle ist unüberschaubar.[19] Dagegen ist die juristische Auseinandersetzung mit der Reformbewegung vergleichsweise gering.[20] Noch schwächer ausge-

studie Tilburg, KGSt-Bericht 19/1992; Das Neue Steuerungsmodell, KGSt-Bericht 5/1993; Budgetierung: Ein neues Verfahren der Steuerung kommunaler Haushalte, KGSt-Bericht 6/1993; Das Neue Steuerungsmodell: Definition und Beschreibung von Produkten, KGSt-Bericht 8/1994; Organisationsarbeit im Neuen Steuerungsmodell, KGSt-Bericht 14/1994; Verwaltungscontrolling im Neuen Steuerungsmodell, KGSt-Bericht 15/1994; Das Neue Steuerungsmodell in kleineren und mittleren Gemeinden, KGSt-Bericht 8/1995; Das Neue Steuerungsmodell – Erste Zwischenbilanz, KGSt-Bericht 10/1995.

[16] So das Ergebnis einer Umfrage des Deutschen Städtetages, vgl. *Erko Grömig/Kersten Gruner*, Reform in den Rathäusern, Der Städtetag 1998, 581 ff. Vor- und Nachteile des NSM werden beleuchtet von *Michael Blume*, Zur Diskussion um ein neues Steuerungsmodell für Kommunalverwaltungen – Argumente und Einwände, Der Gemeindehaushalt 1993, 1 ff. Zum Stand der Verwaltungsreform *Dietrich Budäus/Stefanie Finger*, Stand und Perspektiven der Verwaltungsreform in Deutschland, Die Verwaltung 32 (1999), 313 ff.

[17] Ähnlich und mit kurzer Erläuterung der entscheidenden Begriffe *Klaus Vogelsang/Uwe Lübking/Helga Jahn*, Kommunale Selbstverwaltung, 2. Auflage, 1997, Rdnr. 988 ff.

[18] Ausführlich zur „Leistungsmessung in der öffentlichen Verwaltung“ *Stefan Machura*, Die Verwaltung 32 (1999), 403 ff.

[19] Vgl. die Übersicht bei *Hermann Hill*, Neue Organisationsformen in der Staats- und Kommunalverwaltung, in: Eberhard Schmidt-Aßmann/Wolfgang Hoffmann-Riem (Hrsg.), Verwaltungsorganisationsrecht als Steuerungsressource, 1997, S. 65, 68, dort in Fn. 15.

[20] So die zutreffende Einschätzung von *Hill* (Fn. 19), S. 68. An neuerer Literatur sei verwiesen auf *Andreas Chmel*, Das Neue Berliner Verwaltungsmanagement, 1999; *Olaf Otting*, Neu-

prägt sind die Ansätze, die weitgehend unverbunden nebeneinander stehenden Entwicklungen der Verwaltungsmodernisierung einerseits und in der Gesetzgebungslehre und -praxis andererseits in Zusammenhang zu bringen.[21] Ein wichtiges Instrument, welches in der Praxis der Gesetzgebung im Zuge der aktuellen Verwaltungsmodernisierung zu neuer Blüte gekommen, von der Gesetzgebungslehre allerdings bisher nur stiefmütterlich behandelt worden ist, ist die Experimentierklausel für die Verwaltung. Sie bildet eine Gesetzestechnik, mit Hilfe derer der Gesetz- oder Verordnunggeber zur Erprobung eines von der Verwaltung durchzuführenden Vorhabens, welches zu einem späteren Zeitpunkt auf der Basis der gewonnenen Erfahrungen endgültig normiert werden soll, die Exekutive ermächtigt, von geltendem Recht abzuweichen oder zu dispensieren.[22] Experimentierklauseln für die Verwaltung haben damit eine doppelte Funktion: Sie gestatten dem Gesetz- und Verordnunggeber Lernprozesse und unterstützen zugleich die Verwaltung in deren Bemühen, sich zu reformieren. Der Einsatz von Experimentierklauseln für die Verwaltung basiert auf der Überlegung, dass es keine nennenswerten Reformen bei einer Bindung an das Bestehende und einem bloßen Vollzug des Vorhandenen gibt. Die normative Bindung schließt die Sammlung von Erfahrungen jenseits des rechtlich Zulässigen aus und verhindert somit sowohl eine Änderung der Verwaltungspraxis als auch eine Weiterentwicklung des Rechts. Es geht daher bewusst darum, Abweichungen von zwingendem Recht zuzulassen, welches bisher keine Ausnahmen vorsieht. Nicht dagegen ist es Ziel der Experimentierklauseln für die Verwaltung, in Fällen, in denen es unterschiedliche Auffassungen über die Anwendung des Rechts gibt, für die Ausschöpfung aller Auslegungsmöglichkeiten zu sorgen; dafür bedürfte es ihrer nicht, da dies schon nach geltendem Recht zulässig ist. Sie sollen das Suchen und Finden neuer Möglichkeiten der Verwaltung – losgelöst vom geltenden Recht – forcieren, die ihrerseits Normierungsbedarf auslösen.

Experimentierklauseln für die Verwaltung sind keine deutsche Besonderheit. Mit Ausnahme Islands sind in allen Ländern Skandinaviens seit Mitte der 80er Jahre „Freie Kommunen"-Experimente[23] verbreitet.[24] Die „Freien Kommunen" werden

---

es Steuerungsmodell und rechtliche Betätigungsspielräume der Kommunen, 1997; *Adelheid Zeis*, Ein neues kommunales Haushaltsrecht für ein Neues Steuerungsmodell, 1999.

[21] Zur Rolle des Gesetzes sowie anderer parlamentarischer Steuerungsinstrumente im Rahmen der neuen Steuerung vgl. *Hermann Hill*, Gesetzgebung und Verwaltungsmodernisierung, ZG 13 (1998), 101 ff.

[22] Vgl. die ausführliche Herleitung der Definition in Teil 1, III. 2. b) bb).

[23] Ausführlich zu „frikommuneforsök" *Harald Baldersheim*, Die „Free Commune Experiments" in Skandinavien: Ein vergleichender Überblick, in: Gerhard Banner/Christoph Reichard (Hrsg.), Kommunale Managementkonzepte in Europa, 1993, S. 27 ff.

[24] Ausgangspunkt der Entwicklung war Schweden. Mit Wirkung vom 01.06.1984 wurden neun Kommunen und drei Regionen zu „Freien Kommunen" erklärt. Es folgte Dänemark, wo als Folge eines am 30.01.1985 in Kraft getretenen Gesetzes 22 Stadt- bzw. Gemeindeverwaltungen und fünf Regionen den Status einer „Freien Kommune" erhielten. Zum 01.01.1987 wurden in Norwegen 20 Stadt- bzw. Gemeindeverwaltungen und vier Regionen zu „Freien Kommunen" erklärt. Zuletzt folgte Finnland, wo seit dem 01.01.1989 56 Städte und Gemeinden als „Freie Kommunen" firmieren.

zu solchen, indem ihnen von der Zentralregierung ein Sonderstatus verliehen wird. Eine gesetzliche Experimentierklausel ermöglicht es ihnen, sich auf Antrag in einem geregelten Verfahren für den Zeitraum des Modellversuchs von staatlichen Rechts- und Verwaltungsvorschriften freistellen zu lassen. Abweichend von der Rechtslage in Deutschland haben sich in Schweden, Dänemark und Finnland die jeweiligen Parlamente die Kompetenz für die Erteilung der Ausnahmegenehmigungen vorbehalten. In diesen Ländern werden die Anträge als Gesetzesänderungen – mit eingeschränkter räumlicher Geltung – behandelt.[25]

Hauptanliegen dieser Arbeit ist es, die verfassungsrechtlichen Grenzen von Experimentierklauseln für die Verwaltung in Deutschland auszuloten. Zugleich sollen den Gesetz- und Verordnunggebern Maßstäbe an die Hand gegeben werden, die ihnen zukünftig die verfassungsgemäße Ausübung ihrer Tätigkeit erleichtern. Zu diesem Zweck werden existierende Experimentierklauseln für die Verwaltung, die verfassungsrechtlich bedenklich oder sogar verfassungswidrig sind, als solche gekennzeichnet.

Daneben soll durch die Erarbeitung der bisher in der Gesetzgebungslehre fehlenden Definition der Experimentierklauseln für die Verwaltung sowie deren begriffliche Einordnung und Abgrenzung zu benachbarten Gesetzgebungstechniken ein Beitrag zur Dogmatik der experimentellen Rechtsetzung geleistet werden.

Wurden Experimentierklauseln für die Verwaltung vom Schrifttum in der Vergangenheit bestenfalls in Bezug auf ein einzelnes Sachgebiet betrachtet, ist es ein weiteres Ziel dieser Arbeit, einen vollständigen Überblick über ihre derzeitigen Anwendungsbereiche zu geben.[26]

Den bei der Umsetzung betroffenen Akteuren, wie beispielsweise Antragstellern und Genehmigungsbehörden, wird durch die Darstellung der Handhabung der kommunalrechtlichen Experimentierklauseln in der Praxis eine rechtliche Bewertung ihrer Möglichkeiten und Aufgaben geliefert. In die gleiche Richtung zielt letztlich die ausführliche Behandlung des § 7 a BerlHG, die nicht nur hochschulrechtliche Erkenntnisse, sondern auch solche für das allgemeine Recht liefern soll.

II. Gang der Untersuchung

In einem ersten Teil ist der Begriff der Experimentierklauseln für die Verwaltung herzuleiten. Dabei wird das Experiment als solches zum Ausgangspunkt genommen, um von dort über das Experiment in den Sozialwissenschaften zur experimen-

[25] Experimentierklauseln für die Verwaltung finden auch in weiteren europäischen Ländern Anwendung: Zwei Beispiele für Experimentierklauseln in der Schweiz sind zu finden bei *Ernst Buschor*, Verwaltungsmodernisierung in der Schweiz, in: Hermann Hill/Helmut Klages (Hrsg.), Start zum 3. Speyerer Qualitätswettbewerb 1996, 1996, S. 29, 49 f.

[26] Wobei nicht ausgeschlossen werden kann, dass die eine oder andere Experimentierklausel für die Verwaltung in dieser Untersuchung keine Erwähnung findet.

tellen Rechtsetzung vorzudringen. Diese stellt einen Oberbegriff für Gesetzgebungsexperimente einerseits und experimentelle Gesetzgebung andererseits dar. Letztere wiederum lässt sich in Experimentiergesetze und Experimentierklauseln einteilen. Letztlich gilt es, die Experimentierklauseln für die Verwaltung als eine Ausprägung von Experimentierklauseln von Experimentierklauseln für den (Landes-)Gesetzgeber und anderen verwandten Klauseln abzugrenzen.

Nachdem Sicherheit über die Terminologie erlangt worden ist, sollen in einem zweiten Teil die vielfältigen Anwendungsbereiche von Experimentierklauseln verdeutlicht werden, jedoch nicht ohne einen Blick auf verwandte Klauseln zu werfen.

Der sich hieran anschließende Hauptteil befasst sich mit den verfassungsrechtlichen Grenzen von Experimentierklauseln für die Verwaltung. Im Zentrum der Untersuchung werden dabei mögliche Verstöße gegen das Rechtsstaats- und das Demokratieprinzip stehen. Diese beiden sehr allgemeinen Prinzipien werden zu diesem Zweck in ihre konkreten Ausformungen zerlegt, um an diesen die Experimentierklauseln für die Verwaltung, unterteilt nach den verschiedenen, im zweiten Teil herausgearbeiteten Anwendungsbereichen, zu messen. Der sich mit Verfassungsrecht befassende Teil wird abgeschlossen durch Ausführungen zur Selbstverwaltung und zum Gleichheitssatz. Beide Aspekte tragen dazu bei, Experimentierklauseln weitere Grenzen zu setzen.

Nach der verfassungsrechtlichen Prüfung wird in einem vierten, verwaltungsrechtlich geprägten Teil die praktische Handhabung der Experimentierklauseln für die Verwaltung behandelt. Am Beispiel der Experimentierklauseln zur Weiterentwicklung der kommunalen Selbstverwaltung, die einen Genehmigungsvorbehalt vorsehen, soll exemplarisch das Verwaltungsverfahren transparent gemacht werden. Zudem wird in diesem Bereich die Genehmigungspraxis Schleswig-Holsteins dargestellt, um das theoretische Bild von den Experimentierklauseln für die Verwaltung durch ihre Anwendung in der Praxis zu vervollständigen. Schleswig-Holstein wurde ausgewählt, weil es sich im Vergleich zu den anderen Bundesländern – was die Zahl der Experimentierklauseln angeht – als besonders experimentierfreudig erweist. Im Zentrum des Interesses steht sodann die Entscheidung der Genehmigungsbehörde mit den praktisch relevanten Fragen, durch welche Faktoren diese Entscheidung beeinflusst werden (darf) und inwieweit ein Anspruch der Antragsteller auf Erteilung der Genehmigung gegebenenfalls gerichtlich durchsetzbar ist.

Abgerundet wird die allgemeine Untersuchung von Experimentierklauseln für die Verwaltung durch einen speziellen Teil, der sich mit dem Hochschulrecht als „Referenzgebiet“[27], genauer mit dem 1996 in das Berliner Hochschulgesetz aufge-

---

[27] Begriff eingeführt von *Eberhard Schmidt-Aßmann*, Zur Reform des Allgemeinen Verwaltungsrechts, in: Wolfgang Hoffmann-Riem/ders./Gunnar Folke Schuppert (Hrsg.), Reform des Allgemeinen Verwaltungsrechts, 1993, S. 11, 14 f. Vgl. zudem *ders.*, Das allgemeine Verwaltungsrecht als Ordnungsidee, 1998, S. 9, 125; *Udo di Fabio*, Risikoentscheidungen im Rechtsstaat, 1994, S. 4 ff.

nommenen § 7 a beschäftigt. Zur besseren Einordnung der Experimentierklauseln für die akademische Verwaltung sind zu Beginn die aktuellen hochschulrechtlichen Entwicklungen zu skizzieren. Erst danach rückt § 7 a BerlHG in den Mittelpunkt des Interesses, indem sein Inhalt und sein Zweck untersucht, seine Verfassungsmäßigkeit geprüft und letztlich die Umsetzung der Erprobungsregelung an der Freien Universität Berlin samt der damit verbundenen Probleme diskutiert werden.

Vor allem im zweiten Teil werden zahlreiche Experimentierklauseln für die Verwaltung im Wortlaut wiedergegeben. Damit wird zweierlei bezweckt: Zum einen sollen die unterschiedlichen Vorgehensweisen der Gesetz- und Verordnunggeber auch im Detail transparent gemacht werden, zum anderen soll die Lektüre dieser Arbeit dadurch erleichtert werden, dass ein Rückgriff auf die unterschiedlichen Gesetzessammlungen des Landes- und Bundesrechts, in denen die Klauseln abgedruckt sind, entbehrlich ist. Der Abdruck im Haupttext bzw. in den Fußnoten ist abhängig von dem Rechtsbereich, dem Umfang und der Bedeutung der Norm.

Teil 1

Experimentierklauseln für die Verwaltung – Begriff, Einordnung und Abgrenzung

Am Anfang einer Beschäftigung mit Experimentierklauseln für die Verwaltung hat eine Auseinandersetzung mit dem Begriff „Experimentierklausel“ zu stehen. Dies ist nicht nur vonnöten, um den Untersuchungsgegenstand einzugrenzen, sondern auch, um angesichts der Vielzahl von ähnlich klingenden, zum Teil unterschiedlich, zum Teil auch synonym verwendeten Termini nicht den Überblick zu verlieren.

I. Zum Begriff „Experiment“

Der Begriff des Experiments ist reich an Konnotationen: genannt seien nur „Wagnis“ oder „Risiko“. Die Verwendungsformen in der Alltags- und Wissenschaftssprache sind vielfältig: Ausgehend vom lateinischen *experimentum*, welches sich mit „Versuch“, „Probe“ oder auch „Erfahrung“ übersetzen lässt,[28] sind Erklärungen wie 1. versuchsweises Verfahren = trial and error, 2. wissenschaftliche Vorgehensweise, 3. Verfahren der Beweisführung, auch Gedankenexperiment, 4. Versuchsanordnungen mit einem Element der Künstlichkeit, 5. waghalsige Unternehmung, Neuerung usw.[29] verbreitet.

In den Naturwissenschaften wird unter einem Experiment die methodisch-planmäßige Herbeiführung von meist variablen Umständen zum Zwecke der wissenschaftlichen Beobachtung verstanden.[30] In der Neuzeit ist das Experiment zum wichtigsten Hilfsmittel aller Erfahrungswissenschaften avanciert (vor allem in der Physik, Chemie und Psychologie), bei denen sich Experimentierbedingungen künstlich herbeiführen und reproduzieren lassen. Es unterscheidet die moderne Auffassung der wissenschaftlichen Beobachtung von der antiken: Während in der Antike das Interesse den natürlichen Weltabläufen galt und diese ungestört beobachtet wurden, greift das moderne Experiment gezielt in die Natur ein, indem bestimmte, der Beobachtung zugängliche Größen (verursachende Variablen) in einer experimentell erzeugten Situation systematisch variiert werden, um die daraus ent-

[28] *Duden*, Das große Wörterbuch der deutschen Sprache in sechs Bänden, Band 2, 1976, S. 773.

[29] So *W. Schulz*, Kausalität und Experiment in den Sozialwissenschaften, 1972, S. 22 ff.

[30] *Brockhaus-Enzyklopädie*, Band 7, 1988, S. 23.

stehenden Wirkungen auf die abhängigen Variablen zu studieren. Alle anderen Faktoren (Parameter), die das Ergebnis des Experiments beeinflussen könnten, werden konstant gehalten.

II. Das Experiment in den Sozialwissenschaften

In der empirischen Sozialforschung gilt das Experiment als die sicherste Methode zur Feststellung und Überprüfung von Kausalbeziehungen im soziokulturellen Bereich.

Eine einheitliche Definition lässt sich in der Literatur nicht finden. Der US-Sozialwissenschaftler Greenwood, der sich intensiv mit der experimentellen Methode auseinander gesetzt hat, definiert diese folgendermaßen: „Ein Experiment ist der Beweis für eine Hypothese, der zwei Faktoren in eine ursächliche Beziehung zueinander bringen will, indem er sie in untersciedlichen Situationen untersucht. Diese Situationen werden in Bezug auf alle Faktoren kontrolliert mit Ausnahme des einen, der uns besonders interessiert, da er entweder die hypothetische Ursache oder die hypothetische Wirkung darstellt."[31]

An anderer Stelle wird das Experiment dargestellt als ein „Vorgehen, bei dem eine Kausalhypothese in kontrastierenden Situationen überprüft wird, wobei diese Situationen einer Kontrolle, d. h. einer physischen, symbolischen oder gedanklichen Manipulation unterworfen werden."[32] Verwiesen sei noch auf Zimmermann, der das Experiment definiert als „wiederholbare Beobachtung unter kontrollierten Bedingungen, wobei eine (oder mehrere) unabhängige Variable(n) derartig manipuliert wird (werden), dass eine Überprüfungsmöglichkeit der zugrundeliegenden Hypothese (Behauptung eines Kausalzusammenhangs) in unterschiedlichen Situationen gegeben ist."[33] Auf die unterschiedlichen Klassifikationsmöglichkeiten von Experimenttypen braucht in dieser Arbeit nicht eingegangen zu werden, da die Klassifikationen keine zusätzlichen Erkenntnisse für das hier zu behandelnde Thema bringen.[34]

Ohne den Begriff der Experimentierklausel schon definieren zu müssen, lässt er sich zwanglos mit dem der „experimentellen Rechtswissenschaft" in Zusammenhang bringen. Als neuen Zweig der Sozialwissenschaft wollte der US-Amerikaner Beutel die „experimental jurisprudence" verstanden wissen, wobei die auf strenger Anwendung der naturwissenschaftlichen Methode beruhende Rechtswissenschaft

---

[31] *Ernest Greenwood*, Das Experiment in der Soziologie, in: René König (Hrsg.), Beobachtung und Experiment in der Sozialforschung, 1975, S. 177.

[32] *René König*, in: ders. (Hrsg.), Beobachtung und Experiment in der Sozialforschung, 1975, S. 320 (Glossar).

[33] *Ekkart Zimmermann*, Das Experiment in den Sozialwissenschaften, 1972, S. 37.

[34] Vgl. dazu *Zimmermann* (Fn. 33), S. 215 ff. m. w. N., der sich kritisch mit der von *Greenwood* vorgenommenen Unterscheidung in reine Experimente, unkontrollierte Experimente, Ex-post-facto-Experimente, Probierexperimente durch Versuch und Irrtum und kontrollierte Beobachtungen auseinandersetzt.

sich dem Studium des sozialen Sachverhalts, den ein Gesetz regeln will, der Wirkung des Gesetzes auf die Gesellschaft sowie der Effektivität einzelner Vorschriften im Hinblick auf den Gesetzeszweck widmen sollte.[35] Als Methode, in denen die experimentelle Rechtswissenschaft vorzugehen habe, entwickelte er folgendes „8-Phasen-Modell"[36]:

Zunächst müsse das soziale Problem, dem ein bestimmtes Gesetz gewidmet sei, sorgfältig isoliert und geprüft werden. Nach der Festlegung der Rechtsnorm, die zur Lösung des Problems angewandt werden solle, müsse beobachtet und gemessen werden, wie sich die Vollziehung der Norm in der Gesellschaft auswirke. In einem vierten Schritt sei eine Hypothese aufzustellen, die die Gründe der festgestellten Reaktion zu erklären versuche. Eine Ausdehnung dieser Erklärung auf analoge Situationen müsse als juridisches Gesetz betrachtet werden, das die Folgen vorhersage, die bei Anwendung einer ähnlichen Rechtsregelung auf ähnliche Probleme eintreten würden. Falls die Analyse zeige – so 6. –, dass das Recht ineffektiv sei, so müssten neue Wege vorgeschlagen werden, um den ursprünglich erwünschten Erfolg zu erreichen. Danach müsse die vorgeschlagene neue Rechtsregel in Kraft gesetzt und das Verfahren wiederholt werden. Abschließend könne eine Reihe derart in Kraft gesetzter neuer Rechtsregeln und die Untersuchung ihrer Ergebnisse ein wichtiges Indiz für die Brauchbarkeit der dem Recht zugrunde liegenden Zwecke liefern und damit eine mögliche Änderung oder Aufgabe des Vorhabens bewirken.[37]

Hervorzuheben ist der sechste Schritt, der es nach absolvierten „Untersuchungen im Sinne einer wissenschaftlichen Jurisprudenz"[38] ermöglichen soll, die Unzulänglichkeiten aufzuzeigen, „die sowohl in der Anwendung des Rechts als auch in dessen technischem Aufbau liegen".[39] Diesem Zweck dienen auch Experimentierklauseln, wenn sie zur Weiterentwicklung des status quo zum Dispens oder zur Abweichung von geltendem Recht ermächtigen.

In Deutschland wurde das sozialtechnologische Gedankengut Beutels vor allem von dem Sozialwissenschaftler Eckel aufgegriffen.[40] Seinem Ansatz zufolge sollte das Gesetzgebungsverfahren mittels des sozialen Feldexperiments (Sozialexperiment) wissenschaftliche Züge erhalten. Gleichzeitig gelte es, die allzu vagen Rechtszielformulierungen als Hauptmangel der Rechtsetzung auszumachen und

---

[35] *Frederick K. Beutel*, Die Experimentelle Rechtswissenschaft, 1971, S. 34.

[36] Begriff entlehnt bei *Hellmut Wollmann*, Gesetzgebung als experimentelle Politik – Möglichkeiten, Varianten und Grenzen erfahrungswissenschaftlich fundierter Gesetzgebungsarbeit, in: Waldemar Schreckenberger/Klaus König/Wolfgang Zeh (Hrsg.), Gesetzgebungslehre, 1986, S. 72.

[37] *Beutel* (Fn. 35), S. 35.

[38] *Beutel* (Fn. 35), S. 45.

[39] *Beutel* (Fn. 35), S. 44.

[40] *Karl Eckel*, Das Sozialexperiment – Finales Recht als Bindeglied zwischen Politik und Sozialwissenschaft, ZfSoz 1978, 39 ff.

durch finale Rechtsetzung[41] zu substituieren.[42] In seinem Konzept von „legislativen Experimenten mit Hilfe finaler Gesetzgebung und Rechtssetzung" deutete und forderte er das „ständige soziale Experiment" als einen „Kreisprozeß", „in dem sich finale Rechtssetzung und empirische Prüfung gegenseitig bedingen."[43]

Von dem Begriff des Experiments in den Sozialwissenschaften über die disziplinüberschreitende[44] experimentelle Rechtswissenschaft ist damit der Bogen geschlagen hin zur experimentellen Rechtsetzung.

III. Experimentelle Rechtsetzung

1. Gesetzgebung als Experiment?

Auf den ersten Blick ist die These, dass jedes Gesetzgeben ein Experimentieren darstelle, einnehmend: Das Gesetz (unabhängige Variable) wird als Mittel eingesetzt, um das menschliche Verhalten, den sozialen Zustand usw. (abhängige Variable) zu beeinflussen.[45] Auch unter dem Aspekt der „Fraglichkeit des Gelingens"[46] wurde der experimentelle Charakter als Wesen der Normsetzung ausgemacht. Richtig an diesen Auffassungen ist, dass der Gesetzgeber vielfach darauf angewiesen ist, im Wege des „trial and error" aus Erfahrungen und auch Fehlern zu lernen.[47] Ursache dafür ist die Tatsache, dass die Gesetze für die „prinzipiell unbeobachtbare"[48] Zukunft gemacht werden und damit immer ein prognostisches Element in sich tragen. Dieses ist – unabhängig z. B. von der Qualität des (wissenschaftlichen) Erkenntnisstandes – durch eine mehr oder minder große Unsicherheit gekennzeichnet, so dass die Gesetzgebung sich häufig mit „Annäherungsgewißheiten"[49] begnügen muss. Von dem Experimentcharakter der Gesetzgebung zeugen auch die unzähligen Änderungsgesetze und Novellen, in denen sich die gesammelten Erfahrungen und Lernprozesse normativ niederschlagen.[50] Sind Gesetze in diesem Sinne experimen-

[41] Zum Begriff der Finalität in Recht und Gesetzgebung vgl. auch *Klaus Hopt*, Finale Regelungen, Experiment und Datenverarbeitung in Recht und Gesetzgebung, JZ 1972, 65ff.

[42] *Eckel* (Fn. 40), S. 48.

[43] *Eckel* (Fn. 40), S. 49.

[44] *Hans-Detlef Horn*, Experimentelle Gesetzgebung unter dem Grundgesetz, 1989, S. 365, siedelt sie im Schnittpunkt von Rechtssoziologie und Jurisprudenz an.

[45] *Peter Noll*, Gesetzgebungslehre, 1973, S. 76.

[46] *Hermann Jahrreiß*, Größe und Not der Gesetzgebung, 1952, S. 5.

[47] Vgl. nur *Rupert Stettner*, Verfassungsbindungen des experimentierenden Gesetzgebers, NVwZ 1989, 806 m. w. N.

[48] *Klaus Jürgen Philippi*, Tatsachenfeststellungen des Bundesverfassungsgerichts, 1971, S. 125f.

[49] *Noll* (Fn. 45), S. 96.

[50] *Fritz Ossenbühl*, Kontrolle von Tatsachenfeststellungen und Prognoseentscheidungen, in: Bundesverfassungsgericht und Grundgesetz, Festgabe aus Anlaß des 25jährigen Bestehens des Bundesverfassungsgerichts, Band 1, 1976, S. 458, 511.

tell, so handelt es sich dabei in der Regel um Experimente, die als solche weder bewusst geschaffen noch einer systematischen Kontrolle unterworfen werden.[51] An dieser Stelle wird deutlich, dass es sich bei der beschriebenen generellen Einordnung der Gesetzgebung als Experiment nur um eine umgangssprachliche Verwendung des Begriffs „Experiment" handelt.[52] Wie bereits gezeigt,[53] bezeichnet dieser Begriff in der (Natur-)Wissenschaft dagegen eine bestimmte, klar definierte wissenschaftliche Methode, die die Prüfung einer Kausalhypothese in unterschiedlichen, *kontrollierten* Situationen zum Gegenstand hat.[54] Dementsprechend zielen die Formen experimenteller Rechtsetzung auf die „materielle Rationalisierung der Gesetzgebung durch die Erweiterung der Erfahrungen in bezug auf die rechtsrelevanten Daten über Wirkungsweisen und Wirkungen von Rechtssetzungsakten, indem sie zum Zwecke der nachfolgenden Implementation die Auswirkungen einer geplanten Regelung im Vorfeld ihres geplanten Erlasses planmäßig und rational zu erfahren suchen."[55]

2. Experimentelle Rechtsetzung als Oberbegriff

Experimentelle Rechtsetzung soll hier in Anlehnung an Fricke/Hugger[56] und fortführend Horn[57] als Oberbegriff verwendet werden für „Gesetzgebungsexperimente" einerseits und „experimentelle Gesetzgebung" andererseits.

a) Gesetzgebungsexperimente

Unter Gesetzgebungsexperimenten sind Experimente im Rahmen des Gesetzgebungsverfahrens zu verstehen, die auf die (Vorab-)Kontrolle von Gesetzentwürfen zielen; ihre Methoden dienen der Erprobung beabsichtigter legislativer Maßnahmen vor ihrer Umsetzung in Gesetzesform.[58]

---

[51] *Beutel* (Fn. 35), S. 45.

[52] So überzeugend *Horn* (Fn. 44), S. 22.

[53] Vgl. Fn. 30–32.

[54] *Greenwood* (Fn. 31), S. 190, bezeichnet die Kontrolle als „conditio sine qua non jedes Experiments. [...] Das Experiment durch Versuch und Irrtum, das jede vom Menschen erzeugte Änderung im Verlauf der Anpassung einbegreift, kann nicht als Experiment in unserem Sinne angesehen werden."

[55] *Horn* (Fn. 44), S. 23.

[56] *Peter Fricke/Werner Hugger*, Test von Gesetzentwürfen, Teil 1, 1979, S. 172.

[57] *Horn* (Fn. 44), S. 24.

[58] *Horn* (Fn. 44), S. 24. Abweichende Terminologie u. a. bei *Michael Kloepfer*, Gesetzgebung im Rechtsstaat, VVDStRL 40 (1982), S. 63, 92; *Joachim Nocke*, Die Juristenausbildungsreform als Gesetzgebungsexperiment, in: Winfried Hassemer/Wolfgang Hoffmann-Riem/Jutta Limbach (Hrsg.), Juristenausbildung zwischen Experiment und Tradition, 1986, S. 25 ff.; *Wollmann* (Fn. 36), S. 80, die Gesetzgebungsexperimente als Synonym für Experimentiergesetze verwenden; unklar *Helmuth Schulze-Fielitz*, Theorie und Praxis parlamentarischer Gesetzgebung, 1988, S. 70.

Als Testmethoden der Entwurfsprüfung[59] sind zu nennen: der Modellversuch, der Praxistest, das Verwaltungsplanspiel, die vollformalisierte Modell-Simulation sowie das teilformalisierte, rechenbare Planspiel. Gemein ist diesen Gesetzentwurfstests die Hypothese, dass die geplante Regelung bereits in Kraft getreten ist.

Der Modellversuch[60] beinhaltet über einen befristeten Zeitraum für einen repräsentativen Teil der Betroffenen bzw. begrenzten Adressatenkreis durchgeführte Maßnahmen, vor und gegebenenfalls zu deren Umsetzung in eine gesetzliche Regelung. Damit können *erstmalig* zu regelnde Rechtsmaterien im Stadium noch nicht gesetzlich formulierter Maßnahmen hinsichtlich ihrer Auswirkungen bewertet werden.

Der Praxistest[61] ist der Test einer Regelung unter Einbeziehung von mindestens einer *realen* Adressatenebene (Rechtsanwender oder Betroffene) anhand realer oder hypothetischer Rechtsfälle, um die künftige Handhabung der Normen zu überprüfen.

Beim Verwaltungsplanspiel[62] wird das auf der Grundlage einer vorgesehenen Regelung antizipierbare Verhalten von Normadressaten risikolos anhand potenzieller Vorgänge von Rollenträgern in realitätsnahen Spielzügen simuliert. Die zur Rechtsanwendung notwendigen behördlichen und privaten Instanzen werden also von *anderen* als in der Wirklichkeit auftretenden Personen nach einer vorgegebenen Rollenbeschreibung hinsichtlich Stellung, Motiven, Interessenlage und Zielen „gespielt“.

Davon abzugrenzen ist die (vollformalisierte) Modell-Simulation:[63] „Simulationsmodelle sind formalisierte und quantifizierte Gleichungssysteme, die Beziehungen zwischen problemrelevanten Elementen ausdrücken, und durch Veränderungsfaktoren (Parameter) das zeitabhängige Verhalten des Systems nachahmen und fortschreiben. Sind sowohl die auslösenden Tatbestände als auch die Wirkungen eines Gesetzes quantifizierbar, und kommt es ferner nicht darauf an, das Verhalten von Normadressaten zu erklären, sondern lediglich die Folgen dieser Verhaltensweisen als ‚gesetzte‘ Daten zu untersuchen, so bietet sich die Modellsimulation als Testmethode an.“[64] Haupteinsatzbereich der vollformalisierten Modell-Simulation

---

[59] Dazu ausführlich *Carl Böhret/Werner Hugger*, Test und Prüfung von Gesetzentwürfen, 1980, S. 49ff.; *dies.*, Entwurfsprüfung, in: Bundesakademie für öffentliche Verwaltung (Hrsg.), Praxis der Gesetzgebung, 1983, S. 264, 275 ff.; *dies.*, Der Beitrag von Gesetzestests zur Optimierung der Zielverwirklichung, in: Waldemar Schreckenberger/Klaus König/Wolfgang Zeh (Hrsg.), Gesetzgebungslehre, 1986, S. 135 ff.

[60] Dazu näher *Böhret/Hugger* (Fn. 59), 1980, S. 54ff.; *Fricke/Hugger* (Fn. 56), S. 165 ff.; *Werner Hugger*, Gesetze – Ihre Vorbereitung, Abfassung und Prüfung, 1983, S. 328.

[61] Ausführlich dazu *Böhret/Hugger* (Fn. 59), 1980, S. 59ff.; *Fricke/Hugger* (Fn. 56), S. 184f.; *Hugger* (Fn. 60), S. 328.

[62] Siehe dazu *Böhret/Hugger* (Fn. 59), 1980, S. 73ff.; *Fricke/Hugger* (Fn. 56), 186ff.; *Hugger* (Fn. 60), S. 328; vgl. auch *Hans Schneider*, Gesetzgebung, 2. Auflage, 1991, Rdnr. 108.

[63] Vgl. dazu *Böhret/Hugger* (Fn. 59), 1983, S. 287 ff.; *Carl-Eugen Eberle*, Gesetzgebung und ADV, Waldemar Schreckenberger/Klaus König/Wolfgang Zeh (Hrsg.), Gesetzgebungslehre, 1986, S. 121, 123; *Hugger* (Fn. 60), S. 330.

[64] *Böhret/Hugger* (Fn. 59), 1983, S. 287.

ist die Sozial- und Finanzpolitik. So wurden die Rentenreformgesetzgebung 1972, das 2. Krankenversicherungsänderungsgesetz (Finanzstrukturmodell) sowie die Neuordnung der Finanzierung der gesetzlichen Rentnerkrankenversicherung durch Simulationsmodelle vorbereitet.[65]

Das teilformalisierte, rechenbare Planspiel[66] stellt eine entscheidungsbewertende Kombination von Rollenspiel (siehe Verwaltungsplanspiel) und (vereinfachtem) Simulationsmodell dar, bei dem die Entscheidungen als Startgrößen oder als Parameteränderungen eingehen und auf ihre Auswirkungen hin getestet werden: Die Wirklichkeit wird durch die Verbindung von Entscheidungen der Rollenträger und der Berechnungen auf der Grundlage des Modells reproduziert. Das Modell simuliert dabei die Umwelt, indem es die Vorbedingungen für die Entscheidungen nennt, Umwelteinflüsse in den Prozess einbringt, die Folgen einer bestimmten Entscheidung errechnet und daraufhin wieder neue Bedingungen erarbeitet. Diese Testmethode eignet sich insbesondere bei komplexen gesetzlichen Bestimmungen, bei deren Durchführung mehrere Beteiligte zusammenwirken.

Das stellenweise als perfektes Experiment[67] bzw. perfekte Testmethode[68] bezeichnete Zeitgesetz kann nach obiger Definition des Gesetzgebungsexperiments nicht unter selbigen Begriff subsumiert werden, da es sich dabei nicht mehr um einen Entwurf, sondern um ein vollgültiges Gesetz handelt.[69] Prägendes Kennzeichen für das Zeitgesetz ist seine Befristung. Sie erfolgt entweder durch eine vorgegebene Geltungsdauer oder durch die automatische Außerkraftsetzung bei Zielerreichung. Das Zeitgesetz[70] bietet sich an bei Materien, die völlig neu geregelt werden und bei denen über die Wirkungen der gesetzlichen Regelungen zum Zeitpunkt der Inkraftsetzung keine hinreichende Information zu gewinnen ist (insofern handelt es sich um experimentelle Gesetzgebung in Form von Experimentiergesetzen),[71] sowie bei Materien, deren Regelungsbedarf terminierbar erscheint. Als Beispiele für Zeitgesetze mögen an dieser Stelle genannt sein:

1. Das Gesetz über den Kündigungsschutz für Mietverhältnisse über Wohnraum (Wohnraumkündigungsschutzgesetz)[72], welches als Sonderregelung für Mietver-

[65] Näher dazu: *Ulrich Geissler*, Modellrechnungen zur Vorbereitung sozialpolitischer Entscheidungen, in: Peter Hoschka/Uwe Kalbhen (Hrsg.), Datenverarbeitung in der politischen Planung, 1975, S. 111ff.

[66] Näher dazu *Böhret/Hugger* (Fn. 59), 1983, S. 285ff.; *Hugger* (Fn. 60), S. 329; zum Einfluss der automatisierten Datenverarbeitung *Eberle* (Fn. 63), S. 330.

[67] *Fricke/Hugger* (Fn. 56), S. 156. Siehe auch *Peter Fricke/Werner Hugger*, Test von Gesetzentwürfen, Teil 2, Band 1, 1980, S. 156ff.

[68] *Böhret/Hugger* (Fn. 59), 1980, S. 49.

[69] So im Ergebnis auch *Böhret/Hugger* (Fn. 59), 1980, S. 49.

[70] Zum Zeitgesetz vgl. auch *Hermann Hill*, Einführung in die Gesetzgebungslehre, 1982, S. 36; *Harald Kindermann*, Erfolgskontrolle durch Zeitgesetz, in: Heinz Schäffer/Otto Triffterer (Hrsg.), Rationalisierung der Gesetzgebung, 1984, S. 138, 141ff.

[71] Dazu sogleich unter b) aa). Zu Zeit- und Experimentiergesetzen siehe auch *Hans-Peter Schneider*, Gesetzgebung und Einzelfallgerechtigkeit, ZRP 1998, 323, 324f.

[72] Gesetz vom 25.11.1971 (BGBl I, S. 1839).

hältnisse über Wohnraum bis zum 31.12.1979 befristet war, aber bereits ab dem 01.01.1975 als Dauerregelung in § 564 b BGB seinen Niederschlag fand.

2. Das Gesetz zur Energieversorgung bei Gefährdung oder Störung der Einfuhr von Erdöl, Erdölerzeugnissen oder Erdgas (Energiesicherungsgesetz 1975)[73], bei dem die Geltungsdauer nach § 18 auf den Zeitraum vom 01.01.1975 bis 31.12.1979 begrenzt war.

3. Der die Befreiung von der Pflicht zur Aufstellung eines Konzernabschlusses und eines Konzernlageberichts beinhaltende § 292 a HGB,[74] der gemäß Art. 5 KapAEG mit Wirkung vom 31.12.2004 außer Kraft tritt und der letztmals auf das Geschäftsjahr anzuwenden ist, das spätestens am 31.12.2004 endet.[75]

b) Experimentelle Gesetzgebung

Experimentelle Gesetzgebung[76] umfasst das auf die Kontrolle eines zum vorläufigen Gesetz verdichteten Regelungsvorschlags zielende Experiment; ihre Methode dient der Erfahrungssammlung mit den vorläufig verbindlichen legislativen Maßnahmen vor deren Umsetzung in eine endgültige gesetzliche Regelung.[77] Im Gegensatz zu den Gesetzgebungsexperimenten, die beabsichtigte legislative Maßnahmen *vor* ihrer Umsetzung in Gesetzesform erproben, gibt es bei der experimentellen Gesetzgebung bereits ein vollgültiges Gesetz, auch wenn dieses nur vorläufigen Charakter hat.

Die experimentelle Gesetzgebung basiert auf der bewussten Rezeption der Methode des Experiments als Verfahren rationaler Kritik im Rechtsetzungs- und Rechtsanwendungsprozess. Weiter gefasst bildet die Gesetzgebung im Modell der Rechtsfindungsgemeinschaft ein „Rechtsverfahren der rationalen Rechtskritik zur Rechtserkenntnis durch die Bildung von Rechtssätzen."[78]

Als (Unter-)Formen der experimentellen Gesetzgebung lassen sich einerseits Experimentiergesetze und andererseits Experimentierklauseln ausmachen. Der maßgebliche Unterschied ist der, dass Erstgenannte Versuche „durch" Gesetz gestalten, während Experimentierklauseln probeweise Regelungen „aufgrund" eines Gesetzes

---

[73] Gesetz vom 20.12.1974 (BGBl I, S. 3681).

[74] Eingeführt durch KapAEG vom 20.04.1998 (BGBl I, S. 707).

[75] „Zur Verfassungsmäßigkeit von § 292 a II Nr. 2 a) HGB" vgl. *Markus Heintzen*, BB 1999, 1050 ff.

[76] Grundlegend *Horn* (Fn. 44), der den Begriff „erprobende Gesetzgebung" abweichend von dem von ihm gewählten Titel für präziser hält, S. 24; siehe insbesondere auch *Wolfgang Hoffmann-Riem*, Experimentelle Gesetzgebung, in: Festschrift für Werner Thieme, 1993, S. 55 ff.; *Luzius Mader*, Experimentelle Gesetzgebung, in: Gesetzgebungstheorie und Rechtspolitik, 1988, S. 211 ff.

[77] *Horn* (Fn. 44), S. 24.

[78] *Karl-Heinz Fezer*, Die Pluralität des Rechts, JZ 1985, 762, 768.

zulassen.[79] Gemein ist ihnen dagegen ihre volle normative Geltungskraft und eine von vornherein vorgesehene, wenn auch nicht zwingend normierte Evaluation nach Abschluss des Experiments.[80]

aa) Experimentiergesetze

Das Experimentiergesetz – auch Erprobungs-[81], Test-[82] oder Versuchsgesetz[83] genannt – dient der planmäßigen Erprobung seines Regelungsinhalts: kennzeichnend ist mithin, dass das Gesetz selbst erprobt wird.[84] Es geht ihm um die realitätsnahe Sammlung von Erfahrungen mit der Wirkung einer vorläufigen legislativen Maßnahme vor deren Umsetzung in ein auf Dauer angelegtes Gesetz. Das Experimentiergesetz ist bereits voll wirksam. Charakteristisch ist ferner die formell vorgeschriebene, wirkungsunabhängige und kalendermäßig bestimmte Befristung seiner Geltungsdauer, wobei eine örtliche Begrenzung seines Geltungsbereichs möglich, aber nicht begriffsnotwendig ist.[85] Das Experimentiergesetz ist damit eine Variante des Zeitgesetzes mit der Besonderheit experimenteller Ausrichtung. Ein weiteres Kennzeichen sind festgeschriebene Evaluationsvorkehrungen wie etwa Evaluationsgebote und -gremien sowie Berichtspflichten u. Ä. Sie sollen die Beteiligten zur Lernbereitschaft anhalten, um auf der Grundlage neuer Einsichten das Gesetz gegebenenfalls aufzuheben oder auslaufen zu lassen.[86] In Abgrenzung zum „Normalgesetz", welches zwar auch jederzeit positiv weiterentwickelt werden kann, aber von einem aktuell für richtig gehaltenen Lösungsansatz ausgeht, hat das Experimentiergesetz seinen Ursprung in der vorhandenen Unsicherheit über den einzuschlagenden politisch-rechtlichen Weg.[87]

Die in der rechtspolitischen Wirklichkeit zunehmende Beliebtheit der Experimentiergesetze hat mehrere Gründe. Neben den unbestreitbaren Vorteilen, realitäts-

[79] So *Horn* (Fn. 44), S. 27; *Kloepfer* (Fn. 58), S. 92, spricht von Gesetzeserprobung auf der einen und exekutiver Testermöglichung auf der anderen Seite.

[80] Vorschläge für eine Verbesserung der Evaluierung bei *Gerd-Michael Hellstern/Hellmut Wollmann*, Wirksamere Gesetzesevaluierung. Wo könnten praktikable Kontrollverfahren und Wirkungsanalysen bei Parlament und Rechnungshof ansetzen?, ZParl 1980, 547 ff. Zu Effizienz und Effektivität als Evaluierungsgrößen *Knut Amelung*, Strafrechtswissenschaft und Strafgesetzgebung, ZStW 92 (1980), 19, 30 ff.

[81] BayVerfGH, BayVBl 1987, 110.

[82] *Wilfried Braun*, Offene Kompetenznormen – ein geeignetes und zulässiges Regulativ im Wirtschaftsverwaltungsrecht?, VerwArch 76 (1985), 158, 163.

[83] *Wilfried Berg*, Vom Wettlauf zwischen Recht und Technik, JZ 1985, 401, 402.

[84] *Kloepfer* (Fn. 58), S. 92.

[85] Als Beispiel für eine örtliche Begrenzung sei das „Landesgesetz über einen Versuch mit Breitbandkabel" vom 04.12.1980 (GVBl S. 229) genannt, mit dem in Rheinland-Pfalz die erste spezifische, rechtliche Grundlage für die neuen Medien in der Bundesrepublik geschaffen wurde. Das Gesetz bildete die Rechtsgrundlage für ein räumlich auf Ludwigshafen beschränktes Kabelpilotprojekt.

[86] *Hoffmann-Riem* (Fn. 76), S. 56.

[87] *Kloepfer* (Fn. 58), S. 92.

nah Erfahrungen zu sammeln und Prognoseunsicherheiten abzubauen, sind auch politisch-taktische Erwägungen maßgebend.[88] So vermitteln Experimentiergesetze den Eindruck, dass „etwas getan" wird, ohne dass die politische Führung viel riskiert („Es war nur ein Versuch!"). Durch sie können einerseits politische Widerstände leichter überwunden und Innovationen durchgesetzt werden, andererseits aber auch inhaltliche Regelungen langfristig verhindert werden, indem die Option offen gehalten wird, diese später leicht wieder zu beseitigen.[89] Kloepfer macht auf den seiner Meinung nach problematischen Trend der „Quasi-Verwissenschaftlichung" der Politik aufmerksam: „Gesetze nicht als Ergebnis politischer Entscheidungen, sondern als scheinbare Konsequenzen angeblich erwiesener sozialer Notwendigkeiten."[90] Diese möglichen Motivationen ändern jedoch nichts an der Tatsache, dass es sich bei entsprechenden Normkomplexen um Experimentiergesetze handelt.

Als Beispiele und Beleg für die Verbreitung von Experimentiergesetzen seien hier nur die folgenden Politikfelder genannt:

- Medienpolitik (z. B. Bildschirmtextversuche, Kabelpilotprojekte, Medienerprobungsgesetze),[91]
- Verkehrspolitik (z. B. Tempo 100 bzw. 130),[92]
- Wirtschaftspolitik (z. B. Konjunkturzuschlagsgesetz 1970 oder die Vorschriften über ein Bardepot aus den Jahren 1972/73).[93]

Die verfassungsrechtliche Zulässigkeit von Experimentiergesetzen soll in dieser Arbeit nicht weiter untersucht werden. An dieser Stelle genügt ein Aufriss des Diskussionsstandes in Rechtsprechung und Literatur. Im Rahmen der näheren Betrachtung von Experimentierklauseln für die Verwaltung werden jedoch gegebenenfalls Parallelen zu den vorliegenden Erkenntnissen bezüglich der Experimentiergesetze zu ziehen sein.

Das Bundesverfassungsgericht gesteht beispielsweise hinsichtlich der neuen Medien „dem Gesetzgeber insoweit eine erheblich größere Gestaltungsfreiheit zu".[94]

---

[88] Darauf verweisen zu Recht *Hoffmann-Riem* (Fn. 76), S. 56f.; *Kloepfer* (Fn. 58), S. 92; *Wollmann* (Fn. 36), S. 81f.

[89] *Hoffmann-Riem* (Fn. 76), S. 56f.

[90] *Kloepfer* (Fn. 58), S. 93. Es ist nicht Aufgabe dieser Dissertation zu untersuchen, ob die eingangs zitierte sozialwissenschaftliche, überwiegend aus den USA stammende Literatur auf einem derartigen Politikverständnis beruht.

[91] Vgl. dazu u. a. BayVerfGH, BayVBl 1987, 77ff., 110ff.; *Horn* (Fn. 44), S. 371f.; *Ingo Richter*, Experiment und Begleitforschung bei der Grundrechtsverwirklichung, in: Winfried Hassemer/Wolfgang Hoffmann-Riem/Jutta Limbach (Hrsg.), Grundrechte und soziale Wirklichkeit, 1982, S. 77, 83ff.; *Reinhard Ricker*, Die gesetzliche Regelung des Kabelpilotprojektes Ludwigshafen, NJW 1981, 849ff.; *Walter Schmitt Glaeser*, Kabelkommunikation und Verfassung, 1979, passim.

[92] Siehe dazu *Eckel* (Fn. 40), S. 46; *Wollmann* (Fn. 36), S. 86.

[93] Vgl. *Peter J. Tettinger*, Rechtsanwendung und Kontrolle im Wirtschaftsverwaltungsrecht, 1980, S. 298 m. w. N.

[94] BVerfGE 57, 295, 324.

Auch bei anderen „komplexen, in der Entwicklung begriffenen Sachverhalten" gebühre der Legislative „eine angemessene Frist zur Sammlung von Erfahrungen",[95] innerhalb derer kein verfassungsgerichtliches Eingreifen erfolge und während derer sich der Gesetzgeber „mit gröberen Typisierungen und Generalisierungen begnügen darf".[96] Allerdings darf der „Gesetzgeber sich auch in einem Erprobungsgesetz keine ‚Spielwiese' für verfassungswidrige Experimente schaffen."[97] Wenn die durch Experimentiergesetze möglicherweise gefährdeten, grundrechtlich geschützten Rechtsgüter einen hohen Verfassungsrang haben, können sich Experimente auch gänzlich verbieten.[98]

In der Literatur ist es zunächst Kloepfer gewesen, der sich mit der verfassungsrechtlichen Zulässigkeit von Experimentiergesetzen auseinander gesetzt hat.[99] Er kommt zu dem Ergebnis, dass – neben dem gerade beschriebenen Verbot – Experimentiergesetze als Ausfluss der gesetzgeberischen Erkundungs- und Prognosepflicht auch geboten sein können.[100] An verfassungsrechtlichen Voraussetzungen hält er neben der grundsätzlichen Legitimität und Testbarkeit des Testziels das Bedürfnis nach einem Test, die Geeignetheit und die Erforderlichkeit des Tests für unabdingbar;[101] daneben seien Befristung[102] und Ergebnisoffenheit[103] zu fordern.[104] Eine gelockerte Verfassungsbindung für Experimentiergesetze sei abzulehnen;[105]

---

95 BVerfGE 43, 291, 321.

96 BVerfGE 70, 1, 34. Zustimmend *Peter Baumeister*, Das Rechtswidrigwerden von Normen, 1996, S. 23.

97 BayVerfGH, BayVBl 1987, 110 (bayerisches Medienerprobungs- und -entwicklungsgesetz).

98 BVerfGE 39, 1, 60 (Schwangerschaftsabbruch) bezüglich des Rechtsguts „Leben". Ebenso *Christian Pestalozza*, Gesetzgebung und Rechtsstaat, NJW 1981, 2081, 2083f., und *Tettinger* (Fn. 93), S. 301 f. Zur Grundrechtsrelevanz von Experimenten siehe auch *Richter* (Fn. 91), S. 91 ff.

99 *Kloepfer* (Fn. 58), S. 93 ff. Vgl. auch schon *Michael Kloepfer*, Diskussionsbeitrag, in: Klaus Vogel (Gesamtredaktion), Grundrechtsverständnis und Normenkontrolle, 1979, S. 86. Kritisch gegenüber Experimentiergesetzen u. a. *Walter Leisner*, „Gesetz wird Unsinn...", DVBl 1981, 849, 855, und *Günther Winkler*, Gesetzgebung und Verwaltungsrecht, in: ders./Walter Antoniolli (Hrsg.), Gesetzgebung, 1981, S. 100, 102f.

100 *Kloepfer* (Fn. 58), S. 93.

101 *Kloepfer* (Fn. 58), S. 94; *Horn* (Fn. 44), S. 370, leitet aus dem rechtsstaatlichen Übermaßverbot Anforderungen an „die Aussagefähigkeit und die Erforderlichkeit des gesetzgeberischen Versuchs" ab. Das Experiment müsse hinreichend geeignet sein, einen andernfalls nicht zu erreichenden Abbau der Prognoseunsicherheit zu bewirken.

102 Laut *Horn* (Fn. 44), S. 370, folgt dies aus Ziel, Funktion und Verhältnismäßigkeit von Experimentiergesetzen.

103 Nach *Horn* (Fn. 44), S. 370, ist die „Frage nach der Legitimität der zwangsläufigen Irreversibilität von Experimentfolgen (...) Gegenstand der Prüfung der Verhältnismäßigkeit im engeren Sinne. Die Abwägung entscheidet über die verbleibende Entscheidungsoffenheit."

104 Näheres bei *Kloepfer* (Fn. 58), S. 94f.

105 So auch *Horn* (Fn. 44), S. 367; *Schmitt Glaeser* (Fn. 91), S. 226f. Der Frage, ob für Experimentierklauseln eine gelockerte Verfassungsbindung gilt, wird in Teil 3, II. nachgegangen.

allerdings relativierten sich die rechtsstaatlichen Vorhersehbarkeits- und Bestimmbarkeitsgebote und die gesetzgeberischen Ermittlungs- und Prognosepflichten.[106]

bb) Experimentierklauseln

Neben den Experimentiergesetzen sind die Experimentierklauseln als (Unter-)Form der experimentellen Gesetzgebung Ausprägung experimenteller Rechtsetzung. Auch wenn die Verwendung von Experimentierklauseln vor allem in den letzten Jahren Hochkonjunktur hat, sind sie keinesfalls ein neuartiges Phänomen. Während sich allgemeine Ansätze experimenteller Politik in der Bundesrepublik Deutschland bis in die späten fünfziger Jahre zurückverfolgen lassen,[107] ist als eine der ersten und wohl bekanntesten Experimentierklauseln die des § 5 b DRiG zu nennen. Die durch Gesetz vom 10.09.1971 in das Deutsche Richtergesetz eingefügte Klausel[108] hatte in Absatz 1 folgenden Wortlaut:

„Einstufige Ausbildung

(1) Das Landesrecht kann Studium und praktische Vorbereitung in einer gleichwertigen Ausbildung von mindestens fünfeinhalb Jahren zusammenfassen. Ein Teil der Ausbildung ist bei Gerichten, Verwaltungsbehörden und Rechtsanwälten abzuleisten. Die erste Prüfung kann durch eine Zwischenprüfung oder durch ausbildungsbegleitende Leistungskontrollen ersetzt werden. Die Abschlußprüfung soll in ihren Anforderungen der in § 5 vorgesehenen zweiten Prüfung gleichwertig sein. § 6 Abs. 2 gilt entsprechend."

Trotz der langen Tradition hat sich die Gesetzgebungslehre nur sporadisch mit dem Phänomen der Experimentierklauseln auseinander gesetzt.[109] Angesichts der weiten Verbreitung in verschiedenen Gebieten des besonderen Verwaltungsrechts fällt es schwer, eine einheitliche und abschließende Definition der Experimentierklausel zu finden. Zumeist wird der Begriff bereichsspezifisch verwendet. Dementsprechend lassen sich auch die anzutreffenden Norminhalte nicht verallgemeinern. Auszugehen ist deshalb zunächst von einzelnen Essentialia, die für den Begriff der Experimentierklausel in allen Bereichen konstituierend sind.

---

106 *Kloepfer* (Fn. 58), S. 95 f.; *Horn* (Fn. 44), S. 371, führt aus, dass an den Bestimmtheitsgrundsatz, ähnlich wie bei Planungsgesetzen, nur eingeschränkte Anforderungen zu stellen seien.

107 Vgl. dazu näher *Wollmann* (Fn. 36), S. 76 m. w. N.

108 Von den unzähligen Beiträgen zu § 5 b DRiG seien nur genannt: *Horst-Diether Hensen/Wolfgang Kramer*, Welche Maßnahmen empfehlen sich – auch im Hinblick auf den Wettbewerb zwischen Juristen aus den EG-Staaten – zur Verkürzung und Straffung der Juristenausbildung?, Gutachten F für den 58. Deutschen Juristentag, 1990, F 28 ff.; *Ernst E. Hirsch*, Experimentierklausel, JZ 1971, 286 ff.; *Nocke* (Fn. 58), S. 25 ff.; *Alfred Rinken*, Einführung in das juristische Studium, 3. Auflage, 1996, S. 289 ff.; *Hans Heinrich Rupp*, Reform der Juristenausbildung unter numerus clausus, WissR 6 (1973), 105 ff.; *Wollmann* (Fn. 36), S. 78 f.; zur Verfassungswidrigkeit von Vorschriften über die einstufige Juristenausbildung in Bremen siehe BremStGH, DÖV 1975, 352 ff.

109 Symptomatisch das Standardwerk von *Schneider* (Fn. 62), Rdnr. 107, der den Begriff der Experimentierklausel nur beiläufig erwähnt.

Experimentierklauseln stellen ein rechtstechnisches Mittel dar, welches Abweichungen vom aktuellen Gesetzeszustand zulässt und damit den Geltungsanspruch des Gesetzes partiell einschränkt. Die Klausel befreit dabei durch Zulassung „negativen Sonderrechts“[110] nur von Rechtsnormen, ohne selbst materielle Regelungen bezüglich des Experiments zu enthalten. Sie dient zur Sammlung von Erfahrungen, die wiederum zum Gegenstand neuer Gesetzgebung gemacht werden sollen. Klarstellend ist anzumerken, dass der Begriff des Gesetzes in diesem Zusammenhang im Sinne eines materiellen Gesetzes verwendet wird. Dies deshalb, um nicht die Experimentierklauseln auszuschließen, die der Verordnunggeber beispielsweise im Gemeindehaushaltsrecht ohne ausdrückliche parlamentsgesetzliche Ermächtigung verankert hat.[111]

Gleichermaßen wie hinsichtlich ihres Urhebers könnte die Begriffsbestimmung auch hinsichtlich des Adressaten weit sein. Denn eine Experimentierklausel kann sich sowohl an den (Landes-)Gesetzgeber[112] als auch – so der Regelfall – an die Exekutive wenden. Nur letztere Variante soll Gegenstand dieser Arbeit und bei Verwendung des Begriffs der Experimentierklausel gemeint sein. Auf die korrekte, den Adressaten bezeichnende Formulierung „Experimentierklausel für die Verwaltung“ soll im Folgenden zugunsten von sprachlicher Einfachheit verzichtet werden.

Ein weiteres Differenzierungskriterium stellt der Kreis der regelmäßig vorhandenen Antragsteller bzw. der Erprobenden dar. In der ganz überwiegenden Zahl der Fälle ist Antragsteller und Erprobender ein Verwaltungsträger. Dies ist jedoch nicht zwingend; so gibt es Rechtsmaterien, in denen Erprobender typischerweise ein privater Rechtsträger ist.[113] Bei den entsprechenden Normen handelt es sich somit zwar um Experimentierklauseln, aber nicht um solche „für die Verwaltung“, so dass sie im Rahmen dieser Arbeit nicht näher zu untersuchen sind.

Experimentierklauseln lassen sich in der Regel als Ermächtigungen zum Dispens verstehen. Ein Dispens ist allgemein ein hoheitlicher Akt, der einen konkreten Einzelfall von der Geltung des sonst anzuwendenden Gesetzes ausnimmt. Dispens(ations)ermächtigungen[114] sind folglich Normen, die „Verwaltungsbehörden oder Gerichten die Befugnis einräumen, nach ihrem Ermessen für einzelne Fälle

---

[110] *Dietrich Pirson*, Vorläufige und experimentelle Rechtsetzung im Schulrecht und Hochschulrecht, in: Festschrift für Hermann Jahrreiß, 1974, S. 181, 185.

[111] Vgl. § 49 GemHVO BW; § 43 a GemHVO Bbg.; § 46 GemHVO Rh.-Pf.; § 48 GemHVO Sachsen.

[112] Diesen Adressaten außer Acht lassend *Horn* (Fn. 44), S. 27 f. So der bereits erwähnte § 5 b DRiG oder – aktuell – der durch Gesetz vom 15.12.1999 (BGBl I, S. 2400) eingefügte § 15 a EGZPO. Vgl. zu § 15 a EGZPO bereits *Hanns Prütting*, Referat, Obligatorische Streitschlichtung im Zivilprozeß – Chancen und Probleme, Verhandlungen des 62. Deutschen Juristentages, Band II/1, 1998, S. O 11, O 22.

[113] Vgl. unten Teil 2, II. 1. und 2.

[114] Beide Termini sind gängig und gleichbedeutend, vgl. *Christian Mickisch*, Die Gnade im Rechtsstaat, 1996, S. 80 ff., und *Reinhard Mußgnug*, Der Dispens von gesetzlichen Vorschriften, 1964, passim.

Ausnahmen von den Anordnungen des Gesetzgebers zu machen."[115] Der von den Dispensermächtigungen geforderte Einzelfallbezug ist jedoch für die Annahme einer Experimentierklausel nicht unabdingbare Voraussetzung. So gibt es in der Praxis einige Beispiele für „Experimentierklauseln", die Ermächtigungen an die Exekutive beinhalten, im Verordnungswege von geltendem Recht zu befreien.[116]

Aus den genannten Essentialia lässt sich folgende Definition ableiten:

Experimentierklauseln bilden eine Gesetzestechnik, mit Hilfe derer der Gesetz- oder Verordnunggeber zur Erprobung eines von der Verwaltung durchzuführenden Vorhabens, welches zu einem späteren Zeitpunkt auf der Basis der gewonnenen Erfahrungen endgültig normiert werden soll, die Exekutive ermächtigt, von geltendem Recht abzuweichen oder zu dispensieren.

Zur Begriffsbildung ist noch festzuhalten, dass – auch in der vorliegenden Arbeit – weitere Ausdrücke synonym zu „Experimentierklausel" verwendet werden. Herauszuheben sind Vokabeln wie „Öffnungsklausel"[117], „Versuchsklausel"[118] und „Erprobungsklausel"[119].

---

[115] *Mußgnug* (Fn. 114), S. 59.

[116] Vgl. die Anwendungsbeispiele in Fn. 181, 185, 190f. und 213.

[117] *Bernd Grzeszick*, Öffnungsklauseln für die Kommunalverwaltung, Die Verwaltung 1997, 545ff.; *Siegfried Jutzi*, Zur Zulässigkeit genereller Öffnungs- oder Nichtanwendungsklauseln in Rechts- und Verwaltungsvorschriften in bezug auf normative Standards, DÖV 1986, 25ff.

[118] *Horn* (Fn. 44), S. 28 mit Fn. 70.

[119] So die Bezeichnung des Berliner Gesetzgebers in § 7 a BerlHG.

Teil 2

Anwendungsbereiche von Experimentierklauseln und von verwandten Klauseln

I. Anwendungsbereiche von Experimentierklauseln

Es ist schon darauf hingewiesen worden, dass die Anwendungsbereiche der Experimentierklauseln weitgefächert sind. Dies gilt es insoweit zu präzisieren, als dass im Folgenden die Gebiete des besonderen Verwaltungsrechts vorgestellt werden, in denen Experimentierklauseln aktuelle Bedeutung haben. Dabei handelt es sich vornehmlich um Bereiche der Selbstverwaltung. Zur Erklärung dieses Umstands seien zwei mögliche Gründe genannt: Die Reformfreudigkeit und die Innovationsfähigkeit sind in kleineren Körperschaften ausgeprägter als in größeren Verwaltungseinheiten bzw. auf Bundes- und Landesebene. Zudem steht der demokratisch verfassten Binnenstruktur bei Selbstverwaltungsträgern eine stärker hierarchisch gegliederte bundes- oder landesunmittelbare Verwaltung gegenüber.[120] Dennoch sind auch in Bereichen unmittelbarer Staatsverwaltung Experimentierklauseln anzutreffen, wovon die nachfolgenden Beispiele aus dem Schul- und Sozialrecht zeugen.

1. Kommunalrecht

a) Weiterentwicklung der kommunalen Selbstverwaltung

Mit Ausnahme von Thüringen haben alle Flächenbundesländer zur Weiterentwicklung der kommunalen Selbstverwaltung bzw. zur Erprobung neuer Steuerungsmodelle Experimentierklauseln geschaffen,[121] die im Einzelfall auf Antrag Ausnah-

---

[120] Vgl. auch für den Bereich des Haushaltsrechts die Analyse von *Hanns H. Seidler*, Globalhaushalte und ihre rechtlichen Schranken. Oder: Das späte Leiden am preußischen Budgetkonflikt, KJ 1996, 75, 78.

[121] Zwar werden auch in Berlin, Bremen und Hamburg neue Steuerungsmodelle erprobt, doch da in den Stadtstaaten traditionsgemäß keine Gebietskörperschaften mit Selbstverwaltungsfunktionen errichtet sind (vgl. BVerfGE 83, 60, 75), und aufgrund der im Vergleich zu den Flächenländern unterschiedlichen Verwaltungsstruktur gibt es keine „kommunalrechtlichen" Experimentierklauseln. Weder mit Experimentierklauseln noch mit neuen Steuerungsmodellen dürfen innere Bezirksreformen verwechselt werden, wie sie beispielsweise vor kurzem in Berlin stattfanden. Siehe hierzu nur *Joerg Mueller-Thuns/Matthias Schubert*, Aufbau der Verwaltung in Berlin, LKV 1999, 213ff.

men von organisations- und haushaltsrechtlichen Vorschriften ermöglichen sollen. Die Vorgehensweise ist dabei unterschiedlich: Während einige Bundesländer die Experimentierklauseln unmittelbar in die Gemeinde- und Landkreisordnungen aufgenommen haben,[122] haben sie bei anderen nur in die Gemeindehaushaltsverordnungen[123] und teilweise in die Gemeindekassenverordnungen[124] Eingang gefunden. Mecklenburg-Vorpommern, das Saarland und Schleswig-Holstein haben die Experimentierklauseln doppelt, d. h. sowohl in formellen Gesetzen als auch in den jeweiligen Gemeindehaushaltsverordnungen, implementiert.[125] Die wichtigsten Unterschiede der Regelungsgehalte – sowohl die Differenzen innerhalb der genannten Gruppen als auch zwischen ihnen – sollen kurz veranschaulicht werden.

Die in den Gemeindeordnungen verankerten Experimentierklauseln weisen im Kern ähnliche Regelungen auf. Als Ziele werden die Weiterentwicklung der kommunalen Selbstverwaltung und/oder die Erprobung neuer Modelle der Steuerung (und des Haushalts- und Rechnungswesens) genannt. Zuständig für die auf Antrag im Einzelfall zu erteilende befristete[126] Genehmigung für eine Ausnahme ist jeweils das Innenministerium. Nach der gebräuchlichsten Gesetzesformulierung können Ausnahmen zugelassen werden von den organisations- und haushaltsrechtlichen Vorschriften der jeweiligen Gemeindeordnung und den zu ihrer Durchführung ergangenen Verordnungen. Zumeist werden diese Vorschriften enumerativ spezifiziert: „Ausnahmen können zugelassen werden von den Regelungen über die Haushaltssatzung, den Haushaltsplan, den Stellenplan, die Jahresrechnung, die Rechnungsprüfung und von Regelungen zum Gesamtdeckungsprinzip, zur Deckungsfähigkeit, zur Übertragbarkeit und zur Buchführung sowie anderen Regelungen, die hiermit in Zusammenhang stehen."[127]

Die Befugnis, die Genehmigungen mit Bedingungen und Auflagen zu versehen, ist nur teilweise festgeschrieben worden;[128] Gleiches gilt für die Pflicht zur Evaluation.[129]

---

122 So Bayern: Art. 117a GO; Art. 103a LKrO; Art. 99a BezO; Hessen: § 133 GO; § 52 LKrO; Niedersachsen: § 138 GO; § 65 S. 2 LKrO; Nordrhein-Westfalen: § 126 GO; § 63 KrO; Sachsen-Anhalt: § 146 GO; § 69a LKrO.

123 So Baden-Württemberg: § 49 GemHVO; Brandenburg: § 43a GemHVO; Rheinland-Pfalz: § 46 GemHVO; Sachsen: § 48 GemHVO.

124 In Baden-Württemberg: § 41 II GemKVO; Brandenburg: § 47a GemKVO; Rheinland-Pfalz: § 48 GemKVO.

125 Mecklenburg-Vorpommern: § 42a KV (= GO); § 120 KV (= LKrO); § 144 KV (= AO); § 45 GemHVO; Saarland: § 126a KSVG (= GO); § 189 KSVG (= LKrO); § 47 GemHVO; Schleswig-Holstein: § 135a GO; § 73a LKrO; § 45a GemHVO.

126 In Niedersachsen wird die Genehmigung auf längstens fünf Jahre erteilt.

127 So beispielhaft § 146 II GO LSA. § 126 II GO NW sieht darüber hinaus noch die Möglichkeit zur Abweichung von den Regelungen über die organisationsrechtliche Stellung des Kämmerers vor.

128 So in § 133 I 2 GO Hessen; nach Art. 117a S. 3 GO Bayern sind Bedingungen und Auflagen insbesondere zulässig, „um die Vergleichbarkeit des Kommunalrechtsvollzugs auch im Rahmen einer Erprobung möglichst zu wahren und die Ergebnisse der Erprobung für andere

Die in den Gemeindehaushaltsverordnungen aufgenommenen Experimentierklauseln ermächtigen die ober(st)en (Rechts-)Aufsichtsbehörden, auf Antrag im Einzelfall von den Vorschriften dieser Verordnungen[130] befristet[131] zu dispensieren. Während durchweg die Zulässigkeit von Auflagen und Bedingungen geregelt ist, hat nur Sachsen Evaluationsvorkehrungen in der Verordnung vorgesehen.[132] In Ausführungsanweisungen zu den Gemeindehaushaltsverordnungen in Mecklenburg-Vorpommern[133] und Schleswig-Holstein[134] sind weitere Einzelheiten geregelt.

Aus der Gruppe von Bundesländern, die eine doppelte Implementierung der Experimentierklausel vorgenommen hat, sei besonders auf die Experimentierklausel in der Gemeindeordnung Schleswig–Holsteins aufmerksam gemacht, die einen sehr weiten Anwendungsbereich hat. § 135 a GO lautet:

> „Weiterentwicklung der kommunalen Selbstverwaltung (Experimentierklausel)
> Zur Erprobung neuer Steuerungsmodelle, zur Weiterentwicklung der kommunalen Selbstverwaltung auch in der grenzüberschreitenden kommunalen Zusammenarbeit sowie zur Weiterentwicklung der wirtschaftlichen Betätigung und der privatrechtlichen Beteiligung

---

Gemeinden, für Landkreise und für Bezirke nutzbar zu machen." Ähnlich auch § 146 III GO LSA.

129 Gemäß § 138 III 2 GO Nds. hat die Gemeinde sicherzustellen, dass das Vorhaben plangerecht durchgeführt, ausreichend dokumentiert und ausgewertet wird. Die Gemeinde hat nach Abs. 4 zu einem in der Genehmigung festzulegenden Zeitpunkt einen Erfahrungsbericht vorzulegen, den das Innenministerium dem Landtag bekannt gibt.

130 In Sachsen auch von bestimmten Verwaltungsvorschriften.

131 Eine konkrete Höchstdauer nennt nur Sachsen mit fünf Jahren, § 48 III 1 GemHVO.

132 Vgl. § 48 III 4, IV GemHVO.

133 In der Ausführungsanweisung zur Gemeindehaushaltsverordnung in der Fassung vom 05.01.1996 (ABl S. 93) heißt es in Nummer 37 zu § 45 GemHVO:

„§ 45 ermöglicht es, auf Antrag Ausnahmen von einzelnen Vorschriften der GemHVO zur Erprobung abweichender Regelungen zuzulassen.

1. Der Antrag ist spätestens vier Monate vor Beginn des Haushaltsjahres zu stellen, in dem mit der Erprobung des neuen Organisations- und Steuerungsmodelles begonnen werden soll.
2. Der Antrag ist zu begründen. Der von der Erprobung erwartete finanzwirtschaftliche und sonstige Nutzen ist darzustellen.
3. Im Antrag sind die Vorschriften der GemHVO, für die eine befristete Ausnahmeregelung angestrebt wird, konkret zu benennen. Anzugeben ist, welche abweichende Regelung in der Erprobungsphase an die Stelle der in der GemHVO getroffenen Regelung treten soll."

134 In der Ausführungsanweisung zur Gemeindehaushaltsverordnung in der Fassung vom 25.10.1993 (ABl S. 828) heißt es in Nummer 37 zu § 45 a GemHVO:

„§ 45 a ermöglicht es, auf Antrag Ausnahmen von einzelnen Vorschriften der GemHVO zur Erprobung abweichender Regelungen zuzulassen. In Hinblick darauf, daß auf Dauer ein einheitliches Haushaltsrecht für die Kommunen gewährleistet bleiben muß, können Ausnahmeregelungen nur für einen begrenzten Zeitraum, höchstens fünf Jahre, getroffen werden.

In der Regel wird bei der Erteilung einer Ausnahme gleichzeitig ein Erfahrungsbericht gefordert werden als eine Grundlage für die Entscheidung über eine entsprechende Änderung der GemHVO. Geben die Erfahrungen keinen Anlaß zur Änderung der GemHVO, muß die kommunale Körperschaft nach Ablauf der Ausnahmefrist wieder die geltende Regelung anwenden."

der Gemeinden kann die Innenministerin oder der Innenminister im Einzelfall zeitlich begrenzte Ausnahmen von organisations- und gemeindewirtschaftsrechtlichen Vorschriften des Gesetzes oder der zur Durchführung ergangenen Verordnungen sowie von den ausschließlich für die Mitarbeiterinnen und Mitarbeiter der kommunalen Körperschaften geltenden dienstrechtlichen Vorschriften des Landes zulassen."

Das Ziel der Weiterentwicklung der wirtschaftlichen Betätigung und der privatrechtlichen Beteiligung der Gemeinden findet sich ebenso wenig in anderen Experimentierklauseln wie die Ausnahme von den genannten dienstrechtlichen Vorschriften.[135] Unter der grenzüberschreitenden kommunalen Zusammenarbeit ist beispielsweise die gemeinsame interkommunale Entwicklung „von Wohn- und Gewerbegebieten unter Einbeziehung von Planung, Erschließung im weitesten Sinne, Finanzierung, Kostenverteilung, Verteilung der Steuereinnahmen, anteilige Vergabe der erschlossenen Grundstücke, Entwicklung eines Marketingkonzeptes" zu verstehen.[136]

b) *Kommunalisierung der Aufgabenerledigung*

Ein weiteres Anwendungsfeld von kommunalrechtlichen Experimentierklauseln ist die Kommunalisierung der Aufgabenerledigung. Dabei sind in Nordrhein-Westfalen,[137] Schleswig-Holstein und Sachsen-Anhalt drei unterschiedliche Vorgehensweisen zu beobachten:

Nordrhein-Westfalen hat in § 1 des Gesetzes für ein Kommunalisierungsmodell[138] die folgende Regelung getroffen:

„Kommunalisierungsklausel
Zur Erprobung neuer Modelle der Aufgabenerledigung können Kreise, Städte und Gemeinden auf Antrag von gesetzlichen Vorschriften nach Maßgabe dieses Gesetzes befreit werden. Der Antrag ist an das Innenministerium zu richten. In dem Antrag sind die angestrebten Ziele und vorgesehenen Verfahrensweisen für den Modellversuch darzustellen; außerdem

---

[135] Weitgehend inhaltsgleich, angepasst an die Kreise, ist § 73 a LKrO SH.

[136] *Bracker*, in: ders./Dehn, Gemeindeordnung für Schleswig-Holstein, § 135 a 3. Siehe auch *ders.*, in: ders./Conrad/Dehn/Erps/von Scheliha, Kreisordnung für Schleswig-Holstein, § 73 a 2. Eine davon abweichende Vorstellung von den Begriffen der „grenzüberschreitenden kommunalen Zusammenarbeit" hatte womöglich der nordrhein-westfälische Gesetzgeber. In den einschlägigen Kommentierungen wird jedenfalls auf die fortschreitende Europäisierung und damit auf die Anpassung an das Recht des Nachbarstaates abgestellt, vgl. *Rehn/Cronauge*, § 126 GO NW, Erl. III. 5.; *Steup/Schneider/Lienen*, § 126 GO NW, Erl. C Rdnr. 2.

[137] Zur Kommunalisierung von Aufgabenbereichen in Nordrhein-Westfalen *Joachim Jens Hesse*, Regierungs- und Verwaltungsreform in Nordrhein-Westfalen, 1999, S. 180 ff.

[138] Kommunalisierungsmodellgesetz – KommG; beschlossen als Art. 1 des Gesetzes zur Stärkung der Leistungsfähigkeit der Kreise, Städte und Gemeinden in Nordrhein-Westfalen vom 25.11.1997 (GVBl S. 430 f.); nur unwesentlich geändert durch Art. 4 des 1. ModernG NW vom 15.06.1999, GVBl S. 389 f.

ist anzugeben, wie die übertragenen Aufgaben effizient, ohne Qualitätsabstriche und kostengünstiger erfüllt werden können."

In § 2 KommG werden sodann in neun Ziffern Vorschriften aus verschiedenen materiellen Gesetzen aufgelistet, von denen die beteiligten Kreise, Städte und Gemeinden für die Dauer von höchstens fünf Jahren (§ 3 III KommG) befreit werden können. Die Beteiligten werden durch Rechtsverordnung des Innenministeriums unter dem Gesichtspunkt ausgewählt, inwieweit aufgrund der Beschreibung im Antrag die durch das Experiment gewonnenen Erfahrungen auf andere Gebietskörperschaften übertragbar sind (§ 3 I, II KommG).

Einen anderen Weg geht Schleswig-Holstein durch die Implementierung einer Experimentierklausel in das Landesverwaltungsgesetz.[139] Seit dem 24.12.1998 gilt folgender § 25 a:

„Experimentierklausel

(1) Zur Erprobung einer ortsnahen Aufgabenerfüllung können
   1. die Kreise auf die Gemeinden oder Ämter Aufgaben übertragen,
   2. die Landrätinnen oder die Landräte auf die Bürgermeisterinnen oder Bürgermeister oder die Amtsvorsteherinnen oder Amtsvorsteher Zuständigkeiten übertragen,

   die ihnen durch Rechtsvorschrift des Landes zugewiesen sind. Eine solche Aufgaben- oder Zuständigkeitsübertragung ist durch öffentlich-rechtlichen Vertrag zwischen den Beteiligten zu vereinbaren.

(2) Der öffentlich-rechtliche Vertrag bezeichnet die Aufgabe oder Zuständigkeit, die übertragen wird. Er ist auf höchstens zehn Jahre zu befristen. Er soll einen Kostenausgleich regeln. Er ist vom Kreis im Amtsblatt für Schleswig-Holstein bekanntzumachen.

(3) Der öffentlich-rechtliche Vertrag bedarf der Zustimmung des Innenministeriums. Soweit er Aufgaben zur Erfüllung nach Weisung zum Gegenstand hat, erfolgt die Zustimmung im Einvernehmen mit der obersten Fachaufsichtsbehörde."

Diese Experimentierklausel ist unter zwei Gesichtspunkten neuartig: Zum einen wird erstmalig in einem Landesverwaltungsgesetz experimentiert, zum anderen basieren diese Experimente auf öffentlich-rechtlichen Verträgen.

Sachsen-Anhalt schließlich hat in § 133 IV GO LSA Folgendes normiert:[140]

„Grundsatz, Aufgaben der Aufsicht, Modellvorhaben

(1) ...

(2) ...

(3) ...

(4) Die oberste Kommunalaufsichtsbehörde kann im Benehmen mit der Fachaufsicht zur Erprobung neuer Lösungen bei der kommunalen Aufgabenerledigung für einen vorübergehenden Zeitraum einzelne Gemeinden und Verwaltungsgemeinschaften auf Antrag von der Einhaltung landesgesetzlicher und von der Fachaufsicht generell vorgegebener Rechtsvorschriften und von Standards befreien, wenn die grundsätzliche Erfüllung des Gesetzesauftrages sichergestellt ist."

---

139 GVBl 1998, S. 370.

140 Eingeführt durch Gesetz vom 31.07.1997 (GVBl S. 721).

Durch § 133 IV GO LSA wird der experimentelle Akzent verstärkt ins Aufsichtsrecht verlegt.

Einen sehr eingeschränkten Anwendungsbereich, der sich jedoch partiell unter das Schlagwort „Kommunalisierung der Aufgabenerledigung" fassen lässt, hat die Experimentierklausel in § 3 V des Berliner Verwaltungsreform-Grundsätze-Gesetzes,[141] die es u. a. ermöglicht, dass Meldestellenangelegenheiten nicht mehr nur vom Landeseinwohneramt, sondern auch von den Bezirken erledigt werden können.

c) *Befreiung von Standards*

Neben der Kommunalisierung der Aufgabenerledigung hat § 133 IV GO LSA einen zweiten Schwerpunkt, der einen weiteren Anwendungsbereich von Experimentierklauseln markiert: den Abbau bzw. die Befreiung von Standards.[142] Gemeint sind verwaltungsrechtliche Standards, insbesondere solche für kommunale Einrichtungen, die zum Teil nicht nur aufwendig, unflexibel, kostenintensiv und sachfremd sind, sondern sich bei näherer Betrachtung auch in erheblichem Umfang als verzichtbar erweisen.[143] Gerade das Zusammenwirken von verschiedenen Standards kann zu einer merklichen Belastungskumulation bei den Betroffenen führen.[144]

---

[141] Drittes Gesetz zur Reform der Berliner Verwaltung vom 17.05.1999, GVBl S. 172. § 3 V lautet auszugsweise:

> „(5) Unbeschadet der in § [...] geregelten Zuständigkeiten können die Bezirksämter (Bürgerämter) zur Erprobung übergreifender bürgerorientierter Leistungserbringungen Aufgaben des Landeseinwohneramts Berlin wahrnehmen. Gegenstand der Erprobung sind insbesondere Erleichterungen und Beschleunigungen bei der Antragsbearbeitung, Antragsbescheidung und Auskunftserteilung. Diese Leistungen können durch die Bezirke unabhängig von ihrer örtlichen Zuständigkeit erbracht werden. Mitarbeiter des Landeseinwohneramts können im Rahmen der Erprobung der übergreifenden Leistungserbringung in den Bezirksämtern (Bürgerämter) mit einzelnen bezirklichen Aufgaben betraut werden. Diese Erprobungsregelung endet mit Ablauf des Jahres 2001."

Ein erster Erfahrungsbericht zur Umgestaltung der Berliner Verwaltung ist zu finden in *Hermann Hill/Helmut Klages* (Hrsg.), Berlin – Unternehmen Verwaltung, 1997. Ausführlich auch *Chmel* (Fn. 20), S. 63 ff. Siehe auch *König/Beck* (Fn. 13), S. 76 ff.

[142] Ausführlich zum Begriff *Martin Böckel*, Abbau von Standards, ZG 10 (1995), 344 ff.

[143] *Böckel* (Fn. 142), S. 351, nennt als ein (eindrucksvolles) Beispiel das Ergebnis einer Untersuchung in Nordrhein-Westfalen. Eine Projektgruppe im Innenministerium hatte bereits 1982 alle Vorschriften des Landes überprüft, die den Kommunen Auflagen für die personelle und sächliche Ausstattung vorgaben. Von den ermittelten 284 Vorschriften wurden als Folge der Prüfung 125 ersatzlos gestrichen, 92 inhaltlich erheblich reduziert und nur 67 unverändert beibehalten. Zu entsprechenden Ergebnissen in Rheinland-Pfalz siehe *Klaus Rüter*, Weniger Vorschriften in Rheinland-Pfalz, ZG 15 (2000), 68 ff.

[144] Siehe hierzu LT-Drs. Rh.-Pf. 12/5302, S. 7. Besonders misslich wird die Situation, wenn verschiedene Standardsetzer sich nicht abstimmen und unterschiedliche Anforderungen normieren. *Böckel* (Fn. 142), S. 350, nennt das folgende Beispiel: „Nach einer Landesbauordnung war in Ausstellungsgebäuden auf einer Empore eine Geländerhöhe von 90 cm vorgeschrieben. Ein von der Bauaufsicht genehmigtes Museumsgebäude mußte jedoch für ca. hunderttausend

Es lassen sich Personal-, Sach- und Verfahrensstandards unterscheiden.[145] Reformbemühungen werden in erster Linie vom Bund und von den Ländern erwartet, denn deren Behörden sind es regelmäßig, die die Standards setzen. Die finanzielle Last der Standardvorschriften trägt demgegenüber meistens der Träger der Maßnahme vor Ort.[146] Es gibt zahlreiche Bemühungen staatlicherseits, Standards zu reduzieren und zu vermeiden.[147] Die Variante der Experimentierklausel ist bisher allein in Sachsen-Anhalt verwirklicht worden. Eine andere Möglichkeit sind die sog. Standardanpassungsgesetze[148], die jedoch keinen experimentellen Charakter aufweisen.[149]

2. Haushaltsrecht

Lassen sich die soeben beschriebenen Experimentierklauseln insbesondere dem kommunalen Haushaltsrecht zuordnen, sind seit einigen Jahren auch in vielen Haushaltsgesetzen der Länder Experimentierklauseln vorzufinden.[150] Damit wird eine vom Bund/Länder-Arbeitsausschuss „Haushaltsrecht und Haushaltssystematik" im November 1994 entwickelte Konzeption für die staatliche Ebene realisiert.

DM nachgerüstet werden, weil eine Arbeitsstättenrichtlinie für den gleichen Sachverhalt eine Höhe von 100 cm vorschrieb. Ansonsten hätte der Gemeindeunfallversicherungsverband das Gebäude nicht versichert."

[145] Nach *Jutzi* (Fn. 117), S. 26 (dort Fn. 7–9), lassen sie sich folgendermaßen definieren: *Personalstandards* sind Bestimmungen, „die im Sinne einer Mindestvoraussetzung oder bestimmten Bandbreite für einzelne Aufgaben die Verwendung von in bestimmter Weise qualifiziertem Personal oder eine bestimmte Besetzungsstärke vorschreiben. *Sachstandards* enthalten Vorschriften, die im Sinne einer Mindestvoraussetzung oder einer bestimmten Bandbreite qualitative und/oder quantitative Anforderungen stellen, etwa Standards bei der Errichtung von Bauten oder der Beschaffung und Vorhaltung von Einrichtungsgegenständen. *Verfahrensstandards* regeln alle Vorschriften, die in irgendeiner Weise bestimmte Anforderungen an das anzuwendende Verfahren stellen." (Hervorhebungen durch Verf.). Vgl. auch die Definitionen bei *Rüter* (Fn. 143), S. 70 f.

[146] Vgl. LT-Drs. Rh.-Pf. 12/7025, S. 4 f.

[147] Einen – nicht abschließenden – Überblick über die Reformbemühungen im Bund und in den Ländern bietet *Böckel* (Fn. 142), S. 351 ff.

[148] Alternative Begriffe für identische Vorhaben sind „Standardöffnungsgesetz" und „Standardreduzierungsgesetz".

[149] Als verwandte Klauseln werden sie in diesem Teil unter II. 3. aufgegriffen.

[150] Das „Fehlen" von Experimentierklauseln in den Haushaltsgesetzen mancher Bundesländer bedeutet nicht, dass in diesen Ländern keine Haushaltsmodernisierung stattfindet. So hat beispielsweise Hamburg schon frühzeitig auf flächendeckende Modernisierungsschritte einerseits und eine Vielzahl unterschiedlicher dezentraler Aktivitäten andererseits gesetzt. 1997 wurde die Übertragbarkeit der Personalausgaben zugelassen, die es den Behörden ermöglicht, Personalausgaben auch überjährig flexibel einzusetzen. Bei der Anwendung der Budgetierungsinstrumente hat Hamburg den haushaltsrechtlichen Rahmen frühzeitig und weit ausgeschöpft. Ob die Grenzen des Haushaltsrechts dadurch teilweise überschritten wurden, bedarf hier keiner Klärung.

In ihrem Mittelpunkt steht der Begriff der Budgetierung.[151] Er umschreibt zunächst ein System der dezentralen Verantwortlichkeit einer Organisationseinheit für ihren jeweils eigenen Finanzrahmen. Durch ein Budget mit einem mehrjährigen festen Finanzrahmen wird dem öffentlichen Verwaltungsträger Planungssicherheit vermittelt. Sollen die Budgetierungsverfahren die mit ihnen angestrebten Ziele erreichen, nämlich ein Mehr an Wirtschaftlichkeit, Sparsamkeit und Effizienz der Verwaltung, bedarf es darüber hinaus einer eigenverantwortlichen und flexiblen Ausgabenpolitik seitens der Verwaltung.[152] Diese wird durch zwei weitere Bedeutungselemente des „Sammelbegriffs"[153] Budgetierung erreicht: durch die (erweiterte) Deckungsfähigkeit[154] und Übertragbarkeit[155] von Haushaltsansätzen. Umfassende Deckungsmöglichkeiten innerhalb des Budgets und die überjährige Nutzung von Budgetierungsmitteln bilden mithin Schwerpunkte der aktuellen Flexibilisierung der öffentlichen Haushaltswirtschaft.[156] An dieser Stelle muss betont werden, dass es auch nach bisher geltendem Recht Ausnahmemöglichkeiten von den Grundsätzen der sachlichen und zeitlichen Spezialität gab und gibt[157] und dass eine weitere Flexibilisierung auch ohne Rechtsänderung forciert werden kann. So hat der Sachverständigenrat „Schlanker Staat" Flexibilitätsressourcen insbesondere im Rahmen der Selbstbewirtschaftung nach § 15 II BHO[158] und bei § 15 II 1 HGrG ausgemacht.[159] Nach Letzterem, der eine der traditionellen Ausnahmen von der sachlichen Bindung darstellt, können Ausgaben für deckungsfähig erklärt werden,

[151] Vgl. zum Begriff u. a. *Hansjürgen Bals*, Die zentrale Rolle des Haushalts- und Rechnungswesens für Verwaltungsreform und Haushaltskonsolidierung, Der Städtetag 1998, 785, 786ff.; *Thomas Clauß*, Budgetierung im Neuen Steuerungsmodell – Ein systematischer Überblick –, VR 1998, 418ff.; *Joachim Linck*, Budgetierung, ZG 12 (1997), 1ff.; *Lerke Osterloh*, Budgetierung und parlamentarisches Budgetrecht aus juristischer Sicht, Staatswissenschaften und Staatspraxis 1997, 79ff.; *Klaus G. Meyer-Teschendorf/Hans Hofmann*, Zwischenergebnisse des Sachverständigenrats „Schlanker Staat", DÖV 1997, 268ff.

[152] Vgl. *Meyer-Teschendorf/Hofmann* (Fn. 151), S. 275.

[153] *Osterloh* (Fn. 151), S. 79; an gleicher Stelle wird Budgetierung als das „aktuelle Zauberwort" bezeichnet. Bei *Linck* (Fn. 151), S. 2, ist Budgetierung „ein schillernder Begriff".

[154] Die Vorläufige Verwaltungsvorschrift zu § 20 BHO liefert folgende Definitionen: „Gegenseitige Deckungsfähigkeit liegt vor, wenn die Ausgabentitel wechselseitig zur Verstärkung der jeweiligen Ansätze herangezogen werden dürfen. Einseitige Deckungsfähigkeit liegt vor, wenn der eine Ansatz (deckungsberechtigter Ansatz) nur verstärkt und der andere Ansatz (deckungspflichtiger Ansatz) nur für die Verstärkung des ersten (deckungsberechtigten) Ansatzes herangezogen werden darf."

[155] Nach der Vorläufigen Verwaltungsvorschrift zu § 19 BHO bedeutet Übertragbarkeit „die Möglichkeit, Ausgaben, die am Ende des Haushaltsjahres noch nicht geleistet worden sind, für die jeweilige Zweckbestimmung über das Haushaltsjahr hinaus nach Maßgabe des § 45 BHO als Ausgabereste verfügbar zu halten."

[156] Zu den Auswirkungen der Budgetierung auf den Haushaltsvollzug *Hansdieter Schmid*, Budgetierung – Auswirkungen auf den Haushaltsvollzug, ThürVBl 1998, 178ff.

[157] Siehe nur §§ 15, 27 HGrG und §§ 20, 45 BHO.

[158] Eine Veranschlagung von Ausgaben zur Selbstbewirtschaftung hat den Vorteil, dass Selbstbewirtschaftungsmittel auch über das laufende Haushaltsjahr zur Verfügung stehen.

[159] Vgl. im Einzelnen *Meyer-Teschendorf/Hofmann* (Fn. 151), S. 275f.

wenn ein verwaltungsmäßiger oder sachlicher Zusammenhang zwischen ihnen besteht.

Die experimentellen Neuregelungen beruhen auf der Erwartung, dass die größere Sachnähe der Exekutive, verbunden mit der Flexibilisierung des Haushaltsrechts, Einsparpotentiale bietet.[160] Der Bund hat, nachdem er für die Haushaltsjahre 1995–1997 erfolgreich Modellversuche für eine Reihe von Pilotbehörden zugelassen hatte,[161] mit dem Gesetz zur Fortentwicklung des Haushaltsrechts von Bund und Ländern[162] seinerseits einen gesetzgeberischen Beitrag zur wirtschaftlicheren und sparsameren Verwendung von Haushaltsmitteln geleistet.

Während die haushaltsrechtlichen Experimentierklauseln in Berlin[163] und Brandenburg[164] auch als solche bezeichnet sind, ist in den übrigen Haushaltsgesetzen von Erprobungen bzw. Modellversuchen und -vorhaben die Rede.[165] Als Zielvorgaben dienen beispielsweise „Einsparungen durch flexiblere Budgetierungsverfahren"[166] oder die Verbesserung der „Wirtschaftlichkeit und Leistungsfähigkeit der Verwaltung"[167].

Inhaltlich werden insbesondere Ausnahmen von Regelungen der Landeshaushaltsordnungen zugelassen, die sich mit der Deckungsfähigkeit und der Übertrag-

---

160 Zu neuen Steuerungstechniken im Staatshaushalt zum Abbau seines strukturellen Defizits vgl. nur *Ferdinand Kirchhof*, Das Haushaltsrecht als Steuerungsressource, DÖV 1997, 749ff.

161 Hierzu und zu weiteren bundesrechtlichen Reformbemühungen *Volker Busse*, Regierungs- und Verwaltungsreform auf Bundesebene: Veränderungen auf dem Weg zum „Schlanken Staat", Staatswissenschaften und Staatspraxis 1997, 401ff., 409f.

162 Haushaltsrechts-Fortentwicklungsgesetz vom 22.12.1997 (BGBl I, S. 3251 ff.). Vgl. zum Vorschlag, eine Experimentierklausel in das Haushaltsgrundsätzegesetz aufzunehmen, *Seidler* (Fn. 120), S. 84.

163 § 12 HG 1995/96 (GVBl 1995, S. 663); erweitert in § 9 HG 1997 (GVBl 1997, S. 58); § 9 HG 1998 (GVBl 1997, S. 693); § 10 HG 1999 (GVBl 1998, S. 436); reduziert in § 6 VII HG 2000 (GVBl 2000, S. 291). Siehe zu den haushaltsrechtlichen Experimentierklauseln in Berlin auch *Chmel* (Fn. 20), S. 257f.

164 § 6 HG 1998 (GVBl 1997, S. 144). § 5 HG 1999 (GVBl 1998, S. 279) trägt dagegen die Überschrift „Erprobung neuer Steuerungsinstrumente".

165 Bremen: §§ 6, 7 HG 1996 und 1997 (GBl 1996, S. 137 und 141 f.); § 7 HG 1998 (GBl 1997, S. 618); Niedersachsen: § 6 NachtragsHG 1996 (GVBl 1995, S. 472); § 6 HG 1997/98 (GVBl 1996, S. 498); § 6 HG 1999/2000 (GVBl 1999, S. 83); Rheinland-Pfalz: § 6 HG 1996 (GVBl 1996, S. 2); ausführlich ergänzt in § 6 HG 1997 (GVBl 1997, S. 40f.); § 6 HG 1998/99 (GVBl 1998, S. 13); Saarland: § 14 HG 1996 (ABl 1996, S. 6); § 14 HG 1997 (ABl 1996, S. 1502); § 14 HG 1998 (ABl 1997, S. 1380); § 14 HG 1999 (ABl 1998, S. 1254); § 13 HG 2000 (ABl 2000, S. 587); Sachsen: § 9 HG 1996 (GVBl 1995, S. 410); § 9 HG 1997 (GVBl 1996, S. 534); inhaltlich geändert in § 11 HG 1998 (GVBl 1997, S. 673); § 11 HG 1999/2000 (GVBl 1998, S. 646); Sachsen-Anhalt: § 10 HG 1996 (GVBl 1996, S. 39); § 10 HG 1997 (GVBl 1997, S. 355); § 10 HG 1998 (GVBl 1998, S. 20); Thüringen: § 5 HG 1995 (GVBl 1995, S. 142); leicht erweitert in § 5 HG 1997 (GVBl 1996, S. 306); § 5 HG 1998 (GVBl 1997, S. 526); § 5 HG 1999 (GVBl 1998, S. 442). In den neuesten Haushaltsgesetzen von Bremen, Rheinland-Pfalz, Sachsen-Anhalt und Thüringen sind keine Experimentierklauseln mehr zu finden.

166 So die Formulierung in Sachsen, Sachsen-Anhalt und Thüringen.

167 So die Erwartung in Niedersachsen; ähnlich auch die rheinland-pfälzische Formulierung.

barkeit von Ausgaben beschäftigen. Vereinzelt werden die Modellversuche vom Vorhandensein geeigneter Controlling-Verfahren[168] abhängig gemacht. Die zeitliche Befristung der Modellvorhaben[169] und Evaluationsvorkehrungen[170] sind nur selten normiert. Hervorzuheben sind die Haushaltsgesetze in Berlin und Rheinland-Pfalz, die auch Personalausgaben in die Experimente einbezogen haben: § 9 II HG Berlin 1997 ermächtigt die für die Personalwirtschaft und die Stellenpläne zuständige Senatsverwaltung, Ausnahmen von der Übernahmeverpflichtung nach § 47 II 2 LHO auch zuzulassen, wenn sie der Erprobung neuer Konzepte für die Realisierung von Personalkosteneinsparungen dienen. § 6 II HG 1997 Rh.-Pf. lässt die selbstgesteuerte Bewirtschaftung der Personalausgaben zu.[171]

Neben den Dispensationen von Vorschriften der Landeshaushaltsordnungen in den Landeshaushaltsgesetzen haben Experimentierklauseln auch in die Landeshaushaltsordnungen selbst Eingang gefunden. So regelt bereits seit 1996 § 10 a der schleswig-holsteinischen Landeshaushaltsordnung ausführlich die Flexibilisierung des Haushaltsvollzuges mittels einer Experimentierklausel.[172]

---

[168] So in Berlin, Bremen (HG 1996 und 1997; das HG 1998 statuiert stattdessen in § 8 ein Berichtswesen) und im Saarland.

[169] Vorzufinden in Bremen und im Saarland.

[170] Erstmalig in § 11 I HG 1998 Sachsen anzutreffen, der im Gegensatz zu seinen Vorgängern in Sachsen und den Regelungen in den anderen Bundesländern bezüglich der Wirksamkeit von Budgetierungsverfahren skeptisch formuliert ist. So weicht § 11 I HG 1998 Sachsen von § 9 I HG 1997 Sachsen folgendermaßen ab (Ergänzungen kursiv gedruckt):

„In einzelnen ausgewählten Kapiteln der nachgeordneten Staatsverwaltung kann durch Modellvorhaben flexiblerer Budgetierungsverfahren erprobt werden, ob durch erhöhte Flexibilität bei der Mittelbewirtschaftung *nachweislich* Einsparungen *oder ein höherer Wirkungsgrad* erreicht werden können. Die Modellversuche bedürfen *einer hinreichenden Konzeptionierung, die Grundlage einer begleitenden und abschließenden Evaluierung ist, sowie* der Einwilligung des Haushalts- und Finanzausschusses des Sächsischen Landtages und des Staatsministeriums der Finanzen."

[171] Zur Budgetierung der Personalausgaben in Rheinland-Pfalz durch das Haushaltsgesetz 1997 *Ignaz Bender*, Flexibel und kostenbewußt, DUZ 1997, 20f.

[172] GVBl 1995, S. 373. § 10 a LHO lautet:

„Flexibilisierung des Haushaltsvollzugs (Experimentierklausel)

(1) Die Ministerin oder der Minister für Finanzen und Energie darf auf Antrag der zuständigen Ministerin oder des zuständigen Ministers mit Einwilligung des Finanzausschusses für bestimmte Bereiche der Landesverwaltung zur Erprobung wirtschaftlicher Budgetierungsverfahren zeitlich befristet über mehrere Haushaltsjahre

1. Titel unter Beachtung der Mindesterfordernisse des § 13 Abs. 3 zusammenlegen,
2. die gegenseitige Deckungsfähigkeit innerhalb der Hauptgruppen und die einseitige Deckungsfähigkeit der Hauptgruppe 4 zugunsten der Hauptgruppen 5 bis 8, der Hauptgruppe 5 zugunsten der Hauptgruppen 6 bis 8 sowie der Hauptgruppe 6 zugunsten der Hauptgruppen 5, 7 und 8 herstellen,
3. Haushaltsvermerke ausbringen, die die Deckung von Mehrausgaben durch Mehreinnahmen ermöglichen,
4. die Übertragbarkeit abweichend von § 19 Abs. 1 für alle Ausgaben zulassen,
5. die Bildung von Ausgaberesten abweichend von § 45 Abs. 3 Satz 1 und 2 zulassen,

3. Hochschulrecht

Die Bestrebungen, die Verwaltungen zu modernisieren und zu reformieren, haben auch vor den Hochschulen nicht Halt gemacht. In Zeiten immer knapper werdender öffentlicher Haushaltsmittel und nicht sinkender Studierendenzahlen sind die Hochschulverwaltungen und -haushalte als Orte möglicher Effizienzerhöhungen ausgemacht worden. Bereits 1996 wollte der Bundesrat eine Erprobungsklausel für die Landesgesetzgeber in das Hochschulrahmengesetz aufnehmen, um es den Ländern zu ermöglichen, alternative Modelle bei der Organisation und Verwaltung der Hochschulen auszuprobieren.[173] In ihrer ablehnenden Stellungnahme betonte die Bundesregierung, dass die beabsichtigte Stärkung der Hochschulleitungen sowie der Dekane durch Verlängerung ihrer Amtszeit und Übertragung von Entscheidungszuständigkeiten bei der Haushaltsaufstellung und der Ressourcenverteilung ohne weiteres im Rahmen des (damals) geltenden Bundesrechts erprobt und realisiert werden könne; die Stärkung sei von einzelnen Ländern durch Änderungen der Landeshochschulgesetze auch schon eingeleitet worden.[174] Damit scheiterte das Gesetzesvorhaben, und auch im 1998 reformierten Hochschulrahmengesetz wurde auf die Aufnahme einer Experimentierklausel verzichtet. Stattdessen sind einige Landesgesetzgeber experimentell tätig geworden. Die Ausmaße möglicher Erprobungsregelungen differieren dabei von Bundesland zu Bundesland erheblich. Die Experimentierklauseln lassen sich in drei Gruppen einteilen:

Als Erstes haben Experimentierklauseln in die Landeshochschulgesetze der neuen Bundesländer Eingang gefunden.[175] Sie sind jedoch – ebenso wie die Regelung in Niedersachsen[176] – in ihren Anwendungsbereichen auf die Hochschulhaushalte be-

---

6. die Bildung von Rücklagen zulassen und
7. Sperrvermerke ausbringen.

(2) Im Rahmen des Verfahrens nach Abs. 1 ist von der zuständigen Ministerin oder dem zuständigen Minister für Finanzen und Energie ein geeignetes Maßnahmen- und Finanzcontrolling zu entwickeln, mit dem insbesondere sichergestellt wird, daß das jeweils verfügbare Ausgabenvolumen nicht überschritten wird. Geeignete Plandaten sind dem Haushaltsplan als Anlage beizufügen oder in die Erläuterungen aufzunehmen.

(3) Die Ministerin oder der Minister für Finanzen und Energie hat den Finanzausschuß mindestens zweimal im Haushaltsjahr über den Stand des Haushaltsvollzugs zu unterrichten. Einzelheiten werden zwischen dem Finanzausschuß und der Ministerin oder dem Minister für Finanzen und Energie für das jeweilige Vorhaben festgelegt."

173 Vgl. BT-Drs. 13/5358. Der neu einzufügende § 73 a HRG sollte lauten: „Zur Erprobung alternativer Modelle bei der Organisation und Verwaltung der Hochschule können die Länder in ihren Hochschulgesetzen von den Vorschriften der §§ 60 bis 66 dieses Gesetzes abweichende Regelungen treffen."

174 Siehe ausführlicher Anlage 2 zu BT-Drs. 13/5358.

175 § 113 HschG Meckl.-Vorp.; § 120 HschG Sachsen; § 116 VII HschG LSA. Zu § 120 HschG Sachsen siehe auch *Alfred Post*, Ein neues Modell der Hochschulfinanzverfassung im Freistaat Sachsen, in: Die Finanzverfassung der wissenschaftlichen Hochschulen, 1994, S. 173, 178 ff.

176 § 132 V HschG Nds.

grenzt. Die speziellste Vorschrift stellt dabei wohl § 113 HschG Meckl.-Vorp. dar, der folgenden Wortlaut aufweist:

„Reform der Hochschulhaushalte

(1) Die Haushaltswirtschaft der Hochschulen ist zur Steigerung der Leistungsfähigkeit der Hochschulen und zur wirtschaftlicheren Nutzung der sachlichen und personellen Mittel weiterzuentwickeln.

(2) Auf Antrag kann die Kultusministerin im Einvernehmen mit der Finanzministerin einer Hochschule die stufenweise Erprobung flexiblerer Formen der Haushaltswirtschaft erlauben. Dabei können insbesondere die unbeschränkte Deckungsfähigkeit von Sach-, Investitions- und Personalmitteln sowie deren Übertragbarkeit in die Folgejahre, die Einführung des Nettoprinzips und die Globalisierung des Haushalts (Selbstbewirtschaftung) gestattet werden."

Dass es sich bei dieser Vorschrift um eine Experimentierklausel i. S. d. obigen Definition[177] handelt, geht ausdrücklich aus der Begründung zum fast gleich lautenden § 112 des Entwurfs hervor.[178] Der Gesetzgeber hat mit dieser Vorschrift die Möglichkeit geschaffen, den Hochschulen die zur Erfüllung ihrer Aufgaben notwendigen Mittel global zuzuweisen und diese damit flexibler zu bewirtschaften. Er hat die Hochschulen zwar bewusst nicht als Landesbetriebe ausgestaltet, sie aber „in die Nähe der § 26 LHO-Betriebe" gerückt.[179]

Mit der Globalisierung der Mittelzuweisung wird ein Weg beschritten, bei dem die jeweiligen Hochschulen ihre Haushaltsmittel in einem oder mehreren festen Zuschusstiteln erhalten und autonom über die Verteilung des eigenen Haushalts entscheiden können. Das Haushaltsrecht bietet dafür zwei Umsetzungsmöglichkeiten, nämlich die der sog. Nettoveranschlagung und die des Landesbetriebs.

In anderen Bundesländern lässt sich ein zweiter Weg zum Globalhaushaltsmodell mit grundsätzlich anderem Ansatz beobachten: Ausgehend vom herkömmlichen System der Hochschulfinanzverfassung ist eine schrittweise Flexibilisierung der Hochschulhaushalte kennzeichnend.

Eine zweite Gruppe von Bundesländern hat die Experimentierklauseln auf den hochschulmedizinischen Bereich[180] beschränkt.[181] Im Hinblick auf die große Be-

---

177 Siehe oben Teil 1, III. 2. b) bb) a. E.

178 LT-Drs. 1/3271, S. 129.

179 LT-Drs. 1/3271, S. 129.

180 Zu der Umorganisation der Hochschulkliniken und der Rolle von Experimentierklauseln hierbei *Markus Heintzen*, Neuere Entwicklungen im Organisationsrecht der Hochschulmedizin, DÖV 1997, 530 ff.

181 Art. 52 i HschG Bayern (GVBl 1998, S. 458); § 125 a HschG Nds. (GVBl 1998, S. 53 f.). Die Regelung in Niedersachsen stellt einen Anwendungsfall für die Untergruppe von Experimentierklauseln dar, durch die die Exekutive ermächtigt wird, im *Verordnungs*wege von geltendem Recht zu befreien. § 41 I HschG NW (GVBl 2000, S. 201) stellt keine Experimentierklausel dar, da die Umbildung der medizinischen Einrichtungen in Anstalten des öffentlichen Rechts nicht probeweise geschieht.

deutung der Universitätskliniken für die Krankenversorgung und für den medizinischen Fortschritt hielt es der bayerische Gesetzgeber aus Gründen der Vorsicht für geboten, eine Experimentierklausel in Art. 52 i BayHschG aufzunehmen, bevor generalisierende Entscheidungen über Strukturänderungen, für die keine konkreten Erfahrungen vorliegen, vorgenommen werden.[182] Die Experimentierklausel in Absatz 1 soll es dem Staatsministerium ermöglichen, im Interesse der Weiterentwicklung der Strukturen der Universitätsklinika und ihrer Wirtschaftlichkeit zur Erprobung neuer Modelle der betrieblichen Steuerung und des Haushalts- und Rechnungswesens im Einzelfall abweichende organisations- und haushaltsrechtliche Regelungen für das Klinikum oder Teilbereiche zu schaffen. Im Rahmen modellhafter Erprobungsmaßnahmen soll darüber hinaus durch Absatz 2 die Möglichkeit geschaffen werden, ein hierfür geeignetes Klinikum in eine Anstalt des öffentlichen Rechts oder in eine Rechtsform des privaten Rechts umzuwandeln, wie dies Art. 25 des Bayerischen Krankenhausgesetzes für kommunale Krankenhäuser vorsieht.

Eine dritte Gruppe von Ländern hat im Gegensatz zu den beiden vorgenannten, in erster Linie haushaltswirtschaftlich ausgerichteten Versuchen, eine thematisch weiter reichende Experimentierklausel in das jeweilige Landeshochschulgesetz implementiert. Vorreiter war dabei das Land Berlin, welches die umfassendsten Abweichungsmöglichkeiten zugelassen hat. Aus diesem Grund soll der im fünften Teil noch näher untersuchte § 7 a BerlHG bereits hier vorgestellt werden. Die durch Gesetz vom 12.03.1997[183] eingefügte Vorschrift lautet:

„Erprobungsklausel
Die für Hochschulen zuständige Senatsverwaltung kann auf Antrag der Hochschule nach Stellungnahme des Akademischen Senats und mit Zustimmung des Kuratoriums, an Hochschulen ohne Kuratorium mit Zustimmung des Akademischen Senats, für eine begrenzte Zeit Abweichungen von den Vorschriften der §§ 24 bis 29, 34 bis 36, 51 bis 58, 60 bis 75 sowie 83 bis 121 zulassen, soweit dies erforderlich ist, um neue Modelle der Leitung, Organisation und Finanzierung zu erproben, die dem Ziel einer Vereinfachung der Entscheidungsprozesse und einer Verbesserung der Wirtschaftlichkeit, insbesondere der Erzielung eigener Einnahmen der Hochschule, dienen. Abweichungen von §§ 87 und 88 bedürfen des Einvernehmens der Senatsverwaltung der Finanzen."

Die möglichen Dispensationen betreffen damit rund die Hälfte aller Vorschriften des Gesetzes. Inhaltlich geht es u. a. um Abweichungen von den Regelungen bezüglich der Studienordnungen, Hochschulgrade, Organe und Leitung der Hochschule, Fachbereiche, zentralen Einrichtungen, Aufsicht sowie bezüglich des Haushaltswesens und des haupt- und nebenberuflichen Personals der Hochschule.[184]

---

182 Vgl. in diesem Zusammenhang den Bericht des Hochschulausschusses der Kultusministerkonferenz „Überlegungen zur Neugestaltung von Struktur und Finanzierung der Hochschulmedizin" vom 09.08.1993, zustimmend zur Kenntnis genommen durch Beschluss der Kultusministerkonferenz vom 29.09.1995. Die Möglichkeit, mittels Experimentierklauseln Erfahrungen zu gewinnen, wird darin nicht erwähnt.

183 GVBl S. 69.

184 Bereits durch Gesetz vom 15.04.1996 (GVBl S. 126) wurde § 88 a BerlHG eingefügt, der es zur Erprobung einer flexibleren Gestaltung der Haushaltswirtschaft und Erhöhung der Wirt-

Vom Umfang der in Bezug genommenen Vorschriften deutlich dahinter zurückbleibend, hat Bayern mit dem Ziel einer Verbesserung der Leistungsfähigkeit und Wirtschaftlichkeit der Hochschulen eine Ermächtigung zur Rechtsverordnung normiert, die die Erprobung neuer Organisationsmodelle ermöglicht.[185] Baden-Württemberg hat Abweichungen von den Regelungen über die Organe, die Gliederung und die Einrichtungen der Universität zugelassen.[186] Zur etwa gleichen Zeit ist im Hamburgischen Hochschulgesetz § 128 aufgenommen worden,[187] der die Hochschulen ermächtigt, zur Stärkung ihrer Leistungsfähigkeit durch Satzung abweichende Regelungen von bestimmten Gesetzesabschnitten zuzulassen, sofern die Neuregelungen mit dem Hochschulrahmengesetz vereinbar sind. Der Erprobungszweck ist zwar nicht ausdrücklich erwähnt, wird aber durch die Befristung der Satzungen auf sechs Jahre deutlich. Zuletzt sind die Experimentierklauseln in Hessen[188] und Sachsen[189] gefolgt.

Abschließend soll noch auf Besonderheiten im thüringischen Landesrecht hingewiesen werden. Mit § 132 IV HschG ist bereits sehr früh gewissermaßen eine „Einzelfallexperimentierklausel" in das Hochschulrecht aufgenommen worden.[190] Darin wird die Landesregierung zur Erprobung neuartiger Strukturen für die Hochschulen des Landes ermächtigt, durch Rechtsverordnung für die Universität Erfurt abweichende Regelungen von bestimmten Normen des Landeshochschulgesetzes zu treffen. Auch für die Errichtung der Fachhochschule Nordhausen ist dieser Weg gewählt worden.[191]

4. Schulrecht

Bereits Anfang der 70er Jahre haben Experimentierklauseln in die damaligen Schulverwaltungsgesetze Eingang gefunden.[192] So erklärte Art. 26 b des Bayeri-

schaftlichkeit den Kuratorien ermöglicht, abweichend von § 20 I LHO zuzulassen, dass die Personalausgaben mit konsumtiven Sachausgaben gegenseitig deckungsfähig sind (Absatz 1).

185 Art. 135 II HschG, eingefügt durch Gesetz vom 24.07.1998 (GVBl S. 466).

186 § 35 UG, eingefügt durch Gesetz vom 05.05.1997 (GBl S. 173). Vgl. auch die durch dasselbe Gesetz eingefügten Experimentierklauseln der § 24 a des Gesetzes über die Pädagogischen Hochschulen im Lande Baden-Württemberg einerseits und des Gesetzes über die Fachhochschulen im Lande Baden-Württemberg andererseits.

187 Eingefügt durch Gesetz vom 11.06.1997 (GVBl S. 198).

188 § 110 HschG, eingefügt durch Gesetz vom 03.11.1998 (GVBl S. 463).

189 § 61 II HschG, eingefügt durch Gesetz vom 11.06.1999 (GVBl S. 293). Siehe hierzu *Thomas Neie*, Zur Neuordnung des Sächsischen Hochschulrechts, SächsVBl 2000, 25, 31 f.

190 Eingefügt durch Gesetz vom 23.12.1993 (GVBl S. 889).

191 § 3 Thüringer Gesetz zur Errichtung der Fachhochschule Nordhausen vom 18.07.1997 (GVBl S. 257).

192 Vgl. u. a. Art. 26 a–c des Bayerischen Gesetzes über das Erziehungs- und Unterrichtswesen i. d. F. vom 15.06.1972 (GVBl S. 189); § 70 des Schleswig-Holsteinischen Gesetzes über die Unterhaltung und Verwaltung der öffentlichen Schulen i. d. F. vom 26.03.1971 (GVBl S. 118); in der Folgezeit u. a.: § 14 Landesgesetz über die Schulen in Rheinland-Pfalz vom

schen Gesetzes über das Erziehungs- und Unterrichtswesen Schulversuche für zulässig, wenn sichergestellt ist, dass die Schüler im Rahmen des Schulversuchs die gleichen oder gleichwertige Abschlüsse oder Berechtigungen erwerben können wie an Schulen außerhalb des Schulversuchs. Die Klauseln sollten u. a. die rechtliche Basis für die allmähliche Einführung der integrierten Gesamtschule liefern und dadurch eine neue Schulform legalisieren, die in den damaligen Vorschriften über die zulässigen Schulformen keine Erwähnung fand.[193] Im Mittelpunkt der damaligen verfassungsrechtlichen Diskussion in Rechtsprechung und Schrifttum standen weniger die Experimentierklauseln als neuartige Gesetzgebungstechnik[194] als vielmehr die Fragen, inwieweit dem Gesetzesvorbehalt beim Schulversuch Rechnung zu tragen ist[195] und ob es ein Recht der Eltern und Schüler auf die Durchführung bzw. Fortführung von Schulversuchen gibt.[196]

Jenseits der „Schulformversuche", die heute an rechtlicher Aktualität und Brisanz verloren haben, ist beispielsweise im Berliner Schulverfassungsgesetz eine Experimentierklausel verankert, die neue Formen der Mitwirkung und Mitbestimmung von Lehrern, Schülern und Eltern versuchsweise zulässt.[197]

06.11.1974 (GVBl S. 491 f.); § 3a des Schulgesetzes für Berlin in der Neufassung vom 19.03.1975 (GVBl S. 1042); § 5 Schulgesetz für Baden-Württemberg vom 10.02.1976 (GBl S. 131) und § 6 des hessischen Schulverwaltungsgesetzes in der Fassung vom 04.04.1978 (GVBl S. 234).

[193] Art. 26a des Bayerischen Gesetzes über das Erziehungs- und Unterrichtswesen lautete: „Schulversuche dienen dazu, innerhalb bestehender Schulgattungen neue Organisationsformen für Unterricht und Erziehung, wesentliche inhaltliche Änderungen oder neue Schulgattungen (z. B. integrierte Gesamtschule) zu erproben."

[194] Eine Ausnahme bildet *Pirson* (Fn. 110), S. 184 und 192 f.; siehe auch *Thomas Oppermann*, Nach welchen rechtlichen Grundsätzen sind das öffentliche Schulwesen und die Stellung der an ihm Beteiligten zu ordnen?, Gutachten C für den 51. Deutschen Juristentag, 1976, C 58.

[195] Vgl. dazu OVG Münster, NJW 1976, 725 ff.; VG Freiburg, NJW 1976, 865 ff.; VG Hamburg, NJW 1976, 75 ff.; *Thomas Clemens*, Grenzen staatlicher Maßnahmen im Schulbereich, NVwZ 1984, 65, 66 ff.; *Lutz Dietze*, Zur Reform der Schulstrukturen im Lichte der Rechtsprechung: Ende der Streitigkeiten in Sicht?, NVwZ 1984, 72, 73; *Oppermann* (Fn. 194), C 48 ff.; *Horst Säcker*, Schulversuche und Verfassungsrecht, RdJB 1972, 13 ff.; *ders.*, Zur gesetzlichen Regelung von Schulversuchen, DVBl 1972, 312 ff.; *Rolf Stober*, Zum Gesetzesvorbehalt beim Schulversuch, DÖV 1976, 518 ff.

[196] Siehe nur VGH BW, DÖV 1974, 858 f.; VGH BW, DÖV 1975, 568 ff.; *Fritz Ossenbühl*, – Rechtsgutachten –, 1977; *Ingo Richter*, Schulversuche vor Gericht, JZ 1978, 553 ff.

[197] § 70 SchulVerfG Berlin hat folgenden Wortlaut:

„Experimentierklausel

(1) Nach Anhörung des Bezirksschulbeirates und mit Zustimmung des Landesschulbeirates kann das für das Schulwesen zuständige Mitglied des Senats für einzelne Schulen auf Antrag der Schulkonferenz für begrenzte Zeit von den Vorschriften dieses Gesetzes abweichende Formen der Mitwirkung und Mitbestimmung versuchsweise zulassen. Ein solcher Antrag der Schulkonferenz bedarf der Zustimmung von mindestens drei Vierteln ihrer Mitglieder. Versagt der Landesschulbeirat mit den Stimmen von drei Vierteln seiner stimmberechtigten Mitglieder die Zustimmung, so ist das für das Schulwesen zuständige Mitglied des Senats hieran gebunden.

5. Sozialrecht

Ein weiterer Anwendungsbereich von Experimentierklauseln ist das Sozialrecht. Dabei soll hier zunächst der Blick auf die bereits seit längerem andauernde Entwicklung in der gesetzlichen Krankenversicherung geworfen werden.

a) Gesetzliche Krankenversicherung

Seitdem 1989 die gesetzliche Krankenversicherung im fünften Buch des Sozialgesetzbuches normiert worden ist, ermöglichten es die Experimentierregelungen des 10. Abschnitts den Krankenkassen, neue Leistungen, Maßnahmen und Verfahren zur Weiterentwicklung der gesetzlichen Krankenversicherung zu erproben.[198] Nach § 63 S. 2 a. F. SGB V sollten die Krankenkassen „dabei auf verstärkte Anreize hinwirken, Leistungen kostengünstig zu erbringen und sparsam in Anspruch zu nehmen." Der Begründung des Regierungsentwurfs ist zu entnehmen, dass durch verbesserte Rahmenbedingungen für die Gesundheitsvorsorge und verbesserte finanzielle Anreize für die Versicherten die gewünschte Stärkung der Eigenverantwortung der Bürger für die Gesundheit erreicht werden sollte.[199] Als Mittel zur Erreichung dieses Ziels sind konkret die Kostenerstattung,[200] die Beitragsrückzahlung[201]

---

(2) Eine Abweichung im Sinne des Absatzes 1 darf nur zugelassen werden, wenn die Zielsetzungen dieses Gesetzes gewahrt bleiben. Ferner muß das Experiment Aufschlüsse über mögliche Verbesserungen des Zusammenwirkens der am Schulleben Beteiligten erwarten lassen. Die Zulassung kann mit Auflagen verbunden werden.

(3) Spätestens nach Ablauf von drei Jahren seit der Zulassung stellt das für das Schulwesen zuständige Mitglied des Senats Verlauf und Ergebnis des Experiments fest. Es gibt dem Bezirksschulbeirat und dem Landesschulbeirat Gelegenheit zur Stellungnahme. Alsdann entscheidet das für das Schulwesen zuständige Mitglied des Senats, ob das Experiment beendet wird oder ob es auf Änderung der gesetzlichen Vorschriften gemäß den aus dem Experiment gewonnenen Erkenntnissen hinwirkt. In diesem Falle kann das Experiment bis zur Entscheidung des Senats und bei Einbringung einer entsprechenden Gesetzesvorlage durch den Senat bis zur Beschlußfassung des Abgeordnetenhauses fortgesetzt werden."

Keine Experimentierklausel stellt § 35 a V Schulgesetz Berlin dar, der unter dem Vorbehalt der organisatorischen und finanziellen Möglichkeiten des Landes gemeinsame bilinguale Angebote für deutschsprachige Schüler und Schüler nichtdeutscher Herkunftssprache an Berliner Schulen vorsieht. In der Praxis wird diese Regelung zur Zeit an wenigen ausgewählten Schulen erprobt.

[198] Siehe zur alten Gesetzeslage nur *Franz Knieps*, Krankenversicherungsrecht, in: Bernd von Maydell/Franz Ruland (Hrsg.), Sozialrechtshandbuch, 1996, Rdnr. 142, und *Günther Schneider*, in: Bertram Schulin (Hrsg.), Handbuch des Sozialversicherungsrechts, Band 1, Krankenversicherungsrecht, 1994, § 26 Rdnr. 18 ff.

[199] BT-Drs. 11/2237, S. 149.

[200] Aufschlussreich insofern BT-Drs. 11/2237, S. 188, wo es zu § 72 (dem späteren § 64 a. F. SGB V) heißt: „Inwieweit Kostenerstattungsregelungen das Inanspruchnahmeverhalten der Versicherten ändern, ist umstritten. Um praktische Erfahrungen sammeln zu können, wird den Krankenkassen ermöglicht, Kostenerstattungsverfahren zu erproben." Vgl. zur Kostenerstat-

sowie eine Öffnungsklausel für neue Maßnahmen auf den Gebieten der Gesundheitsförderung und Rehabilitation[202] gesetzlich verankert worden. § 68 a. F. SGB V sah vor, dass die Satzungsbestimmungen[203] über Erprobungsregelungen auf längstens fünf Jahre zu befristen und die Erprobungen wissenschaftlich zu begleiten und auszuwerten sind.[204] Die Erprobungsregelungen der §§ 63 ff. a. F. SGB V haben keine nennenswerte praktische Bedeutung gewinnen können.[205] Eine Erklärung für die Zurückhaltung der Krankenkassen bei der Ausnutzung der neuen Möglichkeiten ist, dass verschiedene Erprobungsregelungen deutlich am Solidarprinzip rütteln.[206] Genannt sei nur die – zuvor ausschließlich im Rahmen der privaten Krankenversicherung in Erscheinung getretene – Beitragsrückerstattung.[207]

Durch das Zweite Gesetz zur Neuordnung von Selbstverwaltung und Eigenverantwortung in der gesetzlichen Krankenversicherung[208] sind die „Erprobungsrege-

---

tung auch *Bertram Schulin*, in: ders. (Hrsg.), Handbuch des Sozialversicherungsrechts, Band 1, Krankenversicherungsrecht, 1994, § 6 Rdnr. 140.

201 Durch die Einführung der Beitragsrückgewähr sollte auf die sparsame Inanspruchnahme von Versicherungsleistungen in der gesetzlichen Krankenversicherung hingewirkt werden. Sie sollte zunächst im Rahmen einer Experimentierklausel bei wenigstens einer Krankenkasse eines jeden größeren Landesverbands erprobt werden, um repräsentative Ergebnisse zu erhalten, vgl. BT-Drs. 11/2237, S. 149, 189. Vgl. zur Beitragsrückgewähr auch *Monika Kücking-Kipshoven*, Beitragsrückzahlung nach dem GSG, BKK 1993, 562 ff., und *Klaus Gunder*, Mehr Beitragsgerechtigkeit bei den Ersatzkassen durch Beitragsrückgewähr, BB 1987, 56 ff., der für den beschränkten Bereich des Ersatzkassenrechts eine Experimentierklausel für nicht erforderlich hält.

202 Vgl. BT-Drs. 11/2237, S. 152, 189.

203 Laut BT-Drs. 11/2237, S. 188, sind die für die gesetzliche Krankenversicherung Neuland bedeutenden Erprobungsregelungen wegen ihres experimentellen Charakters in der Satzung festzulegen.

204 Die daraus gewonnenen Erkenntnisse sind der Öffentlichkeit zugänglich zu machen, um bei Bewährung Dauerregelungen zu ermöglichen, vgl. BT-Drs. 11/2237, S. 190 (zu § 76).

205 *Schulin* (Fn. 200), § 6 Rdnr. 140. Zu einem der umfassendsten Erprobungsmodelle nach § 63 a. F. SGB V vgl. *Katharina Hauck/Christof Helberger*, Erprobungsmodelle im deutschen Gesundheitswesen – Das BKK-Praxisnetz in Berlin, Sozialer Fortschritt 1998, 139 ff. Ein Erfahrungsbericht über Ergebnisse einer Erprobungsregelung gemäß § 64 a. F. SGB V (Kostenerstattung in der gesetzlichen Krankenversicherung für den Kreis Mettmann) findet sich bei *Klaus Jacobs/Peter Reschke*, Kostenerstattung in der GKV, ArbuSozPol 1993, Heft 7–8, 16 ff.

206 *Knieps* (Fn. 198), Rdnr. 142.

207 Hierzu und zu (ersten) Ergebnissen der wissenschaftlichen Begleitung *Wolfgang König/Eva-Maria Malin/Elke Maria Schmidt*, Beitragsrückzahlung in der Gesetzlichen Krankenversicherung, 1998.

208 2. GKV-NOG vom 23.06.1997, BGBl I, S. 1520; siehe auch Begründung zum Entwurf der Fraktionen der CDU/CSU und F.D.P. in BT-Drs. 13/6087, gleichlautender Entwurf der Bundesregierung in BT-Drs. 13/6362, Stellungnahme des Bundesrats und Gegenäußerung der Bundesregierung in BT-Drs. 13/6731 sowie Beschlussempfehlung und Bericht des Ausschusses für Gesundheit in BT-Drs. 13/7264. Zu den Neuerungen der sog. Dritten Stufe der Gesundheitsreform vgl. *Otto Ernst Krasney*, Das Erste und Zweite Gesetz zur Neuordnung von Selbstverwaltung und Eigenverantwortung in der gesetzlichen Krankenversicherung, NJW 1998, 1737 ff.

lungen" der §§ 63 bis 68 a. F. SGB V abgelöst worden von den neuen Vorschriften des Zehnten Abschnitts über die „Weiterentwicklung der Versorgung". Darin werden die Krankenkassen und ihre Verbände ermächtigt, im Rahmen ihres gesetzlichen Auftrags zur Verbesserung der Qualität und der Wirtschaftlichkeit der Versorgung Modellvorhaben zur Weiterentwicklung der Verfahrens-, Organisations-, Finanzierungs- und Vergütungsformen der Leistungserbringung durchzuführen (vgl. § 63 I SGB V) und die dazu erforderlichen Vereinbarungen mit den Leistungserbringern zu treffen (vgl. § 64 SGB V). Die Modellvorhaben müssen gemäß § 65 SGB V wissenschaftlich begleitet werden, wobei hohe Anforderungen an die Validität der Auswertung zu stellen sind.[209]

Nach § 63 II SGB V können sich die Modellvorhaben auch auf Leistungen zur Verhütung und Früherkennung von Krankheiten sowie zur Krankenbehandlung, die nach den Vorschriften des SGB V oder aufgrund hiernach getroffener Regelungen keine Leistungen der Krankenversicherung sind, beziehen; sie können entweder von den Krankenkassen selbst durchgeführt oder nach § 64 SGB V mit den Leistungserbringern vereinbart werden. Um Modellvorhaben nach § 63 I SGB V zur Weiterentwicklung der Organisations- und Finanzierungsstrukturen der Leistungserbringung zu ermöglichen, müssen geltende gesetzliche Regelungen in dem dafür erforderlichen Umfang suspendiert werden.[210]

Konkret sind dies die Vorschriften des Vierten Kapitels des SGB V (Beziehungen der Krankenkasse zu den Leistungserbringern) und des Krankenhausfinanzierungsgesetzes. So können z. B. andere als die im Vierten Kapitel aufgeführten Leistungserbringer herangezogen werden, wobei der Grundsatz der Beitragsstabilität jedoch entsprechend gilt. Das bedeutet insbesondere, dass mit einem Modellvorhaben verbundene Mehraufwendungen durch eine aus dem Modellvorhaben resultierende Verbesserung der Wirtschaftlichkeit der Versorgung und damit verbundene Kostensenkungen zu kompensieren sind. Unter dem Strich erzielte Einsparungen können an die Versicherten weitergeleitet werden, um deren Interesse an einer wirtschaftlichen Gesundheitsversorgung zu fördern.[211]

In § 63 V SGB V wird schließlich klargestellt, dass die Ziele und das Konzept für die Durchführung des Modellvorhabens in der Satzung der Krankenkasse zu regeln sind. Die nach den bisherigen Vorschriften geltende Höchstdauer von fünf Jahren für die Dauer von Modellvorhaben ist auf acht Jahre erweitert worden, um es dem Gesetzgeber zu ermöglichen, innerhalb einer überschaubaren Zeitspanne die durch die Auswertung der Modellvorhaben zu gewinnenden Erkenntnisse gegebenenfalls für gesetzgeberische Konsequenzen für das Gesamtsystem der gesetzlichen Krankenversicherung nutzen zu können. Zugleich soll durch die Höchstgrenze vermieden werden, dass Modellvorhaben zweckentfremdet werden, um bestimmte Versor-

---

209 BT-Drs. 13/6087, S. 27 (zu § 65).

210 Vgl. BT-Drs. 13/6087, S. 26 (zu § 63 III).

211 BT-Drs. 13/6087, S. 26 (zu § 63 III).

gungsstrukturen oder Leistungsangebote dauerhaft einzuführen, ohne dass die damit verbundenen Auswirkungen auf Qualität und Kosten der Versorgung wissenschaftlich ausgewertet werden.[212]

b) Sozialhilferecht

Neben dem Sozialversicherungsrecht gibt es im Sozialhilferecht eine weitere bundesgesetzliche Experimentierklausel.

Der erst 1999 ins Bundessozialhilfegesetz eingefügte § 101 a lautet:[213]

„Experimentierklausel
Zur Weiterentwicklung der Sozialhilfe soll die Pauschalierung weiterer Leistungen nach diesem Gesetz im Rahmen der Sätze 2 bis 6 erprobt werden. Zu diesem Zweck können die Landesregierungen die Träger der Sozialhilfe durch Rechtsverordnung ermächtigen, in Modellvorhaben solche Leistungen der Sozialhilfe pauschaliert zu erbringen, für die Beträge nicht schon durch dieses Gesetz festgesetzt oder auf Grund dieses Gesetzes festzusetzen sind. Die Pauschalbeträge sind für einen bestimmten Bedarf festzusetzen und müssen dem Grundsatz der Bedarfsdeckung gerecht werden. Die Modellvorhaben sind so auszuwerten, daß sie eine bundesweite Bewertung zulassen; hierzu haben die Träger der Sozialhilfe, die jeweils zuständige oberste Landesbehörde und das Bundesministerium für Arbeit und Sozialordnung zusammenzuwirken. Die Modellvorhaben enden einschließlich ihrer Auswertung spätestens am 31. Dezember 2004. Das Nähere über Dauer und Ausgestaltung der Modellvorhaben, über die Bemessung der Pauschalbeträge für Einzelne oder für Haushalte im Sinne von § 11 Abs. 1 Satz 2, über die Voraussetzungen für die Teilnahme von Hilfsberechtigten und über die Auswertung der Modellvorhaben sind in der Rechtsverordnung nach Satz 2 festzulegen; die Rechtsverordnung kann auch für die jeweiligen Teilnehmer der Modellvorhaben die Vermögensgrenzen nach § 88 Abs. 2 Nr. 8 in Verbindung mit der dazu ergangenen Rechtsverordnung um bis zu 80 vom Hundert erhöhen."

Soweit erkennbar ist § 101 a BSHG damit die einzige bundesrechtliche Experimentierklausel, die zu Erprobungszwecken die Landesregierungen ermächtigt, Rechtsverordnungen zu erlassen.[214] Hintergrund dieser gesetzlichen Regelung ist die

---

212 BT-Drs. 13/6087, S. 27 (zu Absatz 5).

213 Eingefügt durch das Siebte Gesetz zur Änderung des Bundessozialhilfegesetzes vom 25.07.1999 (BGBl I, S. 1442). Siehe zur Einführung dieser Experimentierklausel auch *Andreas Marschner*, Das Siebte Gesetz zur Änderung des Bundessozialhilfegesetzes, NVwZ 1999, 859.

214 Von der Verordnungsermächtigung hat in den ersten neun Monaten nach Verabschiedung des Gesetzes noch kein Bundesland Gebrauch gemacht. Die Landesregierung von Baden-Württemberg hat am 02.05.2000 den Beschluss gefasst, dass Sozialhilfe in Baden-Württemberg künftig in Pauschalsätzen gewährt werden kann. Die Höhe der Pauschalen wird von den Sozialhilfeträgern, den Stadt- und Landkreisen, auf der Grundlage statistischer Daten und Erfahrungswerte nach regionalen Erfordernissen festgelegt. Damit vermied die Regierung eine Vorgabe fester Pauschalsätze durch das Land, wie sie vor allem vom Landkreistag gewünscht worden war. Zunächst soll es Modellversuche an fünf Standorten geben: im Rhein-Neckar-Kreis, im Rems-Murr-Kreis, in den Landkreisen Biberach und Göppingen sowie in der Stadt Pforzheim.

kontinuierlich ansteigende Zahl der Sozialhilfeempfänger, die die Träger der Sozialhilfe zunehmend vor Vollzugsprobleme stellt.[215] Da der Sozialhilfeträger neben den feststehenden Regelleistungen in jedem Einzelfall über eine Vielzahl weiterer möglicher Einzel- und Teilleistungen (wie beispielsweise Heizungskosten, Wohnungsnebenkosten sowie Beihilfen für Hausrat, Möbel und besondere Anlässe) zu entscheiden hat, ist das derzeitige System der Leistungsgewährung mit hohem Verwaltungsaufwand verbunden. Parallel hierzu hat eine komplexe Rechtsprechung die Materie erschwert mit der Folge, dass bei der Sachbearbeitung in den Sozialämtern und bei den Hilfeempfängern die rechtliche Unsicherheit wächst und die Akzeptanz der Leistungsgewährung abnimmt.[216] Um die Leistungsgewährung zu vereinheitlichen und zu vereinfachen, sind viele Sozialhilfeträger in den letzten Jahren dazu übergegangen, einzelne Teilleistungsbereiche, wie z. B. Bekleidung, zu pauschalieren, soweit dies im Rahmen des geltenden Rechts möglich war.[217] Die Erfahrungen mit diesen Teilpauschalierungen sind, auch im Hinblick auf eine größere Dispositionsmöglichkeit und wirtschaftliche Eigenverantwortung der Sozialhilfeempfänger, durchweg positiv. In den durch § 101 a BSHG ermöglichten Modellvorhaben soll erprobt werden, ob weiter gehende Pauschalierungen sowohl zu einer Verwaltungsvereinfachung als auch zu einer verbesserten Akzeptanz der Leistungsgewährung und zu einer größeren wirtschaftlichen Selbstständigkeit der Sozialhilfeempfänger führen können.[218] Durch sie soll besonders Familien, die Sozialhilfeempfänger sind, die Möglichkeit gegeben werden, Ansparungen für größere Anschaffungen zu tätigen.[219]

§ 101 a BSHG ist zwar ausdrücklich als Experimentierklausel bezeichnet, doch wird auf den ersten Blick nicht deutlich, ob eine Ermächtigung zur Dispensation von geltendem Recht normiert wird und damit das oben genannte Definitionsmerkmal erfüllt ist.[220] Diese Unsicherheit resultiert daraus, dass die Modellvorhaben sich nicht auf Leistungen beziehen, für die es bereits einen Pauschalbetrag gibt von dem abgewichen werden könnte, sondern neue Leistungspauschalierungen möglich machen sollen. Doch auch mit der Öffnung für neuartige Anwendungsbereiche von Pauschalierungen sind Dispensierungen verbunden: Auf der Hand liegt dies für die in § 101 a S. 6 Hs. 2 BSHG normierte Möglichkeit, die Vermögensgrenzen in Abweichung von § 88 II Nr. 8 BSHG zu erhöhen. Über diesen ausdrücklich geregelten Fall hinaus gehen mit allen Pauschalierungsmöglichkeiten Dispense einher vom Indivi-

---

[215] Im Zeitraum von 1980 bis 1996 hat sich die Zahl der auf Sozialhilfe angewiesenen Menschen auf 2,7 Millionen erhöht und damit mehr als verdreifacht.

[216] In der Praxis werden gegen bis zu 40 % aller Sozialhilfebescheide Rechtsmittel eingelegt.

[217] Im Bundessozialhilfegesetz sind bereits folgende Pauschalen verankert: die Regelsätze, die Mehrbedarfszuschläge, das Blindengeld, das Pflegegeld und die Pflegesätze in Einrichtungen.

[218] Siehe hierzu auch den gescheiterten Gesetzesentwurf zur Änderung des Bundessozialhilfegesetzes von Baden-Württemberg, BR-Drs. 495/98.

[219] Siehe BT-Drs. 14/820; zu abgelehnten Änderungsvorschlägen BT-Drs. 14/821, 14/825.

[220] Siehe oben Teil 1, III. 2. b) bb) a. E.

dualisierungsgebot des § 3 I BSHG, wonach sich Art, Form und Maß der Sozialhilfe nach den Besonderheiten des Einzelfalls, vor allem nach der Person des Hilfeempfängers richten, und von § 4 II BSHG, der die Entscheidung über Form und Maß der Sozialhilfe in das pflichtgemäße Ermessen stellt, soweit das Ermessen nicht durch das Bundessozialhilfegesetz ausgeschlossen wird. Danach handelt es sich bei § 101 a BSHG auch nach hiesigem Verständnis um eine Experimentierklausel.

c) *Sozialrecht i. w. S.*

Nur im weitesten Sinne dem Sozialrecht zuzurechnen ist § 21 I des Gesetzes über Tageseinrichtungen für Kinder,[221] der nordrhein-westfälisches Landesrecht darstellt. Bereits seit 1991 konnte die Oberste Landesjugendbehörde zur Erprobung pädagogischer Aufgaben und zur Fortentwicklung der Tageseinrichtungen für Kinder Modellversuche durchführen. Nunmehr kann aufgrund der zusätzlich implementierten „Erprobungsregelungen" den Trägern von Tageseinrichtungen für Kinder auf Antrag gestattet werden, „zur qualitativen Weiterentwicklung des pädagogischen Angebots, der Angebotsstruktur und der Organisation der Tageseinrichtungen abweichend von den Bestimmungen dieses Gesetzes und den aufgrund dieses Gesetzes ergangenen Rechtsverordnungen neue Angebots- und Organisationsformen sowie Öffnungszeiten bis zum 31. Dezember 2002 zu erproben, höchstens jedoch in bis zu 25 v. H. aller Einrichtungen" (§ 21 I 1 GTK NW). Die Sätze 2–9 regeln Einzelheiten, ebenso wie die aufgrund der Verordnungsermächtigung des Satzes 10 ergangene Verordnung.[222]

6. Beamtenrecht

In Berlin werden Experimentierklauseln dafür genutzt, um die Arbeitszeit der Beamten zu flexibilisieren.[223] § 4 a I der Verordnung über die Arbeitszeit der Beamten (AZVO)[224] hat folgenden Wortlaut:

> „Erprobung neuer Arbeitszeitmodelle
> (1) Bis zum 31. Dezember 1999 kann von den Vorschriften des § 3 Abs. 1 und 2 sowie des § 4 Abs. 1, 2 und 4 abgewichen werden, sofern dies zur Verbesserung des Dienstleistungsangebots und zur effektiveren Gestaltung der Arbeitszeit führt."

Die in Bezug genommenen Vorschriften der §§ 3 und 4 AZVO betreffen zum einen den Arbeitstag, der grundsätzlich durch die Werktage mit Ausnahme des Sonnabends definiert ist, zum anderen die Arbeitszeiteinteilung, die vorsieht, dass der

---

221 § 21 I GTK NW, eingefügt durch Gesetz vom 16.12.1998, GVBl S. 705.

222 Verordnung zur Regelung des Erprobungsverfahrens nach § 21 GTK vom 08.03.1999 (GVBl S. 80 f.).

223 Näheres hierzu bei *Chmel* (Fn. 20), S. 238 f.

224 Eingefügt durch Gesetz vom 12.03.1997 (GVBl S. 69).

Dienst grundsätzlich durchgehend in der Rahmenzeit zwischen 6.30 Uhr und 18.00 Uhr geleistet werden soll, wobei den Beamten gleitende Arbeitszeit gewährt werden kann.

§ 4 a I AZVO bietet für die verschiedenen Verwaltungsbereiche vielfältige Möglichkeiten der Arbeitszeitflexibilisierung. Als Kann-Vorschrift ist sie bisher in unterschiedlichem Maß und Umfang realisiert worden, indem Dienstvereinbarungen über eine Flexibilisierung der Arbeitszeit abgeschlossen worden sind. Nach dem Willen des Verordnunggebers setzt Arbeitszeitflexibilisierung i. S. d. Ermächtigung der Arbeitszeitverordnung nicht vorrangig die Arbeitszeitsouveränität der Beschäftigten voraus, sondern verbindet deren Interessen mit denen der Verwaltung nach Bürgerorientierung und effektivem Verwaltungshandeln. Durch die Flexibilisierung der Arbeitszeit können verbesserte und bedarfsorientierte Dienstleistungsangebote wie verlängerte Öffnungszeiten, Spätsprechstunden und Sonderservices eingerichtet werden. Erste positive Erfahrungen haben dazu geführt, dass die Experimentierklausel des § 4 a I AZVO bis zum 31. Dezember 2000 verlängert und die Senatsverwaltung für Inneres beauftragt wurde, auf der Grundlage der bisherigen Erkenntnisse eine dauerhafte Änderung der Arbeitszeitverordnung vorzubereiten.

Einige Monate später ist § 4 a AZVO um folgenden Absatz 2 ergänzt worden:[225]

> „(2) Bis zum 31. Juli 2002 kann für Lehrer innerhalb der durchschnittlichen Wochenarbeitszeit von der Anlage zu § 1 Abs. 3 abgewichen werden, sofern damit die Qualität schulischer Arbeit verbessert und die Entwicklung neuer Unterrichtsformen und -methoden gefördert werden. Hierbei wird durch eine Abweichung von den vorgegebenen Pflichtstunden das Gesamtvolumen der Lehrerpflichtstunden dauerhaft nicht vermindert."

Die ein Abweichen von den wöchentlichen Pflichtstunden ermöglichende Experimentierklausel des § 4 a II AZVO ist ein Baustein der Bemühungen des Senats von Berlin, insbesondere im Lehrerbereich Arbeitszeitvorschriften zu flexibilisieren.[226]

7. Evangelisches Kirchenrecht

Die Entwicklung im staatlichen Recht hat im evangelischen Kirchenrecht eine Parallele.[227] Bereits im Jahre 1970 hat die Evangelische Kirche in Hessen und Nas-

---

[225] Durch die Elfte Verordnung zur Änderung der Arbeitszeitverordnung vom 13.07.1999 (GVBl S. 410).

[226] Vgl. als weiteres Instrument den mit gleichem Gesetz eingefügten § 5 II AZVO. Siehe auch die Presseberichte zum Berliner Lehrerstreik im April 2000; exemplarisch *Markus Heintzen*, „Auch wenn 10000 streiken, bleibt es ein Rechtsbruch", in: DIE WELT vom 14.04.2000, S. 42.

[227] Inwieweit sich staatliches und kirchliches Recht bezüglich Experimentierklauseln gegenseitig beeinflusst haben, ist anhand der Gesetzesmaterialien nicht zu ermitteln. Nach den vorliegenden Erkenntnissen könnte es sich bei der nachfolgend genannten Experimentierklausel des Art. 69 KO Hessen und Nassau um die älteste Erprobungsklausel handeln.

sau in Art. 69 ihrer Kirchenordnung (KO) eine Experimentierklausel zur Erprobung neuer Organisations- und Arbeitsformen auf der Gemeindeebene mit folgendem Wortlaut eingefügt:[228]

„Artikel 69

(1) Zur Erprobung neuer Organisations- und Arbeitsformen auf Gemeindeebene kann für die Dauer von längstens fünf Jahren von den Vorschriften der Artikel 5, 6, 7 und 8 abgewichen werden.

(2) Dazu bedarf es in jedem einzelnen Falle einer Satzung, die von den Kirchenvorständen der beteiligten Kirchengemeinden je mit einer Mehrheit von zwei Dritteln der gesetzlichen Zahl der Mitglieder zu beschließen, von der Kirchenleitung zu genehmigen und von der Kirchensynode mit der in Artikel 40 Absatz 2 vorgesehenen Mehrheit anzuerkennen ist.

(3) Die Satzung muß im einzelnen bestimmen, welche Organe die in Artikel 6, 7 und 8 aufgeführten Aufgaben und Verantwortlichkeiten des Kirchenvorstandes für die Erprobungszeit zu übernehmen haben."

Die zur Disposition gestellten Art. 5–8 KO regeln die Zusammensetzung und Aufgaben des Kirchenvorstands. Entstehungsgeschichtlich sollte Art. 69 KO die gesamtgemeindliche Neuordnung im Bereich der Nord-West-Stadt Frankfurt am Main ermöglichen. Daneben ist sie im Fall der Großgemeinde Pfungstadt[229] angewendet worden. Das Ziel der Experimentierklausel ist es, die in den Modellversuchen gewonnenen Erkenntnisse nach Ablauf der Erprobungsphase in das neu zu gestaltende Recht zu übernehmen bzw. den betreffenden Gemeinden nach fünf Jahren der Erprobung die Gelegenheit zur Überprüfung zu geben.

Im Juni 1997 ist durch die Einfügung des Art. 69 a KO[230] die Möglichkeit, neue Organisations- und Arbeitsformen zu erproben, auf die Ebene der Dekanate erweitert worden. Zu diesem Zweck kann von den die Dekanatssynode, den Dekanatssynodalvorstand und die Dekane betreffenden Vorschriften der Art. 21, 22, 24, 25, 28, 29, 30 und 31 KO abgewichen werden. Ansonsten entspricht Art. 69 a KO weitgehend dem Wortlaut des Art. 69 KO. Bei der praktischen Umsetzung des Art. 69 a KO ist das von der Kirchensynode noch 1997 gebilligte „Organisationsmodell für die Kirchenregion Darmstadt" am weitesten fortgeschritten. Vier Leitgedanken prägen diesen Modellversuch maßgeblich:

- die Entwicklung einer neuen mittleren Ebene mit dem Ziel der Auflösung der Doppelstrukturen Verband/Dekanat,
- die Verbesserung der Kooperation von Gemeinden untereinander und mit den Einrichtungen auf Dekanatsebene,
- die Stärkung des Kostenbewusstseins in den Gemeinden und Einrichtungen und

[228] KABl 1970, S. 95.
[229] KABl 1994, S. 205.
[230] KABl 1997, S. 207.

– die Flexibilisierung des Personaleinsatzes.[231]

Zusammen mit Art. 69 a ist Art. 69 b in die Kirchenordnung neu aufgenommen worden. Danach wird eine Erprobung neuer Arbeits- und Organisationsformen, die die Ebenen der Gemeinden und Dekanate verbindet, im Rahmen der Art. 69 und 69 a für zulässig erklärt. Als mögliche Anwendungsbereiche der Experimentierklausel des Art. 69 b KO stellt sich Grunwald[232] beispielsweise vor, dass in fernerer Zukunft in einer Großstadt wie Frankfurt am Main, insbesondere bei weiter rückläufigen Kirchenmitgliederzahlen, Dekanate und Gemeinden enger als bisher miteinander verbunden werden oder dass der Amtsbezirk eines Pfarrers (Parochie) durchlässiger gemacht oder ganz aufgelöst wird.

Auch in der Hannoverschen und Bayerischen Landeskirche ist von dem Instrument der Erprobung Gebrauch gemacht worden. Im Jahre 1986 hat die Evangelisch-Lutherische Kirche in Bayern ein Erprobungsgesetz für das kirchliche Dienstrecht erlassen.[233] Es folgte 1993 ein Kirchengesetz der Landessynode zur Erprobung neuer Regelungen im Bereich des Rechts der Kirchengemeinde[234] und 1996 das Kirchengesetz zur Erprobung neuer Regelungen im Dekanatsbezirk[235]. Die beiden zuletzt genannten Gesetze sollten die kirchliche Gesetzgebung nach dem Jahr 2000 auf der Basis praktischer Erprobungsmodelle auf der unteren Ebene der Kirchengemeinden und der mittleren Ebene der Dekanatsbezirke vorbereiten.

Das Erprobungsgesetz vom 04. Dezember 1993, welches die sowohl nach kirchlichem als auch nach staatlichem Recht mit eigener Rechtspersönlichkeit ausgestattete Kirchengemeinde betraf, bestand nur aus zwei Artikeln, wobei der Zweite das Inkrafttreten (01.01.1995) und Außerkrafttreten (31.12.1998) regelte und der Erste bestimmte, dass der Landeskirchenrat „auf Antrag des Kirchenvorstandes beschließen" kann, „daß zur Erprobung neue Regelungen über die Geschäftsführung in der Kirchengemeinde, insbesondere über den Vorsitz im Kirchenvorstand, eingeführt werden, wobei dieser Antrag der Zustimmung von zwei Dritteln der stimmberechtigten Mitglieder des Kirchenvorstandes bedarf".

---

[231] Vgl. *Grunwald*, in: Grunwald/Kimmel/Müller-Alten/Scholz-Curtius/Wähler, Die Ordnung der Evangelischen Kirche in Hessen und Nassau, Art. 69 a, S. 1; zu Einzelheiten des Verfahrens nach Art. 69 a II KO siehe S. 2 f.

[232] *Grunwald*, in: Grunwald/Kimmel/Müller-Alten/Scholz-Curtius/Wähler, Die Ordnung der Evangelischen Kirche in Hessen und Nassau, Art. 69 b, S. 1.

[233] Kirchengesetz zur Erprobung neuer Regelungen im Bereich des kirchlichen Dienstrechts – Erprobungsgesetz – vom 25.04.1986 (KABl S. 114), aufgehoben durch Kirchengesetz vom 02.04.1996 (KABl S. 127), abgedruckt in: Rechtssammlung der Evangelisch-Lutherischen Kirche in Bayern (RS) unter Nr. 500/1.

[234] Kirchengemeinde-Erprobungsgesetz vom 04.12.1993 (KABl S. 342, RS Nr. 300, im Anschluss an die Kirchengemeindeordnung).

[235] Dekanatsbezirks-Erprobungsgesetz vom 02.04.1996 (KABl S. 127, RS Nr. 310, im Anschluss an die Dekanatsbezirksordnung).

II. Verwandte Klauseln

Nach dem Überblick über die Anwendungsbereiche von Experimentierklauseln sollen im Folgenden zunächst den Experimentierklauseln nahe kommende Normen im Bau- und Personenbeförderungsrecht zum Zwecke der Abgrenzung dargestellt werden. Der Unterschied liegt in dem Kreis der Antragsteller bzw. dem der Erprobenden begründet.[236] Dieser wird bei den gleich vorzustellenden Regelungen regelmäßig durch Private und nicht durch Verwaltungsträger gebildet.

Sodann sind die Standardanpassungsgesetze näher vorzustellen, die im Kommunalrecht zum Teil in Bereichen Verwendung finden, in denen auch die Experimentierklausel zum Einsatz kommt.[237] Der entscheidende Unterschied ist, dass es den Standardanpassungsgesetzen am Experimentierzweck fehlt.

Letztlich ist ein Blick in das Dritte Sozialgesetzbuch zu werfen, in welches im Stile einer Experimentierklausel eine Norm aufgenommen wurde, der allerdings die „Offenheit" in Bezug auf die Dispensation bzw. Abweichung von geltendem Recht fehlt. Mit ihr wird lediglich ein konkret beschriebener, zusätzlicher Tatbestand eingefügt, der zur Zahlung von Arbeitnehmerhilfe führen kann.

1. Baurecht

Bereits Anfang der 80er Jahre hat der Landesgesetzgeber in Nordrhein-Westfalen eine „Versuchsklausel" in die Landesbauordnung aufgenommen.[238] Der neu eingefügte § 87 a hatte folgenden Wortlaut:

„§ 87 a

(1) Zur praktischen Erprobung neuer Bau- oder Wohnungsformen im Wohnungsbau können im Einzelfall, soweit Gründe der öffentlichen Sicherheit oder Ordnung nicht entgegenstehen, Abweichungen von zwingenden Vorschriften dieses Gesetzes oder von auf Grund dieses Gesetzes erlassenen zwingenden Vorschriften zugelassen werden. § 87 gilt entsprechend.

(2) Abweichungen werden auf schriftlich zu begründenden Antrag durch besonderen Bescheid zugelassen. Anträge können bis zum 31. Dezember 1984 gestellt werden.

(3) Die Abweichungen bedürfen der Zustimmung der obersten Bauaufsichtsbehörde. § 86 Abs. 3 Satz 1 gilt entsprechend.

(4) Anträgen nach Absatz 2 darf nur stattgegeben werden, wenn die Bauherren sich verpflichten, den Bauaufsichtsbehörden oder den von ihnen beauftragten Stellen während eines Zeitraumes von drei Jahren nach Schlußabnahme die für die Auswertung, insbesondere die für die Prüfung der Wirtschaftlichkeit erforderlichen Unterlagen zu überlassen und Auskünfte zu erteilen, und den Bauaufsichtsbehörden oder den von ihnen be-

---

236 Siehe oben Teil 1, III. 2. b) bb).

237 Siehe bereits oben im Text bei Fn. 142.

238 Durch Art. 1 des Dritten Gesetzes zur Änderung der Bauordnung für das Land Nordrhein-Westfalen, – Aufnahme einer Versuchsklausel –, vom 06.04.1982 (GVBl S. 170).

auftragten Stellen das Recht einzuräumen, während dieses Zeitraumes bauliche Anlagen und Wohnungen zu betreten. Die Bauherren haben sich darüber hinaus zu verpflichten, Erwerbern und Mietern der baulichen Anlagen und Wohnungen die Pflichten nach Satz 1 aufzuerlegen."

Durch Gesetz vom 26.06.1984[239] ist die Landesbauordnung u. a. dahin gehend geändert worden, dass die Antragsfrist des Absatzes 2 bis zum 30. Juni 1987 verlängert wurde und dass § 87 a erst am 01. Januar 1988 außer Kraft trat. Die Verlängerung der Versuchsklausel um drei Jahre wurde mit dem Fehlen hinreichender Erfahrungen begründet, die begrenzte Geltungsdauer auf verfassungsrechtliche Gründe gestützt. Eine dauerhafte Übernahme ins Gesetz fand nicht statt.

Eine ähnliche Regelung findet sich in § 61 II BauO Berlin, der größere Aktualität aufweist.[240] In Ziffer 3 heißt es dort:

„Ausnahmen und Befreiungen

(2) Die Bauaufsichtsbehörde kann von zwingenden Vorschriften dieses Gesetzes oder von zwingenden Vorschriften auf Grund dieses Gesetzes auf schriftlichen Antrag befreien, wenn ...

3. es zur praktischen Erprobung neuer Bau- und Wohnformen, von Maßnahmen zur Kostendämpfung, zur Verwirklichung von Vorhaben zur Energieeinsparung oder zur Schonung der natürlichen Lebensgrundlagen durch Versuchsbauten der Abweichung bedarf; vom Bauherrn ist nachzuweisen, daß Gefahren für die öffentliche Sicherheit oder Ordnung hierdurch nicht entstehen."

Insbesondere im Rahmen des Baurechts stellt sich damit die Frage nach der Abgrenzung von Experimentierklauseln zu Dispensregelungen, wie sie baurechtlich üblich sind.

Das Baurecht unterscheidet traditionell die Gewährung von Ausnahmen und Befreiungen. Die Ausnahme unterscheidet sich von der Befreiung gesetzestechnisch u. a. dadurch, dass sie als Spezialermächtigung ausdrücklich in der jeweiligen Vorschrift geregelt ist, während die Befreiungsvorschrift allgemein die Voraussetzungen für ein Abweichen von den Regeln der ansonsten zwingenden Norm vorsieht (Generalermächtigung). Damit verbindet die Experimentierklausel eine enge Verwandtschaft mit der Befreiung. Der (Haupt-)Unterschied ist der, dass der Normzweck regelmäßig ein anderer ist. Experimentierklauseln dienen zuvörderst dem Zweck, ein Vorhaben zu erproben, welches zu einem späteren Zeitpunkt auf der Basis der gewonnenen Erfahrungen endgültig normiert werden soll. Die Befreiung soll Divergenzen in der Reichweite eines Gesetzes und seines Schutzgutes ausgleichen, da eine abstrakte Regelung immer Gefahr läuft, mit ihren Aussagen besonders gelagerten Fällen nicht gerecht zu werden. So kann die Anwendung einer baurechtlichen Norm, die im Regelfall einen angemessenen Interessenausgleich herbeiführt

---

[239] GVBl S. 441.

[240] Eingefügt durch das Achte Gesetz zur Änderung der Bauordnung für Berlin vom 04.07.1997 (GVBl S. 377). Ähnlich § 76 III Nr. 3 BauO SH, eingefügt durch Gesetz vom 21.10.1998 (GVBl S. 303).

und somit vor Art. 14 I GG Bestand hat, in atypischen Fällen zu unbilligen Härten, allgemein zu mit dem Gesetzeszweck nicht zu vereinbarenden Ergebnissen führen. Art. 14 I GG gebietet also, die vom Normgeber zu beachtenden Belange im Einzelfall durch eine Befreiung in einen angemessenen Ausgleich zu bringen, soweit der Gesetzgeber nicht selbst für gewisse Fallgruppen durch Normierung von Ausnahmen vorgesorgt hat.[241]

Wie in § 61 II Nr. 3 BauO Berlin erkennbar wird, der im Gegensatz zur Versuchsklausel des § 87 a BauO NW ausdrücklich als Befreiungstatbestand bezeichnet ist, verhindert dieses generelle Unterscheidungsmerkmal nicht zwingend das Zusammenfallen von Befreiung und Experimentierklausel. Vielmehr können sich beide im Einzelfall decken. Als Abgrenzungskriterium kann dann nur das einschränkende Kriterium „für die Verwaltung" dienen. Wie bereits ausgeführt,[242] zeichnen sich die hier zu untersuchenden Experimentierklauseln dadurch aus, dass die Verwaltung Erprobende ist und nicht ein gewaltunterworfener Rechtsträger. In den genannten Bauordnungen ist es jedoch i. d. R. der Bürger, der einen Antrag auf Befreiung stellt.

2. Personenbeförderungsrecht

Durch Art. 28 des Dritten Rechtsbereinigungsgesetzes vom 28.06.1990[243] ist § 2 des Personenbeförderungsgesetzes u. a. durch den nachfolgenden Absatz 7 ergänzt worden:[244]

> „Zur praktischen Erprobung neuer Verkehrsarten oder Verkehrsmittel kann die Genehmigungsbehörde auf Antrag im Einzelfall Abweichungen von Vorschriften dieses Gesetzes oder von auf Grund dieses Gesetzes erlassenen Vorschriften für die Dauer von höchstens vier Jahren genehmigen, soweit öffentliche Verkehrsinteressen nicht entgegenstehen."

Auch hier ist es nicht die Verwaltung, die in der Praxis probt, sondern der gewaltunterworfene Rechtsträger in Ausübung seiner grundrechtlich gewährleisteten Freiheit.

3. Standardanpassungsgesetze

Gemeinhin werden als Standards Vorschriften bezeichnet, die Mindestvoraussetzungen oder bestimmte Bandbreiten qualitativer oder quantitativer Anforderungen für die Erstellung bestimmter Produkte oder Leistungen beinhalten.[245] In Rhein-

---

241 Vgl. BVerwGE 88, 191.

242 Oben Teil 1, III. 2. b) bb).

243 BGBl I, S. 1229.

244 Zur Begründung vgl. BT-Drs. 11/4310, S. 104 (zu Buchstabe c)).

245 *Rüter* (Fn. 143), S. 70. Zur Definition der Begriffe Personal-, Sach- und Verfahrensstandards siehe bereits oben in Fn. 145.

land-Pfalz und Brandenburg sind Standardanpassungsgesetze[246] parlamentarisch beraten,[247] dann jedoch fallen gelassen worden.[248] In Mecklenburg-Vorpommern ist dagegen nach langer Diskussion[249] vor kurzem ein Standardöffnungsgesetz verabschiedet worden.[250] In diesem Zusammenhang können generelle Standardöffnungsklauseln von bereichsspezifischen unterschieden werden.[251] Die generellen Standardöffnungsklauseln eröffnen im Einzelfall Dispensmöglichkeiten von Standards, die in Gesetzen, Rechtsverordnungen und Verwaltungsvorschriften für staatliche und kommunale Träger hoheitlicher Gewalt geregelt sind, wenn der Zweck der Standards im Wesentlichen auch auf andere Art und Weise erreicht wird.[252]

Eingeschränkt in Bezug auf die fehlende Abweichungsmöglichkeit von Landesgesetzen kann hier der Entwurf des Standardanpassungsgesetzes Rh.-Pf. als Beispiel genannt werden. In seinem § 1 heißt es:

> „§ 1 Abweichung im Einzelfall
>
> (1) Von Personal-, Sach- und Verfahrensstandards für kommunale Einrichtungen in Rechtsverordnungen und Verwaltungsvorschriften des Landes kann im Einzelfall abgesehen werden, wenn
>
> 1. auch auf andere Art und Weise als durch die Erfüllung der Vorgaben der Zweck der Standards im wesentlichen erreicht wird und
> 2. dadurch ein unverhältnismäßiger Aufwand vermieden werden kann.
>
> (2) Beantragt ein Antragsteller im Einzelfall die Abweichung von Personal-, Sach- und Verfahrensstandards, so besteht ein Rechtsanspruch auf Genehmigung der Abweichung, sofern gegenüber dem Antragsteller nicht nachgewiesen wird, daß im Falle der Genehmigung der Abweichung
>
> – die öffentliche Sicherheit und Ordnung nachhaltig gestört oder
> – Leib und Leben von Menschen gefährdet würden."

Das bereits erwähnte Standardöffnungsgesetz Meckl.-Vorp. beinhaltet vom Ansatz ebenfalls eine generelle Öffnungsklausel, indem der Anwendungsbereich des

---

[246] Zum Begriff des Standards siehe den Nachweis oben in Fn. 142.

[247] Entwurf eines Standardanpassungsgesetzes Rh.-Pf. vom 07.08.1995, LT-Drs. 12/7025; identischer Entwurf in Brandenburg, LT-Drs. 2/3400.

[248] Der Grund hierfür liegt in der befürchteten Verfassungswidrigkeit des Gesetzes. Zum Ergebnis der Verfassungswidrigkeit von generellen Öffnungs- oder Nichtanwendungsklauseln gelangt *Jutzi* (Fn. 117); anders *Grzeszick* (Fn. 117).

[249] In Mecklenburg-Vorpommern fand 1999 eine parlamentarische Anhörung für ein Standardöffnungsgesetz statt, bei der das geladene Justizministerium verfassungsrechtliche Bedenken gegen den Gesetzesentwurf erhob, vgl. *Hubert Meyer*, Länderreport: Mecklenburg-Vorpommern, LKV 2000, 107, 109. Zum Inhalt eines Vorläuferentwurfs *Hubert Meyer*, Standardanpassungsgesetz für die Kommunen: Notwendiger Befreiungsschlag oder Kapitulation des Gesetzgebers vor sich selbst, DÖV 1998, 865, 867.

[250] Gesetz zur Öffnung von Standards für kommunale Körperschaften vom 17.09.2000, GVBl S. 492.

[251] Vgl. aus dem Schrifttum nur *Grzeszick* (Fn. 117); *Jutzi* (Fn. 117); *Meyer* (Fn. 249), 1998; jeweils passim.

[252] *Jutzi* (Fn. 117), S. 26. Als solche kann § 133 IV GO LSA gelten, auch wenn es sich dabei um eine Experimentierklausel handelt, vgl. oben Fn. 140.

Gesetzes auf Gesetze, Rechtsverordnungen und Verwaltungsvorschriften des Landes erstreckt wird (§ 1 II 1). Um dem Vorwurf der Verfassungswidrigkeit zu entgehen, werden jedoch in Absatz 4 Befreiungen von gesetzlich normierten Standards auf zehn enumerativ aufgeführte Landesgesetze beschränkt.

Die bereichsspezifischen Standardöffnungsklauseln zeichnen sich dadurch aus, dass ihr Anwendungsbereich eingegrenzt wird, sei es durch die Beschränkung auf den eigenen Wirkungskreis, sei es durch enumerative Aufzählung von bestimmten Bereichen, in denen von Standards befreit werden darf.[253]

Insbesondere die generellen Standardöffnungsklauseln haben zwar eine ähnliche Zielrichtung wie die kommunalrechtlichen Experimentierklauseln, gehen aber nach ihrem Umfang über diese hinaus.[254] Die Erkenntnisse über die Zulässigkeit von Standardanpassungsgesetzen können gegebenenfalls für die verfassungsrechtliche Beurteilung von Experimentierklauseln fruchtbar gemacht werden.[255]

4. Arbeitsförderungsrecht

Neueren Datums ist eine bundesgesetzliche Klausel im Arbeitsförderungsrecht. § 56 SGB III, der zur Förderung der Beschäftigungsaufnahme die sog. Arbeitnehmerhilfe zum Gegenstand hat, wurde durch folgenden Absatz 3 a ergänzt:[256]

„Arbeitnehmerhilfe

(1) ...

(2) ...

(3) ...

(3a) Zur Erprobung von Maßnahmen zur Beschäftigung von Arbeitslosenhilfebeziehern können bis zum 31. Dezember 2002 durch eine Arbeitnehmerhilfe auch Arbeitnehmer gefördert werden, soweit sie

1. unmittelbar vor Beginn der Maßnahme Arbeitslosenhilfe bezogen haben,

---

253 Siehe *Meyer* (Fn. 249), 1998, S. 867, der den entsprechenden Inhalt eines Referentenentwurfs von 1997 wiedergibt. In ihm heißt es, dass als Personal- und Sachstandards nur Anforderungen gelten sollen an

- berufliche Qualifikationen sowie Fort- und Weiterbildungsverpflichtungen für Mitarbeiter im sozialen, gesundheitlichen und kulturellen Bereich sowie auf den Gebieten des Sports und der Jugendpflege,
- Vorgaben für Öffnungszeiten und Gruppengrößen in Kindertagesstätten und in der Tagespflege,
- Mindestgrößen für Aufenthaltsräume und Freiflächen sowie Gestaltung und Einrichtung von Schulen, Sportstätten, Kindertagesstätten, Krankenhäuser, Behördengebäuden, Feuerwehrgerätehäusern, usw.

254 Vgl. *Grzeszick* (Fn. 117), S. 549.

255 Siehe unten Teil 3, III. 6. b) dd) und 7. c) aa) (3).

256 Eingefügt durch das Zweite SGB III – Änderungsgesetz vom 21.07.1999, BGBl I, S. 1648 f.

2. im Rahmen der Maßnahme Arbeiten erledigen, die üblicherweise in einer auf längstens drei Monate befristeten versicherungspflichtigen, mindestens 15 Stunden wöchentlich umfassenden Beschäftigung erledigt werden.
Die Förderung setzt voraus, daß das Bundesministerium für Arbeit und Sozialordnung der Maßnahme zugestimmt hat. Die Zustimmung kann mit Nebenbestimmungen erteilt werden. Das Bundesministerium kann seine Befugnisse auf die Hauptstelle der Bundesanstalt übertragen."

Durch diese Klausel werden die Arbeitsämter in die Lage versetzt, befristete Beschäftigungsverhältnisse, die bislang nicht zustande gekommen sind – etwa wegen allgemeiner Vorbehalte gegen Langzeitarbeitslose, unzureichender Grundkenntnisse der Arbeitslosen oder unzulänglicher betrieblicher Erfordernisse –, künftig mit der Arbeitnehmerhilfe zu fördern. Damit wird lediglich ein konkreter neuer Tatbestand ins Gesetz aufgenommen, ohne in „offener Weise" die Möglichkeit zu schaffen, von geltendem Recht zu dispensieren oder abzuweichen. Deshalb handelt es sich trotz des im Gesetzgebungsverfahren verwendeten Begriffs der Experimentierklausel nicht um eine solche im hier verwendeten Sinne.

Teil 3

Verfassungsrechtliche Grenzen von Experimentierklauseln

I. Problemaufriss

Vor einigen Jahren wurde die Experimentierklausel des § 133 GO Hessen[257] einerseits als „bemerkenswertes Beispiel für die Selbstverstümmelung eines Gesetzgebers", andererseits als „‚Freisetzungsrichtlinie' für die öffentliche Verwaltung" bezeichnet.[258] Die dem Gesetzgeber durch die Wesentlichkeitslehre des Bundesverfassungsgerichts aufgebürdete Pflicht zur Regelung des Wesentlichen sei bisher nicht als Möglichkeit zur Entregelung des Wesentlichen verstanden worden. Zwar enge ein flächendeckender Gesetzesvorbehalt die Handlungsfreiheit der Verwaltung ein, die weitgehende Freistellung der hessischen Kommunalverwaltung von dem geltenden Kommunalrecht überantworte dieses jedoch dem freien Aushandeln zwischen der einzelnen Kommunalverwaltung und der Ministerialverwaltung. Zudem habe der hessische Gesetzgeber damit nicht nur sich selbst, sondern auch die kommunalen Vertretungskörperschaften ausgeschaltet.[259] Dieser Kritik wurde von verschiedenen Seiten entgegengetreten.[260] Die meisten Beiträge beschränken sich je-

---

[257] § 133 GO Hessen, neu gefasst durch Gesetz vom 21.12.1994 (GVBl I, S. 816) hat folgenden Wortlaut:

„Erprobung neuer Steuerungsmodelle

(1) Das Ministerium des Innern kann für die Erprobung neuer Modelle zur Steuerung der Gemeindeverwaltung auf Antrag im Einzelfall zeitlich begrenzte Ausnahmen von Vorschriften dieses Gesetzes und der nach § 154 erlassenen Regelungen nach Maßgabe des Abs. 2 zulassen. Die Ausnahmegenehmigung kann unter Bedingungen und Auflagen erteilt werden.

(2) Ausnahmen können zugelassen werden von den Regelungen über die Haushaltssatzung, den Haushaltsplan, den Stellenplan, die Jahresrechnung, die örtliche Rechnungsprüfung und von Regelungen zum Gesamtdeckungsprinzip, zur Deckungsfähigkeit und zur Buchführung sowie anderen Regelungen, die hiermit in Zusammenhang stehen."

Zur Gesetzesbegründung siehe LT-Drs. 13/6941 und *Schmidt/Kneip*, § 133 GO Hessen, Rdnr. 1 f.

[258] *Heinrich Siedentopf*, Experimentierklausel – eine „Freisetzungsrichtlinie" für die öffentliche Verwaltung, DÖV 1995, 193.

[259] *Siedentopf* (Fn. 258), S. 193.

[260] Siehe nur *Hermann Hill*, Verwaltung im Umbruch, 1997, S. 147; *Manfred Kanther*, Die Reform der öffentlichen Verwaltung des Bundes, Der Landkreis 1995, 344; *Klaus Lange*, Die kommunalrechtliche Experimentierklausel, DÖV 1995, 770 ff.; *Eberhard Schmidt-Aßmann*, Gefährdungen der Rechts- und Gesetzesbindung der Exekutive, in: Festschrift für Klaus Stern, 1997, S. 745, 750.

doch auf eine deskriptive Befassung mit einzelnen Experimentierklauseln.[261] Es gibt bisher nur wenige verfassungsrechtliche Auseinandersetzungen mit diesem Thema, die zudem entweder sehr kurz gehalten[262] oder auf ein konkretes Gesetz(esvorhaben) beschränkt sind.[263]

Wo liegen nun die verfassungsrechtlichen Grenzen der Experimentierklauseln? Die Schwierigkeit, sie näher zu bestimmen, resultiert daraus, dass Experimentierklauseln insbesondere mit zwei sehr allgemeinen Grundsätzen des deutschen Verfassungsrechts kollidieren können: dem Rechtsstaats- und dem Demokratieprinzip. Es muss daher im Folgenden darum gehen, die Experimentierklauseln an einzelnen Ausprägungen dieser Prinzipien zu messen. Diese wiederum sind zunächst abstrakt darzustellen und – soweit notwendig – ausführlicher zu begründen bzw. herzuleiten. Die Vorgehensweise ist dabei dadurch geprägt, dass vom Allgemeinen ausgegangen wird, um in der Folge immer spezieller zu werden.

Da das Rechtsstaatsprinzip den Großteil aller möglichen Kollisionspunkte in sich vereint, soll das allgemeine Rechtsstaatsprinzip am Anfang der Untersuchung stehen. Hier wird die Frage zu beantworten sein, ob der – populäre – Zugriff auf das allgemeine Rechtsstaatsprinzip überhaupt möglich ist, um die Verfassungsmäßigkeit von Experimentierklauseln zu überprüfen.

Als ein Element des Rechtsstaatsprinzips wird das Augenmerk sodann auf die Gewaltenteilung gerichtet. Mit dem nicht unumstrittenen und deshalb herleitungsbedürftigen Grundsatz funktionsgerechter Organstruktur wird ein erster Prüfungsmaßstab gefunden werden. Daneben ist von zentraler Bedeutung für diese Arbeit, dass das Bundesverfassungsgericht das Gewaltenteilungsprinzip auf den Schutz des Kernbereichs einer Gewalt begrenzt. In diesem Zusammenhang stellt sich die Frage, ob bei Experimentierklauseln ein Eingriff in den Kernbereich der Legislative seitens der Exekutive vorliegt.

Die Klärung dieser Frage führt zum Gesetzesvorbehalt, der die Legislative vor Übergriffen der Exekutive schützt und zugleich eine Rolle dafür spielt, ob die Le-

---

[261] So z. B. *Manfred Dahlheimer*, Zur Reform des Gemeindewirtschaftsrechts, BWVP 1994, 197, 198; *Michael Grimberg*, Die Experimentierklausel nach § 146 Gemeindeordnung Sachsen-Anhalt, DVP 1999, 8 f.; *Reinhard Müller*, Neue finanzwirtschaftliche Steuerungsmodelle im kommunalen Bereich – Stand der Entwicklung und haushaltsrechtlicher Änderungsbedarf, VR 1995, 217, 224; *Hansdieter Schmid*, Neue Steuerungsinstrumente und Budgetierung, ThürVBl 1998, 52, 54; *Gunnar Schwarting*, Reform der Gemeindeordnung in Nordrhein-Westfalen, Der Gemeindehaushalt 1994, 193, 198 f.; *Frank Stein*, Neuerungen im kommunalen Haushalts- und Rechnungsprüfungswesen, Städte- und Gemeinderat 1995, 50, 54 f.

[262] *Albert von Mutius*, Neues Steuerungsmodell in der Kommunalverwaltung, in: Festschrift für Klaus Stern, 1997, S. 685, 713 ff.

[263] *Christoph Brüning*, Die kommunalrechtlichen Experimentierklauseln, DÖV 1997, 278 ff., der die Verfassungsmäßigkeit von § 126 GO NW bejaht; *Grzeszick* (Fn. 117), zur Verfassungsmäßigkeit des Entwurfs eines Standardanpassungsgesetzes Rheinland-Pfalz, LT-Drs. 12/7025; *Meyer* (Fn. 249), 1998, S. 865 ff., zum Entwurf eines Standardanpassungsgesetzes in Mecklenburg-Vorpommern.

gislative ihrerseits auf die Wahrnehmung ihrer Kompetenzen verzichten kann. Die aktuelle Reichweite des Gesetzesvorbehalts wird durch die Wesentlichkeitstheorie bestimmt, welche den Schwerpunkt der Prüfung vom Rechtsstaatsprinzip zum Demokratieprinzip verlagert. An dieser Stelle wird ausführlich zu diskutieren sein, inwieweit die Experimentierklauseln in den verschiedenen Rechtsgebieten den Anforderungen der Wesentlichkeitstheorie genügen.

Als Ausprägung des Rechtsstaatsprinzips ist es der Bestimmtheitsgrundsatz, mit dem die Experimentierklauseln möglicherweise kollidieren. Auch hier hat die Prüfung geordnet nach den unterschiedlichen Rechtsgebieten zu erfolgen, da die einzelnen Experimentierklauseln insoweit Unterschiede aufweisen. Eng mit dem Bestimmtheitsprinzip verbunden ist das Gebot der Normenklarheit, welches u. a. die Eindeutigkeit von Verweisungen fordert. Sind Experimentierklauseln als dynamische Verweisungen ausgestaltet, kann die Eindeutigkeit zweifelhaft sein.

Den verfassungsrechtlichen Teil abschließend ist ein Blick auf die unter dem Gesichtspunkt der Selbstverwaltung vom Grundgesetz vorgehaltenen Grenzen und auf den Gleichheitssatz zu werfen.

II. Gelockerte Verfassungsbindung?

Zuvor ist noch zu klären, ob Experimentierklauseln in allen Belangen den Vorgaben des Grundgesetzes bzw. den Vorgaben der Landesverfassungen entsprechen müssen oder ob ihre Eigenart eine gelockerte Verfassungsbindung rechtfertigt.[264] Angesichts der ausdrücklichen Bindung des Gesetzgebers an die verfassungsmäßige Ordnung in Art. 1 I 2, III, 20 III GG sind die Befürworter von verfassungsfreien oder verfassungsausgedünnten Räumen für Experimentierklauseln in Argumentationszwang. Der Verweis auf die zeitliche Befristung und den Experimentierzweck reicht nicht aus. Gegen eine gelockerte Verfassungsbindung spricht zunächst Art. 79 I 1 GG, nach dem das Grundgesetz nur durch ein Gesetz geändert werden kann, welches den Wortlaut des Grundgesetzes ausdrücklich ändert oder ergänzt. Neben diesem formellen Gebot der Verfassungstextänderung ist es vornehmlich die materielle Grenze der „Ewigkeitsklausel", die im Fall der Experimentierklauseln reduzierte Verfassungsanforderungen ausschließt. Denn Art. 79 III GG nimmt mit den normativen Gehalten des Rechtsstaats- und des Demokratieprinzips u. a. genau die Grundsätze in Bezug, die der Verfassungsmäßigkeit von Experimentierklauseln entgegenstehen können. Eine gelockerte Verfassungsbindung würde einer Umgehung des Art. 79 III GG gleichkommen und ist daher abzulehnen. Dieses Ergebnis wird bestätigt durch die vorherrschende Auffassung zur selben Frage bezüglich Experimen-

---

[264] Sympathisierend *Peter Häberle*, Zeit und Verfassung, in: ders., Verfassung als öffentlicher Prozeß, 2. Auflage, 1996, S. 59, 86f.; missverständlich *Kloepfer* (Fn. 58), S. 96, wenn er im Zusammenhang mit Experimentiergesetzen von einer Relativierung der rechtsstaatlichen Vorhersehbarkeits- und Bestimmtheitsgebote spricht.

tiergesetzen.[265] Für eine unterschiedliche Behandlung von Experimentierklauseln und Experimentiergesetzen in diesem Punkt sind keine Gründe ersichtlich.

Von einer gelockerten Verfassungsbindung strikt zu trennen ist der Umstand, dass beispielsweise die Anforderungen des rechtsstaatlichen Bestimmtheitsprinzips an Experimentierklauseln reduziert sind. Dies liegt aber nicht daran, dass das Bestimmtheitsgebot in seiner Geltung partiell aufgehoben ist, sondern daran, dass das Bestimmtheitsprinzip abhängig von Regelungszweck, -materie und -fähigkeit unterschiedliche Anforderungen an den Bestimmtheitsgrad einer Norm stellt.[266]

III. Rechtsstaats- und Demokratieprinzip

Ausgangspunkt der Untersuchung soll das Rechtsstaatsprinzip sein, da es durch seine Konkretisierungen einen Großteil der möglichen Kollisionspunkte mit den Experimentierklauseln in sich vereint. Mit zunehmender Prüfungstiefe rücken dann – insbesondere bei der Frage nach ausreichender demokratischer Legitimation und bei der Anwendung der Wesentlichkeitstheorie – Elemente des Demokratieprinzips in den Vordergrund. Dabei können das Rechtsstaats- und das Demokratieprinzip nicht immer sauber voneinander getrennt werden. Dies liegt in der Natur der Sache[267] und ist auch nicht vonnöten.

1. Allgemeines Rechtsstaatsprinzip

„Das Rechtsstaatsprinzip" schlechthin kennt das Grundgesetz nicht.[268] Als „eines der elementaren Prinzipien des Grundgesetzes" hat es in zahlreichen Verfassungsvorschriften eine Konkretisierung erhalten:[269] Neben den einzelnen Grundrechtsartikeln samt den in ihnen enthaltenen Gesetzesvorbehalten, der Gewaltenteilung, dem Vorrang der Verfassung und des Gesetzes sind als weitere eigenständige Teilelemente des Rechtsstaatsprinzips der Vorbehalt des Gesetzes und der Grundsatz der Verhältnismäßigkeit zu nennen, wobei die Rechtsgrundlagen der beiden Letzt-

---

265 Vgl. die Nachweise oben in Fn. 105.

266 Näher dazu unten Teil 3, III. 7.

267 Symptomatisch die Formulierung in BVerfGE 68, 1, 87 (Hervorhebungen im Original): „Die Demokratie, die das Grundgesetz verfaßt hat, ist eine *rechtsstaatliche* Demokratie, und das bedeutet im Verhältnis der Staatsorgane zueinander vor allem eine *gewaltenteilende* Demokratie." Siehe zur engen Verflechtung beider Prinzipien auch *Heinrich Amadeus Wolff*, Das Verhältnis von Rechtsstaatsprinzip und Demokratieprinzip, in: Festschrift für Helmut Quaritsch, 2000, S. 73, 84 ff.

268 *Schnapp*, in: v. Münch/Kunig, GG, Art. 20 Rdnr. 21. Grundlegend zum Rechtsstaatsprinzip: *Philip Kunig*, Das Rechtsstaatsprinzip, 1986; *Eberhard Schmidt-Aßmann*, Der Rechtsstaat, in: Josef Isensee/Paul Kirchhof (Hrsg.), HbStR I, 1987, § 24; *Klaus Stern*, Das Staatsrecht der Bundesrepublik Deutschland, Band I, 2. Auflage, 1984, § 20.

269 BVerfGE 20, 323, 331.

genannten umstritten sind. Ihre exakte normative Verortung ist an dieser Stelle ebenso wenig vorzunehmen wie die genaue Bestimmung des Rechtsstaatsprinzips im Grundgesetz.[270] Allgemeine Auffassung ist, dass sich aus einer Zusammenschau der genannten und weiterer Regelungen das Rechtsstaatsprinzip als allgemeiner Rechtsgrundsatz ergibt.[271] Dieser bindet alle Träger öffentlicher Gewalt.[272] Inwieweit sich aus ihm konkrete Rechtsfolgen ableiten lassen, ist zweifelhaft. Die Beantwortung dieser Fragestellung ist hier insofern von Relevanz, als Experimentierklauseln an möglichen konkreten Rechtsfolgen zu messen wären. Zum Teil wird die Frage nach konkreten Rechtsfolgen verneint.[273] Das Bundesverfassungsgericht bejaht sie einerseits, wobei wegen der Weite und Unbestimmtheit des Rechtsstaatsprinzips mit Behutsamkeit vorzugehen sei,[274] betont jedoch andererseits, dass das Rechtsstaatsprinzip keine in allen Einzelheiten eindeutig bestimmten Gebote oder Verbote enthalte.[275] Die Analyse von Kunig hat gezeigt, dass der Rückgriff auf „das Rechtsstaatsprinzip" in der Verfassungspraxis häufig nur in Form einer abkürzenden Sammelbezeichnung geschieht oder bestärkende Wirkung in Bezug auf einen schon vorhandenen Normenbestand zeitigt, ohne dass dabei ein zusätzlicher Gehalt auszumachen wäre.[276] Zudem kommt Kunig zu dem Ergebnis, dass „sämtliche Regelungsprobleme, deren Lösung (allein) im Rechtsstaatsprinzip gesucht werden, [...] eine konkretere Lösung durch einzelne Bestimmungen der Verfassung, insbesondere durch Art. 20 Abs. 3 GG und durch die Grundrechte, durch im Verfassungstext differenziert formulierte subjektive Rechte vor allem, [...]" (erfahren).[277] Ob diesem Plädoyer für ein summatives Rechtsstaatsverständnis uneingeschränkt beizupflichten ist, oder ob daneben noch Platz für ein integrales Rechtsstaatsverständnis zu reservieren ist,[278] kann hier offen bleiben. Überzeugend ist in jedem Fall der folgende Kernsatz: Sofern eine rechtsstaatliche Fragestellung durch eine problemnähere Ein-

---

270 Als Sitz des Rechtsstaatsprinzips werden genannt: Art. 28 I 1 und Art. 20 I GG (*Schmidt-Aßmann* [Fn. 268], Rdnr. 3); Art. 28 I 1 und Art. 20 GG mit all seinen Absätzen (*Stern* [Fn. 268], S. 779). Das Bundesverfassungsgericht verfolgt keine einheitliche Linie. So ergebe sich das Prinzip „aus einer Gesamtschau der Bestimmungen des Art. 20 Abs. 3 GG über die Bindungen der Einzelgewalten und der Art. 1 Abs. 3, 19 Abs. 4, 28 Abs. 1 S. 1 GG sowie aus der Gesamtkonzeption des Grundgesetzes" (so die oft in Bezug genommene Entscheidung BVerfGE 2, 380, 403). Zudem stellt das Gericht manchmal allein auf Art. 20 III GG ab (BVerfGE 35, 41, 47; 39, 128, 143).

271 Vgl. nur BVerfGE 7, 89, 92 f.; 52, 131, 144.

272 BVerfGE 2, 380, 403.

273 *Schnapp*, in: v. Münch/Kunig, GG, Art. 20 Rdnr. 21.

274 BVerfGE 57, 250, 276; 70, 297, 308.

275 BVerfGE 52, 131, 144; 65, 283, 290; 74, 129, 152.

276 *Kunig* (Fn. 268), S. 457.

277 *Kunig* (Fn. 268), S. 458.

278 Die Diskussion um ein summatives bzw. integrales Rechtsstaatsverständnis behandelt die Frage, ob das Rechtsstaatsprinzip lediglich die Summe einzelner Verfassungsgewährleistungen ist oder ob es als Prinzip mit eigenständigem dogmatischen Gehalt existiert. Für einen eigenen Anwendungsbereich des Rechtsstaatsprinzips u. a. *Schmidt-Aßmann* (Fn. 268), Rdnr. 7; *Schulze-Fielitz*, in: Dreier, GG, Art. 20 (Rechtsstaat) Rdnr. 43.

zelausprägung des Rechtsstaatsprinzips beantwortet werden kann, ist ein Rückgriff auf das allgemeine Rechtsstaatsprinzip methodisch verwehrt.[279] Ein Rekurrieren auf das allgemeine Rechtsstaatsprinzip ist daher in diesem Zusammenhang unzulässig, da sich die Problematik der Zulässigkeit von Experimentierklauseln im Bereich einiger der genannten spezielleren Teilelemente, insbesondere – wie zu zeigen sein wird – im Bereich des Grundsatzes der Gewaltenteilung, des Vorbehalts des Gesetzes und des Bestimmtheitsgebots verorten lässt. Experimentierklauseln können dann nicht gegen das allgemeine Rechtsstaatsprinzip verstoßen, möglicherweise aber gegen den Grundsatz der Gewaltenteilung.

2. Bedeutung und Reichweite der Gewaltenteilung

Ein „Grundsatz der Gewaltenteilung" – mit welchem Inhalt auch immer – ist ebenfalls nicht ausdrücklich im Grundgesetz normiert. Sein Verfassungsrang lässt sich jedoch unproblematisch nachweisen, da Gewaltendifferenzierung an verschiedenen Stellen des Grundgesetzes vorausgesetzt wird. Zu nennen sind hier nur Art. 1 III und Art. 20 III GG sowie die Überschriften zu den Abschnitten VII, VIII und IX des Grundgesetzes.[280] Als sedes materiae der Gewaltenteilung wird jedoch zumeist (allein oder in Verbindung mit anderen Vorschriften) Art. 20 II 2 GG genannt,[281] wonach die vom Volk ausgehende Staatsgewalt außer von diesem selbst „durch besondere Organe der Gesetzgebung, der vollziehenden Gewalt und der Rechtsprechung ausgeübt" wird.

Da in der Praxis die meisten Experimentierklauseln in Landesgesetzen implementiert sind,[282] bedarf es an dieser Stelle des – wegen der Offenkundigkeit allerdings nur knappen – Hinweises, dass der Grundsatz der Gewaltenteilung für den Bund und die Länder in gleichem Maße gilt. Dies ergibt sich aus Art. 28 I 1 GG, der den Ländern bei der Ausgestaltung ihrer Verfassungen zwar im Detail Gestaltungsspielraum lässt, eine grundlegende Homogenität aber durch die Bindung der Länder an die leitenden Verfassungsgrundsätze herstellt.[283]

---

[279] *Kunig* (Fn. 268), S. 457 ff. Im Ergebnis so auch *Schmidt-Aßmann* (Fn. 268), Rdnr. 7; *Schnapp*, in: v. Münch/Kunig, GG, Art. 20 Rdnr. 21.

[280] *Klaus Stern*, Das Staatsrecht der Bundesrepublik Deutschland, Band II, 1980, S. 535.

[281] Kritisch hierzu etwa *Gerhard Zimmer*, Funktion – Kompetenz – Legitimation, 1979, S. 198 ff., und *Konrad Hesse*, Grundzüge des Verfassungsrechts der Bundesrepublik Deutschland, 20. Auflage, 1995, Rdnr. 476 ff. Dessen alternatives Gewaltenteilungsverständnis erläuternd und ihm folgend *Burkhard Sinemus*, Der Grundsatz der Gewaltenteilung in der Rechtsprechung des Bundesverfassungsgerichts, 1982, S. 60 ff. – *Herzog*, in: Maunz/Dürig, GG, Art. 20 V. Rdnr. 37, sieht dagegen allein in Art. 20 II 2 GG die klassische Gewaltenteilung grundgesetzlich geregelt. Siehe zum verfassungsrechtlichen Gewaltenteilungsprinzip auch *Josef Isensee* (Hrsg.), Gewaltenteilung heute. Symposion aus Anlass der Vollendung des 65. Lebensjahres von Fritz Ossenbühl, 2000.

[282] Siehe oben Teil 2, I.

[283] Vgl. nur BVerfGE 9, 268, 279.

Die in Art. 20 II 2 GG verankerte Gewaltenteilung ist ein „tragendes Organisationsprinzip des Grundgesetzes",[284] hat aber aufgrund der weitgehenden Ausgestaltung durch die Organisationsnormen des Grundgesetzes zu den Aufgaben sowie zur Zuordnung staatlicher Organe wenig eigenständige Bedeutung. Diese liegt zunächst darin, funktionell drei Teilbereiche staatlicher Aufgaben, die Gesetzgebung, die vollziehende Gewalt und die Rechtsprechung zu unterscheiden, wobei diese Aufgaben organisatorisch jeweils gesonderten Organen zugewiesen werden. Art. 20 II GG enthält dagegen keine Aussagen über Gewaltentrennung und -balance.[285] Das Verhältnis von Staatsorganen und -funktionen zueinander ist vielmehr an zahlreichen anderen Stellen des Grundgesetzes normiert. Auch unmittelbare Rechtsfolgen sind aus dem Gewaltenteilungsgrundsatz des Grundgesetzes lediglich in engen Grenzen ableitbar.[286] Dementsprechend sind nur selten Verstöße unmittelbar gegen dieses Prinzip höchstrichterlich festgestellt worden.[287]

Gewaltenteilung hat – entgegen dem, was der Wortlaut unter Verwendung des Begriffs „-teilung" nahe legt – weitere Facetten. Denn das Prinzip ist in keiner Staatsordnung, die es anerkennt, in reiner Form verwirklicht. Vielmehr sind „gewisse Überschneidungen der Funktionen und Einflußnahmen der einen Gewalt auf die andere gebräuchlich."[288] Mehr noch: Zum Schutz der Freiheit des Einzelnen müssen sich die Organe der Legislative, Exekutive und Judikative gegenseitig kontrollieren und begrenzen. Dementsprechend ist nicht absolute Trennung, sondern gegenseitige Kontrolle, Hemmung und Mäßigung der Gewalten dem Verfassungsaufbau des Grundgesetzes zu entnehmen.[289]

Der Grundsatz der Gewaltenteilung hat mit anderen fundamentalen verfassungsrechtlichen Strukturprinzipien wie dem Demokratie- und Rechtsstaatsprinzip die „Maßstabslosigkeit und Direktionsschwäche" gemein.[290] Die normative Leistungsfähigkeit des Grundsatzes zur Lösung eines in der Staatspraxis auftretenden Konfliktfalls ist entsprechend gering. Auch hier bedarf es „substantiierender Zwischenfiguren und sinnvermittelnder Zwischensätze", um zu konkreten Ergebnissen zu kommen.[291]

3. Grundsatz funktionsgerechter Organstruktur

Neben Gewaltentrennung und Gewaltenverschränkung als Elementen zur Freiheitssicherung und zum Schutz vor Machtmissbrauch hat das Gewaltenteilungsprin-

---

[284] BVerfGE 3, 225, 247; 67, 100, 130; 95, 1, 15.

[285] *Hesse* (Fn. 281), Rdnr. 477.

[286] *Sachs*, in: ders., GG, Art. 20 Rdnr. 60.

[287] BVerfGE 4, 331, 347; 10, 200, 216f.; 20, 150, 157f.; 52, 1, 41; 54, 159, 166ff.

[288] BVerfGE 3, 225, 247.

[289] BVerfGE 34, 52, 59; 95, 1, 15.

[290] *Fritz Ossenbühl*, Aktuelle Probleme der Gewaltenteilung, DÖV 1980, 545.

[291] *Ossenbühl* (Fn. 290), S. 545.

zip nach Auffassung des Bundesverfassungsgerichts[292] noch eine weitere Zielrichtung. Staatliche Entscheidungen sollen möglichst „richtig", das heißt von den Organen getroffen werden, die dafür nach ihrer Organisation, Zusammensetzung, Funktion und Verfahrensweise über die besten Voraussetzungen verfügen.[293]

Damit hat der Grundsatz funktionsgerechter Organstruktur,[294] der in der Literatur aus Art. 20 II 2 GG entwickelt wurde, um das Gewaltenteilungsprinzip auszuformen und für einen konkreten Kompetenzkonflikt handhabbar zu machen, verfassungsgerichtliche Anerkennung gefunden. Für diese Anforderung des Gewaltenteilungsprinzips hat sich auch der Begriff der Organadäquanz etabliert.[295]

a) Herleitung des Grundsatzes

Da der Wortlaut des Art. 20 II 2 GG nicht mehr hergibt als die oben genannte Zuweisung der Grundfunktionen an verschiedene Funktionsträger und das Postulat funktionsgerechter Organstruktur auch umstritten ist,[296] bedarf es einer rechtfertigenden Herleitung.[297] Dabei können verschiedene Begründungsansätze gegeben werden:[298]

Kompetenzrechtlich kann die Erkenntnis fruchtbar gemacht werden, dass mit der Zuweisung einer Kompetenz immer auch die Übertragung von Entscheidungsgewalt einhergeht.[299] Denknotwendig setzt Entscheidungsgewalt jedoch Entscheidungsfähigkeit des mit Kompetenzen auszustattenden Organs voraus. Hierfür muss

---

292 Eine Analyse der Rechtsprechung des Bundesverfassungsgerichts (Band 1–50) zum Grundsatz der Gewaltenteilung ist zu finden bei *Sinemus* (Fn. 281), S. 100 ff. Vgl. auch *Reinhard Hermes*, Der Bereich des Parlamentsgesetzes, 1988, S. 66 ff.

293 BVerfGE 68, 1, 86; zuletzt BVerfGE 95, 1, 15.

294 Der Grundsatz wurde erstmals formuliert von *Otto Küster*, Das Gewaltenproblem im modernen Staat, AöR 75 (1949), 397, 402 ff. Ausführlich *Thomas von Danwitz*, Der Grundsatz funktionsgerechter Organstruktur, Der Staat 35 (1996), 329 ff. Vgl. auch *Ossenbühl* (Fn. 290), S. 548 f.

295 Der Begriff der Organadäquanz ist – soweit erkennbar – erstmalig bei *Hans Meyer*, Das parlamentarische Regierungssystem des Grundgesetzes, VVDStRL 33 (1975), S. 69, 102, zu finden. Siehe auch *Werner Heun*, Staatshaushalt und Staatsleitung, 1989, S. 95 ff.; *Thomas Kuhl*, Der Kernbereich der Exekutive, 1993, S. 130 ff.; *Siegfried Magiera*, Parlament und Staatsleitung in der Verfassungsordnung des Grundgesetzes, 1979, S. 90; *Wilhelm Mößle*, Regierungsfunktionen des Parlaments, 1986, S. 161 ff.; *Schulze-Fielitz*, in: Dreier, GG, Art. 20 (Rechtsstaat) Rdnr. 66; *Stern* (Fn. 280), S. 530 f.

296 Ablehnend beispielsweise *Friedrich E. Schnapp*, Der Verwaltungsvorbehalt, VVDStRL 43 (1985), S. 172, 191; zuletzt *Michael Reinhardt*, Konsistente Jurisdiktion, 1997, S. 48 f.

297 Ohne nähere Begründung nicht nur das Bundesverfassungsgericht (Fn. 293), sondern auch beispielsweise *Stern* (Fn. 280), S. 531: Der Wortlaut des Art. 20 II 2 GG sei teils von der Tradition des alten Gewaltenteilungsgrundsatzes, teils von dem neuen Verständnis der Funktions- und Organadäquanz geprägt.

298 Ausführlich zum Folgenden *von Danwitz* (Fn. 294), S. 331 ff.

299 Siehe *Rupert Stettner*, Grundfragen einer Kompetenzlehre, 1983, S. 73 ff.

der Funktionsträger über die erforderlichen personellen, sachlichen, organisatorischen und sonstigen Voraussetzungen verfügen, wozu insbesondere Sachverstand zu zählen ist, da erst dieser eine verantwortungsvolle Aufgabenwahrnehmung ermöglicht.[300] Damit erfordert ein verfassungsgerechtes Gewaltenverteilungssystem, dass die Staatsfunktionen kompetentiell von solchen Organen wahrgenommen werden, die nach ihrer Besetzung und Struktur für die jeweilige Aufgabe am besten geeignet sind.

Ein weiterer wichtiger Baustein, der zur „richtigen“ Entscheidung beitragen kann, ist der Entscheidungsprozess. Verfahren und Entscheidungsergebnis sind eng miteinander verknüpft. Die Rechtsprechung des Bundesverfassungsgerichts zum Verfahrensrecht betont dessen Funktion bei der Erreichung der rechtsstaatlichen Zielsetzung, ein möglichst hohes Maß an Entscheidungsrichtigkeit zu gewährleisten.[301] Das Gewaltenteilungsprinzip des Grundgesetzes beinhaltet daher auch die Anforderung, Staatsfunktionen nur solchen Organen zu übertragen, die in ihrer Verfahrens- und Arbeitsweise Gewähr für „richtige“ Entscheidungen bieten.

Das Ergebnis der beiden Begründungsansätze lässt sich durch einen Blick auf die geschichtliche Entwicklung bzw. auf das noch aktuelle Erbe der klassischen Gewaltenteilungslehre stützen. Historisch haben John Locke (1632–1704) und Charles de Montesquieu (1689–1755) als Begründer der klassischen Gewaltenteilungslehre das Verhältnis zwischen den verschiedenen Staatsorganen und -funktionen analysiert und in einen Ordnungszusammenhang gestellt.[302] Sie taten dies weder aprioristisch noch kategorial,[303] sondern im Rahmen empirischer Untersuchungen der damaligen realen Machtverhältnisse: durch die wesensgemäße Zuweisung bestimmter Staatsaufgaben an vorhandene Organe. Dies zeigt, dass schon die klassische Gewaltenteilungslehre „nichts anderes bezweckt als die Kompetenzordnung des heutigen Staatsrechts“[304] und, als Folge dessen, dass als ihr bleibender Gehalt – obwohl der Grundsatz der Gewaltenteilung eine „in höchstem Maße zeitgebundene und sozialabhängige Kategorie“[305] darstellt, – u. a. die Geltung des Prinzips der Funktionsgerechtigkeit bezeichnet werden kann.

b) Keine eindeutige Aufgabenzuweisung bei Experimentierklauseln

Nach allem gehört der Grundsatz funktionsgerechter Organstruktur als Verfassungsgebot zum festen Bestand des grundgesetzlichen Gewaltenteilungsprinzips.

---

300 Siehe *Zimmer* (Fn. 281), S. 178.

301 BVerfGE 42, 64, 73; 54, 277, 291.

302 Einen ausführlichen geschichtlichen Überblick bietet u. a. *Stern* (Fn. 280), S. 513 ff.

303 Vgl. zu entsprechenden Begründungsversuchen *Stern* (Fn. 280), S. 524 m. w. N.

304 *Von Danwitz* (Fn. 294), S. 332.

305 *Ossenbühl* (Fn. 290), S. 545.

Dieser Gehalt des Gewaltenteilungsgrundsatzes könnte einen ersten Maßstab zur Prüfung der Verfassungsmäßigkeit von Experimentierklauseln darstellen. Dies jedoch nur dann, wenn der Zugriff auf den Grundsatz eröffnet ist. Dem könnte die alleinige Ableitung des Prinzips funktionsgerechter Organstruktur aus Art. 20 II 2 GG entgegenstehen. In Erinnerung zu rufen ist an dieser Stelle, dass die Gewaltenteilung durch die Organisationsnormen der Verfassung zu den Aufgaben sowie zur Zuordnung staatlicher Organe bereits weitgehend ausgestaltet ist. In den Fällen, in denen das Grundgesetz die einzelnen Funktionen bestimmten Organen unmittelbar und zweifelsfrei zuweist, müssen Gesichtspunkte der Funktions- und Organadäquanz außer Acht bleiben. Auf sie kann subsidiär erst dann zurückgegriffen werden, wenn das Grundgesetz keine eindeutigen Zuweisungen enthält. „Die – klaren – Aufgabenzuweisungen und die verfassungsrechtliche Organstruktur formen andererseits die Grundlage und das Bild, aufgrund dessen die von der Verfassung noch nicht unmittelbar und ausdrücklich entschiedenen Kompetenzzuweisungen vorgenommen werden können. Insofern wirken die Verfassungsnormen auch reflexiv auf sich selbst zurück. In dieser ergänzenden, in Zweifelsfällen entscheidenden Wirkung liegt der normative Charakter dieser Konzeption."[306]

Die Beantwortung der Frage, ob im Hinblick auf Experimentierklauseln eine eindeutige Zuweisung oder ein „Zweifelsfall" vorliegt, ist von deren Einordnung in das System der Gewaltenfunktionen abhängig. Die Experimentierklauseln werden zum ganz überwiegenden Teil vom parlamentarischen Gesetzgeber in formellen Gesetzen normiert.[307] Durch sie wird den Exekutivorganen regelmäßig[308] keine rechtsetzende Funktion, sondern nur die Entscheidung über die Anwendung von konkreten, zuvor vom Gesetzgeber erlassenen Normen übertragen. In ihrer Wirkung steht diese Dispensationsmöglichkeit einer eigenen Gesetzgebungskompetenz der Verwaltung allerdings in kaum etwas nach, da als Folge der Dispensation regelmäßig nicht nur andere, von der Befreiungsmöglichkeit nicht in Bezug genommene Vorschriften angewendet werden, sondern eine Regelungslücke entsteht, die von der Verwaltung „im Wege freier Rechtsschöpfung bis an die Grenze weiterhin zwingender Rechtssätze"[309] ausgefüllt werden kann. Damit wird jenseits der exekutivischen Normgebung durch oberste Verwaltungsbehörden, die das Grundgesetz mit Art. 80 I 1 GG kennt (mit der Möglichkeit der Subdelegation nach Art. 80 I 4 GG)[310] und die als

---

[306] *Heun* (Fn. 295), S. 100.

[307] Die vom Verordnunggeber normierten Experimentierklauseln befinden sich deutlich in der Unterzahl, vgl. oben Fn. 123 f.

[308] Rechtsetzende Befugnisse werden nur durch die Experimentierklauseln übertragen, die zum Erlass von Verordnungen ermächtigen. Hierbei gilt jedoch die Beschränkung des Art. 80 I GG.

[309] *Brüning* (Fn. 263), S. 286.

[310] Abgesehen von der Kompetenz, Satzungen und Verwaltungsvorschriften zu erlassen. Dies kann in diesem Zusammenhang außer Betracht bleiben. Zu den Formen exekutiver Rechtsetzung und ihrer jeweiligen verfassungsrechtlichen Legitimation *Peter Axer*, Normsetzung der Exekutive in der Sozialversicherung, 2000, S. 148 ff.

Durchbrechung eines streng verstandenen Gewaltenteilungsgrundsatzes durch Art. 80 I 2 GG abgefedert und gerechtfertigt wird, eine rechtsnormsetzungsähnliche Kompetenz der Verwaltung geschaffen. Von einer eindeutigen verfassungsrechtlichen Zuweisung kann mithin nicht die Rede sein, so dass der Grundsatz funktionsgerechter Organstruktur als Maßstab zur Prüfung der Verfassungsmäßigkeit von Experimentierklauseln herangezogen werden kann.

Dabei sind Organstruktur auf der einen sowie die Bedeutung der Staatsaufgabe auf der anderen Seite in Beziehung zu setzen.[311] Als Determinanten der Gewaltenverteilung stehen sie in einer Wechselwirkung zueinander, so dass beide Aspekte nicht vollständig auseinander zu halten sind.[312] Wenn Funktion und Organstruktur sachlich aneinander gebunden sind, begründet dies in Umkehrung des Postulats der Organadäquanz „ein prinzipielles Verbot der Wahrnehmung oder Zuweisung von Funktionen, die der Struktur des Organs und der von ihm wahrzunehmenden Grundfunktion nicht entsprechen."[313]

c) *Strukturelle Merkmale eines Organs*

Ist der Maßstab positiv wie negativ umschrieben, bedarf es für die Prüfung letztlich noch der Klarheit über die strukturellen Merkmale eines Organs. Im Rahmen der Begründungsansätze für den Grundsatz funktionsgerechter Organstruktur wurden zwei wichtige Faktoren bereits genannt. Sie lassen sich mit den Schlagworten „sachverständiges Personal" und „Verfahren" bezeichnen. Darüber hinaus sind als Elemente der Organstruktur das Maß der demokratischen Legitimation des betreffenden Organs und die Effizienz zu beachten.[314] Bei Ersterem muss betont werden, dass im demokratischen Verfassungsstaat die Staatsgewalt insgesamt demokratisch legitimiert ist und sämtliche Staatsorgane durch das Grundgesetz institutionell und funktionell in ähnlichem Maße demokratische Legitimation besitzen,[315] so dass insbesondere das personelle Substrat, das heißt die Berufung der jeweiligen Organwalter je nach Organ differiert. Bei Letzterem ist darauf zu verweisen, dass nach verbreiteter Auffassung staatliche Herrschaft und staatliche Aufgabenerfüllung zu ihrer Legitimität auch eines möglichst hohen Grades an Effizienz bedürfen.[316] Dass Legi-

---

311 Vgl. *Ossenbühl* (Fn. 290), S. 549.

312 Vgl. *Heun* (Fn. 295), S. 100 m. w. N.

313 *Hesse* (Fn. 281), Rdnr. 489.

314 Vgl. zum Folgenden und zu weiteren Merkmalen, die in diesem Zusammenhang jedoch eine untergeordnete Rolle spielen, *Heun* (Fn. 295), S. 101 f.

315 Vgl. zu den legitimationsbezogenen Niveauunterschieden: *Ernst Thomas Emde*, Die demokratische Legitimation der funktionalen Selbstverwaltung, 1991, passim; *Matthias Jestaedt*, Demokratieprinzip und Kondominialverwaltung, 1993, S. 285 ff.; *Marcel Kaufmann*, Europäische Integration und Demokratieprinzip, 1997, S. 430 ff.; *Winfried Kluth*, Funktionale Selbstverwaltung, 1997, S. 369 ff.

316 So ausdrücklich *Heun* (Fn. 295), S. 101. Vgl. aber auch *Ossenbühl* (Fn. 290), S. 549. *Stern* (Fn. 280), S. 538, spricht von Rationalität und Zweckdienlichkeit.

timationsniveau und Effizienz[317] eng miteinander verzahnt sind, macht eine Entscheidung des Bundesverfassungsgerichts aus dem Jahre 1990[318] deutlich: „Für die Beurteilung, ob dabei ein hinreichender Gehalt an demokratischer Legitimation erreicht wird, haben die [...] Formen der institutionellen, funktionellen, sachlich-inhaltlichen und der personellen Legitimation Bedeutung nicht je für sich, sondern nur in ihrem Zusammenwirken. Aus verfassungsrechtlicher Sicht entscheidend ist nicht die Form der demokratischen Legitimation staatlichen Handelns, sondern deren Effektivität; notwendig ist ein bestimmtes Legitimationsniveau. Dieses kann bei den verschiedenen Erscheinungsformen von Staatsgewalt im allgemeinen und der vollziehenden Gewalt im besonderen unterschiedlich ausgestaltet sein". Damit wird nicht nur der verfassungsrechtliche Schwerpunkt von einer lückenlosen Legitimation auf ein ausreichendes Legitimationsniveau verlagert, sondern zugleich werden normative mit empirischen Legitimationskonzepten verbunden.[319]

d) Anwendung des Grundsatzes auf Experimentierklauseln

Um es vorwegzunehmen: Das Ergebnis der Prüfung der Experimentierklauseln anhand dieser Kriterien ist zumindest in seiner Eindeutigkeit überraschend. Gemessen an einer möglichen Richtigkeit von staatlichen Entscheidungen ist die Implementierung von Experimentierklauseln nämlich nicht etwa kritisch zu beurteilen, sondern – im Gegenteil – vollständige Erfüllung dieser Forderung des Gewaltenteilungsprinzips. Es ist den Experimentierklauseln wesensgemäß bzw. es ist ihr vornehmlicher Sinn, Materien, bei deren Regelung der Gesetzgeber Unsicherheiten bezüglich zu normierender Inhalte hat, der Experimentierbefugnis der sachnäheren und mit detailliertem Fachwissen ausgestatteten Verwaltung zu übertragen. Die jeweiligen Verwaltungsorgane verfügen aufgrund ihrer fachbehördlichen Organisation und ihrer personalen Zusammensetzung über mehr Sachverstand als der Bundes- bzw. Landesgesetzgeber, zumal die interne Innovationskraft genutzt werden kann. Dies gilt um so mehr, wenn es sich – wie häufig – um Bereiche der Selbstverwaltung handelt. In Abgrenzung zu vielen Experimentiergesetzen geht es bei den Experimentierklauseln ferner regelmäßig nicht darum, neue Materien (erstmalig) zu regeln, sondern darum, die geltenden Rechtsnormen zu verbessern, wobei dem Gesetzgeber konkrete Vorstellungen vom Regelungsinhalt fehlen.

---

[317] Ebenso wie ein Teil der rechtswissenschaftlichen Literatur differenziert das Bundesverfassungsgericht nicht zwischen Effizienz und Effektivität. Zu Unterschieden dieser Rechtsprinzipien *Wolfgang Hoffmann-Riem*, Effizienz als Herausforderung an das Verwaltungsrecht, in: Eberhard Schmidt-Aßmann/ders. (Hrsg.), Effizienz als Herausforderung an das Verwaltungsrecht, 1998, S. 11, 16 ff. Ausführlich zur Effizienz *Eberhard Schmidt-Aßmann*, Effizienz als Herausforderung an das Verwaltungsrecht, in: ders./Wolfgang Hoffmann-Riem (Hrsg.), Effizienz als Herausforderung an das Verwaltungsrecht, 1998, S. 245 ff.

[318] BVerfGE 83, 60, 72 – Bezirksvertretung Hamburg.

[319] *Hill* (Fn. 21), S. 107. Vgl. auch *Wolfgang Hoffmann-Riem*, Organisationsrecht als Steuerungsressource, in: Eberhard Schmidt-Aßmann/ders. (Hrsg.), Verwaltungsorganisationsrecht als Steuerungsressource, 1997, S. 355, 375, 393.

Zudem ist das gesetzlich vorgeschriebene Verwaltungsverfahren schneller und flexibler als das Gesetzgebungsverfahren der Legislative. Dieser Umstand gewinnt unter dem Gesichtspunkt der Effizienz noch an Bedeutung. Die Erprobung von Modellen impliziert das Fehlgehen des Versuchs. Das formelle Gesetz bedarf für diesen Fall, wenn es nicht befristet ist, der Aufhebung bzw. der Änderung in dem gleichen langwierigen, formalisierten Verfahren, während die Verwaltung durch Umstellung der Ausnahmegenehmigungen effizienter mit dem Problem umgehen kann.

Was letztlich das Maß der demokratischen Legitimation angeht, führt die vom Bundesverfassungsgericht geforderte Zusammenschau der institutionellen, funktionellen, sachlich-inhaltlichen und der personellen Legitimation zu dem Ergebnis, dass die zuständigen Exekutivorgane, so wie sie die Experimentierklauseln vorsehen, ein hinreichendes Legitimationsniveau aufweisen.[320] Dies gilt nicht nur im Hinblick auf die Effektivität der Exekutivorgane. Durch den Genehmigungsvorbehalt zugunsten von obersten Landesbehörden (zumeist ist es das Innenministerium, welches zuständig ist) weisen beispielsweise die kommunalrechtlichen Experimentierklauseln auch ein hohes Maß an personeller Legitimation auf.[321] Im Vergleich mit der Ministerialverwaltung ist in den Bereichen der Selbstverwaltung die personelle Legitimation durch das Staatsvolk reduziert. Begreift man die Verwirklichung der Selbstbestimmung als (einen) Sinn des demokratischen Prinzips, gewährleistet die Organisationsstruktur der funktionalen Selbstverwaltung einen Ausgleich für die ihr eigene Reduktion der parlamentsvermittelten Legitimation. Denn für die vom Grundgesetz beispielsweise in Art. 5 III GG für die Hochschulen und in Art. 87 II GG für die Sozialversicherungsträger anerkannte Selbstverwaltung[322] ist die auf die Mitglieder bezogene genossenschaftliche Binnenverfassung begriffsprägend. So wählen und kontrollieren die Mitglieder die Organe der Selbstverwaltungseinrichtungen und sind gleichzeitig (mehr oder weniger[323]) alleinige Adressaten der Selbstverwaltungsentscheidungen. Dieser Umstand lässt Emde zu dem Schluss kommen, dass „der Modus der Organ- und Willensbildung der Selbstverwaltung das hinter dem demokratischen Prinzip stehende Postulat der Selbstbestimmung keinesfalls in geringerem Maße (verwirklicht) als dies das Ministerialsystem vermag."[324] Die autonome Legitimation kompensiert mithin die reduzierte personelle Legitimation durch das Staatsvolk in Bereichen der Selbstverwaltung. Dazu kommt, dass grund-

---

[320] Zum Steuerungs- und Legitimationsniveau des Neuen Steuerungsmodells *Jens-Peter Schneider*, Das Neue Steuerungsmodell als Innovationsimpuls für Verwaltungsorganisation und Verwaltungsrecht, in: Eberhard Schmidt-Aßmann/Wolfgang Hoffmann-Riem (Hrsg.), Verwaltungsorganisationsrecht als Steuerungsressource, 1997, S. 103, 137 ff.

[321] Zur Ministerialverwaltung als personell und materiell umfassend legitimierte Erscheinungsform der Staatsgewalt vgl. *Emde* (Fn. 315), S. 339 ff.

[322] Zu den Sozialversicherungsträgern *Axer* (Fn. 310), S. 282 ff.

[323] Auf die Problematik, dass Selbstverwaltungsentscheidungen auch Außenwirkungen haben können, braucht hier nicht eingegangen zu werden.

[324] *Emde* (Fn. 315), S. 387.

legende Entscheidungen einer stärkeren demokratischen Legitimation bedürfen als Einzelfallentscheidungen, die weitgehend durch das Gesetz determiniert sind. Die Anwendung einer Experimentierklausel stellt regelmäßig einen solchen Einzelfall dar. Soweit Experimentierklauseln als Ermächtigungen zur Verordnunggebung ausgestaltet sind, wird der fehlende Einzelfallbezug durch die Anknüpfung an die Regierungsebene ausgeglichen. Inwieweit im speziellen Fall grundlegende Entscheidungen eine andere Bewertung notwendig machen, ist eine Frage des Gesetzesvorbehalts, der später nachzugehen ist.[325]

Nach alledem spricht die vom Bundesverfassungsgericht formulierte Zielrichtung des Gewaltenteilungsgrundsatzes, staatliche Entscheidungen sollten möglichst (von den) richtig(en Organen) getroffen werden, für,[326] nicht aber gegen die verfassungsrechtliche Zulässigkeit von Experimentierklauseln.

4. Schutz des Kernbereichs der Legislative

Ein Grund für die nur selten festgestellten Verstöße gegen das Gewaltenteilungsprinzip ist auch dessen Begrenzung auf den Schutz des Kernbereichs einer Gewalt durch das Bundesverfassungsgericht. Das zumeist unter dem Begriff „Kernbereichstheorie“ diskutierte Abgrenzungsmodell hat zum Inhalt, dass keine der drei Gewalten berechtigt ist, in den Kernbereich der beiden anderen einzugreifen; umgekehrt ist ein Eingriff zulässig, wenn nur der Randbereich einer anderen Gewalt tangiert wird. Es beruht auf der Überlegung, dass jedes Organ einer Gewalt einen Funktionsbereich besitzt, welcher jedoch im Wege der Gewaltenverschränkung grundsätzlich dem Zugriff von Organen einer anderen Gewalt offen steht. Der Kernbereich umschreibt die Teilmenge des Funktionsbereichs einer Gewalt, die gegenüber Organen anderer Gewalten zugriffsfest sein muss, um eine Aushöhlung der Aufgaben- und Gewaltenteilung zu verhindern. Das Bundesverfassungsgericht stützt sich erstmalig im Einigungsstellenbeschluss vom 27.04.1959 auf die Kernbereichsthese.[327] Diese Entscheidung enthält zudem noch Elemente des sog. Balancemodells, welches im Sinne einer „quantitativen“[328] Gewaltenteilung darauf abstellt, dass die Organe einer Gewalt kein Übergewicht über die Organe einer anderen Gewalt erhal-

---

325 Vgl. unten Teil 3, III. 5.

326 *Rolf Stober*, Kommunalrecht in der Bundesrepublik Deutschland, 3. Auflage, 1996, S. 32, ist der Meinung, dass Experimentierklauseln „Hilfestellung“ bei der Umsetzung dieser Anforderung des Gewaltenteilungsprinzips leisten können.

327 BVerfGE 9, 268, 280: „Erst wenn zugunsten des Parlaments ein Einbruch in den Kernbereich der Exekutive erfolgt, ist das Gewaltenteilungsprinzip verletzt.“ Schon vor dieser Entscheidung des Bundesverfassungsgerichts tritt der Kernbereichsgedanke in der Rechtsprechung deutlich hervor, so z. B. in einer Entscheidung des Bayerischen Verfassungsgerichtshofs vom 17.11.1954 (BayVerfGH, VGHE 7 II 121 f.). Weitere Nachweise bei *Norbert Achterberg*, Probleme der Funktionenlehre, 1970, S. 183 ff.

328 So *Walter Leisner*, Die quantitative Gewaltenteilung, DÖV 1969, 405 ff.

ten dürfen.[329] In der Folgezeit konzentriert sich die Rechtsprechung auf das Kernbereichsmodell.[330]

a) *Unterschiedliche Abgrenzungstheorien*

Durch die unterschiedlichen Grenzziehungen zwischen zulässiger und unzulässiger Gewaltenverschränkung erfordert eine verfassungsrechtliche Beurteilung von Experimentierklauseln die Beantwortung der Frage, welcher der beiden Abgrenzungstheorien – Kernbereichsmodell oder Balancemodell – der Vorzug zu geben ist. Dabei ist zu berücksichtigen, dass sich beide Modelle nicht antithetisch zueinander verhalten, sondern nach ihrem Inhalt durchaus auch kombinierbar sind.[331] Sogar als letztverbindlicher Maßstab für die Zulässigkeit von Gewaltenverschränkungen ist ihre kumulative Anwendbarkeit prinzipiell denkbar.[332]

aa) Balancemodell

Das Balancemodell[333] ist in der Literatur aufgrund seiner Unschärfe vielfältig kritisiert worden. Einzelprobleme der Kompetenzzuordnung könnten in ihm nur durch einen Blick auf die Gleichgewichtslage zwischen den Gewalten in ihrer Gesamtheit gewürdigt werden.[334] Wie unpraktikabel das Abstellen auf die Gleichgewichtslage ist, zeigt sich an folgenden – konkret nicht zu beantwortenden – Fragen: Was ist das Gewicht einer Gewalt? Ist es – wenn überhaupt – rechtlich oder nur im Sinne eines politischen Machtbegriffs messbar? Wieviel wiegt die einzelne Kompetenz? Der Hinweis von Leisner bringt es auf den Punkt: „Wer schon das Gewicht nicht kennt, sollte nicht das Gleichgewicht definieren."[335] Letztlich ist es die sich in der Akzeptanz willkürlicher Kompetenzverschiebungen, wenn nur die Gewichte insgesamt

329 So heißt es in BVerfGE 9, 268, 279 f.: „Die in der Verfassung vorgenommene Verteilung der Gewichte zwischen den drei Gewalten muß aufrechterhalten bleiben, keine Gewalt darf ein von der Verfassung nicht vorgesehenes Übergewicht über die andere Gewalt erhalten, und keine Gewalt darf der für die Erfüllung ihrer verfassungsmäßigen Aufgaben erforderlichen Zuständigkeiten beraubt werden." Auch in früheren Entscheidungen ist im Sinne des Balancemodells von Balancierungen die Rede, die bis zur Grenze des Übergewichts einer Organgruppe zulässig seien, vgl. nur BVerfGE 7, 183, 188. Siehe zudem BVerfGE 22, 106, 111, in der das Gericht wiederum beide Modelle parallel zur Anwendung kommen lässt. Vgl. zum Balancegedanken bereits *Carl Schmitt*, Verfassungslehre, 8. Auflage (Neudruck), 1993, S. 196.

330 Vgl. BVerfGE 67, 100, 139; 68, 1, 87. Näher dazu *Kuhl* (Fn. 295), S. 126 ff.

331 So wohl auch das Bundesverfassungsgericht (vgl. Fn. 264). *Leisner* (Fn. 328), S. 407, spricht dagegen von einer „gewissen Antithese".

332 Anders *Kuhl* (Fn. 295), der insoweit eine Konkurrenz von „Gegenmodellen" sieht.

333 Es wird u. a. vertreten von *Jürgen Becker*, Gewaltenteilung im Gruppenstaat, 1986, S. 78 f., und *Werner Weber*, Die Teilung der Gewalten als Gegenwartsproblem (1959), in: Heinz Rausch (Hrsg.), Zur heutigen Problematik der Gewaltentrennung, 1969, S. 185, 186 f.

334 *Kuhl* (Fn. 295), S. 128.

335 *Leisner* (Fn. 328), S. 411.

nicht entscheidend verschoben werden, widerspiegelnde Aufgabe eines jeden qualitativen Anspruchs,[336] die das Balancemodell zusätzlich mit dem Vorwurf der Beliebigkeit belastet. Wie wenig das Modell in der Lage ist, seiner Hauptaufgabe nachzukommen, nämlich das Gewaltenteilungsprinzip auszuformen und für den konkreten Kompetenzkonflikt handhabbar zu machen, zeigt ein kurzer Subsumtionsversuch. Ausgehend von der Fiktion, es bestehe aktuell ein Gleichgewicht zwischen den Gewalten, ist zu fragen, ob die Organe der Exekutive durch die Implementierung von Experimentierklauseln ein Übergewicht über die Organe der Legislative erhalten. Angesichts der vielen Unbekannten lässt sich die Frage nicht seriös beantworten. Auch hierbei wird deutlich, dass es sich bei dem Balancemodell um eine Leerformel handelt, die zur Konkretisierung des Gewaltenteilungsgrundsatzes ungeeignet ist.

bb) Kernbereichsmodell

Der Großteil der Literatur hängt mit der neueren Rechtsprechung des Bundesverfassungsgerichts dem Kernbereichsgedanken an.[337] Verschiedentlich ist aber auch erhebliche Kritik an der Kernbereichsthese geäußert worden.[338] In ihrem Zentrum steht, dass eine Kernbereichsbestimmung unmöglich sei,[339] zumal es bereits an einem Bestand fehle, dessen Kern zu ermitteln wäre.[340] Zudem könne eine Bestimmung des Kernbereichs – in Parallele zum Wesensgehalt von Grundrechten – nur über Wertungen erreicht werden, die im Staatsorganisationsrecht unmöglich seien, weil ein entsprechender Bezugspunkt fehle.[341]

Nur soweit Inhalt der Kritik die Unbestimmtheit der Kernbereichslehre ist, kann sie geteilt werden. Diese Unbestimmtheit ist jedoch angesichts der Komplexität der Materie – es geht um nicht weniger als um die Organisation eines Staates – nicht verwunderlich. Entscheidend nicht nur für die Praktikabilität, sondern zudem für Sinnhaftigkeit und Haltbarkeit der Kernbereichstheorie ist die Bestimmbarkeit der

---

336 Vgl. *Hartmut Maurer*, Der Verwaltungsvorbehalt, VVDStRL 43 (1985), S. 135, 149.

337 Vgl. nur *Kuhl* (Fn. 295), passim und mit zahlreichen Nachweisen in Fn. 175 auf S. 128; *Philip Kunig*, Einzelfallentscheidungen durch Gesetz, Jura 1993, 308, 310; *Schmidt-Aßmann* (Fn. 268), Rdnr. 55 ff.; *Stern* (Fn. 280), S. 541 f.; *Rupert Stettner*, Der Verwaltungsvorbehalt, DÖV 1984, 611, 620.

338 Kritisch zur Kernbereichslehre des Bundesverfassungsgerichts *Achterberg* (Fn. 327), S. 230; *Hesse* (Fn. 281), Rdnr. 478; *Maurer* (Fn. 336), S. 135 ff., 147 ff.; *Matthias Wehr*, Inzidente Normverwerfung durch die Exekutive, 1998, S. 136 f.; *Zimmer* (Fn. 281), S. 23. Komprimiert *Leisner* (Fn. 328), S. 407 ff. *Hermes* (Fn. 292), S. 67 f., differenziert nicht zwischen den beiden Modellen, so dass die unterschiedlichen Rechtsprechungslinien nicht erkennbar bzw. vermischt werden.

339 *Becker* (Fn. 333), S. 73; *Christoph Degenhart*, Der Verwaltungsvorbehalt, NJW 1984, 2184, 2187.

340 *Degenhart* (Fn. 339), S. 2187; *Achterberg* (Fn. 327), S. 201.

341 *Leisner* (Fn. 328), S. 407 f.

Kernbereiche. Wenn sie auch nicht unproblematisch ist, so ist sie dennoch – wie auch im Rahmen dieser Untersuchung zu zeigen sein wird – leistbar.[342]

Die von ihren Kritikern gezogene Parallele zum Wesensgehalt der Grundrechte nach Art. 19 II GG[343] kann keine sinnvollen Ergebnisse liefern, da es insofern der naturrechtlich dominierten Grundrechtsdogmatik[344] und dem „künstlichen" Staatsorganisationsrecht an Gemeinsamkeiten mangelt. Näher liegt ein Vergleich mit den institutionellen Gewährleistungen des Grundgesetzes, ohne allerdings aus ihm konkrete Ergebnisse ableiten zu können. Ungerechtfertigt ist auch die Kritik bezüglich fehlender Wertungsmöglichkeiten im Staatsorganisationsrecht: Abwägungen sind dort ebenfalls möglich. Im Bereich der Aufgaben- und Funktionenverschränkung ist die gegenteilige Auffassung sogar nur schwer vorstellbar. Den notwendigen Bezugsrahmen für die Wertungen liefert die klassische Gewaltenteilungslehre.[345]

Die Kernbereichstheorie ist zudem für den Grundsatz der Gewaltenteilung unverzichtbar, um der Durchlässigkeit der Gewalten im Zuge der Funktionenverschränkung eine letzte Grenze zu setzen, ohne die die Sicherung der bürgerlichen Freiheitssphäre durch staatliche Machtbalance als Ziel der Gewaltenteilung unmöglich wäre. Zugleich umschreibt sie den Bereich, der im Rahmen einer Verfassungsänderung gemäß Art. 79 III GG unangetastet bleiben muss.

b) Eingriff in den Kernbereich der Legislative?

Ist dem Kernbereichsmodell somit der Vorzug zu geben, ist nunmehr konkret zu fragen, inwieweit die von den Experimentierklauseln eröffnete Möglichkeit für die gesetzesausführende Gewalt, vom geltenden Recht zu dispensieren, einen Eingriff in den Kernbereich der Legislative darstellt. Spiegelbildlich dazu ist die weitere Frage zu stellen, ob und wieweit der Gesetzgeber durch die Normierung von Experimentierklauseln partiell auf sein Gesetzgebungsrecht zugunsten der Verwaltung verzichten kann. Denn „nicht die Expansion einer Gewalt, sondern die freiwillige Beschränkung der einen zugunsten der anderen steht im Mittelpunkt" der Problematik von Experimentierklauseln.[346] Das Bundesverfassungsgericht hat das hier inte-

---

[342] Überzeugend z. B. *Kuhl* (Fn. 295), S. 147 ff. Siehe aber auch *Fritz Ossenbühl*, Vorrang und Vorbehalt des Gesetzes, in: Josef Isensee/Paul Kirchhof (Hrsg.), HbStR III, 1988, § 62 Rdnr. 54 ff.

[343] Ausführlich *Achterberg* (Fn. 327), S. 191 ff.

[344] Der naturrechtliche Begriff von natürlicher Freiheit liegt dem Grundrechtsverständnis historisch zugrunde, vgl. nur *Gertrude Lübbe-Wolff*, Die Grundrechte als Eingriffsabwehrrechte, 1988, S. 89 und passim.

[345] Vgl. *Kuhl* (Fn. 295), S. 130.

[346] *Brüning* (Fn. 263), S. 286. Siehe zur freiwilligen Preisgabe von Rechtsetzungsbefugnissen unter dem Aspekt der Gewaltenteilung auch *Hugo J. Hahn*, Über die Gewaltenteilung in der Wertewelt des Grundgesetzes, JöR n. F. 14 (1965), 15, 31.

ressierende Verhältnis zwischen Parlament und Exekutive im Prüfungsgebührenbeschluss vom 10.10.1972[347] besonders deutlich werden lassen. Dort heißt es:

„Für das Verhältnis von Legislative und Exekutive bedeutet dies: Im freiheitlich-demokratischen System des Grundgesetzes fällt dem Parlament als Legislative die verfassungsrechtliche Aufgabe der Normsetzung zu. Nur das Parlament besitzt die demokratische Legitimation zur politischen Leitentscheidung. Zwar billigt das Grundgesetz – wie Art. 80 GG verdeutlicht – auch eine ‚abgeleitete' Normsetzung der Exekutive. Die Rechtsetzung der Exekutive kann sich aber nur in einem beschränkten vom Gesetzgeber vorgezeichneten Raum vollziehen [...] Das Parlament darf sich seiner Verantwortung als gesetzgebende Körperschaft nicht dadurch entziehen, daß es einen Teil seiner Gesetzgebungsmacht der Exekutive überträgt, ohne dabei genau die Grenzen dieser übertragenen Kompetenzen bedacht und bestimmt zu haben (BVerfGE 1, 14, 60). Genügt die Legislative dem nicht, so wird die vom Grundgesetz vorausgesetzte Gewaltenbalancierung im Bereich der Normsetzung einseitig verschoben. Eine pauschale Übertragung normsetzender Gewalt auf die Exekutive ist mit dem Prinzip der Gewaltenteilung unvereinbar."[348]

Um die soeben aufgeworfenen Fragen beantworten zu können, bedarf es der Klärung folgender Vorfragen: Was ist der Kernbereich der Legislative? Kann der Gesetzgeber, sofern eine Aufgabe „seinem" Kernbereich zuzuordnen ist, auf die Wahrnehmung der Kompetenz verzichten? Prüfungsmaßstab ist dabei nicht der Grundsatz der Gewaltenteilung, sondern der diesen konkretisierende Vorbehalt des Gesetzes; denn neben dem Vorrang des Gesetzes schützt insbesondere dieser den Bereich der Gesetzgebung gegenüber der Exekutive.[349] Hier bestätigt sich die bereits getroffene Feststellung, dass der Gewaltenteilungsgrundsatz zwar Fragen aufwerfen, für die Lösung des verfassungsrechtlichen Konfliktfalls jedoch regelmäßig nur wenig beitragen kann.[350]

5. Vorbehalt des Gesetzes

a) Allgemeine Bedeutung

Als eine Komponente des Grundsatzes der Gesetzmäßigkeit der Verwaltung besagt der Vorbehalt des Gesetzes[351], dass bestimmte Maßnahmen des Staates einer gesetzlichen Grundlage bedürfen, mit der Konsequenz, dass Exekutivakte in diesem

---

347 BVerfGE 34, 52 ff.

348 BVerfGE 34, 52, 59 f.

349 *Schulze-Fielitz*, in: Dreier, GG, Art. 20 (Rechtsstaat) Rdnr. 67.

350 Siehe oben Teil 3, III. 2. a. E.

351 Den Begriff „Vorbehalt des Gesetzes" hat *Otto Mayer*, Deutsches Verwaltungsrecht, Band I, 1. Auflage, 1895, S. 74, geprägt: „Die Verwaltungstätigkeit kann nicht so abhängig gehalten werden. Das verfassungsmäßige Gesetz ist deshalb nur für gewisse besonders wichtige Gegenstände zur notwendigen Bedingung aller Staatstätigkeit gemacht worden. Für alle übrigen ist die vollziehende Kraft an sich frei; sie wirkt aus eigener Kraft, nicht aufgrund des Gesetzes. Wir nennen den Ausschluß ihres selbständigen Vorgehens, der bezüglich jener besonders ausgezeichneten Gegenstände besteht, den Vorbehalt des Gesetzes."

Bereich ohne die erforderliche gesetzliche Ermächtigung rechtswidrig sind.[352] Die Reichweite des Vorbehalts des Gesetzes stellt ein verfassungsrechtliches Kompetenzproblem dar, welches die Fragestellung betrifft, welche Sachbereiche und Gegenstände dem Gesetz „vorbehalten" und damit einer eigenständigen Regelung durch die Verwaltung entzogen sind. Der Vorbehalt des Gesetzes kann als immanentes Element des Rechtsstaatsprinzips[353] und als Zentralfrage der Gewaltenteilung[354] beschrieben werden. Er ist im Grundgesetz an zahlreichen Stellen speziell ausgeprägt, indem verschiedene Materien der Regelung durch formelles Bundesgesetz vorbehalten werden.[355] Als allgemeiner Grundsatz ist er im Grundgesetz jedoch nicht ausdrücklich normiert. Art. 20 III GG beinhaltet insoweit nur den Vorrang des Gesetzes, setzt den Vorbehalt des Gesetzes allerdings voraus, „weil anderenfalls die Frage, in welchem Umfang die vollziehende und die rechtsprechende Gewalt an das Gesetz gebunden sein sollen, offenbliebe und der Vorrang des Gesetzes seinen Sinn verlöre."[356] Darum wird ganz überwiegend auf Art. 20 III GG abgestellt, wenn es um die Verortung des allgemeinen Grundsatzes des Vorbehalts des Gesetzes geht.[357]

Die Schwierigkeit besteht darin, dass Art. 20 III GG keine Anhaltspunkte für die Reichweite des Vorbehalts des Gesetzes bietet.[358] Da die Bestimmung einer solchen Reichweite nicht nur von der jeweiligen Verfassungsstruktur,[359] sondern auch von dem vorherrschenden Staatsverständnis beeinflusst wird, welches sich wiederum in ständigem Wandel befindet, ist der Vorbehalt des Gesetzes zu Recht als ewiges Problem des Verfassungsrechts bezeichnet worden.[360]

---

352 Siehe beispielsweise BVerfGE 41, 251, 266f.; 51, 268, 287f.

353 BVerfGE 78, 179, 197.

354 *Ossenbühl* (Fn. 342), Rdnr. 8.

355 Z. B. Art. 4 III, 21 III, 24 I, 28 II 1, 54 VII, 59 II 1, 80 I 1, 84 II, 107 II, 110 II GG. *Ossenbühl* (Fn. 342), Rdnr. 27 ff., unterscheidet grundrechtliche, institutionell-organisatorische, finanz- und haushaltsrechtliche Gesetzesvorbehalte sowie solche für internationale Beziehungen.

356 *Hesse* (Fn. 281), Rdnr. 201.

357 BVerfGE 40, 237, 248f.; 48, 210, 221; 49, 89, 126; 77, 170, 230; *Herzog*, in: Maunz/Dürig, GG, Art. 20 VI. Rdnr. 55; *Jost Pietzcker*, Vorrang und Vorbehalt des Gesetzes, JuS 1979, 710, 712; *Stern* (Fn. 268), S. 805. Daneben hat er seine Wurzeln im Demokratieprinzip, soweit er Volk und Volksvertretung dazu anhält, in öffentlicher Debatte Notwendigkeit und Ausmaß von bestimmten Entscheidungen zu klären, vgl. BVerfGE 85, 386, 403f.; *Schulze-Fielitz*, in: Dreier, GG, Art. 20 (Rechtsstaat), Rdnr. 95.

358 *Hesse* (Fn. 281), Rdnr. 201; *Pietzcker* (Fn. 357), S. 712; *Schnapp*, in: v. Münch/Kunig, GG, Art. 20 Rdnr. 38; *Schulze-Fielitz*, in: Dreier, GG, Art. 20 (Rechtsstaat) Rdnr. 95.

359 Dazu *Dietrich Jesch*, Gesetz und Verwaltung, 2. Auflage (Neudruck der Ausgabe 1961), 1968.

360 *Ossenbühl* (Fn. 342), Rdnr. 8.

b) Terminologische Abgrenzungen

Bevor der Inhalt des Vorbehalts des Gesetzes näher bestimmt wird, bedarf es – um Missverständnissen vorzubeugen – einiger terminologischer Abgrenzungen.[361] Zu klären sind die Bedeutungsunterschiede zum Gesetzes-, Parlaments- und Rechtssatzvorbehalt.

Zumeist werden die Begriffe „Vorbehalt des Gesetzes" und „Gesetzesvorbehalt" synonym verwendet.[362] Dies soll auch hier geschehen, obwohl der Vorbehalt des Gesetzes mit den grundrechtlichen Gesetzesvorbehalten vom Ansatz her nichts gemein hat, da Letztere dem Gesetzgeber die Befugnis geben sollen, in grundrechtlich geschützten Bereichen Gesetze zu erlassen, während Ersterer für die Exekutive ein Verbot konstituiert, in bestimmten Bereichen ohne gesetzliche Grundlage zu agieren.[363] Um die Gefahr einer Verwechselung des allgemeinen Grundsatzes mit den bereits erwähnten speziellen Vorbehalten[364] auszuschließen, werden diese ausdrücklich als spezielle Gesetzesvorbehalte oder als grundrechtliche bzw. organisationsrechtliche Gesetzesvorbehalte bezeichnet.

Darüber hinaus ist der Vorbehalt des Gesetzes von dem Parlamentsvorbehalt und dem Rechtssatzvorbehalt abzugrenzen. Der Begriff des Parlamentsvorbehalts umschreibt Regelungen, die allein dem Parlament und dementsprechend dem förmlichen Gesetz vorbehalten sind.[365] Die zwingende Verweisung auf das Parlamentsgesetz bedeutet nicht nur eine Regelungskompetenz, sondern mit ihr einhergehend das Verbot, bestimmte Gegenstände an die Exekutive zu delegieren. Der Parlamentsvorbehalt ist daher auch als ein zum Delegationsverbot verdichteter Gesetzesvorbehalt bezeichnet worden.[366] Vonnöten ist eine Regelung „durch Gesetz", eine Regelung „aufgrund eines Gesetzes" ist nicht ausreichend.[367] War die frühere Diskussion um die Vorbehaltsproblematik durch die Fragestellung gekennzeichnet, was die Verwaltung originär regeln darf bzw. wozu sie eine gesetzliche Grundlage benötigt, steht der Parlamentsvorbehalt für eine Verlagerung der Thematik hin zu der Frage, was das Parlament selbst regeln muss und nicht an den exekutiven Normsetzer delegieren darf.[368]

---

[361] *Jürgen Staupe*, Parlamentsvorbehalt und Delegationsbefugnis, 1986, S. 28, hält die verwirrende Terminologie für ein Grundproblem der Vorbehaltsdiskussion.

[362] Exemplarisch sei *Ossenbühl* (Fn. 342), Rdnr. 12, genannt.

[363] So *Sachs*, in: ders., GG, Art. 20 Rdnr. 70.

[364] Vgl. oben Fn. 355.

[365] Ausführlich *Staupe* (Fn. 361), S. 29 ff., mit zahlreichen Nachweisen zu Rechtsprechung und Literatur auf S. 29 in Fn. 43.

[366] *Walter Krebs*, Vorbehalt des Gesetzes und Grundrechte, 1975, S. 109; *Ernst-Wolfgang Böckenförde*, Gesetz und gesetzgebende Gewalt, 2. Auflage, 1981, S. 393; *Stern* (Fn. 280), S. 574.

[367] *Staupe* (Fn. 361), S. 30.

[368] *Bernhard Busch*, Das Verhältnis des Art. 80 Abs. 1 S. 2 GG zum Gesetzes- und Parlamentsvorbehalt, 1992, S. 23; *Ossenbühl* (Fn. 342), Rdnr. 9.

Der seltener verwendete Begriff des Rechtssatzvorbehalts, der auch Vorbehalt des materiellen Gesetzes genannt wird, umfasst zusätzlich zu dem soeben beschriebenen Bereich des Parlamentsvorbehalts untergesetzliche Außenrechtssätze wie Rechtsverordnungen und Satzungen.[369] Dem Rechtssatzvorbehalt ist somit durch einen Akt delegierter Rechtsetzung Genüge getan: Er ist nicht delegationsfeindlich wie der Parlamentsvorbehalt, sondern delegationsfreundlich; Regelungen „aufgrund eines Gesetzes" sind zulässig.[370] Indem der Rechtssatzvorbehalt keine Anforderungen an die gebotene Rechtssatzebene stellt, ist er weniger streng als der Parlamentsvorbehalt.[371] Dies unterscheidet ihn zugleich vom Vorbehalt des Gesetzes, der immer eine formellgesetzliche Grundlage fordert. Die Grenzlinie verläuft beim Rechtssatzvorbehalt somit zwischen Gesetzen, Verordnungen und Satzungen auf der einen und Verwaltungsvorschriften auf der anderen Seite.

Die skizzierten Abgrenzungen bringen neben der begrifflichen Klärung noch einen weiteren Ertrag. Mit Staupe[372] – ihm folgend Ossenbühl[373] – sind in dem Verhältnis der Legislative zur Exekutive drei Kompetenzebenen zu unterscheiden:

- ausschließliche, nicht delegierbare Parlamentskompetenzen („Parlamentsvorbehalt"),
- übertragbare Parlamentskompetenzen („Rechtssatzvorbehalt") und
- originäre Exekutivkompetenzen (kein „Vorbehalt des Gesetzes").

c) Reichweite des Gesetzesvorbehalts

Vor diesem Hintergrund kann nunmehr die „aktuelle" Reichweite des Gesetzesvorbehalts bestimmt werden. Dies ist notwendig, um die Experimentierklauseln sinnvoll am Vorbehalt des Gesetzes messen zu können. Denn der Gesetzesvorbehalt ist einem ständigen Wandel unterlegen und bedarf aufgrund seiner Abstraktheit einer Präzisierung. Dabei ist angesichts der zahlreichen ausführlichen Darstellungen seiner Historie[374] nur kurz die Entwicklung in den letzten Jahrzehnten nachzuzeichnen. Im Ergebnis wird sich zeigen, dass die Wesentlichkeitstheorie nicht nur eine den traditionellen Eingriffsvorbehalt ablösende Definition des Gesetzesvorbehalts darstellt, sondern auch den gesuchten Prüfungsmaßstab für die Experimentierklauseln liefert.

---

369 Zur Geltung des Parlamentsvorbehalts beim Satzungsrecht von Selbstverwaltungskörperschaften *Herbert Bethge*, Parlamentsvorbehalt und Rechtssatzvorbehalt für die Kommunalverwaltung, NVwZ 1983, 577 ff.

370 *Ossenbühl* (Fn. 342), Rdnr. 11.

371 *Staupe* (Fn. 361), S. 31.

372 *Staupe* (Fn. 361), S. 36 f.

373 *Ossenbühl* (Fn. 342), Rdnr. 9.

374 Genannt seien nur *Böckenförde* (Fn. 366), S. 220 ff.; *Hermes* (Fn. 292), S. 15 ff.; *Jesch* (Fn. 359), S. 102 ff.; *Krebs* (Fn. 366), S. 17 ff.; *Kuhl* (Fn. 295), S. 66 ff.; *Peter Selmer*, Der Vorbehalt des Gesetzes, JuS 1968, 489, 490 ff.; *Staupe* (Fn. 361), S. 42 ff.

aa) Eingriffsvorbehalt

Auszugehen ist von dem klassischen Gesetzesvorbehalt in Gestalt des Eingriffsvorbehalts, wonach für einseitige Eingriffe der Exekutive in „Freiheit und Eigentum" des Bürgers ein Gesetz als demokratisch-parlamentarisch legitimierte Regelung erforderlich ist.[375] Dieser überkommene Eingriffsvorbehalt, der auf den „bürgerlichen" Rechtsstaat zugeschnitten war, bedurfte unter der Geltung des Grundgesetzes mit seiner demokratisierten Staatsform und der Ausweitung der Staatsaufgaben der Ergänzung.[376] Hervorzuheben sind in diesem Zusammenhang die Lehren vom erweiterten Gesetzesvorbehalt und vom Totalvorbehalt,[377] da sie über einen längeren Zeitraum Bedeutung erlangt und relativ klare Konturen haben.

bb) Totalvorbehalt

Die Lehre vom Totalvorbehalt ist eng mit dem Namen von Jesch verknüpft.[378] Er postuliert die durchgängige Bindung der Verwaltung an gesetzliche Ermächtigungen. Damit wird der Vorbehalt des Gesetzes über eingreifende Gesetze hinaus auf alle, also auch leistende bzw. begünstigende Gesetze ausgedehnt, um den neuen Anforderungen, die insbesondere das Sozialstaatsprinzip konstituiert, gerecht zu werden.[379] Im Zentrum von Jeschs Argumentation steht die Demokratisierung aller Staatsorgane in der Verfassungsordnung des Grundgesetzes mit der Folge, dass die Exekutive ihre Führungsrolle an das Parlament habe abtreten müssen und Letzteres nicht mehr nur auf die Beschränkung exekutivischer (ehemals monarchischer) Gewalt verwiesen sei. Auf dieser Basis gelangt er zum Totalvorbehalt des Gesetzes, da nach dem Wortlaut der Verfassung die Reichweite des Gesetzesvorbehalts offen und eine Kompetenzvermutung für die Verwaltung nach dem Grundgesetz unzulässig sei.[380]

---

[375] Vgl. BVerfGE 8, 155, 166f. Die klassische Formel kommt bereits in einigen deutschen Länderverfassungen zu Beginn des 19. Jahrhunderts klar zum Ausdruck. So heißt es beispielsweise in § 23 der Verfassung des Großherzogtums Hessen vom 17.12.1820: „Die Freiheit der Person und des Eigentums ist in dem Großherzogtum keiner Beschränkung unterworfen als welche Gesetz und Recht bestimmen." Weitere Nachweise bei *Jesch* (Fn. 359), S. 123ff.

[376] Dennoch hielt sich die Lehre vom Eingriffsvorbehalt erstaunlich lange. Noch 1977 wurde sie von *Gunter Kisker*, Neue Aspekte im Streit um den Vorbehalt des Gesetzes, NJW 1977, 1313, 1316 mit Fn. 20, – wenn auch zu Unrecht – als herrschend bezeichnet. Vgl. dazu *Kuhl* (Fn. 295), S. 77.

[377] *Böckenförde* (Fn. 366), S. 382ff., spricht verfassungstheoretisch von drei Argumentationsansätzen: dem demokratischen, der auf das in Art. 20 I, II GG niedergelegte demokratische Prinzip der Staatsorganisation zurückgreife, dem grundrechtsbezogenen, in erster Linie rechtsstaatlich orientierten, der die Notwendigkeit der gesetzlichen Ausformung grundrechtsbezogener Freiheitsbereiche in den Vordergrund stelle, und einen an die Gesetzesform und das Gesetzgebungsverfahren anknüpfenden.

[378] *Jesch* (Fn. 359), passim.

[379] *Jesch* (Fn. 359), insbesondere S. 204f.

[380] *Jesch* (Fn. 359), S. 171.

Zu einem ähnlichen Ergebnis gelangt Rupp, der jedoch rechtsstaatlich argumentiert, wenn er die Freiheit der Bürger nicht nur durch das Ausbleiben von staatlichen Eingriffen gewährleistet sieht, sondern gleichermaßen durch die Teilhabe an staatlichen Leistungen.[381]

Die Lehre vom Totalvorbehalt konnte sich nicht durchsetzen,[382] auch wenn große Teile der Leistungsverwaltung inzwischen durch materielles Gesetz geregelt sind (vgl. etwa § 31 SGB-AT). Zum einen verlangt die Rechtsprechung im Subventionsbereich nach wie vor kein Gesetz im materiellen Sinne, begnügt sich vielmehr mit der formellen Grundlage eines Haushaltsgesetzes.[383] Zum anderen hat das Bundesverfassungsgericht mehrfach betont, dass die rechtsstaatliche Demokratie des Grundgesetzes vor allem eine „gewaltenteilende Demokratie"[384] sei, die einen eigenen „Kernbereich exekutivischer Eigenverantwortung"[385] kenne, einen „aus dem Demokratieprinzip [...] abgeleiteten Gewaltenmonismus in Form eines allumfassenden Parlamentsvorbehalts"[386] dagegen nicht.

cc) Erweiterter Gesetzesvorbehalt

Nach einer vermittelnden Auffassung vom erweiterten Gesetzesvorbehalt[387] ist je nach Materie zu differenzieren, wobei eine Spannweite von der „minimalen Orientierung am Gesetz" bis zur „gesteigerten Gesetzesbindung" zur Verfügung stehe.[388] Der Grad der Bestimmtheit der gesetzlichen Regelung wird als Regulierungsinstrument eingesetzt. Grundsätzlich müssten Organisations- und Zuständigkeitsregelungen im Gesetz genügen.[389] Spezielle gesetzliche Ermächtigungen seien immer dann zu fordern, wenn es sich entweder um einen Gegenstand der Eingriffsverwaltung handele oder um Leistungsverwaltung, soweit diese „zur Realisierung des Sozialstaatsgrundsatzes gestaltend auf die Sozialordnung einwirkt und den Bürgern existentielle Leistungen erbringt".[390]

---

381 *Hans Heinrich Rupp*, Grundfragen der heutigen Verwaltungsrechtslehre, 2. Auflage, 1991, S. 113 ff.

382 Vgl. *Kuhl* (Fn. 295), S. 82; *Schulze-Fielitz*, in: Dreier, GG, Art. 20 (Rechtsstaat) Rdnr. 98; *Staupe* (Fn. 361), S. 119.

383 BVerfGE 8, 155, 167; BVerwGE 45, 8, 11; 58, 45, 48.

384 BVerfGE 68, 1, 87.

385 BVerfGE 67, 100, 139; 68, 1, 87.

386 Wie Fn. 384.

387 Der so zusammengefasste Meinungsstand ist in sich nicht homogen. Vgl. als einen Hauptvertreter *Walter Mallmann*, Schranken nichthoheitlicher Verwaltung, VVDStRL 19 (1961), S. 165 ff. Siehe aus der etwas neueren Literatur *Hans J. Wolff/Otto Bachof*, Verwaltungsrecht III, 4. Auflage, 1978, § 138 Rdnr. 16 ff.

388 Vgl. *Ossenbühl* (Fn. 342), Rdnr. 22 ff.; *Schnapp*, in: v. Münch/Kunig, GG, Art. 20 Rdnr. 43.

389 *Mallmann* (Fn. 387), S. 187.

390 *Mallmann* (Fn. 387), S. 190.

dd) Wesentlichkeitstheorie als Ausdruck des Demokratieprinzips

Die vorstehend skizzierten Meinungen sind durch die vornehmlich von der Rechtsprechung entwickelte „Wesentlichkeitstheorie" weitgehend verdrängt worden.[391] Ihre Kernaussage lautet, dass alle wesentlichen Entscheidungen dem Parlament vorbehalten sind. Dabei muss alles Wesentliche im Gesetz stehen; zudem sind die Anforderungen an die Regelungsdichte im Gesetz um so höher, je wesentlicher eine Materie ist.

Den Beginn der Wesentlichkeitsrechtsprechung des Bundesverfassungsgerichts auszumachen ist schwierig, da sich der Wesentlichkeitsgedanke bis zum Beginn der Diskussion um den Vorbehalt des Gesetzes zurückverfolgen lässt.[392] So taucht auch schon in frühen Entscheidungen des Bundesverfassungsgerichts nicht nur der Wesentlichkeitsbegriff, sondern der Kern der später entwickelten Theorie auf, wenn es im Urteil zum Umsatzsteuergesetz vom 05.03.1958 im dritten Leitsatz heißt: „Ein Gesetz, das eine Steuer einführt und es dem Verordnunggeber überläßt, das für sie Wesentliche zu bestimmen, verstößt gegen das Prinzip der Rechtsstaatlichkeit."[393] Gemeinhin werden allerdings erst drei Entscheidungen aus dem Jahre 1975[394] als Ausgangspunkt der Wesentlichkeitsrechtsprechung bezeichnet.[395] Bei einer möglichen Differenzierung zwischen „Tatbestandsseite" und „Rechtsfolgenseite"[396] – Erstere betrifft die Frage, ob der Gesetzesvorbehalt gilt bzw. ob seine Voraussetzungen vorliegen, Letztere die Frage, welche kompetenzrechtlichen Konsequenzen seine Geltung mit sich bringt – wird in ihnen zunächst nur die Rechtsfolgenseite behan-

---

391 Es ist müßig, die Frage, ob diese Rechtsprechungslinie angesichts des knappen Inhalts als „Theorie" bezeichnet werden kann, zu beantworten, da die Antwort nicht weiterführend ist. Der Begriff „Wesentlichkeitstheorie", geprägt von *Thomas Oppermann* (Fn. 194), C 46 mit Fn. 94 und C 49 mit Fn. 104, hat sich durchgesetzt und ist daher zu verwenden.

392 Vgl. insbesondere *Staupe* (Fn. 361), S. 106 ff., der nachweist, dass der Wesentlichkeitsgedanke so alt ist wie der Vorbehalt des Gesetzes selbst (S. 110). In der Literatur der 60er Jahre wird das Kriterium der Wesentlichkeit bereits ausdrücklich genannt, vgl. nur *Horst Ehmke*, Wirtschaft und Verfassung, 1961, S. 77 f.: „Grundsätzlich muß der Gesetzgeber die *material* allgemeinen Normen niederlegen, die für das politische Gemeinwesen ‚wichtigen' Entscheidungen treffen. [...] Im übrigen unterliegt die Grenzziehung zwischen wesentlichen und unwesentlichen Akten – ebenso wie die zwischen den drei Gewalten – der Bestimmung durch Tradition, Rechtsbewußtsein, politische Kräfteverhältnisse und Verfassungsgerichtsbarkeit." (Hervorhebung im Original).

393 BVerfGE 7, 282. Vgl. auch BVerfGE 20, 257, 269 ff. – Gesetz über Wettbewerbsbeschränkungen; 21, 209, 215 – Lastenausgleich.

394 BVerfGE 33, 1, 10 ff. – Gefangenenpostentscheidung; 33, 125, 158 f., 163 – Facharztbeschluss; 33, 303, 336 f., 346 – numerus clausus.

395 *Böckenförde* (Fn. 366), S. 383 in Fn. 21; *Hermes* (Fn. 292), S. 22; *Schnapp*, in: v. Münch/Kunig, GG, Art. 20 Rdnr. 46; *Schulze-Fielitz*, in: Dreier, GG, Art. 20 (Rechtsstaat) Rdnr. 103; *Dieter C. Umbach*, Das Wesentliche an der Wesentlichkeitstheorie, in: Festschrift Hans Joachim Faller, 1984, S. 111, 116.

396 Vgl. *Hermes* (Fn. 292), S. 22 f.; *Michael Kloepfer*, Der Vorbehalt des Gesetzes im Wandel, JZ 1984, 685, 691 f.; *Staupe* (Fn. 361), S. 103 ff.

delt. Die Voraussetzungen des Gesetzesvorbehalts werden erst im zweiten Strafgefangenenbeschluss ausführlicher erörtert.[397] In dieser Entscheidung bezeichnete das Gericht die Eingriffsformel erstmalig als überholt: Es läge näher, dem Gesetzgeber, losgelöst vom Eingriff, die Entscheidungen aller grundsätzlichen Fragen zuzuweisen, die den Bürger unmittelbar beträfen. Dafür spreche die unmittelbarere demokratische Legitimation des Parlaments sowie das durch das parlamentarische Verfahren gewährleistete höhere Maß an Öffentlichkeit der Auseinandersetzung und Entscheidungssuche.

In Fortsetzung der Rechtsprechung im 33. Band heißt es im Speyer-Kolleg-Beschluss, der Gesetzesvorbehalt erfasse alle wesentlichen Maßnahmen, ohne dass zwischen Eingriff und Begünstigung unterschieden werden müsse.[398] Bis in jüngste Entscheidungen lässt sich die Anknüpfung an das Wesentlichkeitsmerkmal nachvollziehen.[399] Gleiches gilt für die Rechtsprechung des Bundesverwaltungsgerichts.[400]

Wie bereits erwähnt,[401] möchte das Bundesverfassungsgericht die im zweiten Gefangenenbeschluss anklingende Betonung des Demokratieprinzips nicht als einen aus diesem „fälschlich abgeleiteten Gewaltenmonismus in Form eines allumfassenden Parlamentsvorbehalts" verstanden wissen.[402] Die Organe der vollziehenden Gewalt entbehrten keineswegs der demokratischen Legitimation, auch wenn sie sich nicht auf eine unmittelbare Wahl berufen könnten. Sie bezögen ihre institutionelle und funktionelle demokratische Legitimation aus der in Art. 20 II GG getroffenen Entscheidung des Verfassunggebers, der die Exekutive als verfassungsunmittelbare Institution und Funktion geschaffen habe. Dies schließe es aus, einen Vorrang des Parlaments gegenüber den anderen Gewalten als einen alle konkreten Kompetenzordnungen überspielenden Auslegungsgrundsatz herzuleiten.[403] Das Grundgesetz kenne keine Kompetenzregel, derzufolge alle objektiv wesentlichen Entscheidungen vom Gesetzgeber zu treffen wären.[404] Damit zog das Bundesverfassungsgericht der mit der Loslösung vom Eingriffsvorbehalt verbundenen Tendenz zur Ausdehnung des Gesetzesvorbehalts Grenzen.[405]

---

397 BVerfGE 40, 237, 249f.

398 BVerfGE 41, 251, 259f.

399 BVerfGE 45, 400, 417f.; 47, 46, 78f.; 49, 89, 126; 57, 295, 320; 76, 1, 75; 77, 170, 230f.; 80, 124, 132; 83, 130, 142; 84, 212, 226; 88, 103, 116.

400 BVerwGE 41, 261, 263ff.; 47, 194, 197ff.; 48, 305, 308f.; 56, 155, 157f.; 65, 323, 325; 68, 69, 72.

401 Vgl. oben Fn. 384.

402 BVerfGE 49, 89, 125 – Kalkar; siehe auch BVerfGE 68, 1, 87 – Raketenstationierung.

403 BVerfGE 49, 89, 126.

404 BVerfGE 68, 1, 109.

405 Vgl. dazu *Hans-Jürgen Papier*, Der Vorbehalt des Gesetzes und seine Grenzen, in: Volkmar Götz, Hans Hugo Klein, Christian Starck (Hrsg.), Die öffentliche Verwaltung zwischen Gesetzgebung und richterlicher Kontrolle, 1985, S. 36, 38.

ee) Kritik an der Wesentlichkeitstheorie

Der Großteil des Schrifttums ist der Rechtsprechung, wenn auch kritisch, gefolgt.[406] Die Kritik an der Wesentlichkeitstheorie entzündet sich an der Frage, was „wesentlich" ist. So ist wiederholt die Unschärfe des Wesentlichkeitstopos gerügt worden: Die Wesentlichkeitsformel sei eine „Leerformel"[407], „eine theoretisierende Bemäntelung freier richterlicher Dezision: Wesentlich ist, was das BVerfG dafür hält"[408], führe „zu einer fatalen Rechtsunsicherheit"[409] und stelle eine „dogmatische Bankrotterklärung"[410] dar. Die Kritik ist in dieser Form überzogen. Richtig ist, dass der Begriff des „Wesentlichen" unbestimmt ist und der Konkretisierung bedarf. Dies ist allerdings auch dem Bundesverfassungsgericht bewusst, wenn es einerseits betont, dass der Wesentlichkeitstopos nur von heuristischer Qualität sei,[411] und es andererseits als entscheidenden Fortschritt der Wesentlichkeitsrechtsprechung hervorhebt, „daß der Vorbehalt des Gesetzes von seiner Bindung an überholte Formen (Eingriff in Freiheit und Eigentum) gelöst und von seiner demokratisch-rechtsstaatlichen Funktion her auf ein neues Fundament gestellt" werde, „auf dem aufbauend Umfang und Reichweite dieses Rechtsinstituts neu bestimmt werden" könnten.[412] Unbestimmtheit und Konkretisierungsbedarf können nicht verwundern, weil eine Lösung für ein so komplexes Problem, wie es die Verortung der Reichweite des Gesetzesvorbehalts ist, zu finden ist.

ff) Operationable Kriterien zur Bestimmung des Wesentlichen

Da es fast unmöglich erscheint, jenseits des Begriffs der Wesentlichkeit eine einheitliche Formel für alle denkbaren Konstellationen zu entwickeln, muss es darum gehen, operationable Kriterien zu erarbeiten, die im Einzelfall die Bestimmung des

---

406 Genannt seien nur *Hans Herbert von Arnim*, Zur „Wesentlichkeitstheorie" des Bundesverfassungsgerichts, DVBl 1987, 1241 ff.; *Emil Baader*, Parlamentsvorbehalt, Wesentlichkeitsgrundsatz, Delegationsbefugnis, JZ 1992, 394 ff.; *Böckenförde* (Fn. 366), S. 391 ff.; *Günter Cornelius Burmeister*, Herkunft, Inhalt und Stellung des institutionellen Gesetzesvorbehaltes, 1991, S. 39 ff.; *Busch* (Fn. 368), S. 25 ff.; *Carl-Eugen Eberle*, Gesetzesvorbehalt und Parlamentsvorbehalt, DÖV 1984, 485, 487 ff.; *Hermes* (Fn. 292), S. 21 ff.; *Albert Janssen*, Über die Grenzen des legislativen Zugriffsrechts, 1990; *Kisker* (Fn. 376), S. 1318; *Kuhl* (Fn. 295), S. 87, 95; *Umbach* (Fn. 395), S. 111 ff.

407 *Walter Krebs*, Zum aktuellen Stand der Lehre vom Vorbehalt des Gesetzes, Jura 1979, 304, 308 f.

408 *Michael Kloepfer*, Wesentlichkeitstheorie als Begründung oder Grenze des Gesetzesvorbehalts?, in: Hermann Hill (Hrsg.), Zustand und Perspektiven der Gesetzgebung, 1989, S. 187, 196.

409 *Kisker* (Fn. 376), S. 1317.

410 *Gunter Kisker*, Diskussionsbeitrag, Verhandlungen des 51. Deutschen Juristentages, Band II, 1976, S. M 82.

411 BVerfGE 47, 46, 79 – Sexualkundeunterricht.

412 BVerfGE 47, 46, 78 f.

Wesentlichen ermöglichen. Dahin gehende Versuche gibt es zur Genüge. Das Bundesverfassungsgericht selbst hat eine erste Präzisierung gegeben: „Ob eine Maßnahme wesentlich ist und damit dem Parlament selbst vorbehalten bleiben muß oder zumindest nur aufgrund einer inhaltlich bestimmten parlamentarischen Ermächtigung ergehen darf, richtet sich zunächst allgemein nach dem Grundgesetz. Hier vermittelt der Schutz der Grundrechte einen wichtigen Gesichtspunkt. Die meisten Grundrechtsartikel sehen ohnehin vor, daß Eingriffe nur durch Gesetz oder aufgrund eines Gesetzes zulässig sind. Außerdem entspricht ihre Sicherung durch Einschaltung des Parlaments dem Ansatze nach der überkommenen Vorbehaltslehre, ohne daß allerdings zwischen Eingriffen und Leistungen zu unterscheiden ist. Im grundrechtsrelevanten Bereich bedeutet somit ‚wesentlich' in der Regel ‚wesentlich für die Verwirklichung der Grundrechte'".[413] Dabei ist die Schwäche dieser Konkretisierung unübersehbar, da der Begriff „wesentlich" u. a. durch selbigen definiert wird. Festzuhalten bleibt dennoch als ein zentrales Merkmal die Grundrechtsrelevanz einer Maßnahme. Erbguth[414] nennt daneben als maßgebliche Elemente des Wesentlichkeitsprinzips die Bedeutung für die Allgemeinheit,[415] die politische Umstrittenheit einer Materie,[416] die Intensität staatlichen Handelns[417] und die Richtigkeit der Entscheidung.[418] Im Kern ähnlich schlägt Umbach eine „Relevanztrias" vor, „deren drei Gesichtspunkte wären: 1. die generelle Grundrechtsverwirklichungs- oder Grundwerterelevanz der Entscheidung, 2. die Intensität der individuellen Betroffenheit und 3. die Bedeutung der Regelung für die Allgemeinheit bzw. das öffentliche Interesse."[419] Staupe nennt unter dem Oberbegriff der politischen Wichtigkeit[420] als weitere Indizien für wesentliche Entscheidungen, die dem Parlament vorbehalten sind, u. a. die Wahl- und Wählerrelevanz, die Größe des Adressatenkreises,[421] langfristige Festlegungen,[422] gravierende finanzielle Auswirkungen,[423] Regelungen mit Prognose- und Experimentiercharakter[424] sowie Leitentscheidungen.[425] Für Papier/Möller

---

[413] BVerfGE 47, 46, 79; so die ständige Rechtsprechung.

[414] *Wilfried Erbguth*, Die nordrhein-westfälische Braunkohlenplanung, VerwArch 86 (1995), 327, 342ff.

[415] So auch *Schulze-Fielitz*, in: Dreier, GG, Art. 20 (Rechtsstaat) Rdnr. 104; ähnlich OVG Münster, NWVBl 1990, 226, 228: „Bedeutung für das Gemeinwesen insgesamt".

[416] Genauso OVG Münster, DVBl 1978, 62, 64; *Eberle* (Fn. 406), S. 487; *Kisker* (Fn. 376), S. 1318; *Staupe* (Fn. 361), S. 249. Ablehnend *Papier* (Fn. 405), S. 43; *Umbach* (Fn. 395), S. 126f.

[417] Siehe auch *Kisker* (Fn. 376), S. 1319.

[418] Dazu *von Arnim* (Fn. 406), S. 1243f.; siehe bereits oben im Text bei Fn. 293.

[419] *Umbach* (Fn. 395), S. 127.

[420] *Staupe* (Fn. 361), S. 247ff. *Winfried Brohm*, Situative Gesetzesanpassung durch die Verwaltung, NVwZ 1988, 794, 795, spricht von „politisch bedeutsamen Entscheidungen".

[421] Ähnlich *Busch* (Fn. 368), S. 51; *Schulze-Fielitz*, in: Dreier, GG, Art. 20 (Rechtsstaat) Rdnr. 103.

[422] Ebenso *Busch* (Fn. 368), S. 54.

[423] Vgl. *Busch* (Fn. 368), S. 52.

[424] Den näheren Ausführungen von *Staupe* (Fn. 361), S. 252f., ist zu entnehmen, dass er bei den Regelungen mit Prognose- und Experimentiercharakter wohl Experimentiergesetze vor

schließlich sind weitere Kriterien das Bedürfnis nach Ausgleich (beispielsweise zwischen dem staatlichen Erziehungsauftrag und dem Elternrecht) und die Natur des untergesetzlichen Normgebers.[426] So könne der Gesetzgeber wichtige Entscheidungen am ehesten kommunalen Gebietskörperschaften überlassen, da diese von der Verfassung mit Selbstverwaltungsrecht ausgestattet seien, welches sie berechtige, im Rahmen der Gesetze selber die öffentlichen Aufgaben zu definieren, die sie wahrnehmen wollen.[427]

Mögen die dargestellten Versuche der Konkretisierung des Wesentlichkeitsbegriffs auch nicht allesamt überzeugen und teilweise nur Indizfunktion haben, so zeigen sie doch, dass eine Präzisierung möglich und das Wesentlichkeitskriterium zwar vage, aber dennoch praktikabel ist.

gg) Konsequenzen für den Kernbereich der Legislative

Stellt die Wesentlichkeitstheorie eine den traditionellen Eingriffsvorbehalt ablösende Definition des Gesetzesvorbehalts dar,[428] so folgt daraus, dass dem Gesetz und damit dem parlamentarischen Gesetzgeber das Wesentliche vorbehalten ist, womit über eine Delegationsmöglichkeit noch keine Aussage getroffen ist. Umgekehrt ist der Exekutive der Zugriff auf das Wesentliche entzogen. Gestaltet sich der Bereich des Wesentlichen als Teilmenge des legislativen Funktionsbereichs, der sich zudem als zugriffsfest gegenüber den anderen Gewalten erweist, hat dies eine weitere Konsequenz: Der Kernbereich der Legislative wird durch den Wesentlichkeitsbegriff bestimmt.[429] Damit ist die erste der oben gestellten Vorfragen,[430] nämlich die nach dem Kernbereich der Legislative, beantwortet.

Augen hatte. Näher zu der Frage, ob ein Experiment als solches zur Wesentlichkeit führt, unten Teil 3, III. 6. a).

425 So auch *Busch* (Fn. 368), S. 53.

426 *Hans-Jürgen Papier/Johannes Möller*, Verfassungsrechtliche Fragen der Festsetzung der Beiträge in der Unfallversicherung, Die Sozialgerichtsbarkeit 1998, 337, 342.

427 Vgl. auch BVerfG, NVwZ 1997, 573, 574; BSGE 67, 256, 263 f., und *Baader* (Fn. 406), S. 398. Letzterer (Fn. 406), S. 396 ff., unterscheidet „Primärmittel" und „Sekundärmittel" zur Verwirklichung eines bestimmten Rechtsguts. Erstere müsse das Parlament selbst auswählen, während die Sekundärmittelauswahl an untergesetzliche Normgeber delegiert werden könne.

428 In die Richtung gehend BVerfGE 47, 46, 78 f.; sich auf diese Entscheidung beziehend *Ossenbühl* (Fn. 342), Rdnr. 50. Diese Formulierung darf nicht dahin gehend missverstanden werden, dass der überkommene rechtsstaatliche Gesetzesvorbehalt auf wesentliche Eingriffe reduziert wird. Vielmehr ist der nach wie vor geltende „Eingriffsvorbehalt" durch das demokratische Element der Wesentlichkeit erweitert worden.

429 Genauso *Kuhl* (Fn. 295), S. 98; ähnlich *Kloepfer* (Fn. 408), S. 207, der sich als Kernbereich den Parlamentsvorbehalt vorstellt.

430 Vgl. oben Teil 3, III. 4. b) a. E.

hh) Möglichkeit des Kompetenzverzichts

Daneben wurde danach gefragt,[431] ob der Gesetzgeber, sofern eine Aufgabe „seinem" Kernbereich zuzuordnen ist, auf die Wahrnehmung der Kompetenz verzichten kann. Die Antwort ist dem bereits genannten Inhalt der Wesentlichkeitstheorie zu entnehmen: Wesentliche Entscheidungen sind das Monopol des Parlaments. Sofern eine Materie überhaupt normiert werden soll, muss das Wesentliche im Gesetz stehen, ist der Gesetzgeber zur Regelung verpflichtet.[432] In diesem Bereich des Parlamentsvorbehalts scheidet eine Delegation daher aus.[433] Da jeder Gesetzesvorbehalt einen Kern ausschließlicher Parlamentskompetenzen einschließt, bleibt die Reichweite des Parlamentsvorbehalts zu klären. Für die Abgrenzung zwischen dem, was – delegationsfeindlich – unmittelbar im Gesetz geregelt sein muss, und dem, was delegierbar ist, gelten nach der Rechtsprechung des Bundesverfassungsgerichts[434] die gleichen Kriterien wie für die Frage, ob eine parlamentsgesetzliche Rechtsgrundlage erforderlich ist.[435] Insofern fungiert die Wesentlichkeitstheorie auch als Delegationsgrenze.[436] Eine zentrale Rolle ist in diesem Zusammenhang den unterschiedlichen Rechtsetzungsverfahren von Legislative und Exekutive beizumessen.[437] Durch die parlamentarische Gesetzgebung wesentlicher Regelungen soll sichergestellt werden, dass diese „aus einem Verfahren hervorgehen, das sich durch Transparenz auszeichnet, die Beteiligung der parlamentarischen Opposition gewährleistet und auch den Betroffenen und dem Publikum Gelegenheit bietet, ihre Auffassungen auszubilden und zu vertreten".[438] Das parlamentarische Gesetzgebungsverfahren unterscheidet sich von dem Verfahren der Verordnunggebung vornehmlich durch die Vielzahl der Verfahrensbeteiligten, durch die Gewährung der Öffentlichkeit (vgl. Art. 42 I 1 und 52 III GG) und die allgemeine Zugänglichkeit der

---

[431] Oben Teil 3, III. 4. b) a. E.

[432] *Ossenbühl* (Fn. 342), Rdnr. 42.

[433] Vgl. oben Teil 3, III. 5. b) a. E., erster Spiegelstrich.

[434] Vgl. BVerfGE 49, 89, 127: „In welchen Bereichen danach staatliches Handeln einer Rechtsgrundlage im förmlichen Gesetz bedarf, läßt sich nur im Blick auf den jeweiligen Sachbereich und die Intensität der geplanten oder getroffenen Regelung ermitteln. Die verfassungsrechtlichen Wertungskriterien sind dabei in erster Linie den tragenden Prinzipien des Grundgesetzes, insbesondere den vom Grundgesetz anerkannten und verbürgten Grundrechten zu entnehmen. *Nach den gleichen Maßstäben* beurteilt sich, ob der Gesetzgeber, wie der verfassungsrechtliche Gesetzesvorbehalt weiter fordert [...], mit der zur Prüfung vorgelegten Norm die wesentlichen normativen Grundlagen des zu regelnden Rechtsbereichs selbst festlegt und dies nicht dem Handeln etwa der Verwaltung überlassen hat." (Hervorhebungen durch Verf.). Siehe auch BVerfGE 57, 295, 327; 83, 130, 152.

[435] So auch *Krebs* (Fn. 407), S. 311 f.; *Schulze-Fielitz*, in: Dreier, GG, Art. 20 (Rechtsstaat) Rdnr. 107.

[436] Vgl. *Burmeister* (Fn. 406), S. 45.

[437] Vgl. *von Arnim* (Fn. 406), S. 1243 ff.; *Eberle* (Fn. 406), S. 489 ff.; *Kisker* (Fn. 376), S. 1315; *Krebs* (Fn. 407), S. 307. Eine ausführliche Gegenüberstellung beider Rechtsetzungsverfahren ist zu finden bei *Staupe* (Fn. 361), S. 219 ff.

[438] BVerfGE 95, 267, 307 f. mit Bezug auf BVerfGE 85, 386, 403.

Gesetzesmaterialien in Form von Gesetzentwürfen, Plenarprotokollen und Ausschussberichten sowie durch das formalisierte, rationale Verfahren, welches im Gegensatz zur Verordnunggebung prinzipiell ergebnisoffen ist.[439] Dadurch wird ein hohes Maß an demokratischer Legitimation geschaffen.

6. Anwendung der Wesentlichkeitstheorie

Die Geltung der gleichen Kriterien wie für den Gesetzesvorbehalt bedeutet, dass sich die Reichweite des Parlamentsvorbehalts nicht abstrakt bestimmen lässt, sondern der in eine konkrete Rechtsmaterie eingebettete Einzelfall – hier die einzelne Experimentierklausel – betrachtet werden muss. Um zu klären, ob die von den Experimentierklauseln eröffnete Möglichkeit für die gesetzesausführende Gewalt, vom geltenden Recht zu dispensieren oder abzuweichen, einen Eingriff in den Kernbereich der Legislative darstellt, ist also eine solche Einzelfallbetrachtung vorzunehmen. Dabei können die oben dargestellten Anwendungsbereiche von Experimentierklauseln nicht nur als Orientierungsrahmen dienen,[440] sondern auch die Bildung von Fallgruppen unterstützen. Denn die detaillierte Prüfung jeder einzelnen Experimentierklausel würde den Rahmen dieser Arbeit sprengen. Verfassungsrechtliche Bedenken bezüglich einzelner Normen sollen dennoch formuliert werden. Bevor die Experimentierklauseln *nach Rechtsgebieten geordnet* dahin gehend überprüft werden, ob sie in verfassungswidriger Weise die Regelung von Wesentlichem in die Hand der Exekutive legen, ist zu klären, ob der *Experimentierzweck* als solcher zur Wesentlichkeit führt.

a) *Wesentlichkeit des Experimentierens?*

Im Rahmen der Bestandsaufnahme, welche Kriterien zur Wesentlichkeit einer Maßnahme führen können, führt Staupe auch Regelungen mit Experimentiercharakter auf.[441] Als Beispiel nennt er Kabelpilotprojekte.

Es wäre ein Zirkelschluss, aus dem Umstand, dass es sich dabei um Experimentier*gesetze* handelt, auf deren Wesentlichkeit zu schließen. Auch eine mögliche Irreversibilität solcher Projekte ist kein Indiz für eine Wesentlichkeit. Sie würde die Frage aufwerfen, ob es sich wirklich um ein *Experimentier*gesetz handelt.[442] Unter diesen Gesichtspunkten lässt sich die Wesentlichkeit von Experimentiergesetzen nicht begründen. Der Parlamentsvorbehalt greift in dem Beispielsfall vielmehr wegen der einer grundlegenden Reform des deutschen Kommunikationssystems inne-

---

439 Vgl. *Hermes* (Fn. 292), S. 52 ff.

440 Vgl. oben Teil 2, I. 1.–7.

441 Siehe oben Fn. 424. Weitere literarische Äußerungen vergleichbarer Einschlägigkeit gibt es nicht.

442 Vgl. hierzu *Wolfgang Hoffmann-Riem*, Modellversuch als Scheintest, ZRP 1980, 31 ff.

wohnenden politischen Leitentscheidung und der Bedeutung für die Allgemeinheit; zudem ist die Grundrechtsrelevanz zu beachten. Der experimentelle Charakter ist insoweit vergleichsweise unbedeutend.

Für die Bewertung der Experimentierklauseln ist damit zunächst noch nichts gewonnen. Staupe selbst relativiert seine Aussage zu dem Experimentiercharakter als Wesentlichkeitskriterium, indem er wenig später die Auffassung vertritt, dass „sich parlamentsgesetzliche Regelungen zumindest vorläufig verbieten [können], wenn über die endgültige Einführung einer Neuerung keine Klarheit besteht und daher zunächst Versuche durchgeführt werden sollen. In einer derartigen Experimentiersituation kann die Schwerfälligkeit des Parlamentsgesetzes dafür sprechen, die erforderlichen Regelungen auf der Basis einer gesetzlichen Leitentscheidung zunächst auf untergesetzlicher Ebene durch Rechtsverordnungen zu treffen."[443]

Diese Sichtweise ist weiter zu relativieren. Der Umstand des Experimentierens allein führt nicht zur Wesentlichkeit einer Maßnahme. So müssen auch der Exekutive Experimente ohne parlamentsgesetzliche Grundlage in unbedeutenden Bereichen möglich sein. Denn für den einzelnen Bürger und die Allgemeinheit ist es unerheblich, ob und wie die Verwaltung in diesen Bereichen experimentiert. Der „gesetzesfreie" Raum der Verwaltung wird dieser durch ein Experiment nicht entzogen, solange höherrangiges Recht beachtet wird. Entscheidend ist daher, ob der zu regelnde Sachverhalt „wesentlich" ist.

b) Kommunalrecht

Unter dem Blickwinkel des Gesetzesvorbehalts sind die kommunalrechtlichen Experimentierklauseln zunächst danach zu differenzieren, ob sie im parlamentarischen Gesetz oder „nur" in den Gemeindehaushalts- und Gemeindekassenverordnungen verankert worden sind.[444] Sodann sind die im formellen Gesetz geregelten Klauseln unterteilt nach ihren unterschiedlichen Zielrichtungen zu prüfen.

aa) Experimentierklauseln in Verordnungen

Bei den ausschließlich in Verordnungen verankerten kommunalrechtlichen Experimentierklauseln drängt sich die Frage auf, ob die Experimentierklauseln bzw. die suspendierbaren Vorschriften etwas Wesentliches enthalten. Sie ist für die Gemeindekassenverordnungen klar zu verneinen, wenn von einzelnen Vorschriften der Verordnungen befreit wird, um ein Rechnungssystem nach den Regeln der kaufmännischen doppelten Buchführung, das die an die Verwaltungsbuchführung gestellten Anforderungen erfüllt, zuzulassen. Denn darin ist eine unwesentliche verwaltungsinterne Modifikation ohne Außenwirkung zu sehen.

---

[443] *Staupe* (Fn. 361), S. 265 f.

[444] Zur Implementierung in den Verordnungen vgl. oben Fn. 123 f.

Die am weitesten reichende Experimentierklausel in einer Gemeindehaushaltsverordnung lässt Abweichungen von haushaltsrechtlichen Normen der Verordnung zu, insbesondere von Regelungen über die Haushaltssatzung, den Haushalts- und Stellenplan, die Jahresrechnung, die Rechnungsprüfung sowie solchen zur Deckungsfähigkeit, zur Übertragbarkeit und zur Buchführung.[445] Ist auch die finanzpolitische und finanzwirtschaftliche Bedeutung der genannten Norminhalte (für die Allgemeinheit) nicht zu unterschätzen, so fehlt in diesem Sektor unterstaatlichen Handelns die Grundrechtsrelevanz und die Außenwirkung. Demnach sind die Materien der Buchführung und des kommunalen Haushaltsrechts als unwesentlich zu qualifizieren. Die Experimentierklauseln in den kommunalen Rechtsverordnungen stoßen daher bezüglich des Gesetzesvorbehalts auf keine verfassungsrechtlichen Bedenken.

bb) Experimentierklauseln in den Gemeindeordnungen zur Weiterentwicklung der kommunalen Selbstverwaltung

Bei den in den Gemeindeordnungen verankerten Experimentierklauseln ist zunächst zu berücksichtigen, dass eine parlamentsgesetzliche Grundlage existiert. Der Prüfungsschwerpunkt verschiebt sich damit zum Parlamentsvorbehalt: Denn geregelt ist in den Gemeindeordnungen zwar die allgemeine Zulässigkeit von Dispensen, dagegen nicht die konkrete Verwirklichung eines experimentellen Vorhabens in Bezug auf Durchführung, Evaluation[446] und Beendigung. Sollten insoweit wesentliche Bereiche ungeregelt geblieben sein, wäre ein Verstoß gegen den Parlamentsvorbehalt zu verzeichnen. Allerdings verhalten sich die einzelnen Modalitäten auch hier in bestimmter Weise akzessorisch zu der zugrunde liegenden Materie. Ist diese nämlich als unwesentlich zu qualifizieren, so gilt dies auch für die einzelnen Aspekte der Umsetzung. Insofern muss der Inhalt der Vorschriften, von denen dispensiert werden kann, betrachtet werden.

Die durch Parlamentsgesetz implementierten kommunalrechtlichen Experimentierklauseln zur Weiterentwicklung der kommunalen Selbstverwaltung bzw. zur Erprobung neuer Steuerungsmodelle ermöglichen im Einzelfall Ausnahmen von organisations- und haushaltsrechtlichen Vorschriften.[447] Bei Letzteren gilt nichts anderes als bei den Gemeindehaushaltsverordnungen: Ihnen ist keine Außenwirkung beizumessen. Die organisationsrechtlichen Vorschriften werden regelmäßig[448] nicht näher spezifiziert. Zur Bestimmung der in Bezug genommenen organisationsrechtlichen Regelungen bedarf es der Interpretation des jeweiligen Gesetzes, wobei die in

[445] So § 48 GemHVO Sachsen.

[446] Vgl. aber Fn. 129.

[447] Ausnahmen von organisations- und haushaltsrechtlichen Vorschriften, nicht aber von materiellen Rechtsnormen halten *Vogelsang/Lübking/Jahn* (Fn. 17), Rdnr. 981, für zulässig.

[448] Eine Ausnahme bildet § 126 II GO NW, der ausdrücklich die organisationsrechtliche Stellung des Kämmerers nennt.

den Experimentierklauseln genannten, z.T. selbst auslegungsbedürftigen Zielvorgaben zu berücksichtigen sind.[449] Allein die Tatsache, dass es sich um Organisationsrecht handelt, führt nicht zu fehlender Wesentlichkeit. So besteht weitgehend Einigkeit darüber, dass Organisationsakte zur Schaffung neuer Verwaltungsträger und Behörden, sofern sie die Rechtsstellung der Bürger oder sonstiger Dritter betreffen, einer gesetzlichen Grundlage bedürfen.[450] Verwaltungsinterne Organisationsmaßnahmen müssen dagegen nicht parlamentsgesetzlich geregelt werden.[451] Um genau solche handelt es sich jedoch bei den von den Experimentierklauseln ins Visier genommenen Normen. Brüning kommt bei seiner Untersuchung zu dem Ergebnis, dass der Bürger im Rahmen einer Ausnahmegenehmigung nach § 126 GO NW allenfalls mittelbar betroffen sein könne, „etwa durch die Heranziehung zu Verwaltungsgebühren für Leistungen einer reformierten Kommunalverwaltung." Der unveränderte Rechtsschutz gegen solche Verwaltungsgebühren, der die Überprüfung der (neuen) Rechtsgrundlage einschließe, lasse eine Grundrechtsrelevanz ausscheiden.[452] Sollte sich im Einzelfall die Anwendung einer kommunalrechtlichen Experimentierklausel im organisationsrechtlichen Bereich doch unmittelbar grundrechtswesentlich auswirken können, hilft die kommunale Selbstverwaltungsgarantie als mögliche Rechtfertigung eines Eingriffs nicht weiter, da sie als solche keine Ermächtigung zu Eingriffen in die Rechtsstellung Privater gibt.[453] Die Auswirkung ist jedoch durch verfassungskonforme Auslegung zu verhindern: Eine Befreiung im Rahmen der Experimentierklausel darf in diesen Fällen nicht erteilt werden.

Die anderen genannten Indizien,[454] die für die Wesentlichkeit einer Materie sprechen, greifen vorliegend nicht. Einschlägig könnte jedoch – jenseits der bereits verneinten Grundrechtsrelevanz – ein organisationsrechtlicher Gesetzesvorbehalt[455] sein. Dem entspricht der Aufruf an die Legislative, den experimentellen Rahmen der Exekutive verbindlich abzustecken.[456] Dass die Organisationsgewalt nicht ausschließlich der Legislative vorbehalten ist, wurde bereits festgestellt.[457] An dieser Stelle ist ein weiterer Aspekt einzubeziehen. Die einen Antrag auf Ausnahmegeneh-

---

[449] Eine kursorische Betrachtung einzelner (organisationsrechtlicher) Normen, von denen dispensiert werden kann, nimmt *Brüning* (Fn. 263), S. 282 ff., am Beispiel des § 126 GO NW vor.

[450] *Hartmut Maurer*, Allgemeines Verwaltungsrecht, 12. Auflage, 1999, S. 524; *Fritz Ossenbühl*, Verwaltungsvorschriften und Grundgesetz, 1968, S. 263 ff.; *Walter Rudolf*, Organisationsrecht, in: Hans-Uwe Erichsen (Hrsg.), Allgemeines Verwaltungsrecht, 11. Auflage, 1998, § 52 Rdnr. 5. Zu Einzelheiten und Grenzen vgl. auch BVerfGE 40, 237, 250 f., sowie sogleich unter cc).

[451] *Maurer* (Fn. 450), S. 524.

[452] *Brüning* (Fn. 263), S. 288.

[453] *Pieroth*, in: Jarass/ders., GG, Art. 28 Rdnr. 10; *Joachim Wieland/Johannes Hellermann*, Das Verbot ausschließlicher Konzessionsverträge und die kommunale Selbstverwaltung, DVBl 1996, 403, 407.

[454] Siehe oben Fn. 414–425.

[455] Vgl. zum Begriff nur *Jarass*, in: ders./Pieroth, GG, Art. 20 Rdnr. 57.

[456] So *Rehn/Cronauge*, § 126 GO NW, Erl. II. 3.

[457] Siehe Fn. 451.

migung stellenden Gemeinden fallen als Teile der Exekutive unter den Schutz der kommunalen Selbstverwaltungsgarantie nach Art. 28 II 1 GG. Das Bundesverfassungsgericht zählt die Räume der Selbstverwaltung zu den zentralen Gestaltungsbereichen der Exekutive.[458] Auch ist vom Selbstverwaltungsvorbehalt als eine der verfassungsfesten exekutiven Gegenpositionen zum Gesetzesvorbehalt die Rede.[459] Die Durchnormierung der den Selbstverwaltungsträgern überantworteten Gestaltungsbereiche widerspreche wesensgemäß der Selbstverwaltungsidee, so dass eine Beschränkung auf die grobe Umschreibung der Aufgaben und die Fixierung von Zielen geboten sei. Der Gesetzesvorbehalt finde in der verfassungsrechtlich begründeten kommunalen Selbstverwaltung eine inhaltliche Grenze.[460] Zu den von der Selbstverwaltungsgarantie für die Gemeinden umfassten Angelegenheiten der örtlichen Gemeinschaft gehören u. a. die hier in Frage stehende Organisationshoheit[461] sowie die Finanzhoheit[462], welche 1994 durch die Einfügung des Art. 28 II 3 GG noch gestärkt werden sollte. Mit der Formulierung „im Rahmen der Gesetze" statuiert Art. 28 II 1 GG einen organisationsrechtlichen Gesetzesvorbehalt,[463] wobei „Gesetze" nicht zwingend formelle Gesetze meinen,[464] sondern Rechtsverordnungen[465] und andere untergesetzliche Rechtsnormen[466] ausreichen. Der organisationsrechtliche Gesetzesvorbehalt ist durch die förmlichen Gesetze der Gemeindeordnungen ausgefüllt worden. Die neu in die Gemeindeordnungen aufgenommenen Experimentierklauseln sind dagegen nur formell Ausdruck des organisationsrechtlichen Gesetzesvorbehalts. Materiell werden durch sie keine Eingriffe in die Selbstverwaltungsgarantie legitimiert, sondern – im Gegenteil – die gesetzlichen Einschränkungen durch die Gemeindeordnungen partiell aufgehoben, um eine Weiterentwicklung der kommunalen Selbstverwaltung in Bezug auf die verfassungsrechtlich gewährleisteten Elemente der Organisations- und Finanzhoheit zu ermöglichen. Entsprechen die kommunalrechtlichen Experimentierklauseln dem Sinn der kommunalen Selbstverwaltung somit besonders gut,[467] ist der organisationsrechtliche Gesetzesvorbehalt aus Art. 28 II 1 GG nicht einschlägig.[468]

Zu einem ähnlichen Ergebnis führt folgende Überlegung: In den verfassungsrechtlich abgesicherten Selbstverwaltungsangelegenheiten der Kommunen hat grundsätzlich die dezentrale Körperschaft und nicht der Gesetzgeber die Verantwor-

458 BVerfGE 68, 1, 87.

459 *Ossenbühl* (Fn. 342), Rdnr. 56.

460 *Ossenbühl* (Fn. 342), Rdnr. 57; ihm folgend *Meyer* (Fn. 249), 1998, S. 870.

461 Vgl. BVerfGE 91, 228, 236 ff.; *Pieroth*, in: Jarass/ders., GG, Art. 28 Rdnr. 13.

462 Siehe nur *Pieroth*, in: Jarass/ders., GG, Art. 28 Rdnr. 14.

463 BVerfGE 79, 127, 143.

464 Ein Parlamentsgesetz ist nur bei weit tragenden Beeinträchtigungen erforderlich, vgl. VerfGH NW, NJW 1979, 1201; *Pieroth*, in: Jarass/ders., GG, Art. 28 Rdnr. 20.

465 BVerfGE 26, 228, 237; 56, 298, 309.

466 Beispielsweise Raumordnungsprogramme, BVerfGE 76, 107, 114.

467 *Lange* (Fn. 260), S. 771.

468 So auch *Brüning* (Fn. 263), S. 289.

tung. Zieht Letzterer die Kompetenz über Art. 28 II 1 GG an sich, um sie später wieder freizugeben, wird der ursprüngliche Zustand wiederhergestellt mit der Folge, dass der Gedanke des Gesetzesvorbehalts nicht greift.[469]

Soweit über organisations- und haushaltsrechtliche hinaus auch dienstrechtliche Vorschriften von einer kommunalrechtlichen Experimentierklausel in Bezug genommen werden,[470] ist zweierlei zu beachten: Zum einen begrenzen bundesrechtliche Vorgaben deren potenziellen Anwendungsbereich erheblich,[471] zum anderen setzt eine mögliche Grundrechtswesentlichkeit dienstrechtlichen Veränderungen materiell Grenzen.

cc) Experimentierklauseln zur Kommunalisierung der Aufgabenerledigung

Bei den Experimentierklauseln, die die Kommunalisierung der Aufgabenerledigung erproben sollen, ist unter dem Aspekt des Gesetzesvorbehalts vor allen anderen § 25 a LVwG SH[472] kritikwürdig. Zur Erprobung einer ortsnahen Aufgabenerfüllung können in seinem Rahmen durch öffentlich-rechtlichen Vertrag zwischen den Beteiligten Aufgaben vom Kreis auf die Gemeinden bzw. Ämter und Zuständigkeiten vom Landrat auf die Bürgermeister bzw. Amtsvorsteher übertragen werden. Der Vorwurf der freien Aushandelbarkeit des Kommunalrechts[473] erscheint angesichts dieses Regelungsinhalts in einem neuen Licht. Er zwingt dazu, der Frage, wem die Organisationsgewalt in Bezug auf die Verwaltung zusteht, näher nachzugehen. Der Begriff der Organisationsgewalt meint „die Kompetenz zur Bildung, Errichtung, Einrichtung, Änderung, Aufhebung von juristischen Personen des öffentlichen Rechts sowie Organen und Dienststellen des Staates durch die Bestimmung ihrer Zuständigkeiten, ihrer inneren Ordnung, ihrer persönlichen und sachlichen Ausstattung sowie ihrer Beziehungen zueinander oder kürzer: die Fähigkeit der Staatsgewalt, dem Staat in seiner Gesamtheit eine Organisation zu verleihen."[474] Sofern ausdrückliche Regelungen fehlen, wird die Frage kontrovers beantwortet.[475] Wie be-

---

469 Vgl. *von Mutius* (Fn. 262), S. 715.

470 § 135 a GO SH; siehe im Text nach Fn. 134.

471 *Lange* (Fn. 260), S. 772, geht aber zu weit, wenn er pauschal das Dienstrecht wegen bundesrechtlicher Vorgaben als von (landesrechtlichen) Experimentierklauseln nicht erfassbar bezeichnet. Widerlegt wird er durch § 135 a GO SH, der zulässigerweise als ausnahmefähige Vorschriften des Dienstrechts landesrechtliche Normen in Bezug nimmt, die ausschließlich für hauptamtliche Dienstkräfte im Kommunalbereich gelten. LT-Drs. 13/2806, S. 122, nennt als Beispiel § 15 I AO SH und verweist darauf, dass bundesrechtliche Regelungen und Beschränkungen hierbei zu beachten seien. Ein weiteres Beispiel ist § 59 IV GO SH (Stellenobergrenzen).

472 Siehe oben im Text nach Fn. 139.

473 *Siedentopf* (Fn. 258), S. 193.

474 *Stern* (Fn. 280), S. 793 f.

475 Vgl. die ausführliche Untersuchung von *Burmeister* (Fn. 406), S. 29 ff. mit zahlreichen Nachweisen.

reits angedeutet,[476] wird hier die Auffassung vertreten, dass die Organisationsgewalt jedenfalls dann, wenn die Organisationsakte statusformend die Rechtsstellung Dritter tangieren, eine gesetzliche Grundlage erfordert.[477] Das Bundesverfassungsgericht formuliert zurückhaltender, dass aus einer Ausdehnung des allgemeinen Gesetzesvorbehalts nicht folge, „daß vom Grundgesetz die Regelung der Behördenzuständigkeiten und des Verwaltungsverfahrens bis in alle Einzelheiten dem Gesetz vorbehalten sei. Insbesondere lässt sich aus der Tatsache, daß in den letzten Jahrzehnten die Organisation und das Verfahren der Verwaltungsbehörden in zunehmendem Maße durch Gesetze oder Rechtsverordnungen geordnet worden sind und daß das Grundgesetz den Rechtsschutz erheblich verstärkt hat, nicht ableiten, daß auf dem Gebiete des Verwaltungsverfahrens und der Verwaltungszuständigkeit eine solche Regelung verfassungsrechtlich ausnahmslos geboten sei.“[478]

Zu beachten ist jedoch, dass es zahlreiche verfassungsrechtliche Regelungen über die Organisationsgewalt sowohl im Grundgesetz als auch in den Landesverfassungen gibt.[479] Angesichts der Normenfülle verbietet sich ein frühzeitiger Rückgriff auf allgemeine Grundsätze des parlamentarischen Regierungssystems. Mit Schmidt-Aßmann lassen sich zwei Verteilungsmodelle in den Verfassungen des Bundes und der Länder unterscheiden.[480] In dem verbreitetsten Modell befindet sich die Verwaltungsorganisation im Spannungsfeld zweier Vorbehaltsbereiche und zwar dergestalt, dass einerseits dem Parlament die Organisation der (allgemeinen) Landesverwaltung im Sinne einer Zuweisung der Organisationsaufgaben von allgemeiner und grundlegender Bedeutung vorbehalten ist, während sich andererseits der Vorbehaltsbereich der Exekutive (zumeist) auf die Einrichtung der Behörden beschränkt. Im zweiten Modell „werden nicht zwei Vorbehaltsbereiche gegeneinander gestellt, sondern eine prinzipiell umfassende exekutivische Organisationsgewalt wird einem Zugriffsrecht des Parlaments unterstellt, für das der Verfassungstext keine Grenzen nennt.“[481] Schleswig-Holstein folgt dem ersten Regelungstyp, indem es in Art. 45 II Verf. SH heißt: „Die Organisation der Verwaltung sowie die Zuständigkeiten und das Verfahren werden durch Gesetz bestimmt.“

Die – vom Gesetzgeber nicht mehr beeinflussbare – Zustimmung des Innenministeriums und gegebenenfalls der obersten Fachaufsichtsbehörde vorausgesetzt, können nach dem Gesetzeswortlaut des § 25 a LVwG SH sämtliche durch Rechtsvorschrift des Landes zugewiesenen Aufgaben und Zuständigkeiten „nach unten“ ver-

---

476 Vgl. oben Fn. 450.

477 Siehe neben Fn. 450 auch *Stern* (Fn. 280), S. 794.

478 BVerfGE 40, 237, 250.

479 Eine Zusammenstellung Letzterer erfolgt bei *Iwan Chotjewitz*, Die Organisationsgewalt nach den Verfassungen der deutschen Bundesländer, 1995, passim.

480 *Eberhard Schmidt-Aßmann*, Verwaltungsorganisation zwischen parlamentarischer Steuerung und exekutivischer Organisationsgewalt, in: Festschrift für Hans Peter Ipsen, 1977, S. 333, 341 ff.

481 *Schmidt-Aßmann* (Fn. 480), S. 343. Als Beispiele seien Art. 86 S. 2 GG sowie Art. 104 II Verf. Hessen und Art. 105 II Verf. Rh.-Pf. genannt.

lagert werden. Die Entscheidung über die Veränderung gesetzlich zugewiesener pflichtiger Selbstverwaltungsaufgaben (vgl. § 2 II KrO SH; § 2 II GO SH) ist ebenso wie die über die Verlagerung von Aufgaben zur Erfüllung nach Weisung (§ 3 KrO SH; § 3 GO SH) eine Entscheidung über den Bestand an Aufgaben mit möglichen Auswirkungen auf den Haushalt, das Personal und die Organisationsstruktur der Beteiligten. Zudem stellen sie wichtige Selbstverwaltungsangelegenheiten i. S. d. §§ 22 I KrO, 27 I GO und 10 AO SH dar, was gleichsam für die Zuständigkeitsübertragungen gilt.[482] Zwar scheiden als Bezugspunkt unmittelbare bundesrechtliche Aufgaben- bzw. Zuständigkeitszuweisungen an die Kreise oder Landräte mangels Regelungszuständigkeit des Landes von vornherein aus. Doch droht zumindest theoretisch in Bezug auf landesrechtliche Zuweisungen die Aushöhlung einer Verwaltungsebene. Art. 45 II Verf. SH stellt mit der Formulierung „durch Gesetz" einen Verfassungsauftrag an den Gesetzgeber dar, den dieser durch Erlass des Landesverwaltungsgesetzes erfüllt hat. Nach richtiger Auffassung folgt aus dem Gesetzesvorbehalt nicht, dass die Regelung der Verwaltungsorganisation, der Zuständigkeiten und der Verfahren bis ins Detail im Gesetz normiert sein muss.[483] Daher mag die einzelne Aufgabe oder Zuständigkeit durch verwaltungsrechtlichen Vertrag übertragbar sein. Es gibt jedoch eine vornehmlich in quantitativer Hinsicht bestehende Grenze der Übertragung, die erreicht ist, sobald die Substanz einer Verwaltungsebene betroffen ist, da der allgemeine Verwaltungsaufbau eine grundlegende Frage der Organisation darstellt.[484] Dies folgt im vorliegenden Fall schon aus der Vorgabe der Verfassung, die deutlich macht, dass dem Verfassunggeber die Verwaltungsorganisation von Wichtigkeit war. Eine mit einfacher Mehrheit im Parlamentsgesetz verankerbare Experimentierklausel kann diese grundlegende Entscheidung nicht auf die Verwaltungsebene verlagern. In nicht ausdrücklich geregelten Fällen führt die Bedeutung für die Allgemeinheit zur Wesentlichkeit und damit zum Parlamentsvorbehalt. Dass die Gefahr der Aushöhlung einer Verwaltungsebene in der Praxis relativ gering ist, da sich weder Kreise noch Landräte durch die Übertragung sämtlicher Zuständigkeiten bzw. Aufgaben überflüssig machen wollen werden, ist für die verfassungsrechtliche Beurteilung unerheblich.

Auch hier ist eine mögliche Verfassungswidrigkeit der Experimentierklausel durch verfassungskonforme Auslegung der Norm zu vermeiden:[485] Die Zustimmung zu einem öffentlich-rechtlichen Vertrag ist zu versagen, wenn die Übertragung von Aufgaben und Zuständigkeiten entweder die Rechtsstellung Dritter – dies können neben Bürgern auch juristische Personen des öffentlichen und privaten Rechts sein – statusformend verändert (kein „Vertrag zu Lasten Dritter") oder angesichts des Übertragungsumfangs Kreise und Landräte in „Existenzgefahr" geraten.

---

[482] Vgl. *Friedersen*, in: Foerster/ders./Rohde, § 25 a LVwG, Erl. 3.

[483] *Von Mutius*, in: ders./Wuttke/Hübner, Art. 45 Verf. SH, Rdnr. 11.

[484] Vgl. zu Letzterem *von Mutius*, in: ders./Wuttke/Hübner, Art. 45 Verf. SH, Rdnr. 18, 27.

[485] Vgl. bereits oben Teil 3, III. 6. b) bb).

dd) Experimentierklauseln zur Befreiung von Standards

Abschließend soll der Blick auf die Regelung in § 133 IV GO LSA gerichtet werden, die zur Erprobung neuer Lösungen bei der kommunalen Aufgabenerledigung Standardbefreiungsmöglichkeiten normiert.[486] Der Gesetzeswortlaut sieht weder eine Beschränkung auf einen spezifischen Bereich noch auf bestimmte Normebenen vor, so dass es sich um eine *generelle* Standardöffnungsklausel handelt.[487]

Soweit ersichtlich gibt es im Schrifttum bisher lediglich drei Untersuchungen, die sich direkt oder indirekt mit der verfassungsrechtlichen Zulässigkeit solcher Klauseln unter dem Aspekt des Gesetzesvorbehalts beschäftigen. Meyer[488] hält bereichsspezifische Standardöffnungsklauseln für zulässig, äußert sich jedoch nicht zu generellen. Grzeszick[489] kommt zwar bei der Prüfung des Standardanpassungsgesetzentwurfs Rheinland-Pfalz zu dem Ergebnis, dass der Gesetzentwurf keine Abweichung von Landesgesetzen zulasse und folglich ein Parlamentsvorbehalt aus hierarchischen Gründen nicht eingreife. Nach seiner Auffassung könne jedoch eine generelle Nichtanwendungsklausel für Standardvorschriften über kommunale Einrichtungen bedenklich sein.[490] Jutzi[491] positioniert sich am deutlichsten, wenn er feststellt, dass generelle Öffnungsklauseln nicht mit dem Parlamentsvorbehalt zu vereinbaren seien. Die Wesentlichkeit richte sich nach den Gegebenheiten des jeweiligen Sachbereichs, so dass eine generelle Öffnungsklausel von Anfang an die Gefahr begründe, der Exekutive Materien zu erschließen, die der Legislative vorbehalten seien.

Die Kritik ist berechtigt und lässt sich auf § 133 IV GO LSA übertragen. Diese Vorschrift berechtigt die Gemeinden und Verwaltungsgemeinschaften im Zusammenspiel mit der obersten Kommunalaufsichtsbehörde, u. a. von allen denkbaren Standards abzuweichen.[492] Darunter befinden sich zwangsläufig auch Standards, die vom parlamentarischen Landesgesetzgeber normiert wurden, weil sie „wesentlich" sind, z. B. dem Schutz des Bürgers vor Gefahren für Leib und Leben dienen. Damit ist der Bereich des Parlamentsvorbehalts betroffen, der eine Delegation an die Exekutive verbietet. Durch § 133 IV GO LSA hat das sachsen-anhaltinische Parlament daher in verfassungsrechtlich unzulässiger Weise die (Ent-)Regelung von Wesentlichem in die Hand der Exekutive gelegt.[493]

---

[486] Siehe oben im Text nach Fn. 140.

[487] Vgl. bereits Fn. 251.

[488] *Meyer* (Fn. 240), 1998, S. 865 ff.

[489] *Grzeszick* (Fn. 114), S. 552.

[490] Seine Verweisung auf *Lange* und *Schmidt-Aßmann* in Fn. 35 trägt jedoch nicht.

[491] *Jutzi* (Fn. 114), S. 26 f.

[492] Siehe zum Anwendungsbereich oben im Text nach Fn. 140.

[493] Der Frage, welche Rechtsfolge damit verbunden ist, wird unten, Teil 3, III. 8. b) bb) (4), nachgegangen.

c) *Haushaltsrecht*

Die haushaltsrechtlichen Experimentierklauseln erweisen sich insgesamt als (noch) problematischer. Diese Wertung bedarf der ausführlichen Herleitung, da sie nicht unmittelbar auf Wesentlichkeitsgedanken, sondern auf einer Betrachtung des (Kompetenz-)Verhältnisses zwischen Haushaltsgesetzgebung und Haushaltsvollzug beruht.

aa) Budgetierungsverfahren

In erster Linie begegnet den Experimentierklauseln Kritik, soweit sie Budgetierungsverfahren regeln.[494] Der Sinn der Budgetierung liegt darin, durch eine verstärkte Globalisierung von Titeln und durch gelockerte Handhabung der Grundsätze sachlicher und zeitlicher Spezialität der Verwaltung mehr Gestaltungsspielraum beim Haushaltsvollzug zu verschaffen; Ziel dessen ist die Steigerung von Wirtschaftlichkeit, Sparsamkeit und Effizienz der Verwaltung.[495] Das Problem lässt sich zunächst so beschreiben, dass die landesrechtlichen Experimentierklauseln mit ihren mehr oder minder pauschalen Deckungs- und Übertragungsermächtigungen[496] die Gefahr in sich bergen, das bisherige Verhältnis zwischen der parlamentarischen Haushaltsgesetzgebung und dem Haushaltsvollzug der Exekutive entscheidend zu verändern,[497] und zwar dahin gehend, dass die budgetrechtlichen Gestaltungs- und Kontrollkompetenzen der Parlamente stark eingeschränkt werden. Der haushaltsrechtliche Kompetenzverlust der Parlamente droht dann besonders groß zu werden, wenn Befreiungen von der Übertragbarkeit der Haushaltsmittel um solche vom Grundsatz der sachlichen Spezialität ergänzt werden. Bei der folgenden Diskussion ist immer zu beachten, dass jede Verlagerung von Finanzkompetenzen auf einer im Haushaltsgesetz verankerten und damit befristet wirksamen Delegation durch das Parlament beruht.

Dass eine Erweiterung der gesetzlichen Ausnahmen[498] unter dem Vorbehalt des Gesetzes steht, ist unbestritten.[499] Auch aus diesem Grund sind die Experimentierklauseln in formellen Gesetzen verankert. Es stellt sich somit auch in diesem Zusammenhang die Frage, ob und gegebenenfalls inwieweit die Parlamente in verfassungsrechtlich zulässiger Weise ihre Haushaltskompetenzen auf die Exekutive übertragen dürfen. Der Gesetzgeber hat in diesem Zusammenhang auch andere verfas-

---

[494] Mit kommunalverfassungsrechtlichen Grenzen für die Budgetierung befasst sich *Janbernd Oebbecke*, Verwaltungssteuerung im Spannungsfeld von Rat und Verwaltung, DÖV 1998, 853, 854ff.

[495] Siehe oben im Text nach Fn. 151.

[496] Vgl. die einzelnen Nachweise in Fn. 163ff.

[497] Näher zu diesem Verhältnis *Heun* (Fn. 295), passim.

[498] Vgl. die Beispiele in Fn. 157.

[499] Siehe nur *Linck* (Fn. 151), S. 6.

sungsrechtliche Vorgaben zu beachten, da eine gelockerte Verfassungsbindung des experimentierenden Gesetzgebers abzulehnen ist.[500] Wie bereits ausgeführt,[501] gilt dies nicht nur bei Experimentiergesetzen, sondern auch bei Experimentierklauseln.

bb) Konfliktlage zwischen den Grundsätzen der sachlichen und zeitlichen Spezialität und dem Wirtschaftlichkeitsprinzip

Die Grundsätze der sachlichen und zeitlichen Bindung haben beide Verfassungsrang. Für Erstgenannten ergibt sich dies aus Art. 112 GG.[502] Sind danach überplanmäßige und außerplanmäßige Ausgaben nur unter engen Voraussetzungen möglich, setzt dies voraus, dass Haushaltstitel nicht globale, sondern nach Zweck und Höhe spezifizierte Ermächtigungen aufweisen müssen.[503] Letztgenannter ist in Art. 110 II 1 GG normiert, der die Jährlichkeit des Haushalts festschreibt.[504] Handelt es sich bei der sachlichen und zeitlichen Bindung um *Verfassungs*grundsätze, so ist doch anerkannt, dass sie – wie andere *Grund*sätze regelmäßig auch – ausnahmefähig sind.[505] Diese Ausnahmemöglichkeiten gilt es auszuloten. Eine Umkehrung des Regel-Ausnahme-Verhältnisses in dem Sinne, dass Globalhaushalte mit unbegrenzter Deckungsfähigkeit möglich wären, ist nicht nur methodisch abzulehnen. Gleiches gilt für die unbegrenzte Übernahme von Haushaltsresten in das Folgejahr. Wo die Grenze der noch zulässigen Ausnahmemöglichkeiten konkret verläuft, lässt sich abstrakt nur schwer festlegen und sollte der Beurteilung des Einzelfalls (der konkreten Norm) überlassen werden.[506] Die Vorgabe der Wesentlichkeitstheorie lautet in jedem Fall, dass das Wesentliche dem Parlament vorbehalten sein muss. In Rechtsprechung und Literatur ist das Instrument des Haushalts(gesetzes) als herausragendes politisches Gestaltungsmittel der Parlamente allgemein anerkannt.[507] Der Haushaltsplan bildet zugleich eine wichtige Grundlage für die Kontrolle der Durchführung der durch ihn getroffenen Haushaltsentscheidungen.[508] Insoweit lässt sich die dem Budgetrecht der Parlamente innewohnende Steuerungs- und Kontrollmöglichkeit als wesentlich bezeichnen. Mit Blick auf die Wesentlichkeitstheorie kommt es darauf an, dass diese bei gesetzlichen Ermächtigungen an die Exekutive in jedem

---

500 Ausführlich zur Vereinbarkeit von Haushaltsreformen mit den tragenden Grundprinzipien der Verfassung *Tobias Eisenmann*, Die Reform des öffentlichen Haushalts- und Rechnungswesens in Baden-Württemberg, 1998, S. 173 ff.

501 Siehe oben im Text vor Fn. 265.

502 Für den Bund; in den Ländern gelten identische Verfassungsnormen.

503 VerfGH NW, NVwZ 1995, 159, 160; *Fischer-Menshausen*, in: v. Münch/Kunig, GG, Art. 110 Rdnr. 12; *Mahrenholz*, in: Wassermann, AK, GG, Art. 110 Rdnr. 54 a.

504 Vgl. nur *Siekmann*, in: Sachs, GG, Art. 110 Rdnr. 46.

505 Siehe nur *Siekmann*, in: Sachs, GG, Art. 110 Rdnr. 63.

506 Dazu sogleich unter gg).

507 BVerfGE 45, 1, 32; 70, 324, 355; 79, 311, 328 f.; *Reinhard Mußgnug*, Der Haushaltsplan als Gesetz, 1976, S. 3 f.; *Siekmann*, in: Sachs, GG, Art. 110 Rdnr. 2 f.; *Stern* (Fn. 280), S. 1198.

508 Vgl. nur *Heun* (Fn. 295), S. 286 f. und 488 ff.

Fall gewahrt bleiben und nicht ausgezehrt werden. Dieser Vorgabe entsprechen die bisher bekannten traditionellen Ausnahmen, die nur begrenzt und sachlich begründet möglich sind und damit nach ganz herrschender Meinung in verfassungsrechtlich zulässiger Weise in die haushaltsrechtliche Steuerungs- und Kontrollfunktion der Parlamente eingreifen. Vereinzelt wird die Auffassung vertreten, mit diesen Ausnahmemöglichkeiten sei die Grenze des Zulässigen erreicht und jede Veränderung in Richtung von einem Mehr an Ausnahmen ausgeschlossen.[509] Diese Sichtweise, die die klassischen Haushaltsgrundsätze der sachlichen und zeitlichen Spezialität sehr stark betont, erscheint zu eng. Sie verhindert insbesondere, der Erkenntnis, dass die beiden Grundsätze einer sparsamen Haushaltsführung teilweise entgegenstehen – als Stichwort möge das „Dezemberfieber" dienen –, Taten folgen zu lassen. Zudem lässt sie das Wirtschaftlichkeitsprinzip, welchem ebenfalls Verfassungsrang beizumessen ist,[510] zu kurz kommen. So hat Fischer-Menshausen schon vor Jahren betont, das Wirtschaftlichkeitsprinzip fordere nicht nur eine Reform des öffentlichen Rechnungswesens, sondern legitimiere zu diesem Zweck auch weitere Ausnahmen von den Spezialitätsgrundsätzen.[511]

cc) Praktische Konkordanz

Stehen sich insoweit das Wirtschaftlichkeitsprinzip und die Grundsätze der sachlichen und zeitlichen Spezialität spannungsreich gegenüber, ist diese verfassungsrechtliche Konfliktlage nach zutreffender Ansicht im Wege der praktischen Konkordanz zu lösen.[512] Den Ausgleich der widerstreitenden Verfassungspositionen mit dem Ziel, beiden zu größtmöglicher Wirkung zu verhelfen, hat der Gesetzgeber vorzunehmen. Ob ihm das bei den Experimentierklauseln gelungen ist, wird im Folgenden zu klären sein.

dd) Auffassungen des Schrifttums

Die wenigen Stimmen im Schrifttum zu dieser Frage sind nicht einheitlich und zum Teil in sich widersprüchlich. Einerseits werden die haushaltsrechtlichen Experimentierklauseln pauschal als prinzipiell legitimer Weg bezeichnet,[513] während an anderer Stelle – relativierend – die Rede davon ist, dass globale Übertragbarkeiten und Deckungsfähigkeiten von Ausgaben, die einen Bezug zu bestimmten sachlich oder institutionell begrenzten Vorhaben entbehren, auf Bedenken stoßen.[514] Ande-

---

509 *Mahrenholz*, in: Wassermann, AK, GG, Art. 110 Rdnr. 56.

510 Zumeist wird sein Sitz mit Art. 114 GG bestimmt, vgl. *Linck* (Fn. 151), S. 9 m. w. N. in Fn. 44; *Osterloh* (Fn. 151), S. 82.

511 *Fischer-Menshausen*, in: v. Münch, GG, 2. Auflage, 1983, Art. 110 Rdnr. 12, Art. 114 Rdnr. 18.

512 *Linck* (Fn. 151), S. 9 ff.; *Osterloh* (Fn. 151), S. 82.

513 *Osterloh* (Fn. 151), S. 83.

514 *Osterloh* (Fn. 151), S. 85.

rerseits wird eine „Stufenlösung" angeboten:[515] Eine relativ geringfügige Beeinträchtigung der parlamentarischen Steuerung könne durch die Kontrollmöglichkeiten des Parlaments in Bezug auf den Haushaltsvollzug verfassungsgemäß kompensiert werden. Eine solche Kompensation scheide allerdings dann aus, wenn im Wege der Ausnahmen von den Grundsätzen der sachlichen und zeitlichen Spezialität Haushaltsmittel in gegenläufige politische Verfahrenszwecke umgeleitet würden, beabsichtigte Vorhaben durch Mittelabzug nicht mehr (sinnvoll) zu verwirklichen wären oder durch die Verlagerung von Mitteln die vom Parlament gesetzten Prioritäten signifikant verschoben würden. In diesen Fällen erwiesen sich die in manchen Experimentierklauseln vorgesehenen Berichtspflichten nach mehrjähriger Erprobungsphase als ungenügend. Eine nur nachträgliche, womöglich zeitferne Kontrollmöglichkeit könne den durch die Budgetierung erfolgenden Steuerungsverlust des Parlaments nicht ausgleichen und sei verfassungswidrig. Notwendig sei eine vorherige parlamentarische Zustimmung ähnlich der bei den parlamentarischen Zustimmungsvorbehalten und Sperrvermerken.[516]

ee) Eigener Lösungsansatz

Die Beurteilung der Verfassungsmäßigkeit der haushaltsrechtlichen Experimentierklauseln hat bei ihren Zielen anzusetzen. Im Wege der Budgetierung soll der Wechsel von input- zu outputorientierten Steuerungs- und Kontrollinstrumenten vollzogen werden, um letztlich die Effektivierung der Steuerungskraft des Haushaltsplans zu erreichen. Mag dies angesichts der erweiterten Übertragbarkeiten und Deckungsfähigkeiten von Ausgaben zunächst paradox klingen, wird das Paradoxon durch einen Blick auf die Verfassungswirklichkeit aufgelöst. Die Grundsätze der sachlichen und zeitlichen Spezialität haben nämlich zu einer unübersehbaren Steuerungsschwäche des geltenden Haushaltsrechts geführt. Die Mehrheit der Abgeordneten ist angesichts der Vielzahl von detaillierten Regelungen in den Haushaltsplänen kaum in der Lage, diese staatslenkend einzusetzen. Demgegenüber können die Budgetierungsverfahren im Rahmen neuer Steuerungsmodelle nicht nur mittels Ziel- und Ergebnisdefinitionen („Produktdefinitionen") mit besseren Steuerungsmöglichkeiten aufwarten, sondern auch durch Kosten- und Leistungsrechnungen die Kontrollfunktion der Parlamente stärken. Sofern der Schwerpunkt der Budgetierungen in der Praxis nicht bei der Vergröberung von Haushaltstitelstrukturen liegt, sondern bei der schlichten Erweiterung der Übertragbarkeit und Deckungsfähigkeit von unverändert detailliert angesetzten Titeln, ist dies zu kritisieren. Denn dadurch wird der bewusste parlamentarische Willensbildungsprozess nicht gefördert.

Vor diesem Hintergrund und dem bereits angedeuteten Umstand, dass das Wirtschaftlichkeitsprinzip, welches in Art. 114 GG und auch in den Länderverfassungen verankert ist, Auswirkungen auf die Reichweite des Parlamentsvorbehalts hat, sind

[515] *Linck* (Fn. 151), S. 10f.

[516] *Linck* (Fn. 151), S. 11.

erweiterte Möglichkeiten der Übertragung und Deckungsfähigkeit von Ausgaben grundsätzlich zulässig. Dabei ist jedoch immer das parlamentarische Budgetrecht im Auge zu behalten: Die Wahrnehmung der Steuerungs- und Kontrollfunktion durch das Parlament muss jederzeit gewährleistet bleiben. Um in dieser Hinsicht verfassungsmäßige Experimentierklauseln zu schaffen, steht dem Gesetzgeber nicht nur eine Vorgehensweise zur Verfügung, sondern er kann aus einem Repertoire an Möglichkeiten wählen. Genannt seien nur folgende, miteinander kombinierbare Elemente:

- gleichzeitige Einführung eines geeigneten Controlling-Verfahrens, welches sicherstellt, dass das jeweils verfügbare Ausgabenvolumen nicht überschritten wird;[517]
- bereits eingesetzte Kosten- und Leistungsrechnung als Voraussetzung für die Einführung von Modellvorhaben;[518]
- Forderung eines verwaltungsmäßigen oder sachlichen Zusammenhangs für eine erweiterte Deckungsfähigkeit;[519]
- zeitliche Befristung des Experiments;
- sofern der Modellversuch über ein Jahr hinaus währt, Statuierung der Pflicht, ihn in den Entwurf des Haushaltsplans für das Folgejahr aufzunehmen;[520]
- Normierung einer Evaluierungspflicht;
- Beschränkung der Experimente auf bestimmte Hauptgruppen, zwischen denen einseitige und innerhalb derer gegenseitige Deckungsfähigkeiten zugelassen werden;
- (mehrmalige) Unterrichtungspflicht über den Haushaltsvollzug im Haushaltsjahr;[521]
- Anforderung der vorherigen parlamentarischen Zustimmung (Einwilligung) zur experimentellen Ausnahme.[522]

---

517 Vgl. HG 1995–1997 Berlin.

518 § 14 II HG 1997 Saarland.

519 Siehe § 6 III HG 1997 Rh.-Pf. In Erweiterung des bisherigen Verständnisses sollten sachliche und verwaltungsmäßige Zusammenhänge auch durch klar definierte „Produkte" hergestellt werden können, vgl. *Osterloh* (Fn. 151), S. 85.

520 § 6 II NachtragsHG 1996 und HG 1997/98 Nds.

521 § 10 a III LHO SH; vgl. oben Fn. 172.

522 § 11 I HG 1998 Sachsen.

ff) Parlamentarische Einwilligung zur experimentellen Ausnahme?

In der soeben erwähnten parlamentarischen Einwilligung zu dem planwidrigen Haushaltsvollzug sieht Linck eine unabdingbare Voraussetzung für den gebotenen Ausgleich zwischen den Spezialitätsgrundsätzen und dem Wirtschaftlichkeitsprinzip.[523] Hiermit sind Folgeprobleme verknüpft, wie z. B. das, ob die Einwilligung durch das Parlamentsplenum erfolgen muss oder eine Delegation an den zuständigen (Haushalts-)Ausschuss möglich ist. Erinnert eine solche Delegation im Rahmen eines Zustimmungsverfahrens an die Zustimmungsvorbehalte bei qualifizierten Sperrvermerken,[524] sind die verfassungsrechtlichen Bedenken vorprogrammiert.[525] Als vermittelnde Lösung wird im Wege der praktischen Konkordanz folgendes Verfahren vorgeschlagen: „Der Ausschuß trifft die Entscheidung über die Zustimmung – positiv oder negativ –, dieser Beschluß wird in einer Vorlage allen Abgeordneten zur Kenntnis gegeben, und jeder Abgeordnete kann innerhalb einer bestimmten Frist von z. B. zwei Wochen beantragen, hierzu eine – endgültige – Entscheidung des Plenums herbeizuführen."[526]

Sofern eine parlamentarische Einwilligung gefordert wird oder normiert ist, erscheint der Vorschlag praktikabel und verfassungsrechtlich zulässig. Doch ist diese Forderung für die haushaltsrechtlichen Experimentierklauseln zu weitgehend und nicht unabdingbar. Nach hier vertretener und bereits angedeuteter Auffassung ist jede normative Lösung verfassungsrechtlich zulässig, die die parlamentarische Kontroll- und Steuerungsfunktion „hinreichend" gewährleistet. Was hinreichend ist, kann nicht allgemein, sondern nur für jede Experimentierklausel gesondert bestimmt werden. Als Richtschnur gilt: Je umfassender die vom Gesetzgeber eingeräumten Ausnahmemöglichkeiten in Bezug auf Deckungsfähigkeit und Übertragbarkeit sind, desto stärker müssen die gleichzeitig eingebauten Elemente sein, welche im Gegenzug die Kontrolle und Steuerung des Parlaments erhöhen. Andersherum erfordern geringere Öffnungsmöglichkeiten eine reduzierte Kompensation.

---

[523] *Linck* (Fn. 146), S. 11.

[524] Durch qualifizierte Sperrvermerke können einzelne Teile eines Ausgabentitels in der Form gesperrt werden, dass die Verausgabung der grundsätzlich bewilligten Mittel neben der vorherigen Zustimmung des Finanzministers der (erneuten) Einwilligung des Bundestages bedürfen, vgl. §§ 22 S. 3, 36 S. 2 BHO. Entgegen dieser gesetzlichen Regelung wird die Sperre in der Praxis nicht zugunsten des Bundestages, sondern ausschließlich zugunsten des Haushaltsausschusses (und teilweise zusätzlich zugunsten von einzelnen Fachausschüssen) ausgebracht.

[525] Auf die heftig geführte verfassungsrechtliche Kontroverse über die Zulässigkeit einer solchen Delegation kann hier nicht eingegangen werden. Vgl. dazu *Heun* (Fn. 295), S. 358 ff. m. w. N.; *Ekkehard Moeser*, Die Beteiligung des Bundestages an der staatlichen Haushaltsgewalt, 1978, S. 170 ff., und *Mußgnug* (Fn. 507), S. 376.

[526] *Linck* (Fn. 151), S. 13.

gg) Anwendung des eigenen Lösungsansatzes auf die Experimentierklauseln

Angesichts der zahlreichen haushaltsrechtlichen Experimentierklauseln muss auch hier eine Einzelüberprüfung ausscheiden. Exemplarisch sollen jedoch einige Klauseln herausgegriffen werden, die den genannten Maßstäben besonders gut bzw. schlecht genügen.

Verfassungsrechtlich unbedenklich sind danach u. a. § 14 HG 1998 Saarland[527] und § 10a LHO SH.[528] Ersterer sieht zeitlich befristete Erprobungsmodelle nur in solchen Bereichen der Landesverwaltung vor, in denen zum Zwecke der Wirtschaftlichkeitsmessung eine Kosten- und Leistungsrechnung bereits eingesetzt ist, fordert ein geeignetes Controlling-Verfahren, die Vorlage der Ergebnisse beim Haushalts- und Finanzausschuss, die Zustimmung desselben vor der Zulassung von Ausnahmen, die wiederum beispielsweise in Bezug auf die Deckungsfähigkeit, unterteilt nach einseitiger und gegenseitiger, konkret benannt sind. Letzterer weist ähnliche Regelungen auf. Es fehlt zwar die ausdrückliche Beschränkung auf Bereiche, in denen eine Kosten- und Leistungsrechnung eingeführt ist. Zusätzlich ist jedoch die Pflicht des Finanzministeriums normiert, den Finanzausschuss mindestens zweimal im Haushaltsjahr über den Stand des Haushaltsvollzugs zu unterrichten.

Verfassungswidrig erscheinen dagegen § 10 HG 1998 LSA[529] und § 6 HG 1996 Rh.-Pf.[530] In beiden Fällen stehen sehr weiten Ausnahmemöglichkeiten keine Elemente zur Erhaltung der parlamentarischen Steuerungs- und Kontrollfunktion ge-

---

527 ABl 1997, S. 1380.

528 Siehe oben Fn. 172.

529 GVBl S. 20. Er lautet: „In einzelnen ausgewählten Kapiteln der nachgeordneten Landesverwaltung wird im Rahmen von Modellvorhaben erprobt, ob durch erhöhte Flexibilität bei der Mittelbewirtschaftung Einsparungen und Effizienzsteigerungen erreicht werden können. Zu diesem Zweck werden den Pilotkapiteln durch Haushaltsvermerke folgende Budgetierungs- und Flexibilisierungselemente eröffnet, sofern nicht in den einzelnen Kapiteln Einschränkungen vorgesehen sind:

1. abweichend von § 20 Abs. 1 LHO – volle Deckungsfähigkeit innerhalb der Hauptgruppe und zwischen den Hauptgruppen;
2. abweichend von § 45 LHO – volle überjährige Verfügbarkeit nicht in Anspruch genommener Haushaltsmittel."

530 GVBl S. 2. Er lautet auszugsweise:

„(1) Zur Steigerung der Leistungsfähigkeit und Wirtschaftlichkeit der Verwaltung bei der Inanspruchnahme staatlicher Mittel für Verwaltungsausgaben wird im Zuge der Erprobung neuer Haushaltsinstrumentarien zugelassen, Ausnahmemöglichkeiten nach der LHO in größerem Umfang in Anspruch zu nehmen. Hierbei wird auf die in den Kapiteln 0303 [...] ausgebrachten Haushaltsvermerke verwiesen, mittels derer die haushaltsmäßigen Voraussetzungen für die Durchführung von Pilotprojekten in einigen Verwaltungsbereichen geschaffen werden.

(2) Das jeweilige Ministerium, in dessen Geschäftsbereich die Pilotprojekte durchgeführt werden, erstattet nach Ablauf eines zweijährigen Erprobungszeitraums dem Haushalts- und Finanzausschuß des Landtags einen schriftlichen Bericht über das finanzwirtschaftliche Ergebnis."

genüber. Der in Rheinland-Pfalz vorgesehene Bericht nach Ablauf von zwei Jahren ist allein unzureichend, da die Ergebnisse des Haushaltsvollzugs nicht mehr korrigiert und allenfalls zukünftig beeinflusst werden können. Der rheinland-pfälzische Gesetzgeber hat die Defizite im Haushaltsgesetz 1996 erkannt und bereits im Haushaltsgesetz 1997 Kontrollelemente aufgenommen. Zu nennen sind die Einbindung des Haushalts- und Finanzausschusses nach § 6 II HG 1997 Rh.-Pf., die modellversuchsinterne Entwicklung von Instrumenten zur Steuerung, Optimierung und Kontrolle des Mitteleinsatzes und zur Einhaltung des Ausgabenvolumens durch die Landesregierung (§ 6 III), die Prüfung der Modellversuche durch den Rechnungshof (§ 6 IV) sowie die vierteljährliche Unterrichtung des Landtags durch die Landesregierung.[531]

hh) Experimentierklauseln im Haushaltsrecht de lege ferenda

Wurde soeben die Grenze des verfassungsrechtlich (Un-)Zulässigen beschrieben, ist davon die Frage zu trennen, welche Regelungsinhalte für den Gesetzgeber de lege ferenda erstrebenswert sein sollten. In diesem Zusammenhang sollte das Wesen eines Experiments in Erinnerung gerufen werden.[532] Sinn der haushaltsrechtlichen Experimentierklauseln ist es nicht, den haushaltsrechtlichen Rahmen unkontrolliert zu sprengen. Diese Klauseln dienen vielmehr dazu, bisher nicht vorhandenes Wissen um die Wirksamkeit bestimmter Rechtsnormen durch Erprobung zu erlangen. Hierfür sind immer Kontrollmechanismen vonnöten, um eine sinnvolle Evaluierung zu gewährleisten. Die Experimentierfunktion wird durch eine zeitliche Befristung unterstrichen. Um an die für zukünftige Gesetzesvorhaben notwendigen Erkenntnisse zu gelangen, ist in der Regel ein kleiner Experimentierbereich, beispielsweise beschränkt auf bestimmte Titel oder Hauptgruppen, ausreichend. Eine Begrenzung auf überschaubare Anwendungsbereiche vermeidet zudem die soeben diskutierten verfassungsrechtlichen Probleme. Eine flächendeckende Budgetierung sollte daher Experimenten entzogen und nach ihrer Erprobung „normalen“ Gesetzen vorbehalten sein.

d) Hochschulrecht

Angesichts der noch folgenden ausführlichen Erörterung des § 7 a BerlHG[533] soll an dieser Stelle der Hinweis auf Art. 52 i II 2 BayHschG genügen. Der bayerische Gesetzgeber hat die mögliche Grundrechtsrelevanz einer Überführung von Teilbereichen eines Klinikums im Rahmen einer Erprobungsmaßnahme in eine selbstständige Anstalt des öffentlichen Rechts oder in eine Rechtsform des privaten Rechts er-

[531] GVBl S. 41.

[532] Siehe dazu oben Teil 1, I.–III.

[533] Siehe unten Teil 5, III. 2.

kannt und klargestellt, dass dabei die Wahrnehmung der Grundrechte aus Art. 5 III 1 GG durch die Mitglieder der Hochschule sicherzustellen sei.[534]

e) Schulrecht

Der Vorbehalt des Gesetzes im Schulrecht ist in den 70er Jahren eine der Materien gewesen, welche dem Bundesverfassungsgericht die Gelegenheit gegeben hat, seine Wesentlichkeitsrechtsprechung in vier grundlegenden Entscheidungen (weiter) zu entwickeln.[535] Die Diskussionen um die Einrichtung von Versuchsschulen und die Durchführung von Schulversuchen können und sollen in dieser Arbeit nicht wiedergegeben, geschweige denn wiederbelebt werden.[536] Unbestritten dürfte heute sein, dass Versuchsschulen und Schulversuche aufgrund ihrer Grundrechtsrelevanz (Art. 6 II GG als Elterngrundrecht; zumindest Art. 2 I GG für deren schulpflichtige Kinder) Eingriffe darstellen und deshalb einer parlamentsgesetzlichen Grundlage bedürfen, welche die wesentlichen Regelungen enthält. Darüber hinaus muss die Teilnahme an einem Schulversuch nach richtiger Auffassung freiwillig sein. Ein Zwang dazu scheidet aus, weil der Staat das elterliche Erziehungsrecht nicht überspielen darf.[537]

Die im Schulverfassungsgesetz Berlin implementierte Experimentierklausel[538] stellt eine formalgesetzliche Grundlage dar, um neue Mitwirkungs- und Mitbestimmungsmöglichkeiten zu erproben. Unter dem Blickwinkel der Wesentlichkeit bestehen gegen diese Regelung keine Bedenken, da ausdrücklich normiert wird, dass die Zielsetzungen des Gesetzes gewahrt bleiben müssen. Diese sind in § 1 S. 2 SchulVerfG Berlin niedergelegt, in dem es heißt: „In diesem Rahmen ermöglicht es [das Gesetz, der Verf.] den am Schulleben Beteiligten in vertrauensvoller Zusammenarbeit und unter Berücksichtigung der Rechtsstellung der einzelnen in der Schule die unmittelbare oder durch gewählte Vertreter gegebene mittelbare Teilhabe an Entscheidungen sowie sonstige Formen der Beteiligung, insbesondere Information, Anhörung und beratende Mitarbeit in Gremien." Auf diesem Wege wird „Wesentliches", die Rechtsstellung der Einzelnen Betreffendes, vom Parlament entschieden, während „Unwesentliches", aber nicht Unwichtiges, zu Erprobungszwecken in die Hände der sachnäheren Exekutive und der Beteiligten gelegt wird.

---

534 Siehe oben Fn. 181. Ähnlich § 41 I 3 HschG NW.

535 BVerfGE 34, 165, 192f. – Hessische Förderstufe; 41, 251, 259f. – Speyer-Kolleg; 45, 400, 417f. – Gymnasiale Oberstufenreform in Hessen; 47, 46, 78f. – Sexualkundeunterricht. Siehe auch aus dem Jahre 1981 BVerfGE 58, 257, 268 – Schulausschluss.

536 Vgl. zum Vorbehalt des Gesetzes im Schulrecht, neben den in Fn. 195 Genannten, *Hermann Heußner*, Vorbehalt des Gesetzes und „Wesentlichkeitstheorie", in: Festschrift für Erwin Stein, 1983, S. 111 ff.; *Umbach* (Fn. 395), S. 118 ff.; *Raimund Wimmer*, Ein halbes Jahrhundert Gesetzesvorbehalt im Schulwesen, RdJB 1997, 15 ff.

537 Vgl. *Clemens* (Fn. 195), S. 70 m. w. N.

538 Siehe Fn. 197.

f) Sozialrecht

aa) §§ 63 ff. SGB V

Die Modellvorhaben zur Weiterentwicklung der Versorgung in der gesetzlichen Krankenversicherung beziehen sich auf Verfahrens-, Organisations-, Finanzierungs- und Vergütungsformen der Leistungserbringung.[539] Die suspendierfähigen Vorschriften betreffen vornehmlich die Beziehungen der Krankenkassen zu den Leistungserbringern. Leistungserbringer sind u.a. Ärzte, Zahnärzte, Krankenhäuser und Apotheken. Soweit bei ihnen Grundrechtsfähigkeit gegeben ist, könnten sich die Modellvorhaben unmittelbar grundrechtsrelevant auswirken.[540] Zumindest mittelbar ist auch eine Grundrechtsrelevanz gegenüber den Versicherten denkbar. Nicht zuletzt deshalb ist die Teilnahme von Versicherten und Leistungserbringern an diesen Modellvorhaben freiwillig. Während die Freiwilligkeit bei dem ebenfalls neu eingefügten § 73a SGB V,[541] der die Zulässigkeit von Strukturverträgen regelt, ausdrücklich normiert ist (§ 73a I 5 SGB V), fehlt Entsprechendes im Rahmen der §§ 63 ff. SGB V. Sie ergibt sich aber aus dem Sinn und Zweck der Materie. So muss es neben der Modell- eine Normalversorgung geben. Zudem spricht der Wortlaut für diese Auslegung, wenn in §§ 63 III und 64 II SGB V von der „Teilnahme" von Vertragsärzten die Rede ist.[542] Schließlich ergibt sich das Freiwilligkeitsprinzip aus den Gesetzesmaterialien.[543] Ist eine mögliche Folge der Grundrechtsrelevanz ein Delegationsverbot von Wesentlichem für den Gesetzgeber, „neutralisiert" das Freiwilligkeitsprinzip diesen Aspekt wieder mit der Folge, dass die durch die Experimentierklausel eröffnete Möglichkeit für die Verwaltung, Wesentliches zu regeln, unter dem Aspekt des Gesetzes- und Parlamentsvorbehalts auf keine verfassungsrechtlichen Bedenken stößt.

Eine Bedeutung für die Allgemeinheit ist allerdings angesichts der großen Zahl der gesetzlich Krankenversicherten nicht von der Hand zu weisen. Können beispielsweise andere als die gesetzlich bestimmten Leistungserbringer herangezogen werden, drohen – auch wenn das Gegenteil beabsichtigt ist – den Krankenversicherern Mehrkosten, die eine Beitragserhöhung mit sich bringen könnten. Diese Gefahr ist jedoch vom Gesetzgeber erkannt worden. Er ist ihr mit § 63 III 1 Hs. 2 SGB V begegnet: Der Grundsatz der Beitragsstabilität gilt für die Modellvorhaben entspre-

---

539 Siehe hierzu § 73 I SGB V.

540 Vgl. zur verfassungsrechtlichen Problematik und damit auch zur Grundrechtsrelevanz *Rainer Pitschas*, Neue Versorgungs- und Vergütungsstrukturen in der gesetzlichen Krankenversicherung im Wirkfeld der Gesundheitsverfassung, VSSR 1998, 253, 256 ff.

541 Näher zu § 73a SGB V *Horst Dieter Schirmer*, Rechtliche Ausgestaltung neuer Versorgungs- und Vergütungsstrukturen nach § 73a SGB V in kassenarztrechtlicher, berufsrechtlicher und wettbewerbsrechtlicher Hinsicht, VSSR 1998, 279 ff.

542 So auch *Ulrich Orlowski*, Neue Versorgungs- und Vergütungsstrukturen aus Sicht des Gesetzgebers, VSSR 1998, 265, 272.

543 Vgl. BT-Drs. 13/6087, S. 18 l. Sp.

chend. Die Legislative ist (damit) ihrer Pflicht, das Wesentliche zu regeln, nachgekommen. Dies gilt um so mehr, als es sich bei der gesetzlichen Krankenversicherung um einen Selbstverwaltungsbereich handelt, der in Verfahrens- und Organisationsfragen Freiräume bietet. Die sozialversicherungsrechtlichen Experimentierklauseln verstoßen daher nicht gegen den Vorbehalt des Gesetzes.[544]

bb) § 101 a BSHG

Bei der Experimentierklausel des § 101 a BSHG steht in Bezug auf die Wesentlichkeit der delegierten Materie ebenfalls die Freiwilligkeit der Teilnahme an den Modellversuchen im Mittelpunkt der anzustellenden Überlegungen. § 101 a BSHG trifft selbst keine Aussage über die Freiwilligkeit der Teilnahme oder einen Teilnahmezwang. Vielmehr wird im ersten Satzteil des sechsten Satzes die Regelung „über die Voraussetzungen für die Teilnahme von Hilfsberechtigten" dem Verordnunggeber überlassen. In der Begründung hierzu heißt es: „Dabei wird, auch abhängig von dem betreffenden Bedarf oder der betreffenden Bedarfsgruppe, zu berücksichtigen sein, dass einerseits eine uneingeschränkte Freiwilligkeit der Teilnahme die ergebnisorientierte Durchführung zu sehr beeinträchtigen würde, andererseits der Hilfeberechtigte für eine eigenverantwortliche Mitarbeit gewonnen werden muß."[545] Ein Änderungsantrag, der die Freiwilligkeit der Teilnahme an den Modellversuchen in der Experimentierklausel festschreiben wollte,[546] fand nicht die Mehrheit im zuständigen Bundestagsausschuss für Arbeit und Sozialordnung.

Damit stellt sich die Frage, ob die Entscheidung über Teilnahme oder Nichtteilnahme an den Modellvorhaben so wesentlich ist, dass der Gesetzgeber sie selbst regeln musste und nicht dem Landesverordnunggeber überlassen durfte. Für die Geltung eines Parlamentsvorbehalts würde es sprechen, wenn sich ein Teilnahmezwang bei näherer Prüfung als verfassungswidrig erweist. Dann nämlich hätte der parlamentarische Gesetzgeber die Entscheidung über Freiwilligkeit der Teilnahme oder Teilnahmepflicht nicht ausdrücklich offen lassen dürfen, sondern die Freiwilligkeit im Gesetz regeln müssen. Im Rahmen dieser Untersuchung drängt sich ein Vergleich mit den Schulversuchen und Versuchsschulen auf, bei denen die ganz herrschende Meinung von einer Freiwilligkeit der Teilnahme ausgeht.[547] Die am häufigsten anzutreffende Begründung dafür, nämlich der zu beachtende Elternwille, ist bei der vorliegenden Problematik nicht einschlägig. Schon eher übertragbar ist eine in diesem Zusammenhang getroffene allgemeine Aussage wie die Folgende: „Niemand darf gegen seinen Willen vom Staat gezwungen werden, sich irgendwelchen Experimenten zu unterziehen, die nicht alle Bürger in vergleichbarer Lage ebenso

---

[544] Nach *Pitschas* (Fn. 540), S. 262, ist gegen die Zulässigkeit der Modellvorhaben „prinzipiell nichts einzuwenden".

[545] BT-Drs. 14/820, S. 8 r. Sp.

[546] Siehe BT-Drs. 14/821.

[547] Vgl. BVerfGE 34, 165, 199; siehe zudem den Nachweis in Fn. 537.

treffen. Dies gilt auch dann, wenn das Experiment dem Wohl aller dient."[548] Mag diese Aussage einleuchtend klingen, so handelt es sich doch zunächst um eine These, die der Begründung bedarf. Ein Teilnahmezwang könnte sich als unverhältnismäßig erweisen. Der Verhältnismäßigkeitsgrundsatz bindet alle staatliche Gewalt, sofern sie subjektive Rechte von Bürgern beeinträchtigt. Voraussetzung für seine Anwendung ist folglich eine konkret betroffene Rechtsposition. Ein Eingriff in Freiheit und Eigentum scheidet vorliegend aus. Bei der Pauschalierung im Rahmen der Sozialhilfe geht es vielmehr um die Gewährung von Leistungen. Da die Grundrechte in erster Linie Abwehrrechte des Bürgers gegen den Staat darstellen, sind Leistungsansprüche, etwa auf finanzielle Unterstützung, grundsätzlich nicht aus ihnen ableitbar. Auch unter dem Einfluss des Sozialstaatsprinzips aus Art. 20 I GG lassen sich den Grundrechten meist keine Leistungsrechte entnehmen.[549] Eine Ausnahme ist auf der Grundlage des Zusammenspiels zwischen Art. 1 I, 2 II 1 und 20 I (Sozialstaatsprinzip) GG anerkannt. Danach besteht ein Anspruch auf das Existenzminimum.[550] Genau dieses Existenzminimum ist in Gefahr, wenn im Rahmen der Modellversuche die Höhe der Pauschalen austariert und erprobt wird, welche Regelungen getroffen werden müssen, um die Bedarfsdeckung sicherzustellen. Die gesetzliche Vorgabe in § 101 a S. 3 BSHG, dass die Pauschalbeträge dem Grundsatz der Bedarfsdeckung gerecht werden müssen, kann dabei die praktische Unterschreitung im Einzelfall nicht ausschließen, zumal durch die Pauschalierungen die Gesamtausgaben für Sozialhilfe nicht erhöht werden sollen. Aus diesem Grund wird die Kalkulation „am Limit" für die Bestimmung des Pauschalbetrags gängige Verwaltungspraxis sein. Hiermit eng verbunden sind die möglichen negativen Folgen von Pauschalierungen, nämlich dass die zur Bedarfsdeckung notwendigen Mittel nicht ausreichend zur Verfügung stehen, die Ausrichtung der Hilfe an der besonderen Situation des Einzelfalls praktisch unmöglich gemacht wird[551] und dies zu Einschränkungen des Leistungsspektrums führt. Insoweit stellen die Sozialhilfeleistungen eine konkret betroffene Rechtsposition der Sozialhilfeempfänger dar. Der Verhältnismäßigkeitsgrundsatz ist anwendbar.

Der legitime Zweck des § 101 a BSHG ist zweigestuft: Durch erweiterten Einsatz von Pauschalierungen sollen neben größerer Dispositionsfreiheit und Selbstständigkeit bei den Hilfeempfängern erhebliche Vereinfachungen und dadurch Einsparungen bei der Verwaltung ermöglicht werden. Zuvor müssen aber zur Weiterentwicklung der Sozialhilfe Erkenntnisse gewonnen werden, wie die Pauschalen bemessen sein müssen und welche Regelungen zur Durchführung vorgesehen werden müssen, um den notwendigen Bedarf zu decken.[552] Der Inhalt des § 101 a BSHG ist geeignet,

---

[548] *Säcker* (Fn. 195), S. 17.

[549] Vgl. nur BVerfGE 82, 60, 80; *Herzog*, in: Maunz/Dürig, GG, Art. 20 VIII. Rdnr. 49 ff.

[550] BVerwGE 52, 339, 346; 82, 364, 368; BSG, NJW 1987, 463.

[551] Einfachgesetzlicher Hauptkritikpunkt an § 101 a BSHG ist denn auch, dass zwar die Einhaltung des Grundsatzes der Bedarfsdeckung festgeschrieben, die Wahrung des Individualisierungsgebots aus § 3 I BSHG dagegen nicht sichergestellt ist.

[552] Siehe BT-Drs. 14/820, S. 7 r. Sp.

diese Ziele zu fördern. Das Erforderlichkeitsgebot ist verletzt, wenn das Ziel der staatlichen Maßnahme auch durch ein anderes, gleich wirksames Mittel erreicht werden kann, welches das betreffende Grundrecht nicht oder weniger fühlbar einschränkt.[553] Die freiwillige Teilnahme an den Modellversuchen wäre ein milderes Mittel, da in diesem Fall jeder Sozialhilfeempfänger selbst entscheiden könnte, ob er seine Leistungen pauschaliert oder auf herkömmliche Art und Weise beziehen will. Zweifelhaft ist, ob dieses mildere Mittel gleichermaßen wirksam ist. Denn der Gesetzgeber hatte ausdrücklich die Befürchtung, dass die freiwillige Teilnahme eine ergebnisorientierte Durchführung stark beeinträchtigen würde.[554] Das Bundesverfassungsgericht hat dagegen in seinem Urteil zur hessischen Förderstufe ausgeführt, dass nicht ernstlich behauptet werden könne, eine freiwillige Beteiligung der Betroffenen führe zu einer Gefährdung des ganzen Reformvorhabens.[555] Insofern fordert es für die Einschränkung des Wahlrechts unabweisliche sachliche Gründe.[556] Auch wenn es sich beim Schulrecht und beim Sozialrecht um zwei völlig unterschiedliche Materien handelt, ist der im Zusammenhang mit dem Schulrecht vom Bundesverfassungsrecht entwickelte Gedanke vorsichtig auf das vorliegende sozialrechtliche Reformvorhaben übertragbar.

Unabweisliche sachliche Gründe für einen Teilnahmezwang sind nicht erkennbar. Die erwähnten möglichen, negativen Folgen von Pauschalierungen werden durch zahlreiche positive Aspekte überlagert, die die Teilnahme einer hinreichenden Zahl Freiwilliger erwarten lassen: Potenziell werden durch Pauschalierungen der Dispositionsspielraum der Leistungsempfänger erhöht und damit die Selbstständigkeit und Selbstverantwortung sowie die Selbsthilfekräfte der Leistungsempfänger erhalten und gestärkt und ihre Möglichkeiten, selbst für eine situations- und einzelfallgerechte Bedarfsdeckung zu sorgen, verbessert. Zudem kann einer Stigmatisierung der Leistungsempfänger durch den Sozialhilfebezug entgegengewirkt und können die Sozialhilfeleistungen für Leistungsberechtigte und Öffentlichkeit transparenter werden. Letztlich wird das Verwaltungshandeln vereinfacht und werden damit mehr Ressourcen für notwendige persönliche Hilfe freigemacht.

Dazu kommt, dass durch die zeitlich begrenzte Experimentierklausel die zuständigen Behörden nur aufgefordert, nicht aber verpflichtet werden, die Durchführbarkeit und die Auswirkungen weiterer Pauschalierungen in der Sozialhilfe zu überprüfen. Soweit es bei einem Teilnahmezwang darum geht, ein möglichst breites Datenmaterial zu erhalten, wäre die Teilnahmeverpflichtung der Sozialhilfeträger an den Versuchen ein milderes, gleich wirksames Mittel. Nach allem ist ein Teilnahmezwang nicht erforderlich und damit unverhältnismäßig.

Sofern dies anders gesehen wird, ist die dritte Stufe des Verhältnismäßigkeitsgrundsatzes zu prüfen. Diese verlangt, dass der Eingriff „in angemessenem Verhält-

---

553 BVerfGE 53, 135, 145 f.; 67, 157, 176 f.; 68, 193, 218 f.

554 Vgl. Fn. 545.

555 BVerfGE 34, 165, 199.

556 BVerfGE 34, 165, 199.

nis zu dem Gewicht und der Bedeutung des Grundrechts“[557] steht, dass also „bei einer Gesamtabwägung zwischen der Schwere des Eingriffs und dem Gewicht und der Dringlichkeit der ihn rechtfertigenden Gründe die Grenze der Zumutbarkeit gewahrt sein muß“[558]. Angesichts eines potenziellen Eingriffs in das unantastbare Existenzminimum, welcher angesichts der dahinter stehenden Grundrechte der Art. 1 I und 2 II GG sehr schwer wiegt, bleibt die Dringlichkeit der Modellversuche in ihrem Gewicht deutlich dahinter zurück. Dies gilt um so mehr wegen des experimentellen Charakters der Modellversuche. Spätestens an dieser Stelle würde sich folglich ein Teilnahmezwang als verfassungswidrig erweisen. Dies spricht entscheidend dafür, dass der Bundesgesetzgeber die Entscheidung über Teilnahme oder Nichtteilnahme an den Modellvorhaben aufgrund ihrer Wesentlichkeit selbst regeln musste und nicht dem Landesverordnunggeber überlassen durfte. Die Experimentierklausel des § 101 a BSHG stößt daher unter dem Gesichtspunkt des Parlamentsvorbehalts auf erhebliche verfassungsrechtliche Bedenken. Bis das Bundesverfassungsgericht über eine mögliche Nichtigkeit von § 101 a BSHG entschieden hat, ist den Bedenken vom Verordnunggeber dadurch Rechnung zu tragen, dass in den landesrechtlichen Verordnungen verfassungskonform die Freiwilligkeit der Teilnahme festzuschreiben ist.

cc) § 21 GTK NW

Solchen Bedenken ist die Regelung in § 21 GTK NW[559] nicht ausgesetzt. Dies gilt in zweierlei Hinsicht: Zum einen gibt es in Abgrenzung zur Schulpflicht keine Pflicht der Eltern, ihre Kinder in Kindertagesstätten unterzubringen. Zum anderen haben, auch wenn die Freiwilligkeit der Teilnahme an den Modellvorhaben nicht ausdrücklich in der Experimentierklausel normiert ist, die Eltern die Freiheit, eine ihnen genehme Kindertagesstätte, sei diese in ein Modellvorhaben einbezogen oder nicht, zu wählen.

g) Beamtenrecht

Bei der Betrachtung des § 4 a AZVO[560] ist zunächst festzustellen, dass es sich bei dieser Norm um eine auf dem Verordnungswege erlassene Vorschrift handelt, die auf der Grundlage des § 35 IV LBG Berlin normiert wurde. Eine formalgesetzliche Experimentierklausel fehlt insoweit. Auch hier stellt sich die Frage, ob Wesentliches durch den Norminhalt geregelt wird. Die Wesentlichkeit ergibt sich nicht unter dem Gesichtspunkt eines hergebrachten Grundsatzes des Berufsbeamtentums. Der Parlamentsvorbehalt wird auch nicht dadurch ausgelöst, dass beispielsweise die re-

---

557 BVerfGE 67, 157, 173.

558 BVerfGE 68, 193, 219.

559 Siehe zum Inhalt oben im Text bei Fn. 221.

560 Vgl. zum Wortlaut der Norm oben Teil 2, I. 6.

gelmäßige Wochenarbeitszeit betroffen wäre. Dies ist nämlich nicht der Fall. Bei den durch § 4 a I AZVO in Bezug genommenen Vorschriften geht es nur um die Verteilung der vorgeschriebenen Arbeitszeit auf die Stunden eines Arbeitstags und auf die gesamte Woche. § 4 a II AZVO hält sich nach seinem Wortlaut innerhalb der durchschnittlichen Wochenarbeitszeit. Damit sind Fragestellungen tangiert, die regelmäßig vom Verordnunggeber normiert werden[561] und unter keinem der oben genannten Kriterien wesentlich sind.

h) Evangelisches Kirchenrecht

Der staats- und verfassungsrechtliche Vorbehalt des Gesetzes und mit ihm die Wesentlichkeitstheorie sind auf das Kirchenrecht weder anwendbar noch ohne weiteres übertragbar. Allerdings kann die Erprobungsgesetzgebung der Evangelisch-Lutherischen Kirche in Hessen und Nassau sowie in Bayern gegen Kirchenverfassungsrecht verstoßen.[562] Kirchenverfassungsrechtliche Fragen sollen im Rahmen dieser Arbeit jedoch außer Betracht bleiben.

i) Zwischenergebnis

Die in den verschiedenen Rechtsgebieten anzutreffenden Experimentierklauseln führen überwiegend nicht dazu, dass die Regelung von Wesentlichem der Exekutive überlassen wird. Der Parlamentsvorbehalt ist nicht einschlägig, der Vorbehalt des Gesetzes nicht verletzt. Sollte im Einzelfall durch die Abweichung oder Dispensation von ansonsten anzuwendenden Normen doch Wesentliches der Regelung durch die Exekutive zugänglich sein, kann die Geltungskraft der Klauseln durch verfassungskonforme Auslegung erhalten werden, indem beispielsweise erforderliche Genehmigungen nicht erteilt werden dürfen.

Um die vorhandenen Zweifel an der Verfassungsmäßigkeit von Experimentierklauseln in Bezug auf die Anforderungen des Gesetzesvorbehalts zu reduzieren, wäre eine Klarstellung durch den Gesetzgeber dahin gehend wünschenswert, dass im Zuge der Erprobungsmodelle statusformende Veränderungen der Rechtsstellung Dritter, insbesondere Grundrechtseingriffe, sowie wesentliche Verlagerungen im Rahmen der Verwaltungsorganisation ausgeschlossen sind. Zudem muss die Teilnahme Privater, sofern grundrechtsrelevant, auf freiwilliger Basis erfolgen.

Mangels feststellbarer Wesentlichkeit ist in der Regel weder ein Eingriff in den Kernbereich der Legislative zu verzeichnen noch verzichtet diese in verfassungswidriger Weise auf ihre aus dem Parlamentsvorbehalt fließenden Rechte und Pflichten.

---

561 Vgl. AZV.

562 Siehe zur bayerischen Regelung *Horst Heberlein*, Die Erprobungsgesetzgebung der Evangelisch-Lutherischen Kirche in Bayern, BayVBl 1998, 204f.

7. Bestimmtheitsprinzip

Neben dem Vorbehalt des Gesetzes ist es als weiteres Element des Rechtsstaatsprinzips vor allem der Bestimmtheitsgrundsatz, welcher Zweifel an der Rechtmäßigkeit von Experimentierklauseln nährt.[563]

Angesichts der Unsicherheiten bei der Verortung des Rechtsstaatsprinzips nimmt es nicht wunder, dass dies beim rechtsstaatlichen Grundsatz der Bestimmtheit ähnlich ist.[564] Der konkreteste Anknüpfungspunkt ist Art. 20 III GG.[565] Daneben wird er als Konkretisierung des rechtsstaatlichen Gebots der Rechtssicherheit[566] oder allgemein des Rechtsstaatsprinzips oder aller seiner Unterprinzipien angesehen.[567] Letztlich ergeben sich für grundrechtseinschränkende Gesetze aus dem Vorbehalt des Gesetzes Bestimmtheitsanforderungen.[568] Diese und sonstige Bestimmtheitsanforderungen, etwa aus Art. 80 I 2, 103 II, 104 I GG, lassen sich von den Anforderungen des allgemeinen rechtsstaatlichen Bestimmtheitsgebots häufig nur schwer trennen, weshalb sie praktisch meist gemeinsam angewandt werden.[569]

Das Bestimmtheitsgebot verlangt, Rechtsvorschriften so genau zu fassen, „wie dies nach der Eigenart der zu ordnenden Lebenssachverhalte (und) mit Rücksicht auf den Normzweck möglich ist."[570] Allerdings kann fast jedes Gesetz bestimmter gefasst werden, indem der Norminhalt beispielsweise durch präzisere Begriffe oder Beispiele der Lebenswirklichkeit weiter angenähert wird; insofern ist zu berück-

---

563 *Von Mutius* (Fn. 262), S. 713 ff., sieht im rechtsstaatlichen Bestimmtheitsgebot das verfassungsrechtliche Hauptproblem der (kommunalrechtlichen) Experimentierklauseln. *Lange* (Fn. 260) dagegen erwähnt es mit keinem Wort.

564 Ausführlich *Ulrich M. Gassner*, Gesetzgebung und Bestimmtheitsgrundsatz, ZG 11 (1996), 37 ff.

565 Auf diese Norm stützt sich BVerfGE 86, 288, 311.

566 BVerfGE 26, 338, 367; *Jarass*, in: ders./Pieroth, GG, Art. 20 Rdnr. 61; *Philip Kunig*, Zur „hinreichenden Bestimmtheit" von Norm und Einzelakt, Jura 1990, 495; *Schmidt-Aßmann* (Fn. 268), Rdnr. 81, 85; *Stern* (Fn. 268), S. 829.

567 BVerfGE 79, 106, 120; 86, 90, 106; 89, 69, 84. Vgl. auch *Kunig* (Fn. 268), S. 205 ff., und *Hans-Jürgen Papier/Johannes Möller*, Das Bestimmtheitsgebot und seine Durchsetzung, AöR 122 (1997), 177, 179 ff.

568 BVerfGE 57, 295, 326 f.; 62, 169, 182; 80, 137, 161; *Jarass*, in: ders./Pieroth, GG, Art. 20 Rdnr. 61.

569 BVerfGE 62, 169, 182 f.; 64, 261, 286; *Jarass*, in: ders./Pieroth, GG, Art. 20 Rdnr. 61; *Kunig* (Fn. 268), S. 400 f.; *Papier/Möller* (Fn. 567), S. 182 f. Insbesondere das Verhältnis des Bestimmtheitsgebots aus Art. 80 I 2 GG zum Gesetzes- und Parlamentsvorbehalt ist keineswegs geklärt, zumal auch die Rechtsprechung des Bundesverfassungsgerichts in dieser Beziehung nicht eindeutig ist. Vgl. hierzu aus dem jüngeren Schrifttum *Busch* (Fn. 368); *Wolfram Cremer*, Art. 80 Abs. 1 S. 2 GG und Parlamentsvorbehalt – Dogmatische Unstimmigkeiten in der Rechtsprechung des Bundesverfassungsgerichts, AöR 122 (1997), 248 ff.; *Ulrich M. Gassner*, Parlamentsvorbehalt und Bestimmtheitsgrundsatz, DÖV 1996, 18 ff.; *Michael Nierhaus*, Bestimmtheitsgebot und Delegationsverbot des Art. 80 Abs. 1 Satz 2 GG und der Gesetzesvorbehalt der Wesentlichkeitstheorie, in: Festschrift für Klaus Stern, 1997, S. 717 ff.

570 BVerfGE 49, 168, 181; 59, 104, 114; 87, 234, 263; 89, 69, 84; 93, 213, 238.

sichtigen, dass Bestimmtheitsanforderungen auf eine Optimierung verschiedener rechtsstaatlicher Interessen zielen.[571]

Unter dem bereits angesprochenen Gesichtspunkt der Gewaltenteilung[572] hat der Bestimmtheitsgrundsatz folgende Konsequenzen: Der Bestimmtheitsgrad einer Gesetzesvorschrift entscheidet über die Aufgabenverteilung zwischen Rechtsetzer und Rechtsanwender.[573] Dementsprechend setzen detaillierte Normen den Schwerpunkt bei der Legislative, während weniger bestimmte Vorschriften der Exekutive und den Gerichten mehr Raum lassen. In der jeweilig zu regelnden Materie kann deshalb ein bestimmtes funktionell-rechtliches Verständnis von Gesetzgebung und Verwaltung (bzw. Judikative) auf die Bestimmtheitsanforderungen an den Normtext zurückwirken.[574]

Neben den bereits genannten Kriterien[575] von Regelungsmaterie, Regelungszweck und Regelungsfähigkeit kommen der Grundrechtsrelevanz[576] und der Intensität der Regelungswirkungen[577] entscheidende Bedeutung für das Ausmaß der gebotenen Bestimmtheit zu. So müssen die Voraussetzungen vom Gesetzgeber um so genauer normiert werden, je schwerwiegender die (individuellen) Auswirkungen eines Gesetzes sind. Die die Reichweite des Gesetzesvorbehalts bestimmenden Kriterien determinieren dabei auch den Bestimmtheitsgrad der gesetzlichen Eingriffsvoraussetzungen.[578]

Um mögliche Verstöße gegen das rechtsstaatliche Bestimmtheitsgebot feststellen zu können, bedarf es einer Übertragung der soeben gewonnenen Erkenntnisse auf die einzelnen Experimentierklauseln. Bevor wiederum auf die oben vorgenommene Unterteilung in einzelne Rechtsgebiete[579] zurückgegriffen wird, wobei das Kommunalrecht im Zentrum der Untersuchung steht, sollen zunächst die Experimentierklauseln, die zum Erlass einer Rechtsverordnung ermächtigen, begutachtet werden.

---

571 *Gassner* (Fn. 564), S. 41, 56; *Kunig* (Fn. 268), S. 495; *Schulze-Fielitz*, in: Dreier, GG, Art. 20 (Rechtsstaat) Rdnr. 118.

572 Vgl. oben Teil 3, III. 2.

573 BVerfGE 87, 234, 263 f.; *Gassner* (Fn. 564), S. 38 f.

574 *Schulze-Fielitz*, in: Dreier, GG, Art. 20 (Rechtsstaat) Rdnr. 119.

575 Siehe im Text vor Fn. 570.

576 BVerfGE 37, 132, 142; 62, 169, 183; 81, 70, 88.

577 BVerfGE 49, 168, 181; 56, 1, 13; 59, 104, 114; 83, 130, 145; 86, 288, 311; 93, 213, 238; *Stern* (Fn. 268), S. 818.

578 BVerfGE 49, 89, 127; 58, 257, 278; 83, 130, 142 ff.; *Schulze-Fielitz*, in: Dreier, GG, Art. 20 (Rechtsstaat) Rdnr. 123.

579 Vgl. oben Teil 2, I. 1.–7.

a) *Experimentierklauseln als Ermächtigung zur Verordnunggebung*

Die eine Ermächtigung zur Verordnunggebung beinhaltenden Experimentierklauseln unterscheiden sich von den anderen Experimentierklauseln insofern, als bei ihnen in Bezug auf die Bestimmtheitsanforderungen Art. 80 I 2 GG als Spezialnorm den Prüfungsmaßstab bildet. Dies gilt nicht nur für auf der Grundlage eines Bundesgesetzes erlassene Rechtsverordnungen des Bundes und der Länder. Denn für landesgesetzliche Verordnungsermächtigungen kommt eine entsprechende Anwendung in Betracht.[580] Obwohl bestritten,[581] ist das eine Folge des Art. 28 I GG: Die zum Demokratie- und Rechtsstaatsprinzip gehörenden Bestandteile des Art. 80 I GG, zu denen u. a. das Bestimmtheitsgebot zählt,[582] müssen auch für landesgesetzliche Verordnungsermächtigungen gelten.[583] Im Übrigen ist der Streit in der Praxis zumeist irrelevant, da die meisten Landesverfassungen eine dem Art. 80 I 2 GG entsprechende Regelung aufweisen.[584]

Als Beispiele für entsprechende Experimentierklauseln seien an dieser Stelle nur § 101 a BSHG sowie eine Reihe hochschulrechtlicher Normen genannt.[585] Gemäß dem Wortlaut des Art. 80 I 2 GG müssen Inhalt, Zweck und Ausmaß der erteilten Ermächtigung im Gesetz bestimmt werden. Das Bundesverfassungsgericht hat verschiedene Auslegungsformeln für diese Vorschrift geprägt. Dem Wortlaut am nächsten kommt die sog. Selbstentscheidungsformel, nach der der Gesetzgeber selbst die Entscheidung darüber treffen muss, welche Fragen durch die Rechtsverordnung geregelt werden sollen (Inhalt), welchem Ziel die Regelung dienen soll (Zweck) und wo die Grenzen einer solchen Regelung liegen (Ausmaß).[586] Die „Vorhersehbarkeitsformel" rückt den Bürger in den Mittelpunkt, indem sie fordert, dass dieser aus dem Gesetz ersehen können muss, in welchen Fällen und mit welcher Tendenz von der Ermächtigung Gebrauch gemacht werden wird und welchen Inhalt die aufgrund der Ermächtigung erlassene Rechtsverordnung haben kann.[587] Nach der sog. Programmformel schließlich muss sich aus dem Gesetz ermitteln lassen, welches von der Legislative gesetzte Programm durch die Rechtsverordnung erreicht werden soll.[588] Mit Letzterer wird deutlich, dass dem Zweck der Ermächtigung eine besondere Bedeutung zukommt. Ist er vorgegeben, lassen sich von ihm ausgehend Inhalt und Ausmaß erschließen. Vor diesem Hintergrund und unter Berücksichtigung der bereits genannten Kriterien erweisen sich die in den Experimen-

---

580 BVerfGE 55, 207, 226; 58, 257, 277; BVerwGE 67, 222, 229.

581 Vgl. nur *Bryde*, in: v. Münch/Kunig, GG, Art. 80 Rdnr. 2 a m. w. N.

582 *Pieroth*, in: Jarass/ders., GG, Art. 80 Rdnr. 4.

583 Vgl. auch BVerfGE 73, 388, 400.

584 Als Beispiel sei Art. 64 I Verf. Berlin genannt.

585 Siehe § 125 a HschG Nds. sowie die Nachweise in Fn. 190 f.

586 BVerfGE 2, 307, 334.

587 BVerfGE 1, 14, 60; 41, 251, 266; 56, 1, 12.

588 BVerfGE 5, 71, 77; 8, 274, 307 ff.; 58, 257, 277.

tierklauseln normierten *Verordnungs*ermächtigungen angesichts ihrer jeweiligen Zielvorgaben als weitgehend unproblematisch.[589]

Keine Frage der Bestimmtheit, wohl aber eine des Art. 80 I 1 (nicht des S. 2) GG ist die, ob ein Gesetz dazu ermächtigen darf, durch eine Rechtsverordnung von einzelnen Vorschriften des Gesetzes abzuweichen. Sie ist zu bejahen.[590] Für diese gesetzgebungstechnische Form der Anwendungsbeschränkung von Gesetzen hat sich der Begriff des Verordnungsvorbehalts etabliert.[591] Insoweit weisen die Experimentierklauseln, die eine Ermächtigung zur Verordnunggebung beinhalten, keine zusätzlichen Aspekte auf.

b) Analogie zu Art. 80 I 2 GG?

Bei den Experimentierklauseln, die keine Ermächtigung zur Verordnunggebung beinhalten, stellt sich die Frage, ob bei ihnen Art. 80 I 2 GG analog anwendbar ist. Eine direkte Anwendung scheidet aus, da Art. 80 I 2 GG ausdrücklich nur Rechtsverordnungen nennt. Über die Ermächtigung zur Vornahme von Einzelakten verhält er sich nicht. Art. 80 I 2 GG ein Konkretisierungsgebot als allgemeinen Rechtsgedanken zu entnehmen, der auch außerhalb der Verfassungsnorm greift, ginge zu weit.

Eine unbewusste Lücke als erste Voraussetzung für einen Analogieschluss könnte zwar darin gesehen werden, dass der Verfassunggeber bei Art. 80 GG nicht an die Ermächtigung zu gesetzesdurchbrechenden Einzelakten gedacht hat. Einer Lückenschließung im Wege der Analogie bedarf es dennoch nicht. Die Vorgaben der Wesentlichkeitstheorie[592] und die Anforderungen, die das allgemeine Bestimmtheitsprinzip an Experimentierklauseln stellt,[593] machen sie entbehrlich.[594] Eine Analogie zu Art. 80 I 2 GG würde zudem für die nachfolgende Prüfung der Experimentierklauseln keine zusätzlichen Voraussetzungen statuieren und zu keinen abweichenden Ergebnissen führen.

---

589 Vgl. Näheres unter den jeweiligen Sachgruppen.

590 BVerfGE 8, 155, 170f.

591 *Bryde*, in: v. Münch/Kunig, GG, Art. 80 Rdnr. 3; *Fritz Ossenbühl*, Rechtsverordnung, in: Josef Isensee/Paul Kirchhof (Hrsg.), HbStR III, 1988, § 64 Rdnr. 22; *Pieroth*, in: Jarass/ders., GG, Art. 80 Rdnr. 14; *Stern* (Fn. 280), S. 663f.

592 Siehe hierzu oben Teil 3, III. 6.

593 Dazu soeben Teil 3, III. 7.

594 Das Ergebnis entspricht dem Facharztbeschluss des Bundesverfassungsgerichts (BVerfGE 33, 125, 157f.), in dem dieses eine Erweiterung des Geltungsbereichs von Art. 80 I 2 GG auf Satzungen ablehnt.

c) Kommunalrecht

Im Kommunalrecht ist zwischen Experimentierklauseln in formellen Gesetzen und solchen in Rechtsverordnungen zu differenzieren.

aa) Experimentierklauseln in formellen Gesetzen

Bei den formellgesetzlichen kommunalrechtlichen Experimentierklauseln findet der Bestimmtheitsgrundsatz – wie sonst auch – auf Tatbestands- und Rechtsfolgenseite Anwendung. Aufgrund der unterschiedlichen Zielrichtungen differieren die Inhalte der Tatbestände und Rechtsfolgen in den Experimentierklauseln zur Weiterentwicklung der kommunalen Selbstverwaltung auf der einen Seite und § 25a LVwG SH sowie der Standardöffnungsklausel des § 133 IV GO LSA auf der anderen Seite.

(1) Experimentierklauseln zur Weiterentwicklung der kommunalen Selbstverwaltung

Der Tatbestand der kommunalrechtlichen Experimentierklauseln in den Gemeindeordnungen wird durch die eine Ausnahmegenehmigung rechtfertigenden Zielsetzungen eingegrenzt. Ziel muss die Weiterentwicklung der kommunalen Selbstverwaltung durch die Erprobung neuer Steuerungsmodelle sein. Insbesondere das Tatbestandsmerkmal „Weiterentwicklung der kommunalen Selbstverwaltung" ist für sich genommen unbestimmt, da Fortentwicklungen in verschiedene Richtungen stattfinden können. Die Begriffe der „Weiterentwicklung" und der „Erprobung" sind unbestimmte Rechtsbegriffe,[595] deren Verwendung durch den Gesetzgeber das Bestimmtheitsprinzip aber grundsätzlich nicht verbietet.[596] Es kommt vielmehr darauf an, dass die Gesetzesbegriffe die tatbestandliche Grenzziehung selbst leisten und diese nicht dem Ermessen des Rechtsanwenders überlassen.[597] Konturen erhält das Merkmal der Weiterentwicklung in Verbindung mit den neuen Steuerungsmodellen. Diese sind durch die zahlreichen Berichte der Kommunalen Gemeinschaftsstelle für Verwaltungsvereinfachung (KGSt) näher bestimmt bzw. bestimmbar.[598] Lässt sich „das" neue Steuerungsmodell beschreiben als Modell, welches bei zentraler Rahmensteuerung auf die verwaltungsinterne Selbststeuerung dezentraler Organisationseinheiten unter Berücksichtigung von modernen Managementgrundsätzen

---

595 Näher *Brüning* (Fn. 263), S. 281 f.

596 Vgl. BVerfGE 78, 205, 212; 87, 234, 263 f.; BVerwGE 92, 196, 206.

597 Vgl. BVerfGE 80, 137, 161; *Schulze-Fielitz*, in: Dreier, GG, Art. 20 (Rechtsstaat) Rdnr. 121.

598 Vgl. KGSt-Bericht Nr. 5/1993, Das neue Steuerungsmodell: Begründung, Konturen, Umsetzung; KGSt-Bericht Nr. 6/1993, Budgetierung: Ein neues Verfahren der Steuerung kommunaler Haushalte; KGSt-Bericht Nr. 8/1994, Das neue Steuerungsmodell: Definition und Beschreibung von Produkten. Siehe auch oben Einleitung, I.

setzt, heißt dies beispielsweise, dass eine Weiterentwicklung der kommunalen Selbstverwaltung durch (Vermögens- oder Organisations-)Privatisierung ausscheidet,[599] da die Privatisierung keine verwaltungsinterne Modernisierungsmaßnahme darstellt.[600] Auf diese Weise gewinnt der Tatbestand der kommunalrechtlichen Experimentierklausel grobe Gestalt.

Fraglich ist, ob diese grobe Gestalt angesichts der Regelungsmaterie ausreicht. Dafür sprechen zwei Gesichtspunkte, die bereits im Rahmen der Prüfung des Gesetzesvorbehalts eine zentrale Rolle gespielt haben. Hat – erstens – das Bestimmtheitsgebot seinen Ursprung darin, dass der Bürger sich ein Bild von der Rechtslage soll machen können, um sein eigenes Verhalten an dieser ausrichten zu können, und nehmen die Anforderungen an den Bestimmtheitsgrad mit sinkenden individuellen Auswirkungen des Gesetzes ab, so sind die (ausschließlich) intraorganisatorisch wirkenden Klauseln ein gutes Beispiel für reduzierte Bestimmtheitsanforderungen. Zweitens fallen diese intraorganisatorischen Regelungen in den Bereich der kommunalen Selbstverwaltung und damit grundsätzlich in die Hoheitsbefugnis der Gemeinden, wenn der Landesgesetzgeber nicht im Rahmen des Gesetzesvorbehalts nach Art. 28 II 1 GG tätig wird. Nimmt die Legislative aber die von ihr vorgenommenen Eingriffe in die kommunale Organisationshoheit für eine begrenzte Zeit und in einem begrenzten Rahmen selbst zurück, so sind die Bestimmtheitsanforderungen deutlich herabgesetzt.[601]

Hinzu kommt die unmittelbare demokratische Repräsentation der Gemeinden, die eine kommunalspezifische Handhabung des Bestimmtheitsgebots und der Gesetzestatbestandlichkeit erfordert.[602] Dies gab Stimmen in der Literatur Anlass, unter Hinweis auf die vom Bundesverfassungsgericht anerkannte und immer wieder betonte spezifische Funktion der kommunalen Selbstverwaltung ein sich an die Legislative von Bund und Ländern richtendes „Unbestimmtheitsgebot“ zu postulieren.[603]

Ist der Tatbestand folglich hinreichend bestimmt, kann die Rechtsfolge untersucht werden. Auch hier differieren die Gesetzesformulierungen in den verschiedenen Gemeindeordnungen. Ein Höchstmaß an Bestimmtheit würde erreicht, wenn einzelne Normen konkret in Bezug genommen werden, von denen zu Experimentierzwecken abgewichen werden darf. Diese Vorgehensweise hat der Gesetzgeber im Kommunalrecht allerdings nicht gewählt.[604] Stattdessen wird teils auf nicht einzeln genannte organisations- und haushaltsrechtliche Regelungen der Gemeinde-

---

599 Zu den unterschiedlichen Privatisierungsbegriffen siehe nur *Peter M. Huber*, Allgemeines Verwaltungsrecht, 2. Auflage, 1997, S. 163 ff.

600 So überzeugend *Brüning* (Fn. 263), S. 282.

601 Vgl. *von Mutius* (Fn. 262), S. 714 f.

602 *Hans-Günter Henneke*, Kommunale Eigenverantwortung bei zunehmender Normdichte, ZG 9 (1994), 212, 218, 242; *Meyer* (Fn. 249), 1998, S. 870.

603 Der Begriff stammt von *Gerd Schmidt-Eichstaedt*, Bundesgesetze und Gemeinden, 1981, S. 147, 162.

604 In dieser Hinsicht vorbildlich: § 7 a BerlHG.

ordnung und aufgrund ihrer ergangene Vorschriften abgestellt,[605] teils werden diese Regelungen noch durch Enumeration inhaltlich näher beschrieben.[606] Dabei unterscheiden sich die Anwendungsbereiche der einzelnen Experimentierklauseln erheblich: Im Ergebnis werden beispielsweise in Bayern und Nordrhein-Westfalen prinzipiell das gesamte kommunale Haushalts- und Organisationsrecht erfasst. Die in § 126 II GO NW genannten Ausnahmemöglichkeiten stellen Regelbeispiele für das Haushaltsrecht dar; für das Organisationsrecht fehlen solche. Dass der Gesetzestext in seiner Formulierung nicht eindeutig und daher problematisch ist,[607] zeigt auch ein Vergleich mit § 133 GO Hessen, der in seinem Absatz 1 die gesetzestechnisch vorzugswürdige, weil eindeutige, Formulierung „nach Maßgabe" aufweist.[608] Bei fast identischem Gesetzestext in dessen Absatz 2 wird das Organisationsrecht von der Klausel nicht erfasst, da es im Absatz 1 nicht erwähnt wird.[609]

Mangels Regelbeispielen für das Organisationsrecht in § 126 GO NW muss die gesamte Gemeindeordnung nach dispensierbaren Organisationsnormen abgesucht werden. Die Konzentration der entsprechenden Vorschriften in den Teilen 5–7 und 11 der Gemeindeordnung hilft dabei letztlich nicht entscheidend weiter. Auch wenn „der Anwendungsbereich für organisationsrechtliche Regelungen beim ersten Zugriff dunkel" bleibt, hat Brüning gezeigt, dass sich der Kreis der betroffenen Normen (wenn auch mit viel Aufwand) erschließen lässt.[610] Auslegungsbedürftigkeit macht eine Norm aber nicht unbestimmt.[611] Um nicht gegen das Gebot der Bestimmtheit zu verstoßen, genügt es, „daß sich mit Hilfe juristischer Auslegungsmethoden, insbesondere durch Heranziehung anderer Vorschriften des Gesetzes, der Berücksichtigung des Normzusammenhangs sowie der Begründung eine zuverlässige Grundlage für die Auslegung und Anwendung der Vorschrift gewinnen läßt."[612] Ein über ein so

---

605 Vgl. Art. 117 a GO Bayern.

606 Siehe § 146 GO LSA und § 126 GO NW. Letzterer lautet:
„Weiterentwicklung der kommunalen Selbstverwaltung (Experimentierklausel)
(1) Zur Erprobung neuer Steuerungsmodelle und zur Weiterentwicklung der kommunalen Selbstverwaltung auch in der grenzüberschreitenden kommunalen Zusammenarbeit kann das Innenministerium im Einzelfall zeitlich begrenzte Ausnahmen von organisations- und haushaltsrechtlichen Vorschriften des Gesetzes oder der zur Durchführung ergangenen Rechtsverordnungen zulassen.
(2) Ausnahmen können zugelassen werden von den Regelungen über den Haushaltsplan, die Haushaltssatzung, den Stellenplan, die organisationsrechtliche Stellung des Kämmerers, die Jahresrechnung, die Rechnungsprüfung und von Regelungen zum Gesamtdeckungsprinzip, zur Deckungsfähigkeit und zur Buchführung sowie anderen Regelungen, die hiermit in Zusammenhang stehen."

607 Gleiches gilt für § 146 GO LSA.

608 Vgl. den genauen Wortlaut in Fn. 257.

609 Ähnliches gilt für § 138 GO Nds. § 138 GO Nds. bezieht sich zudem nur auf „Vorschriften", ohne deren mögliche Quellen zu nennen.

610 *Brüning* (Fn. 263), S. 278; eine kursorische Betrachtung der betroffenen Normen ist auf S. 282 ff. zu finden.

611 BVerfGE 89, 69, 84 f.; 93, 213, 238.

612 So *Grzeszick* (Fn. 117) S. 561, mit Bezug auf BayVerfGH, BayVBl 1997, 174, 175.

beschriebenes Mindestmaß an Bestimmtheit hinausgehendes Gebot der Normenklarheit mag zwar wünschenswert sein, zeitigt bei Nichtbefolgung jedoch keine verfassungsrechtlichen Konsequenzen.[613] Letztlich kommt es also auf die Bestimmbarkeit der Vorschriften an, von denen dispensiert werden kann. Die Experimentierklauseln in den Gemeindeordnungen genügen noch dieser Anforderung.[614] Die Vorgehensweise der Landesgesetzgeber lässt sich auch damit rechtfertigen, dass – wie erwähnt – der Regelungszweck ein Gradmesser für das Maß an zu fordernder Bestimmtheit ist. Der Regelungszweck ist die Erprobung neuer (Steuerungs-)Modelle. Dafür soll das Korsett entgegenstehender Rechtsvorschriften gelockert werden dürfen. Die grobe thematische Beschreibung der dispensierbaren Vorschriften kann sich als Vorteil erweisen, weil so die Gefahr ausgeschlossen wird, in der gesetzlichen Aufzählung eine Norm zu vergessen und damit den Experimentierprozess zu verlangsamen oder zu verhindern. Genau dies würde den Regelungszweck konterkarieren. Außerdem hat der Gesetzgeber mit der Wahl des Bestimmtheitsgrades bewusst über die Aufgabenverteilung zwischen ihm und der Exekutive entschieden. Der Arbeits-(Erprobungs-)schwerpunkt soll bei der Exekutive liegen. Das funktionellrechtliche Verständnis der Legislative von ihrem Verhältnis zur Exekutive wirkt sich damit zwangsläufig auf die Bestimmtheit des Normtextes aus.[615]

Nach alledem sind die kommunalrechtlichen Experimentierklauseln in den Gemeindeordnungen sowohl im Tatbestand als auch in der Rechtsfolge hinreichend bestimmt.

(2) § 25 a LVwG SH

Der Tatbestand des § 25 a LVwG SH wird durch das Ziel der Erprobung einer ortsnahen Aufgabenerfüllung umschrieben, dem die Aufgaben- bzw. Zuständigkeitsübertragung dienen muss. Weder dem Gesetzeswortlaut noch der Gesetzesbegründung[616] sind Beispiele für mögliche Aufgaben- oder Zuständigkeitsverlagerungen zu entnehmen. Immerhin eröffnet Letztere den Blick auf Unterziele, für die es keinen numerus clausus gibt: Effektivität, Qualitätssteigerung, Bürgernähe und -freundlichkeit können durch die Erprobung einer ortsnahen Aufgabenerfüllung angestrebt werden. Dieser sehr weite Rahmen ist nicht unbedenklich, da praktisch alle Aufgaben oder Zuständigkeiten ortsnah erprobbar sind. Letztlich ist dies auch die Absicht des Gesetzgebers, der ergebnisoffen prüfen (lassen) will, ob sich die bestehenden Regelungen bewährt haben oder nicht.[617] Angesichts eines solchen Normzwecks ist die Vorschrift des § 25 a LVwG SH tatbestandlich nicht genauer fassbar.

---

613 *Christoph Degenhart*, Staatsrecht I, 14. Auflage, 1999, Rdnr. 302; *Grzeszick* (Fn. 117), S. 561.

614 Im Ergebnis ebenso *Brüning* (Fn. 263), S. 289; *von Mutius* (Fn. 262), S. 715.

615 Vgl. oben im Text bei Fn. 574.

616 LT-Drs. 14/1478.

617 Vgl. *Friedersen*, in: Foerster/ders./Rohde, § 25 a LVwG, Erl. 2.

Als Rechtsfolge ermöglicht die Experimentierklausel den Kreisen, Gemeinden und Ämtern, von „durch Rechtsvorschrift des Landes" zugewiesenen Aufgaben und Zuständigkeiten abzuweichen. In Abgrenzung zu Verwaltungsvorschriften sind mit dem Begriff „Rechtsvorschrift" nur Landesgesetze und -verordnungen gemeint.[618] Angesichts des Erprobungscharakters und fehlender individueller Auswirkungen reicht die Bestimmbarkeit der in Bezug genommenen Vorschriften aus, um den Anforderungen des Bestimmtheitsprinzips zu genügen.[619]

(3) Standardöffnungsklausel des § 133 IV GO LSA

Einen Sonderfall bildet demgegenüber die Standardöffnungsklausel, die in Sachsen-Anhalt durch Befreiung von Standards neue Lösungen bei der kommunalen Aufgabenerledigung bezwecken soll.[620] Erweist sich diese Vorschrift bereits unter dem Gesichtspunkt des Gesetzesvorbehalts als nicht verfassungskonform,[621] gilt Gleiches in Bezug auf das Bestimmtheitsgebot. Als generelle Standardöffnungsklausel fehlt es ihr an einer bereichsspezifischen Begrenzung. Damit ist zweifelhaft, ob auch Standards erfasst sein sollen, die als zwingend gelten müssen, beispielsweise weil sie Mindestverbürgungen oder Ausschlusstatbestände regeln.[622] Diese Frage darf aber nicht offen bleiben, wenn die Reichweite der Befreiungsmöglichkeiten nicht unbestimmt sein soll. Folglich verstößt § 133 IV GO LSA auch gegen das rechtsstaatliche Bestimmtheitsgebot.[623] Eine verfassungskonforme Auslegung der Norm scheidet angesichts ihrer Unbestimmtheit aus. § 133 IV GO LSA ist verfassungswidrig und daher nichtig.

bb) Experimentierklauseln in Rechtsverordnungen

Bei den in Rechtsverordnungen verankerten Experimentierklauseln gilt grundsätzlich Ähnliches wie bei den in formellen Gesetzen implementierten. Ein Musterbeispiel an Unbestimmtheit ist in § 45 a GemHVO SH vorzufinden, der unter der Überschrift „Ausnahmen" folgenden Inhalt hat: „Auf Antrag kann die oberste Kommunalaufsichtsbehörde Ausnahmen von einzelnen Vorschriften dieser Verordnung für einen Zeitraum von längstens fünf Jahren zulassen. Das Nähere wird in der Ausführungsanweisung zur GemHVO geregelt."[624] Hier ist weder eine Zielangabe noch

---

618 So auch *Friedersen*, in: Foerster/ders./Rohde, § 25 a LVwG, Erl. 2.

619 Losgelöst vom Bestimmtheitsprinzip wird das Gebot der Normenklarheit einer eigenständigen Prüfung unterzogen, siehe unten Teil 3, III. 8.

620 Ihr Wortlaut ist oben im Text nach Fn. 140 wiedergegeben.

621 Siehe oben Teil 3, III. 6. b) dd).

622 So *Jutzi* (Fn. 117), S. 26.

623 Zur Rechtsfolge siehe unten Teil 3, III. 8. b) bb) (4).

624 Eingefügt durch Landesverordnung zur Änderung der Gemeindehaushaltsverordnung vom 21.09.1993, GVBl S. 494.

eine Beschränkung der Dispensationsmöglichkeit auf einzelne Normen der Verordnung vorzufinden. Die angesprochene Ausführungsanweisung[625] macht zwar deutlich, dass es sich bei § 45 a GemHVO SH um eine Experimentierklausel handelt, hilft aber bei einer näheren Bestimmung nicht weiter. Es kann allerdings festgehalten werden, dass die Unbestimmtheit der Norm nicht weiter ins Gewicht fällt, da sie überflüssig ist. Die Experimentierklausel des § 135 a GO SH ermöglicht als höherrangiges Recht in ausreichend bestimmter Weise auch Abweichungen von der Gemeindehaushaltsverordnung.[626]

d) Haushaltsrecht

Die Tatbestände der Experimentierklauseln in den Landeshaushaltsgesetzen werden ähnlich wie die der kommunalrechtlichen Experimentierklauseln durch Zielvorgaben umschrieben. Im Gegensatz zum Kommunalrecht, in dem sich viele Formulierungen gleichen, variieren die Gesetzestexte in den einzelnen Ländern aber stark. Jeder Versuch einer vollständigen Kategorisierung ist daher zum Scheitern verurteilt. Deshalb sollen nur Beispiele genannt werden, um eine Vorstellung von dem Grad der tatsächlichen Bestimmtheit zu vermitteln. So dienen die Experimentierklauseln Zielen wie der „Erprobung neuer betriebswirtschaftlicher Steuerungssysteme“[627], der „Erprobung neuer Haushaltsinstrumentarien“ zur „Steigerung der Leistungsfähigkeit und Wirtschaftlichkeit der Verwaltung bei der Inanspruchnahme staatlicher Mittel für Verwaltungsausgaben“[628] oder auch „Einsparungen und Effizienzsteigerungen“ „durch erhöhte Flexibilität bei der Mittelbewirtschaftung“[629]. Angesichts des Erprobungscharakters und der haushaltsrechtlichen Regelungsmaterie, welche keine Außenwirkung hat, können die geringen Bestimmtheitsanforderungen als erfüllt angesehen werden. Zu Letzteren kann auf die bereits ausführlich dargelegten Kriterien verwiesen werden.[630]

Die Normierung der Rechtsfolgen ist zumeist sehr bestimmt, da und wenn auf konkrete Vorschriften Bezug genommen wird[631] oder eindeutige Fachtermini verwendet werden.[632] Als Gegenbeispiel möge § 6 HG 1997 Rh.-Pf. dienen, der es zulässt, „Ausnahmemöglichkeiten nach der Landeshaushaltsordnung für Rheinland-Pfalz *in größerem Umfang* in Anspruch zu nehmen.“[633] Eine Bestimmbarkeit dieses Umfangs scheint nicht mehr gegeben. Bei aller Experimentierfreude sollte der Lan-

---

625 Abgedruckt in Fn. 134.

626 Abgedruckt oben im Text nach Fn. 134.

627 § 9 HG 1998 Berlin.

628 § 6 HG 1997 Rh.-Pf.

629 § 10 HG 1998 LSA.

630 Vgl. oben Teil 3, III. 6.

631 So in § 10 HG 1998 LSA: §§ 20, 45 LHO LSA.

632 Als Beispiel sei § 6 NachtragsHG 1996 Nds. genannt: „übertragbar“, „deckungsfähig“.

633 Hervorhebung durch Verf.; vgl. zu § 6 HG 1996 Rh.-Pf. Fn. 530.

desgesetzgeber solche Formulierungen vermeiden, wenn er sich nicht das Verdikt der Unbestimmtheit und damit der Verfassungswidrigkeit einhandeln will.

Insgesamt erweisen sich die haushaltsrechtlichen Experimentierklauseln allerdings als hinreichend bestimmt.

e) Hochschulrecht

Im Hochschulrecht ist thematisch zu differenzieren: Die in ihren Anwendungsbereichen auf die Hochschulhaushalte begrenzten Experimentierklauseln[634] ähneln in ihrer Ausgestaltung und ihrem Inhalt den haushaltsrechtlichen Öffnungsklauseln und weisen deshalb keine zusätzlichen Aspekte auf. Art. 52 i I BayHschG ist in enger Anlehnung an die kommunalrechtlichen Klauseln konzipiert und daher ebenfalls unproblematisch. Die thematisch am umfassendsten Abweichungsmöglichkeiten zulassenden Experimentierklauseln[635] zeichnen sich sowohl auf Tatbestands- als auch auf Rechtsfolgenseite durch hohe Regelungsdichte aus. Exemplarisch wird im fünften Teil näher auf § 7 a BerlHG einzugehen sein.[636]

f) Schulrecht

Im Schulrecht wurde bereits frühzeitig moniert, dass die bloße Umschreibung eines Experiments mit „Schulversuch" oder auch die Zielangabe mit „Erprobung wertvoller pädagogischer Gedanken" dem Bestimmtheitsgebot zuwiderlaufe.[637] Auch anderenorts wurde zu Recht die Unbestimmtheit einiger Schulgesetze kritisiert.[638] Da die schulverwaltungsrechtlichen Experimentierklauseln[639] allesamt nicht mehr in Kraft sind, soll hier auf eine nähere Auseinandersetzung verzichtet werden.

Von größerem und aktuellerem Interesse ist dagegen § 70 SchulVerfG Berlin.[640] Nach dessen Absatz 2 sind Experimente zulässig, wenn die Zielsetzungen des Gesetzes gewahrt bleiben und die Experimente Aufschlüsse über mögliche Verbesserungen des Zusammenwirkens der am Schulleben Beteiligten erwarten lassen. Inhaltlich können abweichende Formen der Mitwirkung und Mitbestimmung versuchsweise zugelassen werden. Anfängliche Zweifel an der Bestimmtheit, die angesichts potenzieller Grundrechtsrelevanz und fehlenden ausdrücklichen Normbezugs entstehen könnten, werden bei näherer Gesetzeslektüre zerstreut: § 1 SchulVerfG Berlin beschreibt die Gesetzesziele, die §§ 11, 26 und 39 SchulVerfG

---

634 Siehe Fn. 175.
635 Siehe Fn. 183 ff.
636 Siehe unten Teil 5, III. 3.
637 *Pirson* (Fn. 110), S. 193.
638 *Säcker* (Fn. 195), S. 15 f.
639 Vgl. Fn. 192.
640 Gesetzestext abgedruckt in Fn. 197.

Berlin zeigen die Mitwirkungs- und Mitbestimmungsrechte von Lehrern, Schülern und Eltern auf, von denen abgewichen werden darf. Es bleiben „mögliche Verbesserungen", die sich auf diesem Wege nicht erschließen lassen. An dieser Stelle zeigt sich der enge Zusammenhang zwischen Wesentlichkeit und Bestimmtheit: Mag die Regelung von Mitwirkungs- und Mitbestimmungsrechten eine „wesentliche" Angelegenheit sein, die der parlamentarische Gesetzgeber zu regeln hat, so überträgt die Legislative deren nähere Ausgestaltung in zulässiger Form der Exekutive, da sie durch die Vorgabe, die Zielsetzungen des Gesetzes zu wahren, den notwendigen Standard festschreibt.[641] Abweichende Regelungen, die experimentell erprobt werden, sind daher immer zugleich „mögliche Verbesserungen"; eine Veränderung unter den Standard scheidet zumindest nach der Gesetzeslage aus. Dies ist eine gelungene Vorgehensweise, die unter Bestimmtheitsgesichtspunkten aufgrund der Regelungsmaterie – die Interessen des Staates, der Lehrer, Schüler und Eltern müssen zum Ausgleich gebracht werden – und des Experimentiercharakters verfassungsrechtlich nicht zu beanstanden ist.

g) Sozialrecht

Im Rahmen der sozialversicherungsrechtlichen Experimentierklausel des § 63 SGB V[642] werden die Ziele der Modellvorhaben zweistufig umschrieben. Unmittelbar sollen die Modelle der Weiterentwicklung von Verfahrens-, Organisations-, Finanzierungs- und Vergütungsformen der Leistungserbringung dienen. Die Offenheit des Begriffs der Weiterentwicklung wird durch die übergeordneten Zielvorgaben relativiert: Die Qualität und die Wirtschaftlichkeit der Krankenversorgung sollen verbessert werden. Beide Merkmale sind messbar und lassen den Tatbestand der Experimentierklausel hinreichend bestimmt erscheinen. Gleiches kann für die Rechtsfolge konzediert werden, da bestimmte Vorschriften des SGB V, nämlich die seines Vierten Kapitels,[643] und das Krankenhausfinanzierungsgesetz in Bezug genommen werden. Zumindest bestimmbar sind die „nach diesen Vorschriften getroffenen Regelungen" (§ 63 III 1 SGB V).[644] Auf diese Weise lässt sich der Umfang der dispensierbaren Vorschriften ermitteln.[645] Die Experimentierklausel im Sozialversicherungsrecht verstößt daher nicht gegen das Bestimmtheitsgebot.

Bei der Experimentierklausel des § 101 a BSHG ist die Zielumschreibung der „Weiterentwicklung der Sozialhilfe" durch große Offenheit geprägt. Erst der Zusatz

---

641 Siehe bereits oben im Text nach Fn. 538.

642 Vgl. oben im Text nach Fn. 208.

643 Damit stehen immerhin die §§ 69–140 SGB V zur Disposition. Vgl. zum Inhalt möglicher neuer Versorgungsformen *Orlowski* (Fn. 542), S. 275 f.

644 Ein Beispiel für diese Regelungen ist die Bundespflegesatzverordnung.

645 In der Begründung zum Gesetzentwurf werden die für die Apotheken außerhalb des SGB V geltenden Vorschriften als Anwendungsfälle von nicht suspendierbaren Normen genannt, BT-Drs. 13/6087, S. 26 (zu § 63 III).

„Pauschalierung weiterer Leistungen" führt in Verbindung mit den Gesetzesmaterialien zu der notwendigen Konkretisierung, in welche Richtung die Fortentwicklung erfolgen soll.[646] Welche Leistungen im Einzelnen pauschaliert werden können, wird nur insofern eingeschränkt, als es sich um solche handeln muss, für die Beträge nicht schon durch das Bundessozialhilfegesetz festgesetzt oder aufgrund dieses Gesetzes festzusetzen sind. Die Pauschalierung kann folglich neben Leistungen der Hilfe zum Lebensunterhalt auch solche der Hilfe in besonderen Lebenslagen betreffen.[647] Dies ist zwar vom Regelungsgehalt nicht unproblematisch und politisch auch angegriffen worden. Im Falle der Hilfe in besonderen Lebenslagen sei eine Pauschalierung unmöglich, da der Leistungsumfang nicht vorhersehbar sei.[648] In der Tat ist gerade bei einer Pauschalierung der Hilfe in besonderen Lebenslagen der Konflikt mit dem Individualisierungsgrundsatz besonders groß.[649] Unter dem Aspekt der Bestimmtheit ist die Inbezugnahme aller Leistungen nach dem Bundessozialhilfegesetz jedoch nicht zu beanstanden. § 101 a Satz 6 BSHG entspricht dem Konkretisierungsgebot des Art. 80 GG; ein Verstoß gegen den maßgeblichen Art. 80 I 2 GG liegt nicht vor.

In Bezug auf das Bestimmtheitsprinzip erweisen sich auch die Formulierungen in § 21 I GTK NW als unproblematisch, wenn zur qualitativen Weiterentwicklung des pädagogischen Angebots, der Angebotsstruktur und der Organisation der Tageseinrichtungen neue Angebots- und Organisationsformen sowie Öffnungszeiten erprobt werden können.

h) Beamtenrecht

Der Tatbestand des § 4 a I AZVO[650] wird durch die Ziele der Norm gebildet: Voraussetzung einer Abweichungsmöglichkeit sind die Verbesserung des Dienstleistungsangebots und die effektive Gestaltung der Arbeitszeit. Nach dem Wortlaut müssen beide Zielvorgaben kumulativ angestrebt werden. Mit den Formulierungen „Verbesserungen" und „effektive Gestaltung" werden zwei unbestimmte Rechtsbegriffe verwendet. Unter dem Ersten sind Dienstleistungsangebote zu verstehen, die bedarfs- bzw. kundenorientiert sind. Dazu gehören beispielsweise verlängerte Öffnungszeiten. Auch der Zweite knüpft an bekannte Vorstellungen an. So gibt es verschiedene Arbeitszeitmodelle, die in der Lage sind, die Arbeitszeit zu effektivieren. Genannt seien nur gleitende Arbeitszeit mit Kernzeit, gleitende Arbeitszeit mit

[646] Vgl. oben Fn. 213.

[647] So auch ausdrücklich der Wille der Ausschussmehrheit, siehe BT-Drs. 14/820, S. 7 r. Sp.

[648] BT-Drs. 14/821, S. 3. Dort wird auch die Auffassung vertreten, dass angesichts der Realitäten auf dem Wohnungsmarkt und der Spreizungsbreiten der Mieten die Kosten der Unterkunft pauschal unberechenbar seien.

[649] Die fehlende Abgrenzung zwischen Leistungspauschalierung und Individualisierungsanspruch nach § 3 BSHG wird in BT-Drs. 14/825, S. 3, bemängelt.

[650] Vgl. zum Wortlaut des § 4 a AZVO oben Teil 2, I. 6.

Funktionszeit, Blockarbeitszeit und Vertrauensarbeitszeit. Danach bestehen keine größeren Zweifel daran, dass der Tatbestand des § 4 a I AZVO hinreichend bestimmt ist.

Durch die Inbezugnahme der §§ 3 I, II, 4 I, II, IV AZVO als Vorschriften, von denen abgewichen werden kann, ist auch die Rechtsfolge eindeutig bestimmt.

Für § 4 a II AZVO kann hinsichtlich Tatbestand und Rechtsfolge Entsprechendes festgestellt werden.

i) Evangelisches Kirchenrecht

Bei den Erprobungsregelungen der Art. 69 und 69 a KO wäre insbesondere zu untersuchen, ob der Tatbestand hinreichend bestimmt ist, denn durch die Inbezugnahme einzelner konkreter Artikel, von denen abgewichen werden kann, ist die Bestimmtheit der normierten Rechtsfolge unproblematisch. Die knappe Regelung in Art. 1 Kirchengemeinde-Erprobungsgesetz vom 04.12.1993[651] wirft das Problem einer möglichen Unbestimmtheit um so mehr auf.[652] Dies soll hier jedoch nicht untersucht werden, da es sich um Kirchenrecht und damit um nicht staatliches Recht handelt.

j) Zwischenergebnis

Das Bestimmtheitsprinzip steht der Implementierung von Experimentierklauseln grundsätzlich nicht entgegen. Es begrenzt jedoch die Reichweite der vom Gesetzgeber zu eröffnenden Abweichungs- bzw. Dispensationsmöglichkeiten. So stoßen generelle Standardöffnungsklauseln auf verfassungsrechtliche Bedenken.

Die zur Verordnunggebung ermächtigenden Experimentierklauseln entsprechen den Anforderungen des Art. 80 I 2 GG. Bis auf wenige Ausnahmen erweisen sich auch die auf den Einzelfall bezogenen Experimentierklauseln als hinreichend bestimmt.

8. Gebot der Normenklarheit

Von dem Bestimmtheitsprinzip kann das Gebot der Klarheit von Gesetzen unterschieden werden.[653] Als Ausfluss des Rechtsstaatsprinzips fordert es, dass der Gesetzesadressat den Inhalt der rechtlichen Regelungen ohne Zuhilfenahme spezieller

---

651 Siehe oben im Text nach Fn. 235.

652 Vgl. dazu *Heberlein* (Fn. 562), S. 204 ff.; *ders.*, Probleme kirchlicher Rechtsetzung am Beispiel des Kirchengemeinde-Erprobungsgesetzes der Evangelisch-Lutherischen Kirche in Bayern, KuR 1996, 209 ff.

653 Nicht differenzierend zuletzt BVerfGE 93, 213, 238.

Kenntnisse mit hinreichender Sicherheit feststellen können muss.[654] Im vorliegenden Zusammenhang sind zwei Konkretisierungen des Gebots zu betrachten: die Kompetenzklarheit und die Eindeutigkeit von Verweisungen.

a) *Gebot der Kompetenzklarheit*

Das Gebot der Kompetenzklarheit verpflichtet den Gesetzgeber, klar erkennbar zu entscheiden, welche staatliche Stelle unter welchen Umständen zuständig ist.[655] Die potenziellen Schwierigkeiten der Experimentierklauseln liegen jedoch – wie gezeigt[656] – auf einer Stufe davor: und zwar bei der Frage, ob der Gesetzgeber seine Kompetenz überhaupt auf die Exekutive übertragen darf. Hat er dies in zulässiger Weise getan, muss er nur noch die Zuständigkeiten innerhalb der Verwaltung klar benennen. Bei den im Rahmen dieser Arbeit behandelten Experimentierklauseln hat der Gesetzgeber das regelmäßig getan.

b) *Eindeutigkeit von Verweisungen*

Aus dem Anspruch an den Gesetzgeber, Regelungen mit hinreichender Normenklarheit zu treffen, folgt nicht, dass die Regelung komplett in dem betreffenden Gesetz selbst erfolgen muss. Verweisungen auf andere staatliche Rechtsnormen sind grundsätzlich statthaft, wenn und da es keinen Unterschied macht, ob eine Vorschrift formal in demselben oder einem anderen Gesetz normiert wird.[657] Wie bei jedem Grundsatz gibt es auch hier Ausnahmen. Anlass, ihnen nachzugehen, bietet erneut § 133 IV GO LSA, der bereits unter den Gesichtspunkten des Gesetzesvorbehalts und des Bestimmtheitsgebots erheblichen Bedenken ausgesetzt ist.[658] Er ist jedoch nur ein Beispiel. Ähnliches gilt für § 25 a LVwG SH. Zu prüfen ist, ob es sich bei § 133 IV GO LSA um eine dynamische Verweisung handelt und – sofern das der Fall ist – welche verfassungsrechtlichen Konsequenzen dies hat. Gegebenenfalls lassen sich aus dem Ergebnis verfassungsrechtliche Grenzen für Experimentierklauseln verallgemeinernd ableiten.

---

[654] BVerfGE 5, 25, 31 f.; 8, 274, 302; 22, 330, 346. Siehe auch BVerwGE 26, 129 ff.; BAGE 38, 166, 174; *Jarass*, in: ders./Pieroth, GG, Art. 20 Rdnr. 64; *Schulze-Fielitz*, in: Dreier, GG, Art. 20 (Rechtsstaat) Rdnr. 129.

[655] *Schulze-Fielitz*, in: Dreier, GG, Art. 20 (Rechtsstaat) Rdnr. 130. Allgemein zur Kompetenz- und Verantwortungsklarheit *Lerche*, in: Maunz/Dürig, GG, Art. 83 Rdnr. 107, 110.

[656] Siehe oben Teil 3, III. 5. c) hh).

[657] Grundlegend zur verfassungsrechtlichen Statthaftigkeit von Verweisungen *Hans-Ulrich Karpen*, Die Verweisung als Mittel der Gesetzgebungstechnik, 1970; *Fritz Ossenbühl*, Die verfassungsrechtliche Zulässigkeit der Verweisung als Mittel der Gesetzgebungstechnik, DVBl 1967, 401 ff.

[658] Siehe Teil 3, III. 6. b) dd) und 7. c) aa) (3).

aa) § 133 IV GO LSA als dynamische Verweisung

Verweisungen sind Bezugnahmen in einem Normtext auf andere Vorschriften dergestalt, dass die in Bezug genommenen Vorschriften (Verweisungsobjekte) als notwendige Ergänzung zum Bestandteil der verweisenden Norm (Verweisungsgrundlage) werden.[659] Sie lassen sich differenzieren in statische, bei denen die Verweisungsgrundlage auf eine feststehende Regelung verweist und Änderungen der Verweisungsobjekte für die Verweisungsgrundlage unbeachtlich sein sollen, und dynamische, bei denen die Verweisungsgrundlage ausdrücklich oder konkludent auf die jeweils geltende Fassung der Verweisungsobjekte verweist. Aus verfassungsrechtlicher Sicht sind Erstgenannte weitgehend unbedenklich: Eine Verletzung des Demokratie- und des Gewaltenteilungsprinzips scheidet aus, da der Gesetzgeber die bereits existierenden Normen inhaltlich überprüfen und in seinen Willen aufnehmen kann.[660] Letztgenannte werfen dagegen zahlreiche Probleme auf, die sich insbesondere um die Verfassungsprinzipien Demokratie, Rechtsstaat und Bundesstaat sowie das Publikationserfordernis drehen.[661] Dennoch billigt das Bundesverfassungsgericht dynamische Verweisungen – zumindest im Grundsatz[662] und im Gegensatz zu einigen Stimmen in der Literatur.[663]

Um nicht den Rahmen dieser Arbeit zu sprengen, sollen die angesprochenen verfassungsrechtlichen Probleme nicht abstrakt, sondern anhand von § 133 IV GO LSA erörtert werden. Zunächst ist zu klären, ob es sich bei dieser Norm tatsächlich um eine (dynamische) Verweisung handelt. Zweifel am Vorliegen der begrifflichen Verweisungsvoraussetzungen könnten insofern aufkommen, als es bei den meisten Verweisungen nur ein Verweisungsobjekt gibt, während es bei § 133 IV GO LSA eine unüberschaubare Vielzahl „landesgesetzlicher und von der Fachaufsicht generell vorgegebener Rechtsvorschriften" und „Standards" sind. Es besteht jedoch Einigkeit darüber, dass Verweisungsobjekt(e) auch ganze Gesetzeskomplexe sein können.[664] Atypisch ist zudem die Normierung einer möglichen kompletten Freistellung von den Regelungen des Verweisungsobjekts. Dennoch sind die in Bezug ge-

---

659 Vgl. nur *Schneider* (Fn. 62), Rdnr. 378, mit zahlreichen Literaturangaben zu Verweisungen in Rdnr. 377. Zur Abgrenzung gegenüber anderen Bezugnahmen siehe *Andreas Haratsch*, Die normative Bezugnahme auf Rechtsnormen, ZG 14 (1999), 346 ff.

660 *Ossenbühl* (Fn. 657), S. 402.

661 Ausführlich hierzu, neben den in Fn. 657 Genannten, *Winfried Brugger*, Rechtsprobleme der Verweisung im Hinblick auf Publikation, Demokratie und Rechtsstaat, VerwArch 78 (1987), 1 ff.; *Thomas Clemens*, Die Verweisung einer Rechtsnorm auf andere Vorschriften, AöR 111 (1986), 63 ff.

662 BVerfGE 26, 338, 365 ff.; 47, 285, 312 ff.; 60, 135, 155; 64, 208, 215; 73, 261, 272 f.; 78, 32, 35 f.

663 Siehe oben Fn. 657 und aus neuerer Zeit *Sachs*, in: ders., GG, Art. 20 Rdnr. 76; *Georg Wegge*, Zur verfassungsrechtlichen Abgrenzung unbestimmter Rechtsbegriffe von unzulässigen dynamischen Verweisungen am Beispiel der „betriebswirtschaftlichen Grundsätze" nach § 6 Abs. 2 Satz 1 KAG NW, DVBl 1997, 648 ff.

664 Vgl. nur *Karpen* (Fn. 657), S. 41 f.

nommenen Vorschriften eine notwendige Ergänzung der verweisenden Norm. Die Verweisungsgrundlage ist ohne die Inkorporation der Verweisungsobjekte nicht nur unvollständig,[665] sondern sogar sinnlos. § 133 IV GO LSA ist mithin eine (echte) Verweisung.

Auch ihre dynamische Eigenschaft ist nicht auf den ersten Blick erkennbar. Da der Gesetzeswortlaut nicht eindeutig ist, bedarf er der Auslegung. Hierbei kommt neben dem Sinnzusammenhang, in dem die Vorschrift eingebettet ist, ihrer Entstehungsgeschichte sowie der rechtsgeschichtlichen Entwicklung und den Regelungszielen der Normen im Umfeld der Verweisungsgrundlage Bedeutung zu.[666] Der Sinn des § 133 IV GO LSA spricht für eine dynamische Verweisung: Es sollen in möglichst großem Umfang neue Lösungen der kommunalen Aufgabenerledigung erprobt werden. Dabei spielt es keine Rolle, ob von bereits bestehenden oder von noch zu erlassenden Standards und fachaufsichtsrechtlichen Rechtsvorschriften befreit wird. Ein spezielles Indiz für das Vorliegen einer dynamischen Verweisung liegt nach Auffassung der Rechtsprechung vor, wenn das Verweisungsobjekt von vornherein auf häufige Änderungen angelegt ist.[667] Dieses Kriterium kann angesichts der Vielzahl von Verweisungsobjekten bejaht werden. Letztlich erscheint es sachgerecht, eine dynamische Verweisung zu vermuten, wenn der Gesetzgeber eine Beschränkung auf die aktuelle Fassung des Verweisungsobjekts unterlässt. Eine solche Vermutung ist dem Gesetzgeber zumutbar und entspricht am ehesten dem offenen Wortlaut. An diesem Auslegungsergebnis kann nur noch unter einem Aspekt gezweifelt werden. Sollte sich eine dynamische Verweisung im Einzelfall als verfassungswidrig erweisen, ist – unter Beachtung der Wortlautgrenze – die Annahme einer bloß statischen Verweisung im Wege der verfassungskonformen Auslegung angezeigt.[668]

Steht damit fest, dass es sich bei § 133 IV GO LSA um eine dynamische Verweisung handelt, ist im Folgenden auch unter diesem Aspekt seine Verfassungsmäßigkeit zu prüfen.[669]

---

[665] Zu Verweisungsnormen als unvollständigen Rechtssätzen *Karpen* (Fn. 657), S. 22 m. w. N. in Fn. 26.

[666] BVerfGE 60, 135, 155 f.; *Clemens* (Fn. 661), S. 81.

[667] BVerfGE 60, 135, 160; BGHZ 15, 221, 223.

[668] Vgl. BVerfGE 8, 28, 34; 9, 194, 200; 19, 248, 253. Näher *Clemens* (Fn. 661), S. 81 und 118; *Karpen* (Fn. 657), S. 136 f.

[669] Die damit einhergehende Prüfung von Prinzipien, die als Oberpunkte gerade thematisch behandelt werden bzw. behandelt wurden, lässt sich damit rechtfertigen, dass anderenfalls die Problematik der dynamischen Verweisungen nicht im Zusammenhang hätte behandelt werden können.

bb) Verfassungsmäßigkeit der dynamischen Verweisung in § 133 IV GO LSA

(1) Demokratie- und Rechtsstaatsprinzip

Dynamische Verweisungen erweisen sich häufig bezüglich ihrer hinreichenden rechtsstaatlich-demokratischen Legitimation als problematisch. Dies jedoch nur dann, wenn im Wege der sog. Fremdverweisung einem anderen Rechtsetzer die Gestaltung des Norminhalts überlassen wird.[670] Dass durch § 133 IV GO LSA Bereiche tangiert werden, die wesentlich sein können, wurde bereits gezeigt.[671] Das dynamische Element der Verweisung verstärkt die verfassungsrechtlichen Bedenken: Zukünftige landesgesetzliche Regelungen, die in den Anwendungsbereich des § 133 IV GO LSA fallen, werden dem Zugriff der Gemeinden und Verwaltungsgemeinschaften ausgesetzt. Hinzu kommt, dass sich weder aus § 133 IV GO LSA selbst noch aus der Struktur des Inhalts der in Bezug genommenen Vorschriften eine hinreichende Begrenzung des Verweisungsausmaßes ergibt. Dies ist ein Umstand, der nach verbreiteter Meinung das Verdikt der Verfassungswidrigkeit begründet.[672] Die Inbezugnahme einer unüberschaubaren Anzahl – auch zukünftiger – landesrechtlicher Gesetze, Verordnungen und Verwaltungsvorschriften (die meisten Standards sind in Verwaltungsvorschriften geregelt) entspricht nicht mehr dem Gebot der Normenklarheit, da eine solche Verweisung konturenlos ist und (auch für den Gesetzgeber selbst) nicht voraussehbar ist, welche Fälle erfasst sein sollen.[673]

Die Verweisung im formellen Gesetz auf Verwaltungsvorschriften, die vielfach generell für mit dem Gewaltenteilungsgrundsatz unvereinbar gehalten wird,[674] ist vorliegend hingegen keinen zusätzlichen verfassungsrechtlichen Bedenken ausgesetzt. Denn § 133 IV GO LSA lässt – insofern atypisch für Verweisungen – nur eine Befreiung von diesen Verwaltungsvorschriften zu,[675] nicht aber deren Anwendung auf Gesetzesebene.[676]

---

[670] *Clemens* (Fn. 661), S. 101 ff.

[671] Oben Teil 3, III. 6. b) dd).

[672] *Brugger* (Fn. 661), S. 38; *Clemens* (Fn. 661), S. 110.

[673] Vgl. auch *Jutzi* (Fn. 117), S. 26.

[674] Siehe nur *Karpen* (Fn. 657), S. 101 ff., und *Ossenbühl* (Fn. 657), S. 404.

[675] In einem anderen Fall ähnlich argumentierend *Heintzen* (Fn. 75), S. 1051.

[676] Es besteht grundsätzlich Einigkeit darüber, dass bei Verweisung einer Rechtsvorschrift auf eine andere Rechtsvorschrift deren Inhalt „nach Rang und Geltungskraft" Bestandteil der verweisenden Vorschrift wird, vgl. BVerfGE 47, 285, 309 f.; *Brugger* (Fn. 661), S. 4; *Clemens* (Fn. 661), S. 65. Der Frage, ob bei Verweisung eines förmlichen Gesetzes auf bloße Verwaltungsvorschriften Gleiches gilt (dagegen zuletzt BayVerfGH, NVwZ 1997, 56 f.), muss hier nicht nachgegangen werden.

(2) Bundesstaatsprinzip

Unter dem Aspekt der Bundesstaatlichkeit bestehen gegen dynamische Verweisungen regelmäßig dann Bedenken, wenn durch den Landesgesetzgeber antizipierend auf Bundesgesetze verwiesen wird.[677] So liegt es – zumindest im Ergebnis – möglicherweise auch hier: Wenn § 133 IV GO LSA die Gelegenheit bietet, von der Einhaltung „landesgesetzlicher und von der Fachaufsicht generell vorgegebener Rechtsvorschriften und von Standards“ zu befreien, dann ist der Wortlaut insofern nicht eindeutig, als danach bundesrechtliche Standards nicht ausgeschlossen sind. Dies wird der Landesgesetzgeber nicht gewollt haben. Um einen Verstoß gegen das Bundesstaatsprinzip zu vermeiden, ist § 133 IV GO LSA verfassungskonform dahin gehend auszulegen, dass nur landesrechtliche Standards in Bezug genommen werden.

(3) Publikationsgebot

Letztlich kann die Verweisungstechnik mit dem Publikationserfordernis kollidieren. Die ordnungsgemäße Publikation von Rechtssätzen ist Entstehungs- und Wirksamkeitsvoraussetzung dieser Normen.[678] Das Grundgesetz fordert in Art. 82 I GG für Bundesgesetze die Verkündung im Bundesgesetzblatt; die Landesverfassungen enthalten vergleichbare Vorschriften.[679] Problematisch sind vor allem Verweisungen von einem förmlichen Gesetz auf Verwaltungsvorschriften, da hier zweifelhaft ist, ob der Text der in Bezug genommenen Bestimmungen in ausreichendem Maße publiziert und dadurch den Betroffenen zugänglich ist. Verwaltungsvorschriften werden regelmäßig nicht in förmlichen Verkündungsblättern veröffentlicht, sondern in staatlichen Anzeigern, Ministerialblättern, vergleichbaren staatlichen Publikationen, oder auch nur per Rundschreiben verwaltungsintern bekanntgemacht.[680] Bei strenger Betrachtungsweise wird ein solcher Mix, der auch verwaltungsinterne Bekanntmachungen enthält, dem Publikationsgebot nicht gerecht. Eine solche Formstrenge ginge jedoch an den praktischen Bedürfnissen vorbei und würde den gesetzgebungsökonomischen Vorteil, den Verweisungen haben, konterkarieren. Erforderlich und genügend – auch im Hinblick auf die Rechtssicherheit, die hinter dem Publikationsgebot steht – ist eine Veröffentlichungsform, die eine Kenntnisnahme für alle von der Verweisungsnorm Betroffenen ermöglicht. Da Adressaten des § 133 IV GO LSA nur Gemeinden, Verwaltungsgemeinschaften und die oberste Kommunalaufsichtsbehörde sind und diesen sowohl die fachaufsichtsrechtlichen Rechtsvorschriften als auch die Standards bekannt sind, scheidet ein Verstoß gegen Publizitätserfordernisse – mangels Bürgerbetroffenheit – aus.

---

677 Die gleichen Bedenken bestehen bei Bund/Land- und Land/Land-Konstellationen.

678 BVerfGE 7, 330, 337.

679 Im Einzelnen *Brugger* (Fn. 661), S. 9 mit Fn. 35.

680 *Brugger* (Fn. 661), S. 11. Näher *Ossenbühl* (Fn. 450), S. 462 ff.

(4) Rechtsfolge für § 133 IV GO LSA

Die dynamische Verweisung in § 133 IV GO LSA erweist sich gleichwohl im Ergebnis als verfassungswidrig. Eine grundsätzlich denkbare verfassungskonforme Auslegung dahin gehend, dass es sich „nur" um eine statische Verweisung handelt, hilft nicht weiter, da der Verstoß gegen die Wesentlichkeitstheorie unabhängig davon zu bejahen ist, ob auf feststehende Regelungen oder auf die jeweils geltende Fassung verwiesen wird. Sie ergäbe auch keinen Sinn, weil dann das Verweisungsobjekt bald veraltet wäre. Auch eine weiter(gehend)e verfassungskonforme Auslegung mit dem Ziel, den verfassungsrechtlich haltbaren Kern der Norm zu sichern, kommt angesichts der fehlenden Begrenzung des Verweisungsausmaßes und der daraus resultierenden Unklarheit der Norm nicht in Frage.[681] § 133 IV GO LSA ist folglich verfassungswidrig, bleibt aber – wie alle Gesetze – gültig, bis seine Nichtigkeit durch ein Verfassungsgericht festgestellt wird.

cc) Folgerungen für die verfassungsrechtliche Zulässigkeit von „dynamischen Experimentierklauseln"

Dynamische Verweisungen in Experimentierklauseln sind nicht per se unzulässig. Ihnen werden jedoch insbesondere durch das Demokratie- und Rechtsstaatsprinzip, das Bundesstaatsprinzip sowie das Publikationserfordernis verfassungsrechtliche Grenzen gezogen.

c) Zwischenergebnis

Der Gesetzgeber hat bei der Implementierung von Experimentierklauseln das Gebot der Normenklarheit zu beachten. Dabei sollte er sich zuvörderst der Problematik von dynamischen Verweisungen bewusst sein, die an zahlreiche verfassungsrechtliche Grenzen stoßen.

9. Normenhierarchie

Es bedarf keiner umfassenden Prüfung, als existente verfassungsrechtliche Grenze jedoch der ausdrücklichen Erwähnung, dass Experimentierklauseln an die Normenhierarchie des Grundgesetzes gebunden sind. Im Wege der Experimentierklauseln kann daher nicht von höherrangigem Recht befreit werden. Für die landesrechtlichen Experimentierklauseln bedeutet dies konkret, dass von bundes-, verfassungs- und europarechtlichen Vorgaben nicht dispensiert werden darf.

[681] Ähnlich *Clemens* (Fn. 661), S. 86 in Fn. 93, der eine verfassungskonforme Auslegung bei einer zu unbestimmten Klausel als „unzulässiges, einem Zirkelschluß ähnelndes, Reparaturverfahren" bezeichnet.

IV. Selbstverwaltung

Der Blick auf die Anwendungsbereiche von Experimentierklauseln hat gezeigt, dass viele von ihnen in Rechtsgebieten vorzufinden sind, die der Selbstverwaltung unterliegen. Bei Selbstverwaltung „handelt es sich um öffentlich-rechtliche Organisationseinheiten, die gegenüber dem staatsunmittelbaren Behördensystem institutionell verselbständigt, aber gleichwohl dem Staatsverband eingegliedert sind und sich dadurch auszeichnen, daß bestimmte öffentliche Angelegenheiten von den davon besonders berührten Personen, den Betroffenen, eigenverantwortlich (das heißt höchstens unter staatlicher Rechtsaufsicht) verwaltet werden.“[682] Für den Begriff konstitutiv sind danach die drei Merkmale der öffentlichen Rechtsform, der Betroffenenmitwirkung und der eigenverantwortlichen Aufgabenerfüllung.[683] Soweit die Selbstverwaltung durch das Grundgesetz garantiert ist, wie im Kommunal- und Hochschulrecht, können sich hieraus verfassungsrechtliche Grenzen für Experimentierklauseln ergeben.

1. Kommunale Selbstverwaltungsgarantie

Im Rahmen der Wesentlichkeitsprüfung ist bereits festgestellt worden, dass die kommunalrechtlichen Experimentierklauseln dem Sinn der kommunalen Selbstverwaltung gut entsprechen und der organisationsrechtliche Gesetzesvorbehalt aus Art. 28 II 1 GG nicht einschlägig ist.[684] Damit ist der Einwand entkräftet, der Gesetzgeber habe sich selbst in verfassungswidriger Weise seiner Aufgaben begeben.[685] Nunmehr gilt es dem zweiten Kritikpunkt nachzugehen, der Gesetzgeber schalte durch die Experimentierklauseln zugleich die kommunalrechtlichen Vertretungskörperschaften aus.[686] Diesem Vorwurf wird entgegengehalten, verfassungsrechtliche Bedenken aus Art. 28 II GG bestünden angesichts der engen Zielsetzungen der Ausnahmemöglichkeiten nicht.[687] Auch der Umstand, dass Experimentierklauseln nur erprobungshalber im zu genehmigenden Einzelfall die Zulassung zeitlich begrenzter Ausnahmen gestatteten und daher keine entscheidende Reduzierung des Einflusses der kommunalen Vertretungskörperschaften zu verzeichnen sei, wird dagegen vorgetragen.[688] Diese Argumente können indes die vorgetragenen Bedenken nicht vollständig zerstreuen. Sie werden dem Wesen und der Bedeutung der kom-

---

[682] *Reinhard Hendler*, Das Prinzip Selbstverwaltung, in: Josef Isensee/Paul Kirchhof (Hrsg.), HbStR IV, 1990, § 106 Rdnr. 20.

[683] *Hendler* (Fn. 682), Rdnr. 23.

[684] Oben Teil 3, III. 6. b) bb).

[685] So *Siedentopf* (Fn. 258), S. 193.

[686] *Siedentopf* (Fn. 258), S. 193.

[687] *Bracker*, in: ders./Dehn, Gemeindeordnung für Schleswig-Holstein, § 135 a 1. Vgl. *ders.*, in: ders./Conrad/Dehn/Erps/von Scheliha, Kreisordnung für Schleswig-Holstein, § 73 a vor 1.

[688] *Lange* (Fn. 260), S. 771.

munalen Selbstverwaltung[689] nicht gerecht. Sie ist „Keimzelle der Demokratie“[690] und dient dem Aufbau „der Demokratie von unten nach oben“, wie Art. 11 IV Verf. Bayern formuliert.[691] Die Selbstverwaltungsgarantie des Art. 28 II 1 GG ist eng mit der Direktwahl der gemeindlichen Volksvertretung durch das Gemeindevolk nach Art. 28 I 2 GG verknüpft. Die Gemeinde wählt aufgrund ihres Selbstverwaltungsrechts ihre Organe und Amtsträger selbst aus, wird eigenverantwortlich tätig und erhält ihre personelle und inhaltlich-sachliche demokratische Legitimation vom Gemeindevolk.[692] Durch Satzung, Haushalt und ihr Entscheidungsrecht über sonstige wichtige Angelegenheiten bindet die direkt gewählte Gemeindevolksvertretung die kommunale Verwaltung. Eine so verstandene kommunale Selbstverwaltung gerät in Gefahr, wenn im Wege einer experimentellen Ausnahmegenehmigung von Regelungen dispensiert wird, die u. a. „die Bindung der kommunalen Haushaltswirtschaft an die in der kommunalen Haushaltssatzung zum Ausdruck gebrachten politischen Entscheidungen der kommunalen Vertretungskörperschaften gewährleisten.“[693]

Dieser Gefahr kann jedoch wirksam begegnet werden. Ein Verfassungsverstoß scheidet aus, wenn ein Beschluss der Gemeindevertretung zur Voraussetzung für eine Antragstellung im Rahmen der Experimentierklauseln gemacht wird.[694] Damit wird insbesondere das originäre Budgetrecht der Gemeindevertretung geschützt. Bestätigt wird diese Anforderung durch die Überlegung, dass es sich bei einer Ausnahmegenehmigung keinesfalls um eine Angelegenheit der laufenden Verwaltung handelt, sondern um eine der soeben angesprochenen, sonstigen wichtigen Angelegenheiten. So wird auch nach den landesrechtlichen Gemeindeordnungen die Kompetenz der Gemeindevertretungen eröffnet. Sind die kommunalen Vertretungskörperschaften zwangsläufig zu beteiligen, kann mangels weiterer Bedenken ein Verstoß gegen die kommunale Selbstverwaltungsgarantie nicht festgestellt werden.

---

689 Vgl. zur kommunalen Selbstverwaltung nur *Günter Püttner*, Kommunale Selbstverwaltung, in: Josef Isensee/Paul Kirchhof (Hrsg.), HbStR IV, 1990, § 107; *Stern* (Fn. 280), S. 391 ff.

690 BVerfGE 79, 127, 149.

691 Vgl. zum Verhältnis von kommunaler Selbstverwaltung und Demokratie *Hans Herbert von Arnim*, Gemeindliche Selbstverwaltung und Demokratie, AöR 113 (1988), 1 ff.; *Werner Frotscher*, Selbstverwaltung und Demokratie, in: Selbstverwaltung im Staat der Industriegesellschaft, Festgabe zum 70. Geburtstag von Georg Christoph von Unruh, 1983, S. 127 ff.; *Georg Christoph von Unruh*, Demokratie und kommunale Selbstverwaltung, DÖV 1986, 217 ff.

692 Zu Letzterem näher *von Arnim* (Fn. 691), S. 6 ff.

693 So zu Recht *Lange* (Fn. 260), S. 771.

694 Einen solchen Beschluss fordern auch *Brüning* (Fn. 263), S. 285 f.; *Lange* (Fn. 260), S. 771; *Rehn/Cronauge*, § 126 GO NW, Erl. IV.; *Rentsch*, in: v. Mutius/ders., § 135 a GO SH, Rdnr. 3; *Stein* (Fn. 261), S. 54 f.; *Steup/Schneider/Lienen*, § 126 GO NW, Erl. C Rdnr. 9.

2. Hochschulische Selbstverwaltung

Während nach ganz überwiegender Rechtsansicht die akademische Selbstverwaltung in Art. 5 III GG enthalten ist,[695] ist die Selbstverwaltung der Hochschulen[696] im Grundgesetz nicht ausdrücklich geregelt. Das Bundesverfassungsgericht hat es bisher ausdrücklich offen gelassen, ob die hochschulische Selbstverwaltung im akademischen Bereich voll dem Schutz des Art. 5 III GG unterliege; es stellt in diesem Zusammenhang lediglich fest, dass die akademische Selbstverwaltung „faktisch unangefochten" bestehe, in den Hochschulgesetzen anerkannt und „in den meisten Ländern verfassungsrechtlich ausdrücklich garantiert" sei.[697] In der Tat ist das hochschulische Selbstverwaltungsrecht in einzelnen Ländern ausdrücklich mit Verfassungsrang ausgestattet (siehe folgende Landesverfassungen: Art. 20 II BW; 138 II 1 Bayern; 60 I 1 Hessen; 16 I NW; 39 I 2 Rh.-Pf.; 33 II Saarland; 7 I SH). Da die hochschulrechtlichen Experimentierklauseln in den Landeshochschulgesetzen verankert sind, kommen als Prüfungsmaßstäbe die landesverfassungsrechtlichen Verbürgungen und Art. 5 III GG in Betracht.[698] Art. 5 III GG hat eine Doppelfunktion, die darin besteht, dass er auch den wissenschaftlichen Hochschulen zur Seite steht, damit diese einen Beitrag dafür leisten können, das Grundrecht der Wissenschaftsfreiheit für die in ihrem Bereich tätigen Wissenschaftler zu schützen.[699]

Im Rahmen dieser Arbeit kann nicht jede landesrechtliche Experimentierklausel an dem jeweiligen Landesverfassungsrecht gemessen werden. Hier soll es genügen, die Experimentierklauseln kursorisch anhand der auf die hochschulische Binnenorganisation und das Problem der Gruppenmitwirkung bezogene Rechtsprechung des Bundesverfassungsrechts zu prüfen.

---

[695] *Scholz*, in: Maunz/Dürig, GG, Art. 5 III Rdnr. 4, 81, 131; *Starck*, in: v. Mangoldt/Klein/Starck, GG, Art. 5 Rdnr. 180.

[696] Vgl. hierzu *Hans Heinrich Rupp*, Hochschulische Selbstverwaltung, in: Selbstverwaltung im Staat der Industriegesellschaft, Festgabe zum 70. Geburtstag von Georg Christoph von Unruh, 1983, S. 919 ff.

[697] BVerfGE 35, 79, 116.

[698] Die praktische Bedeutung der Frage nach dem Nebeneinander der Maßstäbe bzw. nach der Heranziehung des Landesverfassungsrechts oder des Bundesverfassungsrechts liegt insbesondere im Verfassungsprozessrecht, so ausdrücklich *Hans-Ullrich Gallwas*, Konkurrenz von Bundes- und Landesgrundrechten, JA 1981, 536, 537. Vgl. auch *Philip Kunig*, Die rechtsprechende Gewalt in den Ländern und die Grundrechte des Landesverfassungsrechts, NJW 1994, 687 ff. Grundlegend zum Verhältnis Bundesverfassungsrecht/Landesverfassungsrecht BVerfGE 36, 342, 360 ff., und 96, 345, 363 ff.; speziell zu den Grundrechten *Siegfried Jutzi*, Landesverfassungsrecht und Bundesrecht, 1982, S. 63 ff.; *Henning von Olshausen*, Landesverfassungsbeschwerde und Bundesrecht, 1980, S. 105 ff.; *Jochen Rozek*, Das Grundgesetz als Prüfungs- und Entscheidungsmaßstab der Landesverfassungsgerichte, 1993, S. 182 ff.; *Michael Sachs*, Die Grundrechte im Grundgesetz und in den Landesverfassungen, DÖV 1985, 469 ff. Zum Harmonisierungsbedarf im Grundrechtsbereich *Christian Pestalozza*, Berliner Alt-Grundrechte vor und nach der deutschen Einigung – Wege der Harmonisierung von Landes- und Bundesgrundrechten, LKV 1998, 374 ff.

[699] So zutreffend *Otto Kimminich*, Hochschule im Grundrechtssystem, in: Handbuch des Wissenschaftsrechts, Band 1, 2. Auflage, 1996, S. 121, 134.

Das Bundesverfassungsgericht unterscheidet im Hinblick darauf, ob und in welchem Maße eine an sich in den hochschulischen Selbstverwaltungsbereich fallende Angelegenheit etwas mit Art. 5 III GG zu tun hat, drei Bereiche.[700] Selbstverwaltungsrechtliche Fragestellungen, die sich unmittelbar mit der Forschung oder der Berufung von Hochschullehrern befassen, haben demnach den engsten Bezug zur Wissenschaftsfreiheit. Dieser Bezug ist bei Fragen der Lehre bereits erheblich reduziert. In einem dritten Bereich hochschulischer Selbstverwaltungsangelegenheiten sieht das Bundesverfassungsgericht kaum noch eine Nähe zur Wissenschaftsfreiheit, so dass der Gesetzgeber durch Art. 5 III GG nur geringen Beschränkungen unterliege.[701] Hierzu zählt das Bundesverfassungsgericht die den Zentralorganen der Hochschulen zugewiesenen Aufgaben wie beispielsweise die Wahl des Rektors bzw. des Hochschulpräsidenten oder die Beschlussfassung über die Hochschulsatzung.[702] Die geschilderte Vorgehensweise des Bundesverfassungsgerichts soll hier nicht bewertet werden. Legt man sie zugrunde, lässt sich festhalten, dass die hochschulische Selbstverwaltung aus Art. 5 III GG eine verfassungsrechtliche Grenze für Experimentierklauseln bilden kann. Diese Grenze ist um so enger, wenn unmittelbar die Forschung betroffen ist. Dies ist jedoch regelmäßig nicht der Fall. Da sich die hochschulrechtlichen Experimentierklauseln vornehmlich in dem genannten dritten Bereich bewegen, ist der verfassungsrechtliche Schutz der Selbstverwaltung gering. Es liegt in der Natur der Experimentierklauseln, dass es an dieser Stelle eines größeren Schutzes auch nicht bedarf. Denn dort, wo Art. 5 III GG für die hochschulische Selbstverwaltung wenig Schutz bietet, der Gesetzgeber also größere Regelungsmöglichkeiten besitzt, stellt er diese den Hochschulen zur Disposition. Dadurch wird deren Selbstverwaltungsrecht gestärkt, nicht geschwächt.

3. Sonstige Selbstverwaltungen

a) Sozialversicherung

Die Selbstverwaltung in der Sozialversicherung ist ausdrücklich in § 29 I SGB IV normiert. Dort heißt es: „Die Träger der Sozialversicherung (Versicherungsträger) sind rechtsfähige Körperschaften des öffentlichen Rechts mit Selbstverwaltung.“ Die ganz herrschende Meinung geht zu Recht davon aus, dass die Selbstverwaltung der Sozialversicherungsträger nicht verfassungsrechtlich garantiert ist.[703] Die Nennung der sozialen Versicherungsträger in Art. 87 II GG kann eine gegenteilige Einschätzung nicht rechtfertigen. Denn diese Vorschrift bildet eine Kompetenznorm, die

---

700 BVerfGE 35, 79 ff. Vgl. hierzu *Rupp* (Fn. 696), S. 923 f.

701 BVerfGE 35, 79, 122 f.

702 BVerfGE 35, 79, 140 f.; 61, 260, 278 ff.

703 Siehe nur *Friedrich E. Schnapp*, Die Selbstverwaltung in der Sozialversicherung, in: Selbstverwaltung im Staat der Industriegesellschaft, Festgabe zum 70. Geburtstag von Georg Christoph von Unruh, 1983, S. 881, 887 m. w. N. in Fn. 38, und *Hendler* (Fn. 682), Rdnr. 57 mit Nachweisen zur Gegenauffassung in Fn. 113.

(lediglich) die Verwaltungszuständigkeiten von Bund und Ländern abgrenzt.[704] Die Konstruktion einer institutionellen Garantie durch extensive Auslegung der Organisationsnorm des Art. 87 II GG verbietet sich angesichts der Gesamtkonzeption des Grundgesetzes, welche im Kern auf einem politischen Willensbildungs- und Entscheidungsprozess mittels Volkswahl zu den Parlamenten beruht.[705] Aber auch ohne eine verfassungsrechtliche Garantie zu beinhalten, bewirkt Art. 87 II GG – ergänzt durch Art. 74 I Nr. 12 und Art. 120 I 4 GG – im Vergleich zu anderen nicht institutionell garantierten Selbstverwaltungsbereichen (etwa im berufsständischen Bereich) immerhin einen stärkeren verfassungsrechtlichen Schutz der sozialversicherungsrechtlichen Selbstverwaltung, so dass beispielsweise deren Abschaffung durch den Gesetzgeber „nur aus besonders schwerwiegenden Gründen des allgemeinen Wohls zulässig wäre."[706] Die Experimentiermöglichkeiten der §§ 63 ff. SGB V sind jedoch weit davon entfernt, den Rahmen der Selbstverwaltung einzuengen. Durch die Suspendierung von Vorschriften des Vierten Kapitels des SGB V und des Krankenhausfinanzierungsgesetzes sind insoweit keine Verfassungsverstöße denkbar.

b) Kirche

Im kirchlichen Bereich sind es Art. 4 GG sowie Art. 140 GG i. V. m. Art. 137 III, V WRV, die Bezüge zur Selbstverwaltung aufweisen.[707] Nach Letzterem handelt es sich bei Religionsgesellschaften um Körperschaften des öffentlichen Rechts, die ihre Angelegenheiten selbstständig innerhalb der Schranken der Gesetze ordnen und verwalten. Trotz ihres öffentlich-rechtlichen Status sind die Kirchen nicht in den Staatsverband eingegliedert,[708] so dass insoweit obige Definition[709] nicht erfüllt ist und die Kirchen nicht ohne Einschränkungen in den Kreis der Selbstverwaltungsträger einbezogen werden können.[710] Dennoch stellt Art. 137 III WRV eine verfassungsrechtliche Grenze dar, indem er das Selbstbestimmungsrecht (nur) innerhalb der Schranken des „für alle geltenden Gesetzes" gewährt.[711] Diese werden indes von den innerkirchlich gesetzten Experimentierklauseln in keiner Weise tangiert. Verfassungsverstöße scheiden daher aus.

---

704 BVerfGE 21, 362, 371; 39, 302, 315.

705 *Hendler* (Fn. 682), Rdnr. 57; *Josef Isensee*, Privatautonomie der Individualversicherung und soziale Selbstverwaltung, 1980, S. 12 f.

706 *Hendler* (Fn. 682), Rdnr. 57.

707 Vgl. *Stern* (Fn. 280), S. 397 mit zahlreichen Nachweisen in Fn. 3.

708 So heißt es in BVerfGE 30, 415, 428: „Durch die Zuerkennung dieses öffentlich-rechtlichen Status wird die Kirche anderen öffentlich-rechtlichen Körperschaften nicht gleichgestellt. Dieser Status soll die Eigenständigkeit und Unabhängigkeit der Kirche vom Staat sowie ihre originäre Kirchengewalt bekräftigen. Durch sie wird die Kirche weder in den Staat organisch eingegliedert, noch einer besonderen staatlichen Kirchenhoheit unterworfen".

709 Oben Teil 3, IV.

710 Vgl. *Hendler* (Fn. 682), Rdnr. 50.

711 Siehe zu den Schranken des Selbstbestimmungsrechts *Bernd Jeand'Heur/Stefan Korioth*, Grundzüge des Staatskirchenrechts, 2000, Rdnr. 196 ff.

c) Schule

Für die Schule gibt es keine grundgesetzlich verfasste Selbstverwaltung. Im Gegenteil gilt die Schule traditionell als ein Bereich der staatsunmittelbaren Verwaltung. Dabei wird übersehen, dass nur die sog. inneren Schulangelegenheiten unter staatlicher Bestimmung stehen, während die „äußeren" Schulangelegenheiten in den Bereich der kommunalen Selbstverwaltung fallen. Bei Letzteren sind es insbesondere die Bereitstellung der Schulgebäude und sonstiger Sachmittel, die als Pflichtaufgaben der (kommunalen) Selbstverwaltung unterliegen.[712] Schulische „Selbstverwaltung" existiert dagegen nur ansatzweise in Form von Partizipation, wobei der Mitwirkung von Schülern und Eltern prinzipielle Grenzen gesetzt werden,[713] die teilweise verfassungsrechtlich verankert sind und daher als Grenzen für Experimentierklauseln im Rahmen dieser Arbeit Erwähnung finden sollen. Zunächst kann der persönliche Grundrechtsbereich der Schüler und Eltern nicht Gegenstand kollektiver Schüler- und Eltern(mit)bestimmung sein. Umgekehrt ist die Mitwirkung des Einzelnen bei einer ihn betreffenden schulischen Entscheidung nicht Ausdruck von Selbstverwaltung, sondern folgt unmittelbar aus dem Grundrecht. Die zweite und in der Praxis einschneidendere Begrenzung von Mitwirkungsbefugnissen erfolgt durch die staatliche Schulaufsicht, der ein Letztentscheidungsrecht zusteht und die verhindert, dass einer Gruppenmitwirkung potenziell Selbstverwaltungscharakter zukommt. Genau an diese beiden Grenzen stößt § 70 SchulVerfG Berlin, wenn er abweichende Formen der Mitwirkung und Mitbestimmung versuchsweise zulässt. Sie werden jedoch nicht verletzt: Einerseits verhindert § 70 II SchulVerfG Berlin, dass die Zielsetzungen des Gesetzes und damit die (Grund-)Rechtsstellungen Einzelner gefährdet werden;[714] andererseits liegt es in der Hand des für das Schulwesen zuständigen Mitglieds des Senats, Anträge zuzulassen.

4. Zwischenergebnis

Unter dem Gesichtspunkt der Selbstverwaltung hält das Grundgesetz verfassungsrechtliche Grenzen für Experimentierklauseln bereit. Die zur Zeit implementierten Experimentierklauseln verstoßen jedoch nicht gegen diese Verfassungsvorgaben.

---

[712] Vgl. hierzu nur *Armin Dittmann*, Schulträgerschaft zwischen Kreisen und Gemeinden, 1978.

[713] Siehe zum Folgenden *Frank Hennecke*, Schule und Selbstverwaltung – Schülermitverwaltung und Elternmitwirkung in der Schulorganisation, in: Selbstverwaltung im Staat der Industriegesellschaft, Festgabe zum 70. Geburtstag von Georg Christoph von Unruh, 1983, S. 931, 947 f.; *Friedhelm Hufen*, Verfassungsrechtliche Möglichkeiten und Grenzen schulischer Selbstgestaltung, in: Autonomie der staatlichen Schule und freies Schulwesen, Festschrift für J. P. Vogel, 1998, S. 51, 59 ff., der den Begriff „schulische Selbstgestaltung" für unverdächtiger hält (S. 64).

[714] Siehe oben Teil 3, III. 6. e).

V. Gleichheitssatz

In der rechtswissenschaftlichen Diskussion über Experimentierklauseln wird als zu beachtende verfassungsrechtliche Grenze immer wieder der Gleichheitssatz genannt. Zumeist erfolgt allerdings nur ein kurzer, wenig aufschlussreicher Hinweis auf ihn.[715] Art. 3 I GG bindet über seinen insoweit missverständlichen Wortlaut die gesamte öffentliche Gewalt, also auch den Gesetzgeber.[716] Dieser hat bei der Implementierung von Experimentierklauseln den allgemeinen Gleichheitssatz zu beachten.[717] Art. 3 I GG hat aber nicht nur eine beschränkende Funktion, indem er verbietet, Gleiches ungleich und Ungleiches gleich zu behandeln. Sein spiegelbildlicher Inhalt, nur Gleiches gleich und Ungleiches ungleich zu handhaben, beinhaltet ein Gebot zu Einzelfallgerechtigkeit und Differenzierung.[718]

Die Bedeutung des Art. 3 I GG für Experimentierklauseln differiert je nach Anwendungsbereich. Dabei lassen sich zwei Gruppen unterscheiden: grundrechtsrelevante Experimentierklauseln und solche, die ausschließlich verwaltungsinterne Wirkung haben.

1. Grundrechtsrelevante Experimentierklauseln

Bei Experimentierklauseln, die eine Grundrechtsrelevanz aufweisen (können), ist nach dem sachlichen Grund zu fragen, der eine Ungleichbehandlung rechtfertigt. Das Bundesverfassungsgericht verlangt in seiner „neuen Formel", dass die Ungleichbehandlung zur Erreichung eines legitimen Zwecks geeignet, erforderlich und angemessen sein muss.[719]

Besteht der legitime Zweck – abstrakt und verkürzt formuliert – in der Weiterentwicklung des Rechts, so erweisen sich Experimentierklauseln als geeignet, die Ziel-

---

[715] *Häberle* (Fn. 264), S. 86, formuliert in Fn. 127: „Die Experimentierklausel muß sich vor Art. 3 GG rechtfertigen: zeitweilige Ungleichbehandlung aus Experimentiergründen als sachlicher Differenzierungsgrund." Bei *Pirson* (Fn. 110), S. 193, heißt es: „Experimentierklauseln sind daher ihrer Anlage nach kritisch daraufhin zu beurteilen, ob sie dem Gleichbehandlungsgrundsatz [...] entsprechen. Das ausdrücklich zugelassene Abweichen vom sonstigen Normenbestand wäre, wenn man die zwingende Anwendungsregel des Gleichheitssatzes zugrundelegt, nur dann unbedenklich, wenn entweder überhaupt niemand vom Experiment in seiner Rechtssphäre betroffen wird oder die Betroffenen sich gegenüber denjenigen, für die die normale Regelung maßgeblich bleibt, insoweit in einer anderen Situation befinden, als gerade ihre Beanspruchung für das Experiment als sachgerechte Entscheidung verstehbar ist."

[716] Rechtsetzungsgleichheit (Gleichheit des Gesetzes); vgl. BVerfGE 13, 331, 355; *Jarass*, in: ders./Pieroth, GG, Art. 3 Rdnr. 14; *Bodo Pieroth/Bernhard Schlink*, Staatsrecht II, 16. Auflage, 2000, Rdnr. 428.

[717] Zur Beachtung des Gleichheitssatzes bei der Handhabung der Experimentierklauseln in der Praxis (Rechtsanwendungsgleichheit) unten Teil 4, III. 3.

[718] *Hermann Hill*, Rechtsstaatliche Bestimmtheit oder situationsgerechte Flexibilität des Verwaltungshandelns, DÖV 1987, 885, 894, leitet aus Art. 3 I GG auch ein Gebot zu flexiblem Verwaltungshandeln ab.

[719] BVerfGE 55, 72, 88.

erreichung zu fördern. Im Rahmen der Erforderlichkeit einer solchen gesetzgeberischen Maßnahme ist als milderes Mittel insbesondere die Freiwilligkeit der Teilnahme von Grundrechtsbetroffenen an den Experimenten denkbar. Allerdings können an dieser Stelle der Verhältnismäßigkeitsprüfung Zweifel daran geäußert werden, ob ein solches Vorgehen auf freiwilliger Basis gleichermaßen geeignet ist. Zumindest sind Konstellationen vorstellbar, in denen dies nicht der Fall ist. Bei der Frage, ob Mittel und Zweck in einer angemessenen Relation stehen, fällt die Abwägung dagegen deutlicher aus: Unabhängig davon, welches Grundrecht potenziell betroffen ist, dürfte im Zweifel der Schutz dieses Grundrechts das Interesse des Staates überwiegen, durch Experimentierklauseln das Recht weiterzuentwickeln. In solchen Fällen wäre es unangemessen, einige Grundrechtsträger zu einem Experiment heranzuziehen, andere dagegen nicht. Die zeitweilige Ungleichbehandlung aus Experimentiergründen stellt dann keinen angemessenen sachlichen Differenzierungsgrund dar. Um einen Verstoß gegen Art. 3 I GG zu vermeiden, ist der Gesetzgeber daher gehalten, die Experimentierklauseln so zu gestalten, dass die Teilnahme an einem Experiment für den Grundrechtsträger freiwillig ist.

2. Verwaltungsinterne Experimentierklauseln

Sofern durch Experimentierklauseln kein Grundrechtsträger in seiner Rechtssphäre betroffen ist, zeitigt Art. 3 I GG keine Konsequenzen. Zwar enthält der Gleichheitssatz neben dem subjektiv-rechtlichen Charakter auch ein objektiv-rechtliches Verfassungsprinzip,[720] doch folgt daraus nicht eine Verpflichtung des Gesetzgebers, durch Normgebung eine einheitliche Verwaltung zu schaffen.[721] Bei verwaltungsinternen Experimentierklauseln verlagert sich die Gleichheitsproblematik von der Rechtsetzungs- auf die Rechtsanwendungsebene.[722]

VI. Zusammenfassung

Experimentierklauseln verstoßen nicht gegen das allgemeine Rechtsstaatsprinzip, da sich die Problematik ihrer Zulässigkeit in dessen Einzelausprägungen verorten lässt und damit ein Rückgriff auf das allgemeine Rechtsstaatsprinzip methodisch verwehrt ist. Der Grundsatz funktionsgerechter Organstruktur hat zwar als Bestandteil des Grundsatzes der Gewaltenteilung Verfassungsrang, gemessen an einer möglichen Richtigkeit von staatlichen Entscheidungen ist die Implementierung von Experimentierklauseln aber nicht kritisch zu beurteilen, sondern – im Gegenteil – vollständige Erfüllung dieser Forderung des Gewaltenteilungsprinzips.

---

720 *Starck*, in: v. Mangoldt/Klein/Starck, GG, Art. 3 I Rdnr. 210.

721 Vgl. zur Einheit der Verwaltung *Brun-Otto Bryde*, Die Einheit der Verwaltung als Rechtsproblem, VVDStRL 46 (1988), S. 181 ff.; *Görg Haverkate*, Die Einheit der Verwaltung als Rechtsproblem, VVDStRL 46 (1988), S. 217 ff.

722 Dazu sogleich im Teil 4, III. 3.

Der den Grundsatz der Gewaltenteilung konkretisierende und den Bereich der Gesetzgebung gegenüber der Exekutive schützende Vorbehalt des Gesetzes stellt die zentrale verfassungsrechtliche Grenze von Experimentierklauseln dar. Der Erprobungszweck der Experimentierklauseln als solcher führt nicht zur Wesentlichkeit; sofern die durch die Experimentierklauseln für die Verwaltung in Bezug genommenen Materien nicht „wesentlich" sind, was regelmäßig der Fall ist, liegt weder ein Eingriff in den Kernbereich der Legislative vor noch verzichtet diese in verfassungswidriger Weise auf ihre aus dem Parlamentsvorbehalt fließenden Rechte und Pflichten. Sollte im Einzelfall durch die Abweichung oder Dispensation von ansonsten anzuwendenden Normen doch Wesentliches der Regelung durch die Exekutive zugänglich sein, kann die Geltungskraft der Klauseln durch verfassungskonforme Auslegung erhalten werden, indem beispielsweise erforderliche Genehmigungen insoweit nicht erteilt werden dürfen.

Das Bestimmtheitsprinzip steht der Implementierung von Experimentierklauseln für die Verwaltung grundsätzlich nicht entgegen, da diese regelmäßig nur intraorganisatorisch wirken und die Anforderungen an den Bestimmtheitsgrad mit sinkenden individuellen Auswirkungen des Gesetzes abnehmen. Das Bestimmtheitsprinzip begrenzt jedoch die Reichweite der vom Gesetzgeber zu eröffnenden Abweichungs- bzw. Dispensationsmöglichkeiten. So stoßen generelle Standardöffnungsklauseln nicht nur unter dem Aspekt der Wesentlichkeit, sondern auch unter dem der Bestimmtheit auf verfassungsrechtliche Bedenken.

Der Gesetzgeber hat bei der Implementierung von Experimentierklauseln das Gebot der Normenklarheit zu beachten. Dynamische Verweisungen in Experimentierklauseln sind nicht per se unzulässig. Ihnen werden jedoch durch das Demokratie- und Rechtsstaatsprinzip, das Bundesstaatsprinzip sowie das Publikationserfordernis verfassungsrechtliche Grenzen gezogen.

Unter dem Gesichtspunkt der Selbstverwaltung hält das Grundgesetz für die Experimentierklauseln in wenigen Rechtsgebieten verfassungsrechtliche Grenzen bereit, die jedoch von den zur Zeit geltenden Klauseln nicht verletzt werden.

Art. 3 I GG verpflichtet den Gesetzgeber, grundrechtsrelevante Experimentierklauseln so zu gestalten, dass die Teilnahme an einem Experiment für den Grundrechtsträger freiwillig ist, da die zeitweilige Ungleichbehandlung aus Experimentiergründen regelmäßig keinen angemessenen sachlichen Differenzierungsgrund darstellt. Der Implementierung von verwaltungsinternen Experimentierklauseln zieht Art. 3 I GG keine Grenzen. In dieser Fallgruppe verlagert sich die Gleichheitsproblematik von der Rechtsetzungs- auf die Rechtsanwendungsebene.

Teil 4

Handhabung der Experimentierklauseln in der Praxis

Nachdem im vorhergehenden Teil die verfassungsrechtlichen Grenzen von Experimentierklauseln ausgelotet worden sind, soll es im Folgenden darum gehen, wie die Experimentierklauseln von der Praxis zu handhaben sind bzw. in der Praxis gehandhabt werden. Dabei stehen verwaltungsrechtliche Fragestellungen im Vordergrund, wenn das Verfahren beschrieben, die Genehmigungspraxis dargestellt und der Frage nachgegangen wird, inwieweit ein einklagbarer Anspruch auf Genehmigung von Experimentiervorhaben besteht. Die Untersuchung konzentriert sich in diesem Teil auf die kommunalrechtlichen Experimentierklauseln. Sie sind nicht nur zahlreich und weit verbreitet, sondern eignen sich auch deshalb als Anwendungsbeispiele, weil aufgrund ihrer z. T. langjährigen Implementierung die praktischen Erfahrungen am größten sind. Zudem sind die erprobenden Antragsteller selbstständige Rechtsträger, ein Umstand, der wichtig für einen Anspruch auf Genehmigung des Experiments ist.

I. Verfahren

Über die Zulassung von experimentellen Ausnahmen entscheidet – abhängig von der jeweiligen landesrechtlichen Ausgestaltung – das Innenministerium oder die ober(st)e Rechts- bzw. Kommunalaufsichtsbehörde im Einzelfall auf Antrag. Darüber hinaus enthalten die kommunalrechtlichen Experimentierklauseln zur Weiterentwicklung der kommunalen Selbstverwaltung keine besonderen Verfahrensregelungen, wie sie für Ausnahmen in Anspruch genommen werden können. Greifen daher die üblichen allgemeinen Bestimmungen, so ist der Antrag auf dem Dienstweg an die Genehmigungsbehörde zu stellen.[723] Zwei inhaltliche Minimalanforderungen sind an den Antrag zu stellen: eine Beschreibung des Vorhabens sowie eine Nennung der Vorschriften, von deren Anwendung eine Befreiung angestrebt wird.[724] Teilweise sind landesrechtlichen Vorschriften weitere Einzelheiten zu entnehmen. So fordert die bayerische Vollzugsbekanntmachung vom 01.07.1995[725] darüber hinaus eine Begründung des Vorhabens mit Zeitplan, die Angabe der konkreten Ein-

[723] *Rehn/Cronauge*, § 126 GO NW, Erl. IV.; *Rentsch*, in: v. Mutius/ders., § 135 a GO SH, Rdnr. 4.

[724] Ähnlich *Stein* (Fn. 261), S. 54.

[725] AllMBl S. 611.

zelmaßnahmen, durch die ohne Ausnahmegenehmigung geltendes Recht verletzt würde, und des zuständigen Ansprechpartners der Gemeinde sowie das Beifügen des vom zuständigen kommunalen Gremium etwa gefassten Beschlusses.[726] Das weitere Verfahren gestaltet sich in Bayern wie folgt: Möglichst innerhalb von zehn Tagen legt die Rechtsaufsichtsbehörde den mit eigener Stellungnahme versehenen Antrag auf dem Dienstweg dem Innenministerium vor. Ist Antragstellerin eine kreisangehörige Gemeinde hat neben dem Landratsamt als Rechtsaufsichtsbehörde auch die Regierung als obere Rechtsaufsichtsbehörde eine Stellungnahme zum beantragten Vorhaben abzugeben. Außerdem informiert die Rechtsaufsichtsbehörde die für die überörtliche Prüfung zuständige Stelle, also den Bayerischen Kommunalen Prüfungsverband oder – sofern seitens der Gemeinde keine Mitgliedschaft besteht – die staatliche Rechnungsprüfungsstelle des Landratsamts.[727]

In der Praxis sind daneben zahlreiche informelle Kontakte zwischen den beteiligten Stellen vorhanden.[728] Auf diesem Wege werden mögliche Inhalte von Anträgen inoffiziell abgestimmt und die Genehmigungen vorbereitet. Das formelle Verfahren ist daher unter praktischen Gesichtspunkten von untergeordneter Bedeutung.

II. Genehmigungspraxis

Um sich ein Bild vom Inhalt und Umfang der erteilten Ausnahmegenehmigungen machen zu können, soll exemplarisch die Genehmigungspraxis in Schleswig-Holstein vorgestellt werden. Die Entwicklung in anderen Bundesländern kann nur angedeutet werden. Dem Sinn der Experimentierklauseln entsprechend, werden sich positive Erfahrungen in Änderungen der formellen und materiellen Landesgesetze niederschlagen, mit denen in den nächsten Jahren zu rechnen ist.

Bis zum Mai 1999 sind in Schleswig-Holstein 33 Anträge auf Ausnahmen von haushalts- und kassenrechtlichen Bestimmungen positiv beschieden worden.[729] Musste ein Antragsteller 1995 noch über ein Jahr auf seine Genehmigung warten, hat sich die Bearbeitungszeit seit 1997 auf wenige Wochen reduziert. Die gestellten Anträge konzentrieren sich fast ausschließlich auf Ausnahmen von haushaltsrechtlichen Vorschriften der Gemeindehaushaltsverordnung. Genehmigungen[730] wurden bisher erteilt für Abweichungen von

---

[726] Siehe hierzu bereits oben Teil 3, IV. 1. a. E.

[727] Vgl. auch *Bauer/Böhle*, Art. 117 a GO Bayern, Rdnr. 5.

[728] So ein Ergebnis von Gesprächen, welche der Verf. am 28.01.2000 im Kieler Innenministerium geführt hat.

[729] Berücksichtigt sind alle zugelassenen Ausnahmen, die über das geltende Recht hinausgehen. Unberücksichtigt geblieben sind die zugelassenen Ausnahmen, die durch die Neufassung der Gemeindehaushaltsverordnung zum 01.01.1996 und die Neufassung der Ausführungsanweisung zur Gemeindehaushaltsverordnung zum 01.01.1999 gegenstandslos geworden sind. Das Gleiche gilt für die Ausnahmen, die durch Zeitablauf gegenstandslos geworden sind.

[730] In den folgenden Fußnoten werden die vom Innenministerium verwendeten Standardwortlaute der Genehmigungen wiedergegeben.

- § 2 I Nr. 2 und § 5 GemHVO (Verzicht auf die Bildung von Abschnitten und Einzelplänen im Verwaltungshaushalt),[731]
- § 16 II Nr. 2 GemHVO (Verwendung von Mehreinnahmen für Mehrausgaben über die gesetzliche Regelung hinaus),[732, 733]
- § 17 I GemHVO i. V. m. Nr. 18.6 der Ausführungsanweisung zur GemHVO (einseitige Deckungsfähigkeit von Besoldungsaufwendungen zugunsten anderer Personalausgaben),[734]
- § 17 II Nr. 2 und 3, III GemHVO (gegenseitige Deckungsfähigkeit über den Abschnitt hinaus),[735, 736]

---

731 „Aufgrund des § 45 GemHVO lasse ich zu, daß die Stadt ... in den Haushaltsjahren ... abweichend von § 2 Abs. 1 Nr. 2 und § 5 GemHVO im Verwaltungshaushalt auf die Bildung von Abschnitten und Einzelplänen verzichtet und die Reihenfolge der Unterabschnitte in den Verwaltungshaushalten entsprechend eigener Verzeichnisse verändert. Der Gesamtplan wird wie bisher nach den rechtlichen Vorgaben erstellt und die statistischen Meldungen für die vierteljährige Kassenstatistik erfolgen ebenfalls in der notwendigen Differenzierung an das statistische Landesamt."

732 „Aufgrund des § 45 GemHVO lasse ich zu, daß abweichend von § 16 Abs. 2 Nr. 2 GemHVO bestimmt werden kann, daß Mehreinnahmen bei einem Abschnitt oder, soweit Unterabschnitte verbindlich vorgeschrieben sind, bei einem Unterabschnitt des Verwaltungshaushaltes bis zu 70 % zur Finanzierung von Mehrausgaben bei dem selben Abschnitt oder Unterabschnitt verwendet werden können; § 16 Abs. 1 und 2 Nr. 1 bleiben unberührt."

733 „Aufgrund des § 45 GemHVO lasse ich zu, daß abweichend von § 16 Abs. 2 Nr. 2 GemHVO bestimmt werden kann, daß von den anderen Mehreinnahmen in einem Abschnitt bzw. in mehreren zusammenhängenden Abschnitten eines Einzelplans des Verwaltungshaushalts, soweit es sich nicht um Ausgaben einer kostenrechnenden Einrichtung nach § 11 Abs. 1 GemHVO handelt, bis zu 50 % für Mehrausgaben im selben Abschnitt bzw. in denselben zusammenhängenden Abschnitten eines Einzelplans verwendet werden können. Für die anderen Mehrausgaben kostenrechnender Einrichtungen ist weiterhin die geltende Fassung des § 16 Abs. 2 Nr. 2 GemHVO anzuwenden."

734 „Aufgrund des § 45 GemHVO lasse ich zu, daß abweichend von § 17 Abs. 1 GemHVO i. V. mit Nr. 18.6 der Ausführungsanweisung zur GemHVO bestimmt wird, daß, bei Anwendung der Höchstbetragsregelung nach § 26 Abs. 2 Nr. 5 BBesG, die Besoldungsaufwendungen einseitig deckungsfähig zugunsten der anderen Personalausgaben erklärt werden."

735 „Aufgrund des § 45 GemHVO lasse ich zu, daß abweichend von § 17 Abs. 2 Nr. 2 und 3 GemHVO im Haushaltsplan bestimmt wird, daß

a. Ausgaben eines Abschnittes sowie Ausgaben mehrerer zusammenhängender Abschnitte eines Einzelplanes, die nicht mit anderen Ausgaben nach § 17 Abs. 1 GemHVO deckungsfähig sind oder aufgrund § 17 Abs. 2 Nr. 1 GemHVO für deckungsfähig erklärt werden, für gegenseitig deckungsfähig erklärt werden, soweit es sich nicht um Ausgaben einer kostenrechnenden Einrichtung nach § 11 Abs. 1 GemHVO handelt,
b. Ausgaben einer kostenrechnenden Einrichtung sowie mehrerer zusammenhängender kostenrechnender Einrichtungen nach § 11 Abs. 1 GemHVO des selben Einzelplanes, die nicht mit anderen Ausgaben nach § 17 Abs. 1 GemHVO deckungsfähig sind oder aufgrund § 17 Abs. 2 Nr. 1 für deckungsfähig erklärt werden, für gegenseitig deckungsfähig erklärt werden."

736 „Aufgrund des § 45 GemHVO lasse ich zu, daß abweichend von den Regelungen des § 17 Abs. 3 GemHVO Ausgaben eines Abschnitts sowie Ausgaben mehrerer zusammenhängender

- § 17 GemHVO (einseitige Deckungsfähigkeit zwischen Verwaltungshaushalt und Vermögenshaushalt),[737]
- § 19 IV 2 Nr. 3 i. V. m. § 21 I 2 GemHVO (Sonderrücklagen),[738]
- Nr. 6.21 der Ausführungsanweisung zur GemHVO, §§ 36 IV 2, 44 I b) GemHVO (Überschreitung der 800 DM – Grenze),[739]
- § 18 GemHVO (Übertragbarkeit im laufenden Haushalt),[740]

Abschnitte eines Einzelplans für gegenseitig deckungsfähig erklärt werden können, soweit es sich nicht um Ausgaben einer kostenrechnenden Einrichtung nach § 11 Abs. 1 GemHVO handelt."

737 „Aufgrund des § 45 GemHVO lasse ich zu, daß über die Regelungen des § 17 GemHVO hinaus folgende Regelung angewendet werden kann:

Wenn der Verwaltungshaushalt ausgeglichen ist, können Ausgaben des Vermögenshaushaltes, soweit es sich nicht um Ausgaben einer kostenrechnenden Einrichtung nach § 11 Abs. 1 GemHVO handelt, bis zur Höhe von 10.000 DM im Einzelfall für einseitig deckungsfähig zu Lasten von Ausgaben des Verwaltungshaushaltes des entsprechenden Abschnitts oder, soweit Unterabschnitte verbindlich vorgeschrieben sind, des entsprechenden Unterabschnitts erklärt werden."

738 „Aufgrund des § 45 GemHVO lasse ich zu, daß

a) abweichend von § 19 Abs. 4 Nr. 3 GemHVO folgende Regelung angewendet wird:

‚3. *ist* bei kostenrechnenden Einrichtungen ein Überschuß im Verwaltungshaushalt, der nicht zur Abdeckung eines Zuschußbedarfs aus Vorjahren dient, in einer Sonderrücklage anzusammeln (Gebührenausgleichsrücklage).‘,

b) § 21 Abs. 1 Satz 2 mit folgender Ergänzung angewendet wird:

‚4. die Gebührenüberschüsse bei kostenrechnenden Einrichtungen, die nicht zur Abdeckung eines Zuschußbedarfs aus Vorjahren dienen, in Sonderrücklagen nach § 19 Abs. 4 Satz 2 Nr. 3 GemHVO angesammelt werden können.‘"

739 „Aufgrund des § 45 GemHVO lasse ich zu, daß

a) abweichend von Ziff. 6.21 (Verwaltungsvorschriften Gliederung und Gruppierung – zu § 5 GemHVO) der Anlage I der Ausführungsanweisung zur GemHVO, Ausgaben für die Anschaffung oder Herstellung von beweglichen Sachen im Verwaltungshaushalt nachgewiesen werden, wenn sie für den einzelnen Gegenstand nicht mehr als 2400 DM (ohne Umsatzsteuer) betragen; dies gilt nicht für die Ausgaben kostenrechnender Einrichtungen nach § 11 Abs. 1 GemHVO und/oder Ausgaben von Einrichtungen, die der Körperschaftsteuer unterliegen,

b) abweichend von § 36 Abs. 4 Satz 2 GemHVO der Satz 2 in folgender Fassung angewendet wird:

‚Absatz 2 gilt sinngemäß.‘

c) § 44 Abs. 1 Buchstabe b) GemHVO in folgender Fassung angewendet wird:

‚bewegliche Sachen mit Ausnahme von geringwertigen Wirtschaftsgütern bei kostenrechnenden Einrichtungen und/oder Einrichtungen die der Körperschaftsteuer unterliegen, im übrigen mit Ausnahme von Sachen, bei denen die Ausgaben für die Anschaffung oder Herstellung 2400 DM (ohne Umsatzsteuer) nicht überschreiten. ‘"

740 „Aufgrund des § 135 a GO lasse ich zu, daß durch besonderen Beschluß der Gemeindevertretung Ausgaben des Verwaltungshaushaltes, die nicht im Haushaltsplan für übertragbar erklärt wurden, für übertragbar erklärt werden, wenn dies eine wirtschaftliche Aufgabenerfüllung fördert."

- § 39 I, III GemKVO (Prüfung der Zahlstellen und Handvorschüsse),[741]
- § 35 II GemKVO (Ordnung der Kassenbelege)[742] und
- § 18 AO (gesonderte Haushalte für Einrichtungen des Amtes).[743]

Im Zuge der Kommunalverfassungsreform in Schleswig-Holstein, bei der die Magistrate, Kreisausschüsse und Hauptausschüsse alter Art fortgefallen sind und ein neuer Hauptausschuss mit einer gegenüber den weggefallenen Gremien veränderten Besetzung und mit wesentlich geänderten Zuständigkeiten eingerichtet worden ist, ist mit weiteren Anwendungsfällen zu rechnen. So ist das Innenministerium zwar grundsätzlich der Auffassung, dass dem Hauptausschuss neuer Art keine beschlussvorbereitenden Aufgaben von Fachausschüssen übertragen werden können; es ist aber bereit, in Anwendung der Experimentierklauseln der §§ 135a GO und 73a KrO im Einzelfall auf Antrag zuzulassen, dass dem Hauptausschuss die beschlussvorbereitenden Zuständigkeiten des Finanzausschusses und/oder des Ausschusses nach § 94 V GO übertragen werden.[744] Dieses Beispiel veranschaulicht zugleich die bereits angesprochene enge Zusammenarbeit und den Informationsaustausch der an den Experimenten Beteiligten. Denn ob ein solcher Antrag an das Innenministerium gestellt werden soll, entscheidet gemäß § 27 I 2 GO die Gemeindevertretung bzw. nach § 22 I 2 KrO der Kreistag.

Von der durch § 25a LVwG SH eröffneten Möglichkeit, durch öffentlich-rechtlichen Vertrag Aufgaben und Zuständigkeiten zur Erprobung einer ortsnahen Aufgabenerfüllung zu übertragen, wurde bis Ende 1999 zweimal Gebrauch gemacht. Am 19. Oktober 1999 hat der Kreis Segeberg mit 18 Städten, amtsfreien Gemeinden und Ämtern einen Vertrag geschlossen, der ab dem 01.01.2000 für zehn Jahre in Kraft getreten ist, zahlreiche Aufgaben und Zuständigkeiten überträgt und grundsätzlich keinen Kostenausgleich durch Erstattung von Personal- und Sachkosten vorsieht.[745] Ebenfalls am 01.01.2000, allerdings mit nur einer Laufzeit von drei Jahren, ist der am 30.11.1999 geschlossene Vertrag des Kreises Herzogtum Lauenburg mit 19 Städten, hauptamtlich verwalteten Gemeinden und Ämtern in Kraft getreten.[746] In-

---

[741] „Aufgrund des § 135a GO i. V. m. § 5 Abs. 6 GkZ lasse ich zu, daß die Gemeinde [...] § 39 Abs. 1 Satz 1 GemKVO in folgender Fassung anwendet: ‚Bei der Gemeindekasse sind in jedem Jahr und bei jeder ihrer Zahlstellen sind mindestens alle zwei Jahre eine unvermutete Kassenprüfung und eine unvermutete Kassenbestandsaufnahme vorzunehmen.' Ferner lasse ich zu, daß die Gemeinde [...] § 39 Abs. 3 GemKVO in folgender Fassung anwendet: ‚Handvorschüsse sind mindestens alle zwei Jahre einmal unvermutet zu prüfen.'"

[742] „Aufgrund des § 73a KrO lasse ich zu, daß abweichend von § 35 Abs. 2 GemKVO die Belege in der Kreiskasse nach der zeitlichen Buchung geordnet werden."

[743] „Aufgrund des § 26a AO lasse ich zu, daß abweichend von § 18 AO in Verbindung mit § 78 Abs. 1 GO für Aufgaben, die dem Amt nach § 5 Abs. 1 AO übertragen worden sind, jeweils ein gesonderter Haushaltsplan nach den Vorschriften des Gemeinderechts geführt wird."

[744] Rundschreiben des Innenministeriums vom 31.05.1999 an die Kreise, kreisfreien Städte, Städte mit mehr als 20000 Einwohnern und Landräte als Kommunalaufsichtsbehörden.

[745] ABl S. 620ff.

[746] ABl S. 710ff.

haltlich weichen die Verträge nur in Details voneinander ab, auf die hier nicht eingegangen werden muss.

Dass die Experimentierklauseln in den einzelnen Bundesländern zum Teil unterschiedlich gehandhabt werden, zeigt ein Vergleich mit der Genehmigungspraxis in Nordrhein-Westfalen.[747] Dort sind u. a. in folgenden Fällen keine Ausnahmen zugelassen worden: Einbeziehung der Verfügungsmittel des Bürgermeisters bzw. der Deckungsreserve in gebildete Deckungsringe, Vermischung von Verwaltungs-/Vermögenshaushalt, Erhöhung der Wertgrenze von 800 DM für die Zuordnung von beweglichem Vermögen zum Verwaltungs- oder Vermögenshaushalt, Aufstellung eines Budgetbuches ohne gleichzeitigen Haushaltsplan nach den geltenden Gliederungs- und Gruppierungsvorschriften, eine unbegrenzte Übertragbarkeit ohne vom Rat zu beschließender Haushaltsvermerke und die Bildung von Sonderausschüssen.[748] Die unterschiedliche Genehmigungspraxis in den Ländern gibt Anlass dafür, Einzelheiten bezüglich der Entscheidung der Genehmigungsbehörde näher zu beleuchten.

III. Entscheidung der Genehmigungsbehörde

Von Interesse sind dabei insbesondere die Rechtsqualität der Entscheidung, inwieweit sie mit Nebenbestimmungen versehen werden kann und welche Grenzen die Genehmigungsbehörde bei der Ausübung des ihr zustehenden Ermessens zu beachten hat.

1. Verwaltungsaktqualität

Im Kommunalrecht ist die Erteilung der Ausnahmegenehmigung eine hoheitliche Regelung eines Einzelfalls durch eine Verwaltungsbehörde. Sie ist auf unmittelbare Rechtswirkung nach außen gerichtet, auch wenn keine Pflichten oder Rechte für den Bürger begründet werden. Denn für eine unmittelbare Außenwirkung reicht es aus, dass Rechte oder Pflichten für sonstige außen stehende Rechtspersonen ausgelöst werden.[749] Diese Vorgabe wird durch die antragsberechtigten Gebietskörperschaften erfüllt. Sie sollen durch die Entscheidung der Genehmigungsbehörde das Recht

---

[747] Zu Erfahrungen der Kommunen mit der Genehmigungspraxis siehe *Hermann Hill/Helmut Klages* (Hrsg.), Jenseits der Experimentierklausel, 1996, S. 45 ff. Erfahrungsberichte aus Baden-Württemberg bei *Beate Läsch-Weber*, Experimentieren als Teil einer modernen Selbstverwaltungskultur, Der Landkreis 1997, 12 ff.; *Heinz Strobl*, Erfahrungen mit der gemeindehaushaltsrechtlichen Experimentierklausel in Baden-Württemberg, Der Landkreis 1997, 10 ff.

[748] So *Rehn/Cronauge*, § 126 GO NW, Erl. III. 2. Seit ihrem Inkrafttreten 1994 sind nach § 126 GO NW und § 63 LKrO NW mehr als 100 Anträge gestellt worden, vgl. *Dirk Bruns/Elgin Mohnen*, Eine Stadt ohne Bürger? Neue Steuerungsinstrumente in Recht, Politik und Verwaltung – ein Appell für eine „bürgerbasierte" Verwaltungsreform, VR 1999, 2, 9.

[749] *Maurer* (Fn. 450), S. 189.

verliehen bekommen, vom geltenden Recht abweichen zu können. Darin ist keinesfalls eine bloß verwaltungsinterne Zustimmung einer anderen Verwaltungsbehörde oder eines anderen Verwaltungsträgers zu sehen mit der Folge, dass eine unmittelbare Außenwirkung entfiele. Letztere Konstellation ist häufig beim sog. mehrstufigen Verwaltungsakt anzutreffen. Im Vergleich dazu fehlt es hier schon an einem zustimmungsbedürftigen Verwaltungsakt des Antragstellers. Die Ausnahmegenehmigung ist demnach als Verwaltungsakt zu qualifizieren.[750]

2. Nebenbestimmungen

Unter den näheren Voraussetzungen insbesondere des § 36 VwVfG bzw. der entsprechenden Normen des jeweiligen Landesverwaltungsverfahrensrechts können Verwaltungsakte mit Nebenbestimmungen versehen werden. Sämtliche kommunalrechtlichen Experimentierklauseln zur Weiterentwicklung der kommunalen Selbstverwaltung sehen eine zwingende Befristung der Genehmigung vor. Damit wird der zeitliche Geltungsbereich des Verwaltungsakts beschränkt. Gegen eine Fristverlängerung ist jedoch nichts einzuwenden. Bedingungen und Auflagen als weitere Möglichkeiten, die Genehmigung mit Nebenbestimmungen zu versehen, sind dagegen nicht durchgängig ausdrücklich geregelt. In den Bundesländern, in denen eine diesbezügliche Regelung fehlt, scheiden Bedingungen und Auflagen jedoch nicht aus. Der Genehmigungsverwaltungsakt ist nicht nebenbestimmungsfeindlich. Da es sich bei der Genehmigung, wie noch näher auszuführen sein wird,[751] nicht um eine gebundene Entscheidung, sondern um einen Ermessensverwaltungsakt handelt, stehen auch § 36 VwVfG bzw. seine landesrechtlichen Entsprechungen nicht entgegen. Denn wenn es im Ermessen der Genehmigungsbehörde liegt, ob sie einen Verwaltungsakt erlassen will oder nicht, dann muss sie auch befugt sein, den Genehmigungsakt mit einer Nebenbestimmung zu versehen.[752]

Auflagen können dazu dienen, trotz der Erprobungsphase für einen möglichst einheitlichen Vollzug des Kommunalrechts zu sorgen. Ihre Hauptanwendungsfälle dürften jedoch die Ermöglichung einer Evaluierung sein. Die meisten kommunalrechtlichen Experimentierklauseln lassen es offen, wie die durch die Erprobung gesammelten Erkenntnisse dem Gesetzgeber zugänglich zu machen sind, damit dieser in die Lage versetzt wird, zu entscheiden, wann und in welchem Ausmaß er die gemachten Erfahrungen in neue Gesetze einfließen lässt.[753] In Schleswig-Holstein beispielsweise dienen dem Erfahrungsaustausch die „Arbeitsgemeinschaft der Modellkommunen Neue Steuerungsmodelle“ und die vom Innenministerium und den kommunalen Landesverbänden unter Mitwirkung des Landesrechnungshofs zur Beglei-

---

750 So auch *Bauer/Böhle*, Art. 117 a GO Bayern, Rdnr. 6.

751 Dazu sogleich unter 3.

752 Vgl. auch *Hien*, Erläuterungen zu Art. 117 a GO Bayern.

753 Zu einzelnen gesetzlichen Regelungen vgl. oben Fn. 128.

tung und Koordinierung der Aktivitäten gebildete Lenkungsgruppe.[754] Alternativ (aber auch kumulativ) kommt als Auflage die Pflicht zur Erstattung regelmäßiger Berichte über die gewonnenen Erfahrungen in Betracht, um dem Gesetzgeber die Evaluation zu ermöglichen. Als Inhalt einer Auflage ist zudem denkbar, derartige Berichte anderen, an einer Erprobung interessierten Gebietskörperschaften zugänglich zu machen, obwohl eine Verteilungs- und Informationsfunktion der Genehmigungsbehörde näher liegend ist. Letztlich ist es auch möglich, der Genehmigung einen Widerrufsvorbehalt beizufügen, da der Erlass des Verwaltungsakts im pflichtgemäßen Ermessen der Behörde steht (vgl. § 36 II Nr. 3 VwVfG bzw. seine landesrechtlichen Entsprechungen).[755] Durch diese Nebenbestimmung ist es der Genehmigungsbehörde erlaubt, den Verwaltungsakt bei Vorliegen bestimmter Voraussetzungen nach pflichtgemäßem Ermessen gemäß § 49 II Nr. 1 VwVfG bzw. den entsprechenden Normen des jeweiligen Landesverwaltungsverfahrensrechts ganz oder teilweise zu widerrufen.

3. Ermessensentscheidung

Im Rahmen der der Weiterentwicklung der kommunalen Selbstverwaltung dienenden Experimentierklauseln steht die Entscheidung über den Antrag im Ermessen der Genehmigungsbehörde. Dies ergibt sich aus dem Wortlaut der Gesetze, welche die Ausdrücke „kann" bzw. „können" aufweisen. Der Inhalt der Experimentierklauseln schließt es aus, dass es sich bei diesen Formulierungen um ein „Ermächtigungs-Kann"[756] handelt, bei dem die Verwaltung eine bestimmte Kompetenz erhält, die bei Vorliegen der gesetzlichen Voraussetzungen wahrgenommen werden muss. Die antragstellenden Gebietskörperschaften haben demnach keinen Rechtsanspruch auf Erteilung der Genehmigung.[757] Die Genehmigungsbehörde ist dennoch nicht frei in ihrer Entscheidung, sondern insofern rechtlich gebunden, als sie ihr Ermessen pflichtgemäß ausüben muss. Den entsprechenden Maßstab formulieren die Landesverwaltungsverfahrensgesetze in § 40, wonach die Behörde ihr Ermessen entsprechend dem Zweck der Ermächtigung auszuüben und die gesetzlichen Grenzen des Ermessens einzuhalten hat. Die Ermessensfehlerlehre muss hier nicht in ihrer ganzen Breite wiedergegeben werden.[758] Von besonderem Interesse ist allein ein möglicher Ermessensfehlgebrauch. Er liegt u. a. dann vor, wenn die Behörde die gesetzlichen Zielvorstellungen nicht beachtet.[759] Diese eindeutig zu beschreiben, bereitet vorliegend Schwierigkeiten. Zwei Argumentationsmuster sind denkbar, die im Ergebnis nur schwer miteinander zu vereinbaren sind:

---

[754] *Rentsch*, in: v. Mutius/ders., § 135 a GO SH, Rdnr. 5.

[755] *Bauer/Böhle*, Art. 117 a GO Bayern, Rdnr. 8.

[756] Siehe hierzu BVerwGE 44, 339, 342.

[757] So auch *Hien*, Erläuterungen zu Art. 117 a GO Bayern.

[758] Vgl. hierzu nur *Wolff/Bachof/Stober*, Verwaltungsrecht I, 11. Auflage, 1999, § 31 Rdnr. 46 ff.

[759] *Maurer* (Fn. 450), S. 130.

Einerseits lässt sich mit Rücksicht auf den experimentellen Charakter der auf eine Weiterentwicklung der kommunalen Selbstverwaltung zielenden Experimentierklauseln vertreten, die Genehmigungsbehörde sei bei ihrer Entscheidung über den Antrag auf eine Plausibilitätsprüfung beschränkt.[760] Diese Sichtweise hat zur Folge, dass im Wege der Ermessensausübung die Ausnahmegenehmigung zu erteilen ist, wenn das beantragte Vorhaben einen positiven Effekt als denkbar erscheinen lässt und keine besonderen Umstände des Einzelfalls gegen die Erteilung sprechen.[761] Sie beruht auf der Überlegung, dass die Anzahl von (verschiedenen) Experimenten möglichst groß sein sollte, um maximalen Erkenntnisgewinn und damit umfassende Gesetzesnovellierungen im Sinne einer echten Verwaltungsreform und -modernisierung zu erzielen.

Andererseits lässt sich argumentieren, dass Richtschnur für die Ermessensausübung nicht die Zulassung einer unbegrenzten Vielfalt von Abweichungen gegenüber dem bisherigen Recht sein könne, da das Ziel der Experimentierklauseln nicht sei, einzelnen Gemeinden eine möglichst weitgehende Freistellung von Bindungen des Haushaltsrechts und anderen als einengend empfundenen Vorschriften zu ermöglichen. Es gehe vielmehr um die Erprobung und Entwicklung einzelner geeigneter Modelle, die nach entsprechender Anpassung der Normen allen Gemeinden (mit vergleichbarer Interessenlage) zur Anwendung empfohlen werden könnten.[762] Bei Zugrundelegung dieser Auffassung würde die Prüfungsdichte der Genehmigungsbehörde mit der Tendenz erhöht, zurückhaltend von dem Genehmigungsrecht Gebrauch zu machen.

Das letztgenannte Argumentationsmuster, welches die Wahrung des bisherigen Rechtszustands (über)betont, ist vom Sinn der Experimentierklauseln her nicht haltbar.[763] Durch eine so gestaltete restriktive Genehmigungspraxis würde die Experimentierfreude potenzieller Antragsteller getrübt mit der Konsequenz, dass eine der Hauptstärken von Experimentierklauseln, nämlich in der Praxis – losgelöst vom z. T. starren Recht – Neues zu erproben, stark geschwächt würde. Diese rechtspolitische Betrachtung bedarf jedoch noch der rechtlichen Untermauerung. Für ihre Richtigkeit sprechen entscheidend zwei Gründe. Zum einen der bereits genannte Umstand,[764] dass es sich bei den vom Gesetzgeber verwendeten Begriffen der „Erprobung" und der „Weiterentwicklung" um unbestimmte Rechtsbegriffe handelt, die den antragstellenden Gebietskörperschaften eine Einschätzungsprärogative eröffnen

---

760 So u. a. *Rehn/Cronauge*, § 126 GO NW, Erl. IV.; zustimmend *Brüning* (Fn. 263), S. 282.

761 So ausdrücklich *Stein* (Fn. 261), S. 55.

762 *Bauer/Böhle*, Art. 117a GO Bayern, Rdnr. 6f. Faktisch folgt Rheinland-Pfalz dieser Sichtweise, indem es elf Kommunen unterschiedlichster Größenordnung als sog. Pilotkommunen nach Sichtung der eingegangenen Anträge ausgewählt hat, vgl. *Gunnar Schwarting*, Zu einigen personalpolitischen Aspekten im Neuen Steuerungsmodell, Die Personalvertretung 1998, 127, 133.

763 Kritisch auch *Helmut Klages*, Jenseits der Experimentierklausel – oder zurück ins Diesseits?, in: Hermann Hill/ders. (Hrsg.), Jenseits der Experimentierklausel, 1996, S. 7, 19f.

764 Siehe oben Fn. 595.

und eine beschränkte Überprüfbarkeit nach sich ziehen. Meint dies eine Plausibilitätsprüfung, so ist Brüning zuzustimmen, wenn er daneben die Funktion der Genehmigung dahin gehend beschreibt, dass die Genehmigungsbehörde „wie in anderen Fällen die Kommunalaufsicht auf den Erhalt einer im wesentlichen einheitlich verfaßten und funktionsfähigen Gemeindeinstanz hinzuwirken" habe.[765] Zum anderen spricht gegen eine restriktive Genehmigungspraxis in dem Sinne, dass nur einzelne geeignete Modelle in begrenzter Zahl zugelassen werden, das Gleichbehandlungsgebot. Zwar können sich juristische Personen des öffentlichen Rechts nicht unmittelbar auf Art. 3 I GG stützen.[766] Ebenso wenig gewähren Art. 28 II GG und die landesverfassungsrechtlichen Parallelnormen den Gemeinden und anderen Gebietskörperschaften grundrechtlichen Schutz,[767] geschweige denn einen grundrechtlichen Anspruch auf Gleichbehandlung. Dagegen sprechen die Systematik innerhalb der Verfassungen und die Einordnung der kommunalen Selbstverwaltung als mittelbare Staatsverwaltung. Wohl aber steht einer Genehmigungspraxis, die ein Experimentiervorhaben der einen Gebietskörperschaft zulässt, dem gleichen Experiment eines anderen Antragstellers jedoch die Genehmigung verweigert, die Selbstbindung der Verwaltung entgegen. Hat die Genehmigungsbehörde ihr Ermessen in einer bestimmten Weise ausgeübt, so ist sie hieran in gleichgelagerten Fällen grundsätzlich gebunden, es sei denn, sie ändert zukünftig generell ihre Ermessenspraxis.[768]

Dieser Aspekt führt in die Nähe einer weiteren Schranke, die bei der Ermessensausübung zu berücksichtigen ist. Aus dem Zweck der Erprobung ergibt sich zwingend, dass Genehmigungen dann auszuscheiden haben, wenn gesicherte Erkenntnisse über die Tauglichkeit oder Untauglichkeit einer Maßnahme bereits vorliegen.[769] Die Erkenntnisse können nach einer Experimentierphase feststehen, aber auch schon während dieser Phase und sogar vorher gesammelt worden sein. An ihre Validität sind dabei hohe Anforderungen zu stellen, um nicht voreilig den Sinn der Experimentierklauseln zu unterlaufen. Insbesondere bei der Übertragbarkeit der Ergebnisse eines Einzelfalls auf die Allgemeinheit ist Vorsicht walten zu lassen. Wichtig ist in diesem Zusammenhang festzuhalten, dass dem Gesetzgeber das Endurteil über die (Un-)Tauglichkeit einer Maßnahme vorbehalten sein muss.

Eine letzte Ermessensschranke ist darin zu sehen, dass sich Genehmigungen dann verbieten, wenn es für Vorhaben, die der Weiterentwicklung der kommunalen Selbstverwaltung dienen, überhaupt keiner Änderung der unter die Experimentierklausel fallenden Normen und damit einer Abweichung vom geltenden Recht be-

---

765 *Brüning* (Fn. 253), S. 282. Die Einordnung des Genehmigungserfordernisses als Instrument zur inhaltlichen Mitwirkung des Staates, nicht aber als vorgezogene Rechtskontrolle durch *Hien*, Erläuterungen zu Art. 117a GO Bayern, führt in diesem Zusammenhang nicht weiter.

766 BVerfGE 35, 263, 271; 78, 101, 102.

767 Vgl. nur *Maunz*, in: Maunz/Dürig, GG, Art. 28 Rdnr. 56.

768 So zu Recht *Meyer* (Fn. 249), 1998, S. 871; vgl. *Jarass*, in: ders./Pieroth, GG, Art. 3 Rdnr. 35.

769 So auch *Brüning* (Fn. 263), S. 281, und *Lange* (Fn. 260), S. 772.

darf.[770] Die ausführlich diskutierten verfassungsrechtlichen Probleme (insbesondere des Gesetzesvorbehalts) gebieten insofern eine den Ausnahmecharakter der Experimentierklauseln ernst nehmende Handhabung.

IV. Anspruch auf Destination

Auf die pflichtgemäße Ausübung des Ermessens kann ein Anspruch im Sinne eines subjektiven Rechts auf fehlerfreie Ermessensausübung bestehen.[771] Ein subjektives Recht ist jedoch nicht in jeder Ermessensvorschrift enthalten. Maßgeblich ist eine Auslegung der im Streit stehenden Rechtsvorschrift und damit eine Abgrenzung zwischen Ermessensnormen, die dem öffentlichen Interesse oder dem Individualinteresse dienen. Voraussetzung für die Annahme einer Destination ist, dass die Ermessensentscheidung zumindest auch den Interessen des Einzelnen dienen soll. Wenn ein einklagbarer Anspruch der antragstellenden Gebietskörperschaften mit dem Argument abgelehnt wird, die Durchführung modellhafter Reformvorhaben geschehe im allgemeinen Interesse, was durch den Umstand verdeutlicht werde, dass Gemeinden staatliche Mittel zur Förderung von Modellvorhaben erhalten könnten, so greift dies zu kurz. Dass Experimentierklauseln allgemeinen öffentlichen Interessen dienen, kann und soll nicht bestritten werden. Darauf kommt es jedoch nicht an; entscheidend ist, ob sie *auch* den Interessen der kommunalen Gebietskörperschaften zu dienen bestimmt sind. Dies ist keineswegs abwegig. Dafür spricht im Gegenteil der ausdrückliche Gesetzeszweck. Die Weiterentwicklung der kommunalen Selbstverwaltung geschieht nicht nur im allgemeinen öffentlichen Interesse. Sind erwünschte und erwartete Folgen der Anwendung von Experimentierklauseln u. a. eine effizientere Verwaltung und damit Kostenreduzierungen, so kommen Letztere zuvörderst den antragstellenden Gebietskörperschaften zugute. Auch der „verlängerte" Gesetzeszweck in Form des Wesens der Experimentierklauseln, Erkenntnisse für zukünftige Gesetzesänderungen zu produzieren, stützt diese Sichtweise. Der Gesetzgeber gibt den kommunalen Selbstverwaltungsträgern durch die Experimentierklauseln die Gelegenheit, durch aktive Erprobung von Vorhaben den zukünftigen Gesetzesinhalt, als Ausprägung des Gesetzesvorbehalts in Art. 28 II GG, indirekt mitzugestalten. So gesehen kann das Individualinteresse der Kommunen kaum verneint werden. Wollte man den Gesetzeszweck auf das immer vorhandene allgemeine öffentliche Interesse reduzieren, hieße dies, die beiden genannten Motivationen der Selbstverwaltungsträger zu negieren.

Die Klagebefugnis der Antragsteller lässt sich aber nicht nur aus der jeweiligen Experimentierklausel ableiten, sondern auch aus der verfassungsrechtlich gewährleisteten kommunalen Selbstverwaltung. Wenn die in den Gemeindeordnungen verankerten Experimentierklauseln formell Ausdruck des in Art. 28 II GG geregelten

---

770 *Brüning* (Fn. 263), S. 281; *Lange* (Fn. 260), S. 772; indirekt *Robert Thiele*, Niedersächsische Gemeindeordnung, Erl. zu § 138.

771 Vgl. nur BVerwGE 102, 274, 280 f.; *Wolff/Bachof/Stober* (Fn. 758), § 31 Rdnr. 40.

Gesetzesvorbehalts sind, der die kommunale Selbstverwaltung einschränkbar macht, muss es den Kommunen möglich sein, gerichtlich überprüfen zu lassen, ob bei der Entscheidung der Genehmigungsbehörde der Gehalt der verfassungsrechtlichen Garantie bzw. Gewährleistung beachtet wurde. Dies gilt um so mehr, als die Experimentierklauseln zwar formell eine Einschränkung, materiell aber eine vom Gesetzgeber gewollte Lockerung derselben darstellen,[772] die durch die Genehmigungsbehörde nicht konterkariert werden darf. Nach alledem haben die Antragsteller einen Anspruch auf Destination, der im Wege der Verpflichtungsklage vor den Verwaltungsgerichten geltend zu machen ist.

Zur Klarstellung sei angemerkt, dass den Bürgern ein entsprechender Anspruch nicht zusteht. Zwar handelt es sich bei den in Rede stehenden Vorschriften um Rechtsnormen. Deren Außenwirkung ist jedoch insofern eingeschränkt, als sie die Bürger nicht unmittelbar betreffen.[773]

Bezüglich der besonderen Vorschrift des § 25 a LVwG SH ergibt sich Folgendes: Sie ist vom Wortlaut nicht als Ermessensnorm ausgestaltet, so dass den kommunalen Gebietskörperschaften, die Vertragspartner des öffentlich-rechtlichen Vertrags sind, ein Anspruch auf Erteilung der Zustimmung des Innenministeriums zusteht, sofern die gesetzlichen Voraussetzungen erfüllt sind. Für ihre Klagebefugnis gilt das zuvor bei den Experimentierklauseln zur Weiterentwicklung der kommunalen Selbstverwaltung Ausgeführte entsprechend.

V. Zusammenfassung

Die Genehmigungsentscheidung der ober(st)en Rechts- bzw. Kommunalaufsichtsbehörde über die Zulassung von kommunalen Experimenten ist ein Verwaltungsakt, der mit Nebenbestimmungen versehen werden kann. Die antragstellenden Gebietskörperschaften haben einen Anspruch auf Destination, der im Wege der Verpflichtungsklage vor den Verwaltungsgerichten geltend gemacht werden kann.

---

772 Siehe bereits oben Teil 3, III. 6. b) bb) a. E.

773 Ausführlicher oben Teil 3, III. 6. b) bb). Vgl. auch *Bauer/Böhle*, Art. 117 a GO Bayern, Rdnr. 3.

Teil 5

Referenzgebiet: § 7 a BerlHG

Der von Schmidt-Aßmann geprägte Begriff der Referenzgebiete bezeichnet diejenigen Gebiete des besonderen Verwaltungsrechts, die einen exemplarischen Problem- und Problemlösungsbestand aufweisen und dadurch das Fallmaterial und die Beispiele für die Aussagen des allgemeinen (Verwaltungs-)Rechts abgeben.[774] Die in Teil 4 beschriebene Handhabung der Experimentierklauseln in der Praxis hat am Beispiel des Kommunalrechts verallgemeinerbare Erkenntnisse gebracht, indem etwa Ermessensgrenzen der Genehmigungsbehörde aufgezeigt oder ein Anspruch auf Destination der Antragsteller hergeleitet werden. Das Kommunalrecht bildet daher nicht nur traditionell,[775] sondern auch im Rahmen dieser Arbeit ein Referenzgebiet im genannten Sinne. Das Wissenschaftsrecht hat dagegen seltener diese Funktion.[776] Dass eine nähere Befassung mit dem Hochschulrecht lohnenswert ist, soll im folgenden abschließenden Teil gezeigt werden. Im Mittelpunkt steht dabei die Erprobungsregelung des § 7 a BerlHG sowie deren Umsetzung an der Freien Universität Berlin (FU).

Bevor Inhalt und Zweck der Experimentierklausel näher vorgestellt, ihre Verfassungsmäßigkeit geprüft sowie die verwaltungsrechtliche Umsetzung samt damit verbundener Einzelprobleme diskutiert werden, sind einleitend aktuelle hochschulrechtliche Entwicklungen zu skizzieren, um die Experimentierklauseln im Hochschulrecht in einen größeren Zusammenhang zu stellen und dadurch ihre Einordnung und ihr Verständnis zu erleichtern.

I. Hochschulrechtliche Entwicklungen

„Universitas semper reformanda!" lautet die treffende Einschätzung von Erhardt, wobei er die inneren Zustände, die äußeren Umstände und die Entfremdung von Idee und Wirklichkeit als Ursachen für neueste Reformen ausmacht.[777] In dieser Arbeit genügt es, die Reformbestrebungen der letzten Jahre darzustellen. Dabei kann zwischen bundesweiten Entwicklungen und solchen, die für Berlin gelten, unterschieden werden.

---

774 *Schmidt-Aßmann* (Fn. 27), 1998, S. 9. Siehe auch *di Fabio* (Fn. 27), S. 4.

775 *Schmidt-Aßmann* (Fn. 27), 1998, S. 9.

776 *Schmidt-Aßmann* (Fn. 27), 1998, S. 9, 125.

777 *Manfred Erhardt*, Mehr Wettbewerb – weniger Staat: Hochschulreform in Deutschland, WissR 32 (1999), 1.

1. Bundesweite Entwicklungen

Die Reformansätze auf Bundesebene manifestieren sich in der vierten Novelle des Hochschulrahmengesetzes vom 20.08.1998.[778] Diese zeichnet sich dadurch aus, dass der Bundesgesetzgeber erstmals seine Rahmenkompetenz aus Art. 75 I 1 Nr. 1 a GG, allgemeine Grundsätze für das Hochschulwesen zu erlassen, dahin gehend ausgeübt hat, zahlreiche existierende Vorschriften zu streichen. Die Deregulierung des Rahmengesetzes als eine der beiden zentralen Leitlinien der Bundesregierung für das Reformvorhaben kommt durch den Wegfall von 21 Paragrafen mit materiellrechtlichem Inhalt zum Ausdruck: An prominentester Stelle stehen die sich mit den Hochschulgremien (Zusammensetzung, Stimmrecht, Wahlen, Öffentlichkeit) befassenden Vorschriften der §§ 38–40 HRG a. F. sowie die §§ 61–66 HRG a. F., die die Organisation und die Verwaltung der Hochschulen (einschließlich der Universitätsklinika) zum Gegenstand hatten. Daneben sind hier die verfassungsrechtlich bedeutsamen Normen über die Mitwirkung an der Selbstverwaltung der Hochschule (§ 37 I 2, 3, II 2, 3 HRG a. F.)[779] und die Regelungen für die Ordnung des Hochschulwesens (§ 4 HRG a. F.) zu nennen. Auf Letztere verzichtete der Bund aufgrund der teilweise bereits realisierten und flächendeckend beabsichtigten (leistungsorientierten) Budgetierung der Hochschulen.[780]

Die zweite Leitlinie firmiert unter dem Stichwort Neuorientierung des Hochschulsystems. Was die damalige Bundesregierung darunter verstand, ist deutlich der Begründung ihres Gesetzesentwurfs zu entnehmen. Dort heißt es:[781]

> „Damit die Hochschulen künftig Exzellenz und Effizienz miteinander verbinden können, müssen sie heute die Chance erhalten, im Wettbewerb ihr eigenes Profil auszubilden. Ziel der Reform des deutschen Hochschulsystems ist es deshalb, durch Deregulierung, durch Leistungsorientierung und durch Schaffung von Leistungsanreizen Wettbewerb und Differenzierung zu ermöglichen sowie die internationale Wettbewerbsfähigkeit der deutschen Hochschulen für das 21. Jahrhundert zu sichern. [...] Wesentlicher Bestandteil der Hochschulreform ist eine grundlegende Umgestaltung der staatlichen Hochschulfinanzierung. Die staatliche Mittelzuweisung soll auf eine an den in Lehre und Forschung sowie bei der Förderung des wissenschaftlichen Nachwuchses erbrachten Leistungen orientierte Finan-

---

[778] BGBl. I, S. 2190. Das Anfang 1976 in Kraft getretene Hochschulrahmengesetz (HRG; BGBl. I, S. 185) wurde mehrmals, maßgeblich jedoch nur in den Jahren 1985 und 1987 geändert. Zu den verschiedenen Entwürfen des neuen Hochschulrahmengesetzes *Michael Daxner*, Das neue Hochschulrahmengesetz – (k)eine Hoffnung auf Erneuerung?, KJ 1998, 30 ff.

[779] Die Neuregelung in § 37 I 3, 4 HRG n. F. gibt den Landesgesetzgebern die Möglichkeit, die Mitbestimmung der nichtprofessoralen Gruppen bis zur obersten in BVerfGE 35, 79 ff. gezogenen Grenze auszubauen. *Hubert Detmer*, Die Novelle des Hochschulrahmengesetzes – auch eine „Rolle rückwärts“, NVwZ 1999, 828, 832 ff., kommt zu dem Ergebnis, dass sowohl § 37 I 4 HRG n. F. als auch die Regelung in § 38 III, IV HschG Hessen 1998, wonach die Wahl des Präsidenten nicht mehr der Professorenmehrheit bedarf, verfassungswidrig sind.

[780] Hierzu und zu weiteren Streichungen *Detmer* (Fn. 779), S. 832.

[781] Entwurf der Bundesregierung eines Vierten Gesetzes zur Änderung des Hochschulrahmengesetzes vom 20.10.1997, Begründung, Allgemeiner Teil, BT-Drs. 13/8796, S. 13.

zierung der Hochschulen umgestellt werden. Auch die hochschulinterne Ressourcenverteilung sowohl auf der zentralen Ebene wie auf der Fachbereichsebene soll künftig im Grundsatz nach Maßgabe der erbrachten Leistungen erfolgen."

Ausdruck dieser Zielvorstellungen sind die §§ 5 und 6 HRG n. F. Erstgenannter lautet: „Die staatliche Finanzierung der Hochschulen orientiert sich an den in Forschung und Lehre sowie bei der Förderung des wissenschaftlichen Nachwuchses erbrachten Leistungen. Dabei sind auch Fortschritte bei der Erfüllung des Gleichstellungsauftrags zu berücksichtigen." § 6 HRG n. F. sieht eine regelmäßige Bewertung der Hochschularbeit insbesondere in Forschung und Lehre vor, deren Ergebnisse veröffentlicht werden sollen.[782]

Die geschilderten Änderungen des Hochschulrahmengesetzes lassen sich in zwei Kernpunkten zusammenfassen: Auf der einen Seite sollen die Eigenverantwortung der Hochschulen und der Wettbewerb untereinander gestärkt werden. Ausdruck dessen sind die in der hochschulpolitischen Diskussion aktuellen Schlagworte der „Zielvereinbarung"[783] und der „Profilbildung"[784]. Auf der anderen Seite sollen die Leitungsstrukturen modernen Anforderungen angepasst werden. Eine Folge davon ist die verstärkte Debatte um die Einführung und die Kompetenzen von Hochschulräten/Kuratorien.[785] Auf diese wird später zurückzukommen sein.[786]

§ 72 I 6 HRG n. F. statuiert eine Frist von drei Jahren, in der die Länder ihr Landeshochschulrecht den bundesrechtlichen Rahmenbedingungen anzupassen haben.

---

782 Zur Umsetzung der Regelungsinhalte von §§ 5, 6 HRG n. F. in den bereits novellierten Landesgesetzen *Hanns H. Seidler*, Die Ersetzung des Rechts durch die Ökonomie, WissR 32 (1999), 261, 267f.

783 Zu Zielvereinbarungen im Hochschulrecht *Helmut Fangmann*, Wider die Bürokratie, DUZ 2000, 20f.; *Hans-Heinrich Trute*, Die Rechtsqualität von Zielvereinbarungen und Leistungsverträgen im Hochschulbereich, WissR 33 (2000), 134ff.; *Susanne Weigelin-Schwiedrzik*, Die Universität übt sich im Gleichschritt, DUZ 2000, 28f. Zu ihrer allgemeinen Einordnung im Rahmen der neuen Steuerungsmodelle *Olaf Otting*, Kontraktmanagement in der Kommunalverwaltung: Zwischen politischem Anspruch und rechtlicher Verbindlichkeit, VR 1997, 361ff.; *Ulrich Penski*, Staatlichkeit öffentlicher Verwaltung und ihre marktmäßige Modernisierung, DÖV 1999, 85, 90ff.; *Hermann Pünder*, Zur Verbindlichkeit der Kontrakte zwischen Politik und Verwaltung im Rahmen des Neuen Steuerungsmodells, DÖV 1998, 63ff.; *Maximilian Wallerath*, Kontraktmanagement und Zielvereinbarungen als Instrumente der Verwaltungsmodernisierung, DÖV 1997, 57ff.; *Thomas R. Wolf-Hegerbekermeier*, Die Verbindlichkeit im kommunalen Kontraktmanagement, DÖV 1999, 419ff.

784 Vgl. *Lothar Zechlin*, Globalhaushalte und Produktinformationen an Hochschulen, KJ 1996, 68, 72ff., der auch von profilbildenden Zielbestimmungen spricht (S. 74). Siehe auch *Wissenschaftsrat* „Stellungnahme zur Strukturplanung der Hochschulen in Berlin" vom 12.05.2000, Drs. 4560/00, S. 3, 10, 19, 45. Zur Profilbildung im Schulbereich *Hufen* (Fn. 713), S. 52, 72.

785 Siehe zuletzt *Thomas Groß*, Das Kuratorium – Hochschulautonomie durch institutionalisierte Kooperation?, DÖV 1999, 895ff.; *Jens Kersten*, Alle Macht den Hochschulräten?, DVBl 1999, 1704ff. Zur Empfehlung, in Berlin Hochschulräte einzurichten, die der Optimierung der hochschulinternen Steuerung dienen, ausführlich *Wissenschaftsrat* (Fn. 784), S. 55ff.

786 Siehe unten IV. 2. b) cc).

Bereits sehr frühzeitig hatten Bayern, Hessen und Sachsen-Anhalt ihre Hochschulgesetze novelliert.[787] Andere Länder folgten;[788] der Anpassungsprozess ist noch nicht in allen Bundesländern vollzogen worden.

Parallel zu den durch das Bundesrecht angestoßenen Reformen haben die Länder im Wege der Experimentierklauseln ihren Reformbedarf verwirklicht. Dass die Entwicklungen nicht losgelöst voneinander zu betrachten sind, verdeutlicht zum einen die Begründung eines Referentenentwurfs zum Hochschulgesetz Nordrhein-Westfalen.[789] Dort ist zu lesen: „Risiken einer vorschnellen und generellen organisatorischen Veränderung an den Hochschulen sollen durch zeitlich begrenzte Erprobungsprojekte vermieden werden." Zum anderen geht die für eine Neugestaltung des Hochschulsystems notwendige Gestaltungsfreiheit der Länder nach Auffassung der Kultusministerkonferenz[790] über das Maß einer rahmenrechtlichen Experimentierklausel hinaus. Infolgedessen hat die Aufhebung der §§ 61–66 HRG a. F. den Ländern die erforderlichen Handlungsspielräume für die Gestaltung ihrer Binnenorganisation eröffnet,[791] die sie im Wege der jeweiligen landesrechtlichen Experimentierklauseln – ohne insoweit durch Bundesrecht beschränkt zu sein – nutzen können.

2. Berliner Entwicklungen

Ausdruck der angespannten Finanzsituation Berlins sind seit 1992/93 auch erhebliche Mittelkürzungen für die Berliner Hochschulen. Um die damit einhergehenden Veränderungen der Hochschulstrukturen sinnvoll steuern und organisieren zu können, hat das Land Berlin mit den Berliner Hochschulen 1997 sog. Rahmenverträge abgeschlossen,[792] die im Juni 1999 durch Ergänzungsverträge um zwei Jahre bis zum Jahr 2002 verlängert worden sind. Ziel der Verträge ist es, den Hochschulen Planungssicherheit zu geben. Diese wird erreicht, indem sich das Land Berlin für vier (bzw. sechs) Jahre zur Gewährung von im Vertrag festgelegten Zuschüssen für konsumtive Zwecke an die Hochschulen bindet. Im Gegenzug verpflichten sich die Hochschulen u. a. dazu, ihre Struktur durch Schwerpunkt- und Profilbildung aufei-

---

787 Vgl. hierzu *Detmer* (Fn. 779), S. 883.

788 Zum Stand im April 1999 *Markus Lippelt*, Ohne Zügel = zügellos?, Forschung & Lehre 1999, 192 ff.

789 Teil B, zu § 9. Letztlich hat der Entwurf bezüglich § 9 keinen Niederschlag im Gesetz gefunden. Stattdessen wurden dort Zielvereinbarungen normiert, vgl. Gesetz über die Hochschulen des Landes Nordrhein-Westfalen vom 14.03.2000, GVBl S. 189.

790 Beschluss vom 28.02.1997 „Hochschulen und Hochschulpolitik vor neuen Herausforderungen", S. 13.

791 Vgl. den Entwurf der Bundesregierung eines Vierten Gesetzes zur Änderung des Hochschulrahmengesetzes vom 20.10.1997, Begründung, Besonderer Teil, BT-Drs. 13/8796, S. 30 (zu Nummer 54).

792 Rechtsgrundlage ist eine Ermächtigung in Art. II des Haushaltsstrukturgesetzes 1997, GVBl S. 69. Zur rechtlichen Einordnung solcher Verträge siehe nur *Robert Uerpmann*, Rechtsfragen von Vereinbarungen zwischen Universität und Staat, JZ 1999, 644 ff.

nander abzustimmen[793] und Strukturpläne vorzulegen, in denen die geplanten Schwerpunkt- und Profilbildungen sowie weitere Leistungen dokumentiert werden.

Darüber hinaus sind sich die Vertragsparteien u. a. über die folgenden Ziele der Berliner Hochschulpolitik einig:[794]

- Ausbau wettbewerbsfähiger und wirtschaftlicher Leitungsstrukturen zur Weiterentwicklung der Berliner Hochschulen,
- Ausschöpfung von Rationalisierungsreserven auch durch überregionale Leistungsvergleiche in dafür geeigneten Organisationseinheiten,
- Entwicklung von Controllingmaßnahmen zur internen Ressourcensteuerung,
- Straffung und Effizienzsteigerungen in der Lehre mit dem Ziel der Verbesserung und Verkürzung des Studiums und
- Verstärkung der Kooperation zwischen Hochschule und Wirtschaft sowie außeruniversitären Forschungseinrichtungen.

Die Berliner Hochschulfinanzverfassung weicht von den Systemen der anderen Bundesländer ab.[795] Der entscheidende Unterschied liegt in der mittelbaren Hochschulfinanzierung. Die Berliner Kuratorialhochschulen erhalten vom Land uneingeschränkte Globalzuschüsse und bewirtschaften sie im Rahmen ihrer Strukturen selbstständig, d. h. sie geben sich einen eigenen Haushalt, der den gesamten Globalzuschuss umfasst. Das Berliner System kann deshalb als Ursprung des Globalhaushaltssystems angesehen werden, auch wenn der Begriff des Globalhaushalts keine Erwähnung im Gesetz findet. Den in § 87 I BerlHG geregelten globalen Zuschuss für konsumtive und investive Zwecke erhalten nur die Berliner Hochschulen mit Kuratorialverfassung, also neben der FU die Humboldt-Universität und die neu gegründete Fachhochschule für Technik und Wirtschaft.[796] Durch die mehrjährigen Hochschulverträge ist sichergestellt, dass etwaige Überschüsse nicht in den Landeshaushalt zurückfließen, sondern bei den Hochschulen verbleiben. Im Rahmen der Haushalte existieren für den Angestelltenbereich summarische Stellenrahmen, die statt der einzelnen Stelle das Personalbudget für den gesamten Rahmen maßgeblich sein lassen.

---

[793] Dies umfasst insbesondere die Überprüfung des bestehenden Fächerangebots, die Entwicklung gemeinsam getragener Studiengänge und Forschungsschwerpunkte und die Verflechtung von studien- und forschungsbegleitenden Serviceangeboten.

[794] Die genannten Ziele sind verbindliche Leitlinien für die Auslegung der Verträge, für die mittelfristige Finanz- und Investitionsplanung und für die jährliche Haushaltsplanaufstellung.

[795] Ausführlich hierzu *Thomas Behrens*, Globalisierung der Hochschulhaushalte, 1996, S. 70 ff.

[796] Das sind zugleich drei der sechs Hochschulen, die von der Erprobungsklausel Gebrauch gemacht haben. Daneben sind Erprobungsmodelle der Fachhochschule für Sozialarbeit und Sozialpädagogik „Alice Salomon", der Hochschule der Künste Berlin und der Fachhochschule für Wirtschaft Berlin von der zuständigen Senatsverwaltung genehmigt worden (Stand: 30.09.2000).

Die internen Strukturreformen – vor allem der Universitäten – werden geprägt durch Leitbilddiskussionen und Zielvereinbarungen zwischen den Hochschulleitungen oder Akademischen Senaten auf der einen Seite und den Fakultäten bzw. Fachbereichen auf der anderen Seite sowie neuen administrativen und organisatorischen Steuerungsfunktionen mit dem Ziel der Effizienzsteigerung durch Rationalisierung beim Einsatz der finanziellen Mittel (leistungsorientierte Mittelvergabe, Budgetierung, Controlling) und in der Verwaltung (Reorganisation und Dezentralisierung, Personalmanagement).[797]

Der Wegfall der §§ 61–66 HRG a. F., die beschriebene weitgehende Autonomie der Berliner Hochschulen sowie die Erprobungsklausel des § 7 a BerlHG ermöglichen den Hochschulen in Berlin, losgelöst von vielen beschränkenden Normen des in den 90er Jahren geltenden Bundes- und Landesrechts, jeweils individuelle Wege bei ihren Reformprozessen zu gehen.

Wie bereits gezeigt,[798] besitzen die Experimentierklauseln in den Landeshochschulgesetzen unterschiedliche Reichweiten. § 7 a BerlHG hat im Gegensatz zu den Klauseln, die sich auf das Haushaltsrecht oder die Hochschulmedizin[799] beschränken, einen breiten Anwendungsbereich.[800] Inhalt und Zweck des § 7 a BerlHG sind im Folgenden näher zu beleuchten, bevor seine Verfassungsmäßigkeit geprüft und der Weg der FU bei der Umsetzung der Experimentierklausel nachgezeichnet wird.

II. Inhalt und Zweck der Erprobungsklausel

Das Berliner Abgeordnetenhaus hat durch Gesetz vom 12.03.1997[801] mit § 7 a eine Experimentierklausel in das Berliner Hochschulgesetz eingefügt. Sie lautet:

> „Erprobungsklausel
> Die für Hochschulen zuständige Senatsverwaltung kann auf Antrag der Hochschule nach Stellungnahme des Akademischen Senats und mit Zustimmung des Kuratoriums, an Hochschulen ohne Kuratorium mit Zustimmung des Akademischen Senats, für eine begrenzte Zeit Abweichungen von den Vorschriften der §§ 24 bis 29, 34 bis 36, 51 bis 58, 60 bis 75 sowie 83 bis 121 zulassen, soweit dies erforderlich ist, um neue Modelle der Leitung, Organisation und Finanzierung zu erproben, die dem Ziel einer Vereinfachung der Entscheidungsprozesse und einer Verbesserung der Wirtschaftlichkeit, insbesondere der Erzielung

---

797 *Wissenschaftsrat* (Fn. 784), S. 31 ff.

798 Vgl. oben Teil 2, I. 3.

799 Siehe zu den aktuellen Entwicklungen in der Hochschulmedizin neben *Heintzen* (Fn. 180) auch *Sven-Frederik Balders*, Zur Organisationsreform der Hochschulmedizin: Effizient nur ohne Universität?, WissR 31 (1998), 91 ff.; *Neie* (Fn. 189), S. 33; *Hans-Heinrich Trute/Andreas Wahl*, Organisationsreform der Hochschulmedizin und ihre Folgen für die Hochschulbauförderung, WissR 32 (1999), 38 ff.

800 Vgl. bereits oben Teil 2, I. 3. Näheres sogleich unter II. und IV.

801 GVBl S. 69.

eigener Einnahmen der Hochschule, dienen. Abweichungen von §§ 87 und 88 bedürfen des Einvernehmens der Senatsverwaltung der Finanzen."

Auf der Suche nach dem Sinn und Zweck der Norm gibt der Gesetzeswortlaut eine erste Antwort: Die Erprobungsmodelle sollen den Zielen „einer Vereinfachung der Entscheidungsprozesse und einer Verbesserung der Wirtschaftlichkeit, insbesondere der Erzielung eigener Einnahmen" dienen.

Die Gesetzesmaterialien weisen in eine ähnliche Richtung. In der kurz gehaltenen Begründung zu § 7 a BerlHG heißt es:[802] „Um die Hochschulen zur Ausnutzung aller kreativen Möglichkeiten bei der Steigerung ihrer ökonomischen Leistungsfähigkeit zu bringen, wird die strikte Bindung an vorgegebene Strukturen des bisherigen Berliner Hochschulrechts insofern gelockert, als die Hochschulen für einen begrenzten Zeitraum die Abweichung von bestimmten Vorschriften über Leitung, Organisation, Kompetenzgefüge und Finanzierung beantragen und nach entsprechender Beschlußfassung durch das Kuratorium, beziehungsweise durch den Akademischen Senat, von der Aufsichtsbehörde genehmigt bekommen können. Bei diesen Strukturversuchen soll insbesondere auch die Erzielung eigener Einnahmen durch die Hochschulen angestrebt werden." Die Steigerung der ökonomischen Leistungsfähigkeit und die Erzielung eigener Einnahmen werden also in den Vordergrund gerückt.

Der zuständige Ausschuss für Wissenschaft und Forschung des Berliner Abgeordnetenhauses hat sich in zwei Sitzungen mit der Gesetzesänderung beschäftigt. In einer Anhörung wurden insbesondere durch den Deutschen Gewerkschaftsbund, der die demokratischen Grundsätze der Führung und Organisation der Hochschulen für unverzichtbar und somit für nicht disponibel hielt,[803] und die Landesarbeitsgemeinschaft Akademischer Mittelbau, die Einbußen bei den Beteiligungsrechten befürchtete und die Verfassungswidrigkeit wegen Verstoßes gegen den Gesetzesvorbehalt monierte, Bedenken gegen die Gesetzesvorlage erhoben.[804] In einer weiteren Sitzung wurde einerseits der weite Anwendungsbereich der Experimentierklausel mit einer größtmöglichen Hochschulautonomie begründet, die zum Zwecke der Effizienzerhöhung anzustreben sei, andererseits die allseits beklagte Ineffizienz der Hochschulen den – durch die Erprobungsklausel nicht beeinflussbaren – Reibungsverlusten zwischen der Hochschul- und Senatsverwaltung zugeschrieben.[805] Den unterschiedlichen Argumenten folgend, wurde die Gesetzesvorlage im Ausschuss mit den Stimmen der Koalition gegen die Stimmen der Opposition beschlossen. Die

---

[802] Abgeordnetenhaus Berlin, Drs. 13/1151, Begründung, S. 13 (zu Nummer 3).

[803] Ausschuss für Wissenschaft und Forschung, Wortprotokoll der 18. Sitzung vom 10.01.1997, 13/18, S. 23.

[804] Ausschuss für Wissenschaft und Forschung, Wortprotokoll der 18. Sitzung vom 10.01.1997, 13/18, S. 46. Auch die Akademischen Senate der Hochschulen waren gegen die Einführung der Erprobungsklausel.

[805] Ausschuss für Wissenschaft und Forschung, Wortprotokoll der 20. Sitzung vom 10.02.1997, 13/20, S. 62 und S. 63, 66.

Ausschussmaterialien belegen, dass der vornehmliche Sinn der Erprobungsklausel darin gründet, die Effizienz der Hochschulen zu erhöhen.

III. Verfassungsmäßigkeit des § 7 a BerlHG

Die Prüfung der Verfassungsmäßigkeit des § 7 a BerlHG kann sich auf die Vereinbarkeit mit dem Grundgesetz konzentrieren. Daneben macht die Verfassung von Berlin in ihren Art. 17 und 21 insofern Vorgaben, als dort zum einen die Berufsfreiheit im Vergleich zum Grundgesetz in nur reduziertem Maße gewährleistet wird und zum anderen die Freiheit der Wissenschaft, Forschung und Lehre wortgleich zu Art. 5 III GG geregelt ist.[806] Darüber hinaus enthält sie keine vom Grundgesetz abweichenden Maßstäbe hinsichtlich der hier relevanten verfassungsrechtlichen Prinzipien.

1. Grundsatz funktionsgerechter Organstruktur

Nach dem Grundsatz funktionsgerechter Organstruktur sollen staatliche Entscheidungen möglichst „richtig", das heißt von den Organen getroffen werden, die dafür nach ihrer Organisation, Zusammensetzung, Funktion und Verfahrensweise über die besten Voraussetzungen verfügen.[807] Das Berliner Abgeordnetenhaus hat es aus Unsicherheit bezüglich geeigneter Norminhalte den Hochschulen und der für diese zuständigen Senatsverwaltung überlassen, Modelle zur Vereinfachung von Entscheidungsprozessen und zur Verbesserung der Wirtschaftlichkeit zu entwickeln und zuzulassen. Dabei kann kaum zweifelhaft sein, dass sowohl die Hochschulverwaltung, die staatliche Angelegenheiten nach § 2 III 1 BerlHG und Selbstverwaltungsaufgaben wahrnimmt, als auch die für Hochschulen zuständige Senatsverwaltung aufgrund ihrer personalen Zusammensetzung und ihrer (fachbehördlichen) Organisation größere Sachnähe aufweisen und mit mehr Detailwissen ausgestattet sind als der Landesgesetzgeber. Da ein Ziel der Erprobungsklausel die Stärkung der

---

806 Art. 21 S. 1 VvB gewährleistet ebenso wie der textidentische Art. 5 III 1 GG die Freiheit von Wissenschaft, Forschung und Lehre. Mit dem Verfassungsgerichtshof des Landes Berlin ist insofern Inhaltsgleichheit anzunehmen, LVerfGE 5, 37, 44; 7, 3, 9. Art. 17 VvB weicht von Art. 12 I GG dahin gehend ab, dass er nach seinem Wortlaut zwar die Freiheit der Berufswahl, nicht aber die der Berufsausübung schützt. Dieser Umstand führt zu einem Streit über seine Reichweite. Inzwischen ist der Verfassungsgerichtshof des Landes Berlin mehrheitlich der Auffassung, dass die Norm grundsätzlich nicht die Freiheit der Berufsausübung schützt, LVerfGE 5, 14, 17 (mit abweichendem Sondervotum dreier Richter, S. 22 f.); zuletzt LVerfGE 9, 45, 50 f.; offen gelassen in LVerfGE 5, 3, 8; Stimmengleichheit noch im Urteil vom 31.05.1995 – VerfGH 55/93, JR 1996, 146 ff. Soweit eine Übereinstimmung zwischen den Bundes- und Landesgrundrechten herrscht, brechen Erstgenannte nicht Zweitgenannte, bleiben Letztere neben der Grundrechtsgewährung des Grundgesetzes in Kraft, vgl. neben Fn. 698 auch Verfassungsgerichtshof des Landes Berlin, LVerfGE 1, 169, 179 ff.; 2, 19, 23; 3, 104, 107; 5, 30, 35; 9, 45, 48.

807 Ausführlich zu Einzelheiten des Grundsatzes oben Teil 3, III. 3.

Hochschulautonomie ist, kann auch die interne Innovationskraft der Hochschulen als Selbstverwaltungsträger zu „besseren" Ergebnissen führen.

Der Effizienzgewinn hinsichtlich des Verfahrens fällt vergleichsweise gering aus. Ist das Verwaltungsverfahren grundsätzlich schneller und flexibler als das formalisierte Gesetzgebungsverfahren, stellt § 7 a BerlHG relativ hohe prozedurale Anforderungen, indem die Hochschulleitung, das Kuratorium, der Akademische Senat und die zuständige(n) Senatsverwaltung(en) an dem Verfahren beteiligt werden.

Die strengen Verfahrensregelungen haben jedoch auch Auswirkungen auf das Legitimationsniveau. Das Zusammenspiel von Hochschulleitung, Akademischem Senat und Kuratorium führt zu einer hohen autonomen Legitimation der hochschulischen Selbstverwaltungsentscheidung und kompensiert die reduzierte personelle Legitimation durch das Staatsvolk. Letztere fällt angesichts des Genehmigungsvorbehalts zugunsten einer obersten Landesbehörde nicht stark ins Gewicht. Das vom Bundesverfassungsgericht postulierte hinreichende Legitimationsniveau ist deshalb durch die Konstruktion des § 7 a BerlHG erreicht.

Der Grundsatz funktionsgerechter Organstruktur spricht demnach für und nicht gegen die verfassungsrechtliche Zulässigkeit der Erprobungsklausel des § 7 a BerlHG.

2. Vereinbarkeit mit der Wesentlichkeitstheorie

Gegen die Verfassungsmäßigkeit des § 7 a BerlHG könnte die Wesentlichkeitstheorie des Bundesverfassungsgerichts sprechen.[808] § 7 a BerlHG hat zwei mögliche Berührungspunkte mit ihr. Zum einen ist Wesentlichkeit insofern denkbar, als die Grundrechtspositionen aus Art. 5 III 1 und 12 I GG (bzw. Art. 17 und 21 S. 1 VvB) von Hochschulmitgliedern betroffen sind. Zum anderen könnte die Regelung des Verhältnisses von den Hochschulen zum Land, insbesondere die Staatsaufsicht, wesentlich und damit dem parlamentarischen Gesetzgeber vorbehalten sein.

a) Grundrechtswesentlichkeit

§ 7 a BerlHG berücksichtigt in seiner Aufzählung der disponiblen Vorschriften mögliche Grundrechtsverletzungen, die durch ihn ausgehen können. So führt die Existenz von Art. 5 III 1 GG (Art. 21 S. 1 VvB) dazu, dass der vierte, die Forschung betreffende Abschnitt (§§ 37–42 BerlHG) sowie der fünfte Abschnitt über Mitgliedschaft und Mitbestimmung (§§ 43–50) nicht angetastet werden dürfen. Sensible Vorschriften, wie beispielsweise § 46 II BerlHG, der der Professorengruppe in allen Gremien mit Entscheidungsbefugnis in Angelegenheiten der Forschung und Lehre

---

[808] Zum Schutz des Kernbereichs der Legislative durch den Vorbehalt des Gesetzes und zur Bedeutung der Wesentlichkeitstheorie für den Gesetzes- und Parlamentsvorbehalt oben Teil 3, III. 4. und 5.

die Mehrheit sichert, sind dadurch ungefährdet. Weitere Fälle von Grundrechtswesentlichkeit können in den nicht zur Disposition stehenden §§ 30–33 BerlHG gesehen werden. Hier ist es allerdings Art. 12 I GG (Art. 17 VvB), der für Prüfungen formellgesetzliche Regelungen über Prüfungsordnungen, die Durchführung von Hochschulprüfungen und die Bewertung von Prüfungsleistungen fordert. Zur Ausübung des Grundrechts der Berufsfreiheit durch die Studierenden sind diese Regelungsgegenstände so wesentlich, dass sie dem Parlament vorbehalten sind und nicht der Verfügung durch Hochschule und Verwaltung unterstehen. Verstöße des § 7a BerlHG gegen die Wesentlichkeitstheorie wegen nicht berücksichtigter Grundrechtswesentlichkeit sind demnach nicht feststellbar.

b) Wesentlichkeit aufgrund der Regelung des Verhältnisses der Hochschulen zum Land

aa) Staatsaufsicht

§ 7a BerlHG lässt u. a. Abweichungen von den §§ 83–121 BerlHG zu. Darunter befindet sich mit § 89 BerlHG eine Vorschrift, die in ihrem ersten Absatz die Hochschulen der Rechtsaufsicht des Landes Berlin unterwirft und in Absatz 2 der für Hochschulen zuständigen Senatsverwaltung zusätzlich die Fachaufsicht überträgt über die Aufgabenwahrnehmung der Hochschulen in staatlichen Angelegenheiten. Fraglich ist, ob der Berliner Gesetzgeber von Verfassungs wegen gehalten ist, selbst die Regelungen über die Staatsaufsicht zu treffen, oder ob er sie dem Zusammenspiel der Hochschulen mit der für Hochschulen zuständigen Senatsverwaltung überlassen darf.

Das Bundesverfassungsgericht hat der Problematik, inwieweit bestimmte Regelungen vom Gesetzgeber selbst zu setzen sind oder den Grundordnungen der Hochschulen zugänglich sind, zwar verfassungsrechtliche Relevanz beigemessen, musste sie allerdings aus prozessrechtlichen Gründen nicht lösen.[809] Die Beantwortung der Frage bezüglich der Staatsaufsicht hat bei der Einordnung und der Bedeutung selbiger anzusetzen. Die staatliche Aufsicht über die Hochschulen resultiert ebenso wie die Staatsaufsicht im kommunalen Bereich aus dem Demokratieprinzip, welches die Rückführung jeder staatlichen Gewalt auf das Volk vorschreibt. Das Bundesverfassungsgericht fordert insofern eine ununterbrochene personelle und sachlich-inhaltliche Legitimation vom Volk über das Parlament und die diesem verantwortliche Regierung bis hin zu den handelnden Amtsträgern. Um die Regierung in die Lage zu versetzen, die Sachverantwortung gegenüber dem Volk und dem Parlament zu übernehmen, muss die Regierung auf die in ihrem Auftrag handelnden Amtsträger Einfluss nehmen können.[810] Im Hochschulbereich wird dies durch die Aufsichtsrechte der Ministerialverwaltung erreicht, die dem Parlament gegenüber

---

[809] Siehe BVerfGE 61, 260, 274f.

[810] BVerfG, DVBl 1996, 574, 575.

rechenschaftspflichtig ist, welches wiederum vom Volk gewählt ist. Der Idee der Selbstverwaltung ist es geschuldet, dass die staatliche Aufsicht in Selbstverwaltungsangelegenheiten auf die Rechtsaufsicht beschränkt ist, während sie in übertragenen staatlichen Angelegenheiten um die Fachaufsicht ergänzt wird. Das große Interesse der Allgemeinheit an dem System der Staatsaufsicht ist evident: Wo Staatsgewalt ausgeübt wird, muss diese kontrolliert und beaufsichtigt werden. Das „ob" und das „wie" der Aufsicht sind so wesentlich, dass es dem Parlament als einzigem unmittelbar demokratisch legitimierten Organ vorbehalten sein muss, entsprechende Regelungen im Grundsatz zu treffen. Dieser Meinung ist offenbar auch der Bundesgesetzgeber, wenn er in § 59 S. 1–3 HRG nicht nur bestimmt, dass das Land die Rechtsaufsicht über die Hochschulen ausübt, sondern den Ländern die Vorgabe macht, „durch Gesetz" die Mittel der Rechtsaufsicht zu bestimmen und neben der Rechtsaufsicht eine weitergehende Aufsicht vorzusehen, soweit die Hochschulen staatliche Aufgaben wahrnehmen. Die gängige Formulierung „durch Gesetz" schließt dabei sowohl untergesetzliche Rechtsquellen (wie beispielsweise eine Grundordnung) als auch die Möglichkeit aus, im Wege der Erprobungsklausel von der im förmlichen Gesetz normierten Aufsicht abzuweichen. Als Zwischenergebnis ist daher festzuhalten, dass die Regelung der Staatsaufsicht dem Parlamentsvorbehalt unterfällt und die Inbezugnahme von § 89 BerlHG durch § 7 a BerlHG gegen die Wesentlichkeitstheorie verstößt.

Zu klären bleibt, ob diese Erkenntnis zur Verfassungswidrigkeit von § 7 a BerlHG führt. Denkbar ist eine verfassungskonforme Auslegung der Norm dergestalt, dass „neue Modelle der Leitung, Organisation und Finanzierung" als ihr Tatbestand eng zu verstehen sind; und zwar so eng, dass Abweichungen von den Regeln über die Staatsaufsicht (§ 89 BerlHG) unter keinen Umständen „erforderlich" sind. Eine solche Auslegung ist möglich, da die im Kern hochschulinternen Modelle, mögen sie auch Auswirkungen auf das Verhältnis zum Land haben,[811] von der Staatsaufsicht deutlich trennbar sind. Sie führt allerdings dazu, dass die Rechtsfolge des § 7 a BerlHG in Bezug auf § 89 BerlHG leer läuft. Folgt man dieser Anschauung nicht, wäre § 7 a BerlHG, soweit er in seiner Rechtsfolge eine Abweichung von § 89 BerlHG zulässt, verfassungswidrig. Diese Teilverfassungswidrigkeit hätte jedoch keine Auswirkungen auf die Gültigkeit der Norm. Bei einer verfassungsgerichtlichen Überprüfung würde nur die Teilnichtigkeit in dem gerade beschriebenen Umfang festgestellt. Bei der geplanten Novellierung des Berliner Hochschulgesetzes sollte, sofern die Erprobungsklausel erhalten bleibt, § 89 BerlHG aus der Aufzählung in § 7 a BerlHG gestrichen werden.

---

[811] Dazu sogleich unter bb).

bb) Sonstige das Verhältnis der Hochschulen zum Land betreffende Regelungen

Jenseits der Staatsaufsicht führt die Wesentlichkeitstheorie nicht dazu, den Anwendungsbereich des § 7 a BerlHG auf inneruniversitäre Strukturen zu beschränken. Es ist nicht erkennbar, warum Regelungen, die das Verhältnis der Hochschulen zum Land betreffen, grundsätzlich „wesentlicher" sein sollen als hochschulinterne, zumal beide Bereiche regelmäßig nicht klar zu trennen sind,[812] dies im Unterschied zur eben erörterten Staatsaufsicht. Für eine den Parlamentsvorbehalt auslösende Wesentlichkeit von sonstigen Regelungen im Verhältnis der Hochschulen zum Land gibt es keine Anhaltspunkte.

3. Bestimmtheitsprinzip

Der Tatbestand des § 7a BerlHG wird durch die eine Abweichungszulassung rechtfertigenden Zielsetzungen eingegrenzt: Es können neue Modelle der Leitung, Organisation und Finanzierung erprobt werden, die dem Ziel einer Vereinfachung der Entscheidungsprozesse und einer Verbesserung der Wirtschaftlichkeit, insbesondere der Erzielung eigener Einnahmen der Hochschule, dienen. Die Modelle werden zwar nicht näher konkretisiert, doch sind die einzelnen Tatbestandsmerkmale für sich präzise formuliert. Da das Bestimmtheitsgebot nur verlangt, Rechtsvorschriften so genau zu fassen, wie dies nach der Eigenart des zu ordnenden Lebenssachverhalts und mit Rücksicht auf den Normzweck möglich ist, erfüllt § 7a BerlHG die Bestimmtheitsanforderungen. Denn sein Ziel, möglichst umfassende Erkenntnisse zu gewinnen, lässt eine exaktere Formulierung nicht zu.

Indem § 7a BerlHG konkrete Normen, von denen abgewichen werden kann, in Bezug nimmt, entspricht die in ihm geregelte Rechtsfolge in idealer Weise dem Bestimmtheitsgebot. Die hohe Anzahl der disponiblen Vorschriften ändert an dieser Tatsache nichts. Sie sind gezielt ausgewählt worden.

§ 7 a BerlHG verstößt nicht gegen das verfassungsrechtliche Bestimmtheitsgebot.

4. Hochschulische Selbstverwaltung

Das hochschulische Selbstverwaltungsrecht ist im Berliner Recht zwar nicht ausdrücklich mit Verfassungsrang ausgestattet. Art. 21 S. 1 VvB gewährleistet aber ebenso wie der wortgleiche Art. 5 III 1 GG „ein Recht der Hochschulen auf Selbstverwaltung in dem auf Wissenschaft, Forschung und Lehre unmittelbar bezogenen Bereich".[813]

---

[812] Näher hierzu unten Teil 5, IV. 2. a) cc).

[813] VerfGH Berlin, LVerfGE 5, 37, 44 mit Verweis auf die Rechtsprechung des Bundesverfassungsgerichts zu Art. 5 III GG: BVerfGE 35, 79, 116; 85, 360, 384. Ebenso VerfGH Berlin,

Der Berliner Gesetzgeber hat im Forschungsbereich, in dem er durch Art. 5 III GG (Art. 21 S. 1 VvB) den stärksten Beschränkungen unterliegt, an seiner Regelungsbefugnis festgehalten. Das ist auch erforderlich, da es – wie bereits ausgeführt[814] – die Grundrechte der Wissenschaftler zu schützen gilt. Die gesamte Hochschulbinnenorganisation, die bestenfalls noch am Rande von der hochschulischen Selbstverwaltung des Art. 5 III GG (Art. 21 S. 1 VvB) erfasst wird und deshalb dem Zugriff des Gesetzgebers weitgehend offen steht, hat er dagegen der Regelungsbefugnis der Hochschulen übertragen. Hierin ist eine deutliche Stärkung der hochschulischen Selbstverwaltung zu sehen. Die Experimentierklausel des § 7 a BerlHG verstößt daher unter dem Gesichtspunkt der Selbstverwaltung nicht gegen Verfassungsrecht.

IV. Verwaltungsrechtliche Umsetzung der Erprobungsklausel

Das Angebot zur Erprobung wurde von den Berliner Hochschulen[815] in unterschiedlichem Maße wahrgenommen. Von den drei Berliner Universitäten war die Humboldt-Universität zu Berlin Vorreiterin bei der Umsetzung, zeitlich dicht gefolgt von der FU. Die Technische Universität ist derzeit dabei, ein Erprobungskonzept zu entwickeln. Im Folgenden soll allein die verwaltungsrechtliche Umsetzung der Erprobungsklausel durch die FU dargestellt werden.

1. Erprobungsmodell und Teilgrundordnung

Nach der Verabschiedung der Experimentierklausel durch das Berliner Abgeordnetenhaus im März 1997 wurde an der FU eine „Arbeitsgruppe Erprobungsklausel" vom Präsidenten der Universität eingesetzt, der neun Fachleute angehörten und an deren Sitzungen der Präsident, der Kanzler und der Leiter der Rechtsabteilung teilnahmen. Die Arbeitsgruppe und ihre Untergruppen nahmen ihre Beratungen Ende April 1997 auf und schlossen sie Anfang November 1997 ab. Die Vorschläge für Erprobungsregelungen der FU, welche die Arbeitsgruppe am 02.11.1997 beschloss, behandelten ausführlich 60 Fragestellungen und bildeten die Diskussionsgrundlage in den Fachbereichen sowie im Akademischen Senat und im Kuratorium. Die hochschulinternen Abstimmungen wurden von rechtlichen Auseinandersetzungen zwischen der Universitätsleitung und der zuständigen Senatsverwaltung begleitet, die auf Rechtsunsicherheiten aufgrund des juristischen Neulandes basierten. Schließlich

---

LVerfGE 7, 3, 9. Infolge der Inhaltsgleichheit (oben Fn. 806) ist die zu Art. 5 III GG ergangene Rechtsprechung des Bundesverfassungsgerichts (siehe bereits oben Teil 3, IV. 2.) einschlägig, so ausdrücklich VerfGH Berlin, LVerfGE 8, 45, 52, für ein anderes vom materiellen Inhalt übereinstimmendes Grundrecht.

[814] Siehe oben Teil 5, III. 2. a)

[815] § 1 II BerlHG nennt zwölf staatliche Hochschulen als Adressaten.

genehmigte die für Hochschulen zuständige Senatsverwaltung am 14.08.1998 den Antrag der FU auf Zulassung ihres Erprobungsmodells in Abweichung von Bestimmungen des Berliner Hochschulgesetzes nach Stellungnahmen des Akademischen Senats der FU vom 01. und 15.07.1998 und nach Zustimmung des Kuratoriums der FU am 28.07.1998. Aufgrund von § 3 II i. V. m. § 7 a BerlHG beschloss daraufhin das Konzil der FU am 27.10.1998 eine Teilgrundordnung[816], die gemäß § 90 I BerlHG von der für Hochschulen zuständigen Senatsverwaltung am 09.11.1998 bestätigt wurde.

Die am 01.01.1999 in Kraft getretene Teilgrundordnung besteht aus 20 Paragrafen, die von annähernd ebenso vielen Paragrafen des Berliner Hochschulgesetzes Abweichungen vorsehen. Damit hat die FU die Erprobungsmöglichkeiten des § 7 a BerlHG, der rund 80 Paragrafen in Bezug nimmt, (nur) zu einem Viertel genutzt. Der Inhalt der Teilgrundordnung (TGO) lässt sich wie folgt darstellen:[817]

Die Leitung der Hochschule und der Fachbereiche beruht nunmehr auf dem Kollegialprinzip, indem das Präsidium den Präsidenten als zentrales Organ der Hochschule (§ 1 TGO) und das Dekanat den Dekan (§ 15 TGO) in der Führung ablösen. Das frühere Konzil entfällt; seine Aufgaben werden durch einen erweiterten Akademischen Senat wahrgenommen (§ 10 TGO). Das Kuratorium bleibt zwar erhalten, setzt sich nunmehr aber aus fünf Persönlichkeiten des öffentlichen Lebens zusammen (§§ 1 II, 11 TGO). Zugleich verändern sich seine Aufgaben, zu denen beispielsweise die Beratung des Präsidiums und – auf Vorschlag des Präsidenten (§ 7 TGO) – die Wahl des Kanzlers gehören (vgl. im Einzelnen § 12 TGO). Die Wahl des Präsidenten, dessen Rechtsstellung unangetastet geblieben ist (§ 4 TGO), erfolgt nicht mehr durch das Konzil, sondern – ebenso wie die der Vizepräsidenten (§ 6 TGO) – durch den erweiterten Akademischen Senat (§ 3 TGO). Der Akademische Senat bleibt in seiner Zusammensetzung unverändert (§ 8 I TGO)

Der fakultativ durch Beschluss des Akademischen Senats (§ 13 TGO) erweiterbare Fachbereichsrat wird gestärkt. So entscheidet er über die Feststellung des Haushalts des Fachbereichs und kann zu Struktur- und Entwicklungsplänen der am Fachbereich vertretenen Fächer Stellung nehmen (§ 14 TGO).

Haushaltswirtschaftlich sind drei Regelungen von Interesse. Der Entwurf des Haushaltsplans der Universität bedarf nunmehr der Billigung durch das Präsidium und der Feststellung durch das Kuratorium (§ 17 I TGO in Abweichung von § 88 BerlHG). Zudem tritt nach § 17 III TGO an die Stelle des Haushaltsplans ab dem 01.01.2001 ein Wirtschaftsplan gemäß § 110 LHO.[818] Die Experimentierklausel des § 88 a BerlHG[819] findet ihre Umsetzung in § 18 TGO. Danach kann das Präsidium erweiterte Übertragbarkeiten von Haushaltstiteln und Deckungsfähigkeiten zulassen.

---

816 Die in § 3 I BerlHG vorgesehene Grundordnung gibt es an der FU bisher nicht.

817 Veröffentlicht ist die Teilgrundordnung im Mitteilungsblatt der FU: FU-Mitteilungen 24/1998, S. 2 ff.

818 So die Teilgrundordnung; zur Praxis siehe unten im Text vor Fn. 846.

819 Siehe bereits oben Fn. 184.

Letztlich regelt § 19 TGO Einzelheiten bezüglich der Erprobungsphase und Evaluation. Die Erprobung ist befristet auf eine vierjährige Erprobungsphase, entsprechend dem Ablauf von zwei Doppelhaushalten (Absatz 4). Jede Fortführung der Erprobung, jede Änderung oder jeder Abbruch setzen eine Evaluation voraus, die durch eine ständige Arbeitsgruppe des Akademischen Senats geleistet wird (Absatz 5).

Der Wissenschaftsrat fasst den Inhalt des Erprobungsmodells dahin gehend zusammen, dass neuartige Planungs- und Kontrollmechanismen mit dem Ziel etabliert seien, „durch eine möglichst einstufige Zuordnung von Entscheidungskompetenzen klarere Zuständigkeiten und vereinfachte Verfahrenswege festzulegen. Dabei sollen Entscheidungsbefugnisse weitgehend in die Fachbereiche verlagert werden. Bei den zentralen Gremien verbleiben dagegen alle Angelegenheiten von fachbereichsübergreifender Bedeutung. Die Mitglieder des Präsidiums werden stärker als bisher für Querschnittsaufgaben zuständig und weisungsbefugt sein.“[820]

2. Rechtsprobleme bei der Umsetzung der Erprobungsklausel

Nachdem die Inhalte der Erprobungsklausel und der Teilgrundordnung hinreichend verdeutlicht worden sind, sind die rechtlichen Probleme zu untersuchen, die sich bei der Handhabung der Experimentierklausel des § 7 a BerlHG ergeben. Dabei kann nach dem Verfahren und den inhaltlichen Anforderungen differenziert werden.

a) Verfahren

aa) Antrag der Hochschule

Dem Antrag der Hochschule, der gemäß § 56 I BerlHG vom Leiter der Hochschule zu stellen ist, hat hochschulintern zweierlei voranzugehen: eine Stellungnahme des Akademischen Senats und, dieser nachfolgend, die Zustimmung des Kuratoriums. Der Antrag muss die Vorschriften des Berliner Hochschulgesetzes, von denen abgewichen werden soll, deutlich in Bezug nehmen. Dies geschieht idealiter durch Nennung der Paragrafen; die mittels Auslegung erlangte Eindeutigkeit der Normen ist jedoch genügend. Zugleich sind Einzelheiten des Erprobungsmodells im Antrag darzulegen. Denn nur so kann die Genehmigungsbehörde eine (ermessens-)fehlerfreie Entscheidung treffen.[821]

In diesem Zusammenhang stellt sich die Frage, ob von der Erprobungsklausel auch in der Weise Gebrauch gemacht werden kann, dass nur Abweichungen von gesetzlichen Vorschriften beantragt werden, ohne neue Erprobungsvorschriften an

---

820 *Wissenschaftsrat* (Fn. 784), S. 32.

821 Dazu sogleich unter bb).

ihre Stelle zu setzen. Eine Auslegung nach dem Wortlaut hat sich mit dem Begriff der „Abweichungen" zu befassen. Im Gegensatz zu einer möglichen Formulierung, die mit dem Begriff der „Befreiungen" operiert, implizieren „Abweichungen" zunächst nicht eine bloße Deregulierung, sondern eine positive Normierung von etwas Andersartigem. Während allerdings bei der Verwendung des Begriffs „Befreiungen" eine Normenreduktion unzweifelhaft zulässig wäre, fällt der Befund für die Abweichungen nicht eindeutig aus. Gebräuchliche Synonyme wie Ausnahme[822] sowie Unterschied und Differenz[823] sind zumindest für beide Auslegungen offen. Da die Gesetzesmaterialien insoweit unergiebig sind[824] und auch eine systematische Interpretation nicht weiterhilft, kommt es entscheidend auf die teleologische Auslegung an. Dabei ist einleitend festzustellen, dass die Erprobung neuer Leitungs-, Organisations- und Finanzierungsmodelle auch ohne neue Vorschriften durchaus denkbar ist. Nach dem Sinn und Zweck der Norm kommt es darauf an, dass ein Modell vorhanden ist und dass dessen Umsetzung Normen entgegenstehen. Das Modell muss sich nicht notwendigerweise in alternativen Vorschriften niederschlagen. Denn es ist ein Charakteristikum von Experimentierklauseln, dass der Gesetzgeber sich über die geeignete gesetzliche Regelung nicht im Klaren ist. Bewährt sich bei der praktischen Erprobung ein Modell, welches allein aufgrund von Befreiungen vom geltenden Recht umsetzbar ist, wird der Gesetzgeber diese Erfahrung in eine Deregulierung münden lassen. Es gibt keine zwingenden Gründe, den Anwendungsbereich von § 7a BerlHG insoweit zu beschränken. Umgekehrt würde eine solche Beschränkung eine unnötige Verkürzung des Anwendungsbereichs der Erprobungsklausel darstellen. Der mögliche Einwand, Experimentierklauseln seien als Ausnahmevorschriften im Zweifel eng auszulegen, greift zu kurz. Er hätte seine Berechtigung, wenn anderenfalls demokratische oder rechtsstaatliche Grundsätze verletzt würden. Eine Deregulierung als solche birgt jedoch kein Gefahrenpotential in sich. Von der Erprobungsklausel des § 7a BerlHG kann daher auch in der Weise Gebrauch gemacht werden, dass deregulierend nur Abweichungen von gesetzlichen Vorschriften beantragt werden.

In der Praxis wird dieses Problem wohl kaum in seiner Reinform auftreten, da eine Modellkonzeption, die nur gesetzesnegierende und keine „positiven" Inhalte aufweist, fast nicht vorstellbar ist. Eine Kombination von beidem ist dagegen denkbar und aufgrund der genannten Argumente zulässig.

bb) Entscheidung der Genehmigungsbehörde

Die Entscheidung der für Hochschulen zuständigen Senatsverwaltung über den Antrag der Hochschule ist nach dem klaren Wortlaut („kann") eine Ermessensentscheidung. Eine Genehmigung scheidet aus, wenn der Inhalt des Antrags rechtswid-

---

822 *Lutz Mackensen*, Deutsches Wörterbuch, 10. Auflage, 1982, S. 21.

823 *Duden*, Deutsches Universalwörterbuch, 1983, S. 44.

824 Siehe oben Teil 5, II.

rig ist.[825] Insbesondere Verstöße gegen drei Rechtsquellen sind denkbar: Zunächst gegen das Berliner Hochschulgesetz selbst; so können beispielsweise nur Abweichungen von den in § 7 a BerlHG in Bezug genommenen Vorschriften zugelassen werden. Daneben folgt aus dem Vorrang des Gesetzes, dass das Hochschulrahmengesetz des Bundes und das Grundgesetz als höherrangige Rechtsquellen zu beachten sind.

Die Genehmigungsbehörde ist darüber hinaus bei ihrer Entscheidung insofern rechtlich gebunden, als sie gemäß § 1 VwVfG Berlin i. V. m. § 40 VwVfG Bund ihr Ermessen entsprechend dem Zweck der Ermächtigung auszuüben und die gesetzlichen Grenzen des Ermessens einzuhalten hat. Die für Hochschulen zuständige Senatsverwaltung ist daher in ihrem Ermessen in dreifacher Weise beschränkt, wobei weitgehend auf die Erkenntnisse bei den Experimentierklauseln im Kommunalrecht zurückgegriffen werden kann:[826]

Die Genehmigung ist nicht zu erteilen, wenn gesicherte Erkenntnisse über die (Un-)Tauglichkeit eines Modells oder einer Maßnahme bereits vorliegen. Da § 7 a BerlHG die Hochschulautonomie stärken soll, ist den Hochschulen hinsichtlich der Erforderlichkeit einer Abweichung im Verhältnis zur Genehmigungs- und Aufsichtsbehörde ein Beurteilungsspielraum zuzubilligen. Die Genehmigung ist auch dann zu versagen, wenn es für die Umsetzung eines Modells keiner Änderung der unter die Erprobungsklausel fallenden Normen bedarf. Die dritte Ermessensschranke in Form der Beachtung der gesetzlichen Zielvorstellungen, deren Inhalt im Kommunalrecht noch ausführlich hergeleitet und begründet werden musste,[827] erfährt im Rahmen des § 7 a BerlHG eine Konkretisierung. Das Land Berlin hat das Ermessen der Genehmigungsbehörde insofern verkürzt, als es sich in § 17 II der oben genannten Rahmenverträge[828] verpflichtet hat, Erprobungsvorschlägen der Hochschulen möglichst Rechnung zu tragen und dabei die individuellen Ansätze der einzelnen Hochschulen zu berücksichtigen. Ablehnungen eines Antrags, die nicht auf Rechtsgründen basieren, müssen daher auf besonders gelagerte Fälle beschränkt sein, in denen beispielsweise einzelne Maßnahmen offenkundig unzweckmäßig sind.

Die Genehmigung, die als Verwaltungsakt zu qualifizieren ist, kann mit Nebenbestimmungen versehen werden.[829] Dem Antrag kann auch in Teilen stattgegeben werden, wenn durch die verbleibenden Abweichungen das Modell oder Teile des Modells sinnvoll erprobt werden können.

Abschließend bleibt darauf hinzuweisen, dass die Genehmigung eines Antrags durch die für Hochschulen zuständige Senatsverwaltung im Falle der Zulassung einer Abweichung von den §§ 87, 88 BerlHG des Einvernehmens der Senatsverwaltung für Finanzen bedarf (§ 7 a S. 2 BerlHG). Das Einvernehmen ist als verwaltungs-

---

825 Auf einzelne Rechtsfragen wird unten, Teil 5, IV. 2. b), ausführlicher eingegangen.

826 Siehe oben Teil 4, III. 3.

827 Siehe oben Teil 4, III. 3.

828 Siehe oben Teil 5, I. 2.

829 Siehe hierzu bereits oben Teil 4, III. 2.

interne Mitwirkung zu qualifizieren und stellt ein behördeninternes Vetorecht dar. Die einzelne Hochschule hat daher gegenüber der Senatsverwaltung für Finanzen weder einen Anspruch auf Einvernehmen noch unmittelbare Rechtsschutzmöglichkeiten im Falle der Versagung des Einvernehmens. Im Rahmen einer möglichen Verpflichtungsklage der Hochschule[830] überprüft das Verwaltungsgericht jedoch die Verweigerung des Einvernehmens mit der Folge, dass bei rechtswidriger Verweigerung die Genehmigungsbehörde zur erneuten Bescheidung zu verurteilen ist. Insoweit besteht eine Parallele etwa zu den §§ 36, 31 BauGB.

cc) Umsetzung des Modells

Bei der Umsetzung des Erprobungsmodells stellt sich die Frage, ob es dafür eines formellen Akts bedarf oder ob es formlos auf der Grundlage des genehmigenden Verwaltungsakts verwirklicht werden kann.

Eine Umsetzung im Wege einer Rechtsverordnung durch die für Hochschulen zuständige Senatsverwaltung hat auszuscheiden. Dagegen spricht die Auslegung des § 7 a BerlHG: Die Formulierung im Gesetz lautet „zulassen" und nicht „erlassen". Ein gesetzessystematischer Blick auf Verordnungsermächtigungen im Berliner Hochschulgesetz zeigt, dass der Berliner Gesetzgeber die üblichen Formulierungen für diese nutzt.[831] Der in der Gesetzesbegründung verwendete Begriff „genehmigt"[832] deutet ebenfalls nicht auf eine beabsichtigte Ermächtigung der Senatsverwaltung zur Rechtsetzung hin, sondern weist dieser eine bloße Prüfungsfunktion zu. Letztlich folgt auch aus dem Sinn und Zweck des § 7 a BerlHG kein Hinweis auf eine Verordnungsermächtigung.

Näher läge eine Umsetzung im Wege einer (Hochschul-)Satzung. Für eine zwingende Zweistufigkeit des Verfahrens in dem Sinne, dass der Zulassung einer Abweichung vom Berliner Hochschulgesetz durch die für Hochschulen zuständige Senatsverwaltung immer ein Akt hochschulinterner Satzunggebung zu folgen hat, lässt sich § 7 a BerlHG ausdrücklich nichts entnehmen. Dieser verhält sich zu einer möglichen zweiten Stufe überhaupt nicht, sondern regelt nur die erste Stufe in Form der Zulassung von Abweichungen. Der einzige mögliche Anknüpfungspunkt im Wortlaut sind „neue Modelle". Wie bereits angedeutet,[833] bedürfen Modelle nicht notwendig einer normativen Grundlage, sondern nur einer Konzeption. Das Konzept kann auch durch ein tatsächliches Verhalten der Hochschule verwirklicht werden. Zwingende Gründe für die Erforderlichkeit einer Hochschulsatzung lassen sich deshalb aus § 7 a BerlHG nicht ableiten.

---

830 Dazu unten unter c).

831 Vgl. die Formulierung „durch Rechtsverordnung" z. B. in den §§ 4 IX, 10 IV 1, 34 X 1, 48 IV 1 BerlHG.

832 Siehe oben Teil 5, II.

833 Siehe oben Teil 5, IV. 2. a) aa).

Abhängig vom Inhalt der Abweichungen könnte sich ein Satzungsvorbehalt aus anderen hochschulrechtlichen Bestimmungen ergeben. § 58 II 1 HRG und § 3 I 1 BerlHG bestimmen, dass sich die Hochschulen eine Grundordnung zu geben haben. Es muss hier nicht abschließend geklärt werden, ob sie hierzu verpflichtet sind.[834] Einerseits legt der Wortlaut der genannten Normen dies nahe; das Vorhandensein weiterer Vorschriften im Berliner Hochschulgesetz, die der Grundordnung Aufgaben zuweisen, spricht ebenfalls dafür.[835] Andererseits sieht das Berliner Hochschulgesetz keine Sanktionen für den Fall einer fehlenden Verabschiedung vor. In der Hochschulpraxis ist jedenfalls ein „Grundordnungsdefizit" festzustellen.[836] So hat zwar beispielsweise das Konzil der FU am 14.06.1988 eine Grundordnung beschlossen, doch ist es zu einer Bestätigung[837] durch die zuständige Senatsverwaltung nicht gekommen.[838]

Bei Hochschulen, die sich bisher (noch) keine Grundordnung gegeben haben, fällt das Fehlen einer solchen nicht als Mangel auf, weil die Verfassung der Hochschulen im Wesentlichen bereits im Landeshochschulgesetz festgelegt ist.[839] Weichen diese Hochschulen nunmehr im Wege der Erprobungsklausel von hochschulverfassungsrechtlichen Regelungen des Berliner Hochschulgesetzes ab, entsteht eine Diskrepanz zwischen dem Anspruch des Gesetzes und der Hochschulwirklichkeit; das Fehlen der Grundordnung wird merklich. In diesen Fällen ist das Abweichen von den gesetzlichen Regelungen durch eine (Teil-)Grundordnung[840] augenfällig zu machen. Existiert bereits eine Grundordnung, sind gegebenenfalls Anpassungen vorzunehmen.

Gegen die Pflicht, Erprobungsmodelle in einer Satzung zu regeln, könnte eine potenzielle rechtliche Unmöglichkeit sprechen. Denn das den Hochschulen zustehende Satzungsrecht bezieht sich grundsätzlich auf innerhochschulische Fragen.[841] § 7 a BerlHG erfasst hingegen in seinen Bezugnahmen auch Vorschriften, die das Außen-

---

834 Siehe hierzu nur *Werner Thieme*, Deutsches Hochschulrecht, 2. Auflage, 1986, Rdnr. 114 m. w. N. in Fn. 83.

835 Eine formell einheitliche Satzung zu fordern, geht jedoch wohl zu weit, vgl. *Andreas Reich*, Hochschulrahmengesetz, § 58 Rdnr. 4.

836 *Ulrich Karpen/Manuela Freund*, Hochschulgesetzgebung und Hochschulautonomie, 1992, S. 132, nennen das umständliche Satzungsverfahren samt Genehmigungsvorbehalt als Ursache dafür.

837 Gemäß § 90 I BerlHG bedürfen alle Rechtsvorschriften der Hochschulen mit Ausnahme der Studienordnung der Bestätigung. Der Sache nach handelt es sich dabei um eine Genehmigung.

838 Vgl. die Übersicht über die Hochschulgrundordnungen in allen Bundesländern bei *Karpen/Freund* (Fn. 836), S. 138 ff. (Berlin S. 166 ff.).

839 So *Thieme* (Fn. 834), Rdnr. 114.

840 Die Zulässigkeit von Teilgrundordnungen ergibt sich aus § 3 II 2 BerlHG.

841 Nach verbreiteter Auffassung erstreckt sich die Ermächtigung zum Grundordnungserlass auch auf den Bereich staatlicher Angelegenheiten, da staatliche und Körperschaftsangelegenheiten nicht hinreichend abgrenzbar seien, vgl. *Reich* (Fn. 823), § 58 Rdnr. 4 m. w. N. zum Streitstand.

verhältnis der Hochschulen zum Staat regeln. Als Beispiel möge das in den §§ 87 und 88 BerlHG normierte Haushaltswesen dienen. Dieses stellt eine Materie dar, die angesichts der überwiegend landesfinanzierten Hochschulen nicht allein dem hochschulinternen Bereich zugeordnet werden kann. Damit könnte es den Hochschulen verwehrt sein, genehmigte Erprobungsmodelle in einer Satzung zu normieren.

Diese Sichtweise verkennt jedoch das teilweise untrennbare Ineinandergreifen von Binnenbereich und Außenverhältnis der Hochschulen sowie den Charakter von Experimentierklauseln. Die enge Verknüpfung von Hochschulorganisation und Staat wird bei dem soeben erwähnten Haushaltswesen deutlich. Mögen Modelle der Leitung, Organisation und Finanzierung ihren Kern im Hochschulinnenbereich haben, bezüglich der neuen Finanzierungsmodelle ist der Staatsbezug evident.

Zudem ist den Experimentierklauseln eigen, dass der Gesetzgeber sich zurücknimmt und der Verwaltung größere Gestaltungsfreiheit einräumt. Wenn der Berliner Gesetzgeber auch Abweichungen von Vorschriften ermöglicht, die das Außenverhältnis der Hochschulen betreffen, überlässt er den Hochschulen zugleich Einfluss auf deren gesetzlich bestimmten Aufgabenbereich, der ihre Satzungsautonomie ursprünglich beschränkt, nunmehr aber erweiterbar ist. Diese Neubestimmung des Umfangs der Satzungsautonomie ist keine unkontrollierte Folge der Experimentierklausel, da die für Hochschulen zuständige Senatsverwaltung sowohl die Abweichungen im Wege des § 7 a BerlHG, als auch die als Satzungen ergehenden Grundordnungen genehmigen muss.[842] Dadurch ist der staatliche Einfluss gesichert.

Für die Beantwortung der Ausgangsfrage, ob es für die Umsetzung des Erprobungsmodells eines (weiteren) formellen Akts bedarf, ergibt sich nach alledem Folgendes: § 7 a BerlHG schreibt eine Umsetzung in Satzungsrecht nicht vor. Entscheidend ist der Inhalt der Abweichungen. Grundsätzlich ist es möglich, die Umsetzung des Modells auf der Grundlage des genehmigenden Verwaltungsakts formlos durch tatsächliches Verhalten der Hochschule zu verwirklichen. Wird jedoch eine neue Organisationsstruktur erprobt und damit von hochschulverfassungsrechtlichen Regelungen des Berliner Hochschulgesetzes oder einer Grundordnung abgewichen, ist eine Umsetzung in Satzungsrecht aus Gründen der Transparenz erforderlich.

b) Rechtmäßigkeit einzelner Abweichungen

Im Folgenden soll die Rechtmäßigkeit einzelner Abweichungen geprüft werden, die entweder bereits zugelassen worden sind oder sich in der aktuellen hochschulpolitischen Diskussion befinden.

---

842 Siehe bereits Fn. 837.

aa) Abweichungen von Regelungen mit Staatsbezug

Der Wortlaut des § 7 a BerlHG ist hinsichtlich möglicher Abweichungen von Normen mit Staatsbezug eindeutig. In seinem ersten Satz erklärt er beispielsweise die §§ 64 und 65 BerlHG für disponibel, die die Zusammensetzung und die Aufgaben des Kuratoriums normieren.[843] Nicht nur durch Satz 1, sondern zusätzlich durch Satz 2 werden die §§ 87 und 88 BerlHG in Bezug genommen, die sich mit dem Haushaltswesen befassen, welches in hohem Maße das Außenverhältnis der Hochschule zum Staat betrifft. Dass der Gesetzgeber in § 7 a S.1 BerlHG Normen mit Staatsbezug versehentlich genannt hat, kann daher ausgeschlossen werden. Abgesehen davon, würde auch ein Versehen nichts an der Rechtswirksamkeit des § 7 a BerlHG ändern.

Nach dem Sinn und Zweck der Erprobungsklausel kann die Inbezugnahme von Vorschriften mit staatsbezogenem Charakter nicht verwundern. Für eine effektive Aufgabenwahrnehmung durch die Hochschulen ist eine enge Verknüpfung von Binnen- und Außenbereich notwendig. Die vom Gesetzgeber angestrebten Modelle der Leitung, Organisation und Finanzierung werden häufig einen hochschulinternen Ausgangspunkt haben. Ausstrahlungswirkungen auf das Verhältnis zum Staat sind dabei nicht nur nicht auszuschließen, sondern möglicherweise erforderlich, um beispielsweise Entscheidungsprozesse zu verkürzen oder die Wirtschaftlichkeit zu verbessern. Eine zu starke Beschneidung des staatlichen Einflusses steht nicht zu befürchten, da die geplanten Abweichungen dem erwähnten Genehmigungsvorbehalt unterfallen. Eine andere Auslegung des § 7 a BerlHG kollidiert mit seinem Wortlaut und würde die Norm zwar nicht leer laufen lassen, aber doch in ihrer Wirkkraft entscheidend schwächen.

bb) Einführung von kaufmännischer Buchführung

Rechtlich umstritten ist die Frage, ob die Einführung von kaufmännischer Buchführung im Zuge der Erprobungsklausel des § 7 a BerlHG möglich ist.[844] Die für Hochschulen zuständige Senatsverwaltung sowie die Senatsverwaltung für Finanzen haben diese Frage bejaht, indem sie eine Abweichung der FU von § 88 BerlHG des Inhalts zugelassen haben, dass an die Stelle des Haushaltsplans ab dem 01.01.2001 ein Wirtschaftsplan gemäß § 110 LHO tritt (vgl. auch § 17 III TGO). Damit geht aus Gründen der Zweckmäßigkeit die Einführung der kaufmännischen doppelten Buchführung einher.[845] So hat das Kuratorium der FU am 28.07.1998 be-

---

[843] Zum Verstoß gegen die Wesentlichkeitstheorie durch die Inbezugnahme von § 89 BerlHG siehe oben Teil 5, III. 2.

[844] Allgemein zu den Schwierigkeiten eines Wechsels von der kameralen zur kaufmännischen Buchführung im Hochschulbereich *Behrens* (Fn. 795), S. 226.

[845] Vgl. *Eibelshäuser/Wallis*, in: Heuer, Kommentar zum Haushaltsrecht, § 110 BHO Rdnr. 4.

schlossen, dass vom Jahr 2001 an ein IT-gestütztes kaufmännisches Rechnungswesen erprobt werden soll.

Auch wenn die FU zunächst davon Abstand genommen hat, einen Wirtschaftsplan und die kaufmännische Buchführung zum genannten Zeitpunkt zu implementieren,[846] wird die praktische Relevanz der Frage am Jahresbericht 1999 des Rechnungshofs von Berlin deutlich. Dort heißt es:[847]

> „Die Freie Universität Berlin beabsichtigt, vom Jahr 2001 an auf der Grundlage der sogenannten Experimentierklausel (§ 7 a BerlHG) die kamerale Buchführung durch ein IT-gestütztes kaufmännisches Rechnungswesen zu ersetzen. Sie hat die Wirtschaftlichkeit dieses Vorhabens bisher nicht nachgewiesen. Auch an anderen Hochschulen Berlins gibt es Bestrebungen, die bisherigen Buchführungssysteme durch neue Verfahren zu ersetzen. Der Rechnungshof bezweifelt, daß die Erprobungsklausel eine ausreichende Rechtsgrundlage ist, das kameralistische Rechnungssystem durch die Einführung der kaufmännischen Buchführung abzulösen. Vor allem sind vor solchen grundlegenden, mit erheblichen finanziellen Auswirkungen verbundenen Verfahrensänderungen Wirtschaftlichkeitsuntersuchungen unerläßlich. Der Rechnungshof erwartet, daß vor einer endgültigen Entscheidung über die geplanten Vorhaben nachgewiesen wird, daß sie wirtschaftlich und rechtlich zulässig sind."

In der Begründung des Monitums werden die Bedenken präzisiert. Mit der Umstellung des kameralen Rechnungswesens auf ein komplexes kaufmännisches Rechnungswesen werde ein derart gravierender Systemwechsel vorgenommen,[848] dass eine Wiedereinführung des kameralen Rechnungswesens nicht ohne erheblichen finanziellen Aufwand möglich sei.[849] Von dem vereinzelten Einsatz eines kaufmännischen Rechnungswesens im Erprobungswege sei im Vergleich zu einem einheitlichen IT-Verfahren der staatlichen Hochschulen im Haushalts-, Kassen- und Rechnungswesen regelmäßig eine geringere Wirtschaftlichkeit und eine niedrigere Transparenz zu erwarten. Zudem werde mit der Entscheidung für unterschiedliche Buchführungssysteme und individuelle IT-Verfahren nicht nur das angestrebte einheitliche IT-Verfahren, sondern auch die gemäß § 2 III BerlHG gebotene Einheitlichkeit im Finanz- und Haushaltswesen unmöglich.

---

846 Die Fachhochschule für Technik und Wirtschaft arbeitet schon seit dem Haushaltsjahr 1999 auf der Basis eines Wirtschaftsplans (Kuratoriumsbeschluss vom 08.05.1998) und beabsichtigt, das Rechnungswesen nicht nur probeweise, sondern auf Dauer auf die Regeln der kaufmännischen doppelten Buchführung umzustellen.

847 Abgeordnetenhaus Berlin, Drs. 13/3649, S. 84.

848 Eine Gegenüberstellung der Rechnungsstile von Doppik und Kameralistik nimmt *Peter Eichhorn*, Allgemeine und Öffentliche Betriebswirtschaftslehre, insbesondere Doppik und Kameralistik, in: Doppik und Kameralistik, Festschrift für Ludwig Mülhaupt, 1987, S. 48, 57, vor. Zu Pro und Contra eines kaufmännischen Rechnungswesens für den Staat *Klaus Lüder*, Ein kaufmännisches Rechnungswesen für die öffentliche Verwaltung? – Plädoyer für das Überdenken der Zweckmäßigkeit des staatlichen Rechnungswesens in der Bundesrepublik Deutschland, in: Doppik und Kameralistik, Festschrift für Ludwig Mülhaupt, 1987, S. 245, 251 ff.

849 Abgeordnetenhaus Berlin, Drs. 13/3649, S. 85.

Die Sorgen des Rechnungshofs von Berlin mögen sachlich berechtigt sein, zu prüfen ist jedoch, ob sie auch rechtlich verfangen. Zunächst ist zu klären, ob den Hochschulen die Einführung der kaufmännischen doppelten Buchführung auch ohne Rückgriff auf § 7 a BerlHG möglich ist. Ist dies der Fall, wäre die Zulassung von Abweichungen im Wege der Erprobungsklausel nicht nur unnötig, sondern auch unzulässig („soweit dies erforderlich ist").

(1) Zulässigkeit der Einführung ohne Rückgriff auf § 7 a BerlHG

Weder das Berliner Hochschulgesetz noch das Hochschulrahmengesetz enthalten bezüglich der Art der Buchführung spezielle Regelungen. Da es sich bei den Hochschulen um landesunmittelbare juristische Personen des öffentlichen Rechts handelt, gelten gemäß § 105 I LHO Berlin die §§ 106–110 LHO Berlin sowie die §§ 1–87 LHO Berlin entsprechend, soweit nicht durch Gesetz oder aufgrund eines Gesetzes etwas anderes bestimmt ist. Die §§ 71–87 LHO Berlin treffen Regelungen über Buchführung und Rechnungslegung nach dem kameralistischen System. Die kaufmännische doppelte Buchführung wird in den §§ 74 I, 87 I LHO Berlin erwähnt. § 74 I LHO Berlin schreibt sie zwingend vor für Landesbetriebe, die nach § 26 I 1 LHO Berlin einen Wirtschaftsplan aufstellen und bei denen eine kameralistische Buchführung nicht zweckmäßig ist. Nach § 58 HRG und § 2 I BerlHG sind die Hochschulen (Berlins) aber als rechtlich selbstständige Körperschaften ausgestaltet, während § 26 LHO Berlin für Landesbetriebe rechtliche Unselbstständigkeit voraussetzt.[850] Scheiden die §§ 1–87 LHO Berlin demnach als Rechtsgrundlage aus, könnte § 110 LHO Berlin weiterhelfen, der in seinem Satz 2 die Regeln der kaufmännischen doppelten Buchführung nennt. § 110 S. 1 LHO Berlin sieht vor, dass landesunmittelbare juristische Personen des öffentlichen Rechts, bei denen ein Wirtschaften nach Einnahmen und Ausgaben des Haushaltsplans nicht zweckmäßig ist, einen Wirtschaftsplan aufzustellen haben. Für Hochschulen ist allerdings durch § 88 BerlHG „etwas anderes" i. S. d. § 105 I LHO Berlin bestimmt, indem ein Haushaltsplan zwingend vorgeschrieben wird. Ohne Rückgriff auf die Erprobungsklausel des § 7 a BerlHG ist die Einführung der kaufmännischen doppelten Buchführung mangels Rechtsgrundlage unzulässig, da für die Hochschulen entsprechend §§ 71–87 LHO Berlin das kameralistische System gilt.

---

[850] Zu Bedenken gegen eine Überführung von Hochschulen in Landesbetriebe siehe den Abschlussbericht der Arbeitsgruppe Pauschalhaushalt an die Haushaltsstrukturkommission Baden-Württemberg, in: Willi Blümel/Ignaz Bender (Hrsg.), Flexibilität der Hochschulhaushalte, 1994, S. 97, 110. Zu entsprechenden Modellversuchen in Niedersachsen *Christoph Ehrenberg*, Zum Modellversuch an drei niedersächsischen Hochschulen, NdsVBl 1996, 33 ff.; *Wolf-Dietrich von Fircks*, Die Universität als Landesbetrieb, Forschung & Lehre 1995, 281 f. Eine Bewertung der Vorteile von als Landesbetrieb geführten Hochschulen nimmt *Brunhilde Seidel-Kwem*, Kostentransparenz und Wirtschaftlichkeitskontrolle im Landesbetrieb, in: Die Finanzverfassung der wissenschaftlichen Hochschulen, 1994, S. 157, 171 f., vor.

(2) *Zulässigkeit der Einführung nach Abweichung von § 88 BerlHG*

Die Abweichung von § 88 BerlHG in der Form, dass an die Stelle des Haushaltsplans ein Wirtschaftsplan tritt, könnte eine andere Beurteilung rechtfertigen. Dann müsste der Inhalt der Abweichung rechtlich zulässig sein. § 7a BerlHG eröffnet zwar die Möglichkeit, von zahlreichen Vorschriften des Berliner Hochschulgesetzes zu dispensieren, Befreiungen von anderen Berliner Landesgesetzen oder höherrangigem Recht sind dagegen nicht möglich. § 106 LHO Berlin schreibt für landesunmittelbare juristische Personen des öffentlichen Rechts grundsätzlich die Feststellung eines Haushaltsplans vor. Entscheidend ist daher, ob die Ausnahme des § 110 LHO Berlin greift, genauer, ob bei den antragstellenden Hochschulen „ein Wirtschaften nach Einnahmen und Ausgaben des Haushaltsplans nicht zweckmäßig ist.“ Die Voraussetzungen, unter denen Letzteres der Fall ist, sind weder in der Bundeshaushaltsordnung noch in den Landeshaushaltsordnungen festgelegt.[851] Eine Ausführungsvorschrift zu § 110 LHO Berlin, die Anhaltspunkte für mögliche Zweckmäßigkeitstatbestände bietet, existiert nicht. Der identische Wortlaut in § 26 I 1 LHO Berlin für Landesbetriebe erlaubt jedoch einen Rückgriff auf die diesbezüglichen Ausführungsvorschriften. Danach kommt die Aufstellung eines Wirtschaftsplans insbesondere in Betracht, „wenn es sich um einen Betrieb handelt, der sich den Erfordernissen des Wettbewerbs anzupassen hat.“[852] Die Verwaltungsvorschriften des Landes Niedersachsen zu dem wortgleichen § 26 LHO gehen darüber hinaus, indem sie daneben ein Wirtschaften nach Einnahmen und Ausgaben des Haushaltsplans in der Regel dann nicht für zweckmäßig erklären, wenn die Kostendeckung des Betriebs „nach den Regeln der kaufmännischen Buchführung überwacht werden soll“.[853] Bereits die erste Anforderung lässt sich auf die Hochschulen als landesunmittelbare juristische Personen des öffentlichen Rechts übertragen. Diese befinden sich durch die hochschulrechtlichen Entwicklungen der letzten drei Jahre im Wettbewerb untereinander. Nicht nur der Bundesgesetzgeber hat in seiner Begründung zur Novellierung des Hochschulrahmengesetzes ausdrücklich darauf hingewiesen, dass mit ihr Wettbewerb zwischen den Hochschulen ermöglicht werden soll.[854] Auch in der Berliner Hochschulpolitik ist die Verbesserung der Leistungs- und Wettbewerbsfähigkeit der Hochschulen ein zentrales Anliegen.[855] Einer Abweichung von § 88 BerlHG dergestalt, dass ein Wirtschaftsplan den Haushaltsplan ersetzt, steht § 110 LHO Berlin folglich nicht entgegen. Umgekehrt lässt sich formulieren, dass § 110 LHO Berlin die erforderliche Rechtsgrundlage für die Hochschulen zur Aufstellung eines Wirtschaftsplans darstellt, sofern eine Abweichung von

---

[851] Für die Bundeshaushaltsordnung *Eibelshäuser/Wallis*, in: Heuer, Kommentar zum Haushaltsrecht, § 110 BHO Rdnr. 2.

[852] Ausführungsvorschriften zu § 26 LHO Berlin, zu Abs. 1, 1.1.

[853] Verwaltungsvorschriften zu § 26 LHO Niedersachsen, 1.2., zitiert nach *Ehrenberg* (Fn. 850), S. 33.

[854] Siehe bereits oben im Text nach Fn. 781.

[855] Vgl. bereits oben im Text nach Fn. 794 sowie *Wissenschaftsrat* (Fn. 784), S. 45.

§ 88 BerlHG zugelassen worden ist. So gewendet liegt ein Beispielsfall für eine zulässige Deregulierung vor.[856] An die Stelle des § 88 BerlHG muss nicht zwingend eine Neuregelung treten, da § 110 LHO Berlin Anwendung findet.

Die zweite Zweckmäßigkeitserwägung in der niedersächsischen Verwaltungsvorschrift klingt in dem hier untersuchten Zusammenhang wie ein Zirkelschluss: Die Einführung der kaufmännischen Buchführung ermöglicht die Erstellung eines Wirtschaftsplans, der wiederum die kaufmännische Buchführung rechtfertigt. Ein Zirkelschluss liegt dennoch nicht vor. Die Überwachung der Kostendeckung nach den Regeln der kaufmännischen Buchführung ist vorliegend nur Ausprägung eines Reformprozesses, der als weitere Elemente beispielsweise die leistungsbezogene Mittelverteilung,[857] Budgetierung, Leistungs- und Kostenrechnung sowie Controlling[858] beinhaltet. Ein Wirtschaften nach Einnahmen und Ausgaben des Haushaltsplans steht einem derartigen Reformprozess offensichtlich entgegen und ist deshalb auch insofern nicht zweckmäßig.

Erlaubt § 110 S. 1 LHO Berlin den Hochschulen, einen Wirtschaftsplan aufzustellen, überlässt Satz 2 es der landesunmittelbaren juristischen Person, ob sie nach den Regeln der kaufmännischen doppelten Buchführung buchen möchte. Dies ist regelmäßig der Fall. Der Wahrnehmung dieser Rechtsgrundlage durch die Berliner Hochschulen im Wege der Erprobungsmodelle könnten – wie vom Rechnungshof von Berlin moniert – § 7 II 1 LHO Berlin, der angemessene Wirtschaftlichkeitsuntersuchungen für alle finanzwirksamen Maßnahmen verlangt, und § 2 III 2 BerlHG, der die Wahrung der gebotenen Einheitlichkeit der Hochschulen im Finanz- und Haushaltswesen vorschreibt, entgegenstehen.

(3) Erforderlichkeit einer Wirtschaftlichkeitsuntersuchung nach § 7 II 1 LHO Berlin

Eine Befreiung von § 88 BerlHG lässt die Bindung der Hochschulen an § 7 LHO Berlin nicht entfallen. So haben die Hochschulen für die finanzwirksamen Teile ihrer Erprobungsmodelle angemessene Wirtschaftlichkeitsuntersuchungen vorzulegen, die den Ausführungsvorschriften zur Landeshaushaltsordnung entsprechen.[859] Darin werden jedoch kaum Anforderungen gestellt, die über das hinausgehen, was § 7 a BerlHG selbst vorschreibt: nämlich eine beabsichtigte Verbesserung der Wirtschaftlichkeit. An die Validität der Erkenntnisse über mögliche Verbesserungen der

[856] Siehe oben Teil 5, IV. 2. a) aa).

[857] Ein Reformkonzept leistungsbezogener Finanzierung stellt *Martin Bullinger*, Finanzierung der Universität nach ihren Leistungen, JZ 1998, 109 ff., vor.

[858] Siehe hierzu *Gabriele Homburg/Heinrich Reinermann/Klaus Lüder*, Hochschul-Controlling, 1996.

[859] Siehe Ausführungsvorschriften zu § 7 LHO Berlin, 2. Gefordert werden u. a. eine Analyse der Ausgangslage und des Handlungsbedarfs sowie relevante Lösungsmöglichkeiten und deren Nutzen und Kosten einschließlich finanzieller Auswirkungen auf den Haushalt.

Wirtschaftlichkeit dürfen allerdings keine überzogenen Erwartungen geknüpft werden. Dies verlangt auch der Wortlaut des § 7 LHO Berlin nicht („angemessene"). Wird es gesicherte Erkenntnisse nur selten geben, reduziert § 7 a BerlHG, der gerade dazu dient, die Bewährung von Modellen in der Praxis zu erweisen oder zu widerlegen, die Vorgaben von § 7 LHO Berlin. In diesem Zusammenhang fungiert § 7a BerlHG als ein Bestandteil der von § 7 LHO Berlin geforderten Wirtschaftlichkeitsuntersuchung. Eine andere Sichtweise hätte zur Folge, dass § 7a BerlHG weitgehend ins Leere liefe. Denn dann könnte der Gesetzgeber auf Grundlage der gesicherten Erkenntnisse selbst tätig werden. Die Gesetzgebung steht nach dem Sinn der Experimentierklauseln jedoch erst am Ende eines Evaluierungsprozesses. § 7 LHO Berlin ist daher zwar zu beachten, er schließt die Einführung von kaufmännischer doppelter Buchführung aber nicht aus.

(4) Spannungsverhältnis zwischen § 2 III 2 und § 7 a BerlHG

Da § 2 III BerlHG nicht in den Kanon der gemäß § 7 a BerlHG disponiblen Vorschriften aufgenommen worden ist, hat auch er grundsätzlich Anspruch auf Beachtung. Indem er die gebotene Einheitlichkeit der Hochschulen im Finanz- und Haushaltswesen anmahnt, befindet er sich jedoch in einem Spannungsverhältnis zu § 7a BerlHG, der allen Hochschulen gesondert die Möglichkeit einräumt, Abweichungen zu beantragen. Eine Auslegung der Normen hat sich daran zu orientieren, dass beide größtmögliche Wirkung erzielen. Eine enge Auslegung des § 2 III 2 BerlHG würde die Einheitlichkeit der Hochschulen überbetonen und § 7 a BerlHG weitgehend seinen Anwendungsbereich nehmen. Hätte der Gesetzgeber nur uniforme Finanz- und Haushaltsmodelle erproben lassen wollen, hätte er zum Mittel des Modellversuchs greifen können. Bestimmte ausgewählte Modelle hätten an allen Hochschulen gleichzeitig in der Praxis getestet werden können. Diese Variante hat der Gesetzgeber aber bewusst nicht gewählt. In Unkenntnis einer Ideallösung hat es das Abgeordnetenhaus vielmehr den Hochschulen überlassen, das optimale Modell zu entwickeln. Auf dem Weg dahin sind Differenzen zwischen den Haushalts- und Finanzsystemen der Hochschulen selbstverständlich und hinzunehmen. Für diese Auslegung sprechen mehrere Gründe. Zum einen fördert der Wettbewerb zwischen verschiedenen Modellen den Erkenntnisgewinn bezüglich einer größtmöglichen Effizienz. Zum anderen ist es nahe liegend, dass es – auch angesichts der unterschiedlichen Ausgangssituationen der einzelnen Hochschule – „die" Ideallösung gar nicht gibt, sondern jede Hochschule ihr eigenes Effizienzoptimum anstreben sollte. Dazu kommt, dass der Gesetzgeber § 7 a BerlHG in Kenntnis des § 2 III 2 BerlHG implementiert hat und Letzterem immer noch ein Wirkungsfeld bleibt. Zu denken ist einerseits an Hochschulen, die von § 7 a BerlHG keinen Gebrauch machen, andererseits an alle Bereiche jenseits der genehmigten Erprobungsmodelle. Letztlich lässt der Wortlaut des § 2 III 2 BerlHG diese Auslegung zu. Mehr Einheitlichkeit ist angesichts des § 7 a BerlHG nicht „geboten". Nach alledem haben Wirtschaftlichkeit und Effizienz Vorrang vor der Einheitlichkeit im Finanz- und Haushaltswesen. Auch

§ 2 III 2 BerlHG steht der Einführung von kaufmännischer doppelter Buchführung nicht entgegen.

(5) Ergebnis

Ein Übergang vom kameralistischen System zur Doppik ist möglich, sofern eine Abweichung von § 88 BerlHG zugelassen worden ist.

cc) Einführung eines Landeshochschulrats und von Hochschulräten

Der Wissenschaftsrat hat in seiner Stellungnahme zur Strukturplanung der Hochschulen in Berlin bezüglich der Hochschulsteuerung insbesondere zweierlei empfohlen: einen Landeshochschulrat einzusetzen, um die Lenkung der Hochschulen zu verbessern, und Hochschulräte einzurichten, die der Optimierung der hochschulinternen Steuerung dienen.[860] Nach den Vorstellungen des Wissenschaftsrats soll der Hochschulrat mit internen und externen Mitgliedern besetzt sein[861] und letzte Entscheidungsinstanz in allen ressourcenbezogenen und für die langfristige Entwicklung der Hochschulen wesentlichen Fragen (Struktur- und Entwicklungspläne) sein. Weitere dauerhaft eingesetzte Organe und Gremien mit Kontroll-, Beratungs- oder Entscheidungsbefugnissen erübrigten sich, so dass die bisher in Berlin noch bestehenden Kuratorien, Konzile sowie alle weiteren ihnen nachgeordneten Beratungs- und Entscheidungsgremien aufgelöst werden sollten.

Der Landeshochschulrat sollte nach den Empfehlungen des Wissenschaftsrats beim Senator für Wissenschaft, Forschung und Kultur angesiedelt werden, aus acht Wissenschaftlern und fünf Persönlichkeiten mit hohem wissenschafts- oder wirtschaftspolitischen Sachverstand bestehen[862] und insbesondere das Land Berlin bei der Lenkung seines Hochschul- und Wissenschaftssystems, namentlich bei allen Fragen, die die Leistungs- und Wettbewerbsfähigkeit sowie die Finanzierung einzelner oder mehrerer Hochschulen und das von ihnen gebildete Hochschulsystem betreffen, beraten.[863]

Das Zusammenspiel zwischen dem Landeshochschulrat und den Hochschulräten stellt sich der Wissenschaftsrat wie folgt vor: Innerhalb der Hochschulen erarbeitet das Präsidium im Zusammenwirken mit den Dekanen den Struktur- und Entwick-

860 *Wissenschaftsrat* (Fn. 784), S. 55 ff.

861 Der *Wissenschaftsrat* (Fn. 784), S. 57, betont, dass die Zahl der internen Mitglieder die der externen nach geltendem Recht überwiegen muss, hält aber eine höhere Zahl externer Mitglieder aus wissenschaftspolitischen Gründen für sinnvoll.

862 Die dreizehn Mitglieder sollten nicht in Berlin beruflich tätig sein und auf Vorschlag des Senators für Wissenschaft, Forschung und Kultur vom Regierenden Bürgermeister des Landes Berlin berufen werden, vgl. *Wissenschaftsrat* (Fn. 784), S. 62.

863 Siehe *Wissenschaftsrat* (Fn. 784), S. 59.

lungsplan und legt diesen – im Einvernehmen mit dem Akademischen Senat – dem Hochschulrat zur Billigung vor. Dieser leitet den von ihm gebilligten Plan an den zuständigen Senator weiter, der wiederum sämtliche Struktur- und Entwicklungspläne dem Landeshochschulrat zur Begutachtung vorlegt.[864] Das Land Berlin, welches weder in den Hochschulräten noch im Landeshochschulrat Mitgliedschaft besitzen sollte, um sich notfalls auch gegen die Beschlüsse dieser Gremien richten zu können, entscheidet abschließend.

Auf die FU gewendet bedeutete dies zum einen, dass ein Hochschulrat das Kuratorium neuer Form (vgl. §§ 11, 12 TGO) ablösen würde, zum anderen, dass der auf Landesebene eingeführte Landeshochschulrat als zusätzliche „Instanz" die FU in ihrem Freiheitsraum beschränkt. Fraglich ist, inwiefern die genannten Räte im Wege von Gesetzesänderungen eingeführt werden können, ohne zuvor eine Evaluierung der bestehenden Modellregelungen vorzunehmen.[865] Zudem lässt sich die weitgehend gleichbedeutende Frage stellen, ob der Gesetzgeber die genehmigte Erprobungsphase gegen den Willen der Hochschulen vorzeitig abbrechen kann.

Eine Evaluierung ist gemäß § 19 V TGO zwingende Voraussetzung für eine Änderung oder den Abbruch der Erprobung. Die Normenhierarchie verhindert aber, dass die als Satzung erlassene Teilgrundordnung den parlamentarischen Gesetzgeber binden kann. Damit sind die aufgeworfenen Fragen indes noch nicht beantwortet. Für eine notwendige Evaluation und gegen einen vorzeitigen Abbruch per Gesetz sprechen Gründe des Vertrauensschutzes. Nimmt eine Hochschule unter großen personellen (und damit auch finanziellen) Anstrengungen das Angebot des Gesetzgebers zur Modellerprobung an, so ließe sich argumentieren, dass der Gesetzgeber während des genehmigten Erprobungszeitraums gesetzgeberische Zurückhaltung zu wahren hat. Dass ein solches Abwarten sinnvoll ist, muss nicht betont werden. Schließlich würde der Gesetzgeber auf die in der Praxis gesammelten Erfahrungen verzichten, wenn er Erprobungsmodelle ohne Evaluation vorzeitig abbräche. Dieser vornehmlich politischen Einschätzung stehen allerdings durchschlagende rechtliche Bedenken gegenüber. Experimentierklauseln lassen sich insbesondere unter demokratischen Gesichtspunkten nur rechtfertigen, wenn der Gesetzgeber über die ihm ursprünglich zustehende Kompetenz frei verfügen kann. Dazu gehört auch die jederzeitige Rückholbarkeit der auf die Verwaltung übertragenen Regelungsbefugnis. Insofern ist eine Parallele zu ziehen zur Verordnungsermächtigung. In diesem Bereich entspricht es einhelliger Auffassung, dass der parlamentarische Gesetzgeber zu jeder Zeit selbst tätig werden kann, auch wenn der Verordnunggeber von der Verordnungsermächtigung Gebrauch gemacht hat; die Delegation bewirkt keinen Kom-

---

[864] *Wissenschaftsrat* (Fn. 784), S. 60 f.

[865] Erst mit Verspätung hat der Akademische Senat durch Beschluss vom 19.07.2000 die in § 19 V TGO beschriebene Evaluierungskommission eingesetzt. Der Arbeitsgruppe gehören fünf externe Mitglieder an, die von Organisationen bzw. Institutionen entsandt werden, die sich mit der Reform des Hochschulwesens beschäftigen und über Erfahrung in der Evaluation von Steuerungs- und Entscheidungsprozessen verfügen.

petenzverlust.[866] Der innerhalb der Verwaltung generell stark reduzierte Vertrauensschutz hat dahinter zurückzutreten. Er ist zudem deshalb gering, weil den Erprobenden der Vorrang des Gesetzgebers bewusst sein muss. Die Erprobenden werden politisch dadurch geschützt, dass der Gesetzgeber nicht gut beraten wäre, die befristeten Erprobungsmodelle vorzeitig ohne Erkenntnisgewinn abzubrechen.

Als Ergebnis bleibt festzuhalten, dass die Einführung eines Landeshochschulrats und von Hochschulräten durch den Landesgesetzgeber rechtlich auch dann zulässig ist, wenn dadurch Erprobungsmodelle ohne Evaluierung vorzeitig abgebrochen werden.

c) Prozessuale Geltendmachung

Angesichts der diskutierten Rechtsprobleme stellt sich die Frage, ob die Hochschulen mögliche Ansprüche ähnlich wie die kommunalen Gebietskörperschaften gerichtlich durchsetzen können.

Da die Entscheidung über den Antrag der Hochschulen im Ermessen der zuständigen Senatsverwaltung steht, haben die antragstellenden Hochschulen keinen Rechtsanspruch auf Erteilung der Genehmigung. Parallel zu den kommunalen Gebietskörperschaften[867] ist den Hochschulen jedoch ein Anspruch auf Destination zuzugestehen. Das dafür erforderliche subjektive Recht fließt aus § 7 a BerlHG. Dieser dient nicht nur dem öffentlichen Interesse, sondern auch und gerade den Interessen der Hochschulen. Die Anwendung der Erprobungsklausel soll zu einer größtmöglichen Hochschulautonomie führen.[868] Die erwartete Steigerung der Effizienz der Hochschulen ist zwar auch für die Landeskasse vorteilhaft, Hauptprofiteure sind aber die Hochschulen selbst. Ihnen kommen zudem zukünftige Gesetzesänderungen, die sie durch ihre Modellversuche maßgeblich mitgestalten können, zugute. Die Hochschulen haben daher einen Anspruch auf ermessensfehlerfreie Entscheidung, der im Wege der Verpflichtungsklage vor dem Verwaltungsgericht geltend zu machen ist.

V. Zusammenfassung

Durch die Aufhebung der bundesrechtlichen Rahmenvorschriften der §§ 61–66 HRG a. F. ist den Ländern die Gelegenheit eröffnet worden, im Wege von Experimentierklauseln neue Strukturen der Hochschulbinnenorganisation erproben zu lassen. Der weite Anwendungsbereich des § 7 a BerlHG sowie ihre weitgehende Autonomie verleiht den Berliner Hochschulen besonders große Experimentiermöglich-

---

[866] Vgl. nur *Stefan Studenroth*, Einflußnahme des Bundestages auf Erlaß, Inhalt und Bestand von Rechtsverordnungen, DÖV 1995, 525, 527 m. w. N.

[867] Siehe oben Teil 4, IV.

[868] Siehe oben im Text vor Fn. 805.

keiten. Der Wortlaut, die gesetzgeberische Begründung sowie die Ausschussprotokolle im Gesetzgebungsverfahren des § 7 a BerlHG weisen als dessen Hauptziel die Effizienzerhöhung der Berliner Hochschulen aus. Die FU beschränkt sich in ihrem Erprobungsmodell auf die Vereinfachung von Entscheidungsprozessen, ohne Grundlagen für die Erzielung eigener Einnahmen zu schaffen.

§ 7 a BerlHG ist verfassungsrechtlich haltbar: Der Verstoß gegen die Wesentlichkeitstheorie durch die Erwähnung des § 89 BerlHG im Kanon der disponiblen Vorschriften und damit eine mögliche (Teil-)Verfassungswidrigkeit des § 7 a BerlHG ist durch verfassungskonforme Auslegung zu verhindern.

Von der Erprobungsklausel des § 7 a BerlHG kann auch in der Weise Gebrauch gemacht werden, dass deregulierend nur Abweichungen von gesetzlichen Vorschriften beantragt und genehmigt werden. Das Ermessen der Genehmigungsbehörde ist u. a. dadurch beschränkt, dass sich das Land Berlin in § 17 II der Hochschulrahmenverträge verpflichtet hat, Erprobungsvorschlägen der Hochschulen möglichst Rechnung zu tragen und dabei die individuellen Ansätze der einzelnen Hochschulen zu berücksichtigen.

Grundsätzlich ist es möglich, die Umsetzung eines Erprobungsmodells auf der Grundlage des genehmigenden Verwaltungsakts formlos durch tatsächliches Verhalten der Hochschule zu verwirklichen. Wird jedoch eine neue Organisationsstruktur erprobt und damit von hochschulverfassungsrechtlichen Regelungen des Berliner Hochschulgesetzes oder einer Grundordnung abgewichen, ist eine Umsetzung in Satzungsrecht nicht nur rechtlich zulässig, sondern aus Gründen der Transparenz auch geboten.

Bewertung und Ausblick

Nach der rechtlichen Würdigung soll abschließend eine kurze rechtspolitische Bewertung der Experimentierklauseln, verknüpft mit einem Ausblick auf deren mögliche Zukunft, stehen.

Experimentierklauseln sind mit einem großen Aufwand verbunden: Diese Gesetzestechnik ist noch nicht so etabliert und verbreitet, als dass die Rechtsetzer sie problemlos zum Einsatz bringen. Hier sind es vor allem verfassungsrechtliche Unsicherheiten, die das Gesetzgebungsverfahren belasten. Bei dem zumeist vorhandenen Antragsteller bedarf es eines hohen Personalaufwands, um ein Experimentiervorhaben zu beantragen. Er spiegelt sich wider in den vielen Beteiligten des Experimentierprozesses, beginnend bei den Verantwortungsträgern, die den Entschluss fassen, Neues zu erproben, sich fortsetzend in der Arbeitsgruppe, die Vorschläge ausarbeitet, in den Hierarchien, bestehend u.a. aus der in Bezug auf das Experiment nicht immer einigen Führung und der Basis, die mit ihrem Wissen den Prozess fördern und ergänzen kann, und endend in den Selbstverwaltungsgremien, die den einzuschlagenden Weg ausführlich diskutieren. Zwischendurch kommt es immer wieder zur Rückkoppelung mit der Rechtsabteilung, der Genehmigungsbehörde und den bereits genannten anderen Beteiligten. Die Genehmigungsbehörde ihrerseits beschäftigt sich mit den neuen Rechtsfragen und – nicht zu unterschätzen – mit der Frage, wie bei den Erprobungsmodellen die bisher vorhandene Aufsicht gesichert werden kann. Insbesondere in der Beziehung zwischen dem Antragsteller und der genehmigenden Aufsichtsbehörde kommt es immer wieder zu Reibungsverlusten, die nicht nur zu Frustrationen, sondern teilweise auch zu einem – verglichen mit dem gesetzgeberischen Ansatz – geringen Ertrag führen.

Konsequenz dieser Situation kann nicht sein, Experimentierklauseln pauschal als nicht weiterführend einzustufen. Der beschriebene Aufwand ist reduzierbar. Zunächst gilt, dass alle am Erprobungsprozess Beteiligten ihre Erfahrungen in zukünftige Experimente einbringen können. Darauf aufbauend ist zuvörderst der Gesetzgeber gefragt, Normtexte zu verfassen, die mit dem Grundgesetz in Einklang stehen. Dass dies möglich ist und was dabei zu beachten ist, ist ausführlich beschrieben worden. Werden insbesondere keine wesentlichen Fragen zur Disposition gestellt sowie die Normen klar und bestimmt gefasst, reduzieren sich die Rechtsunsicherheiten der Verwaltung. Auf dieser soliden verfassungsrechtlichen Grundlage können die Antragsteller und die Genehmigungsbehörden die Experimentierklauseln sowohl intensiv als auch extensiv nutzen. Letztere sind aufgefordert, die Experimentierfreude der Antragsteller nicht durch übermäßige Anforderungen im Keim zu ersticken, um den gesetzgeberischen Ansatz der Experimentierklauseln zu erhalten.

Eine Rechtskontrolle ist hierfür zumeist hinreichend. Anderenfalls werden eine Modernisierung der Verwaltung und die Weiterentwicklung des Rechts verhindert.

Um die zur Zeit noch bestehenden verfassungs- und verwaltungsrechtlichen Unsicherheiten zu minimieren, muss der bereits existierende gegenseitige Erfahrungsaustausch bundesweit forciert werden. Zudem ist hier die rechtswissenschaftliche Diskussion gefragt. Die vorliegende Abhandlung soll hierzu einen Beitrag leisten.

Bei einer Handhabung wie der soeben beschriebenen sind Experimentierklauseln ein wertvolles Instrument, um Reformprozesse innerhalb der Verwaltung auszulösen oder zu unterstützen und das Recht zu optimieren. Es ließe sich die Prognose wagen, dass Experimentierklauseln zukünftig in noch mehr Rechtsgebieten erfolgreich eingesetzt werden. Ohne eine Verbesserung der Klauseln selbst und ihrer praktischen Anwendung ist dagegen zu befürchten, dass sie als Modeerscheinung zu qualifizieren sind, die zyklisch in das Bewusstsein der Legislative und der Exekutive tritt, ohne nachhaltige Wirkung zu zeitigen.

Thesenartige Zusammenfassung

1. Experimentierklauseln sind ebenso wie Experimentiergesetze Anwendungsfälle experimenteller Gesetzgebung, welche ihrerseits gemeinsam mit Gesetzgebungsexperimenten dem Oberbegriff der experimentellen Rechtsetzung zuzuordnen ist.

2. Experimentierklauseln lassen sich definieren als eine Gesetzestechnik, mit Hilfe derer der Gesetz- und Verordnunggeber zur Erprobung eines von der Verwaltung durchzuführenden Vorhabens, welches zu einem späteren Zeitpunkt auf der Basis der gewonnenen Erfahrungen endgültig normiert werden soll, die Exekutive ermächtigt, von geltendem Recht abzuweichen oder zu dispensieren.

3. Experimentierklauseln finden breite Anwendung im Kommunal-, Haushalts- und Hochschulrecht, ihr Einsatz ist aber – wie die Beispiele aus zahlreichen Sachgebieten verdeutlichen – in allen verwaltungsrechtlichen Materien denkbar.

4. Einer gelockerten Verfassungsbindung dergestalt, dass Experimentierklauseln nicht in allen Belangen den verfassungsrechtlichen Vorgaben entsprechen müssen, steht Art. 79 GG entgegen.

5. Experimentierklauseln verstoßen nicht gegen das allgemeine Rechtsstaatsprinzip, da sich die Problematik ihrer Zulässigkeit in dessen Einzelausprägungen verorten lässt und damit ein Rückgriff auf das allgemeine Rechtsstaatsprinzip methodisch verwehrt ist.

6. Der Grundsatz funktionsgerechter Organstruktur hat zwar als Bestandteil des Grundsatzes der Gewaltenteilung Verfassungsrang, gemessen an einer möglichen Richtigkeit von staatlichen Entscheidungen ist die Implementierung von Experimentierklauseln aber nicht kritisch zu beurteilen, sondern – im Gegenteil – vollständige Erfüllung dieser Forderung des Gewaltenteilungsprinzips.

7. Der den Grundsatz der Gewaltenteilung konkretisierende und den Bereich der Gesetzgebung gegenüber der Exekutive schützende Vorbehalt des Gesetzes stellt die zentrale verfassungsrechtliche Grenze von Experimentierklauseln dar.

8. Der Erprobungszweck der Experimentierklauseln als solcher führt nicht zur Wesentlichkeit; sofern die durch die Experimentierklauseln in Bezug genommenen Materien nicht „wesentlich" sind, liegt weder ein Eingriff in den Kernbereich der Legislative vor noch verzichtet diese in verfassungswidriger Weise auf ihre aus dem Parlamentsvorbehalt fließenden Rechte und Pflichten.

9. Sollte im Einzelfall durch die Abweichung oder Dispensation von ansonsten anzuwendenden Normen doch Wesentliches der Regelung durch die Exekutive zu-

gänglich sein, kann die Geltungskraft der Klauseln durch verfassungskonforme Auslegung erhalten werden, indem beispielsweise erforderliche Genehmigungen insoweit nicht erteilt werden dürfen.

10. Wünschenswert wäre eine Klarstellung durch den Gesetzgeber, dass im Zuge der Erprobungsmodelle statusformende Veränderungen der Rechtsstellung Dritter, insbesondere Grundrechtseingriffe, sowie wesentliche Verlagerungen im Rahmen der Verwaltungsorganisation ausgeschlossen sind.

11. Die Teilnahme von Privatpersonen an Erprobungsmodellen sollte – sofern grundrechtsrelevant – ausschließlich auf freiwilliger Basis erfolgen; ein Teilnahmezwang kommt nur in Betracht, wenn sich dafür unabweisliche sachliche Gründe anführen lassen.

12. Generelle Standardöffnungsklauseln, wie § 133 IV GO LSA, verstoßen gegen den Vorbehalt des Gesetzes und sind daher verfassungswidrig.

13. § 25 a LVwG SH ist unter dem Gesichtspunkt des Gesetzesvorbehalts verfassungskonform dahin gehend auszulegen, dass die Zustimmung zu dem öffentlich-rechtlichen Vertrag zu versagen ist, wenn die Übertragung von Aufgaben und Zuständigkeiten entweder die Rechtsstellung Dritter – dies können neben Bürgern auch juristische Personen des öffentlichen und privaten Rechts sein – statusformend verändert (kein „Vertrag zu Lasten Dritter") oder wenn angesichts des Übertragungsumfangs Kreise und Landräte in „Existenzgefahr" geraten.

14. Im Haushaltsrecht ist die Konfliktlage zwischen den Grundsätzen der sachlichen und zeitlichen Spezialität und dem Wirtschaftlichkeitsprinzip im Wege der praktischen Konkordanz dahin gehend zu lösen, dass grundsätzlich erweiterte Möglichkeiten der Übertragung und Deckungsfähigkeit zulässig sind, dabei aber die Wahrnehmung der Steuerungs- und Kontrollfunktion durch die Parlamente jederzeit gewährleistet bleiben muss. Um in dieser Hinsicht verfassungsmäßige Experimentierklauseln zu schaffen, steht dem Gesetzgeber nicht nur eine Vorgehensweise zur Verfügung, sondern er kann aus einem Repertoire an Möglichkeiten wählen.

15. Den vorgenannten Anforderungen entsprechen beispielsweise § 10 HG 1998 LSA und § 6 HG 1996 Rh.-Pf. nicht. Sie sind verfassungswidrig, da sehr weiten Ausnahmemöglichkeiten keine Elemente der parlamentarischen Steuerungs- und Kontrollfunktion gegenüberstehen.

16. Das Bestimmtheitsprinzip steht der Implementierung von Experimentierklauseln für die Verwaltung grundsätzlich nicht entgegen, da diese regelmäßig nur intraorganisatorisch wirken und die Anforderungen an den Bestimmtheitsgrad mit sinkenden individuellen Auswirkungen des Gesetzes abnehmen.

17. Das Bestimmtheitsprinzip begrenzt jedoch die Reichweite der vom Gesetzgeber zu eröffnenden Abweichungs- bzw. Dispensationsmöglichkeiten. So stoßen ge-

nerelle Standardöffnungsklauseln auch unter dem Aspekt der Bestimmtheit auf verfassungsrechtliche Bedenken.

18. Der Gesetzgeber hat bei der Implementierung von Experimentierklauseln das Gebot der Normenklarheit zu beachten. Dynamische Verweisungen in Experimentierklauseln sind nicht per se unzulässig. Ihnen werden jedoch durch das Demokratie- und Rechtsstaatsprinzip, das Bundesstaatsprinzip sowie das Publikationserfordernis verfassungsrechtliche Grenzen gezogen.

19. Unter dem Gesichtspunkt der Selbstverwaltung hält das Grundgesetz für die Experimentierklauseln in wenigen Rechtsgebieten verfassungsrechtliche Grenzen bereit, die jedoch von den zur Zeit geltenden Klauseln nicht verletzt werden.

20. Kommunalrechtliche Experimentiervorhaben sind keine Angelegenheiten der laufenden Verwaltung; ein Verstoß gegen die kommunale Selbstverwaltungsgarantie scheidet aus, wenn ein Beschluss der Gemeindevertretung zur Voraussetzung für eine Antragstellung im Rahmen der Experimentierklauseln gemacht wird. Damit wird insbesondere das originäre Budgetrecht der Gemeindevertretung geschützt.

21. Art. 3 I GG verpflichtet den Gesetzgeber, grundrechtsrelevante Experimentierklauseln so zu gestalten, dass die Teilnahme an einem Experiment für den Grundrechtsträger freiwillig ist, da die zeitweilige Ungleichbehandlung aus Experimentiergründen regelmäßig keinen angemessenen sachlichen Differenzierungsgrund darstellt.

22. Der Implementierung von verwaltungsinternen Experimentierklauseln zieht Art. 3 I GG keine Grenzen. In dieser Fallgruppe verlagert sich die Gleichheitsproblematik von der Rechtsetzungs- auf die Rechtsanwendungsebene.

23. Die Genehmigungsentscheidung der ober(st)en Rechts- bzw. Kommunalaufsichtsbehörde über die Zulassung von kommunalen Experimenten ist ein Verwaltungsakt, der mit Nebenbestimmungen versehen werden kann.

24. Die antragstellenden Gebietskörperschaften haben einen Anspruch auf Destination, der im Wege der Verpflichtungsklage vor den Verwaltungsgerichten geltend zu machen ist.

25. Der weite Anwendungsbereich des § 7 a BerlHG sowie ihre weitgehende Autonomie verleiht den Berliner Hochschulen besonders große Experimentiermöglichkeiten.

26. § 7 a BerlHG ist verfassungsrechtlich haltbar: Er ist hinreichend bestimmt, entspricht dem Grundsatz funktionsgerechter Organstruktur und berücksichtigt mögliche Fälle von Grundrechtswesentlichkeit, indem entsprechend sensible Normen des Berliner Hochschulgesetzes nicht in die Aufzählung der disponiblen Vorschriften aufgenommen worden sind. Eine Ausnahme bildet § 89 BerlHG, dessen Erwähnung in der Erprobungsklausel gegen die Wesentlichkeitstheorie verstößt.

Eine verfassungskonforme Auslegung hilft hier aber weiter. Letztlich fördert § 7a BerlHG die verfassungsrechtlich geschützte hochschulische Selbstverwaltung.

27. Von der Erprobungsklausel des § 7a BerlHG kann auch in der Weise Gebrauch gemacht werden, dass deregulierend nur Abweichungen von gesetzlichen Vorschriften beantragt und genehmigt werden.

28. Das Ermessen der Genehmigungsbehörde ist u. a. dadurch beschränkt, dass sich das Land Berlin in § 17 II der Hochschulrahmenverträge verpflichtet hat, Erprobungsvorschlägen der Hochschulen möglichst Rechnung zu tragen und dabei die individuellen Ansätze der einzelnen Hochschulen zu berücksichtigen.

29. Grundsätzlich ist es möglich, die Umsetzung eines Erprobungsmodells auf der Grundlage des genehmigenden Verwaltungsakts formlos durch tatsächliches Verhalten der Hochschule zu verwirklichen. Wird jedoch eine neue Organisationsstruktur erprobt und damit von hochschulverfassungsrechtlichen Regelungen des Berliner Hochschulgesetzes oder einer Grundordnung abgewichen, ist eine Umsetzung in Satzungsrecht aus Gründen der Transparenz erforderlich.

30. § 7a BerlHG ist in seiner Anwendung nicht auf den hochschulinternen Bereich beschränkt. Er lässt auch Abweichungen von Regelungen mit Staatsbezug zu.

31. Im Zuge der zulässigen Einführung eines Wirtschaftsplans durch Abweichen von § 88 BerlHG ist ein Übergang vom kameralistischen System zur kaufmännischen doppelten Buchführung möglich. § 7 II 1 LHO Berlin und § 2 III 2 BerlHG stehen dem nicht entgegen.

32. Die Einführung eines Landeshochschulrats und von Hochschulräten ist rechtlich auch dann zulässig, wenn dadurch Erprobungsmodelle ohne Evaluierung vorzeitig abgebrochen werden.

33. Auch die Hochschulen haben einen Anspruch auf ermessensfehlerfreie Entscheidung über ihren Antrag im Rahmen des § 7a BerlHG, der im Wege der Verpflichtungsklage vor dem Verwaltungsgericht geltend zu machen ist.

34. Richtig konzipiert und angewendet sind Experimentierklauseln ein wertvolles Instrument, um Reformprozesse innerhalb der Verwaltung auszulösen oder zu unterstützen und das Recht zu optimieren.

Literaturverzeichnis

Achterberg, Norbert: Probleme der Funktionenlehre, Münchener öffentlich-rechtliche Abhandlungen, Heft 5, München 1970, Habil. jur. Marburg 1969.

Amelung, Knut: Strafrechtswissenschaft und Strafgesetzgebung, ZStW 92 (1980), 19ff.

von Arnim, Hans Herbert: Zur „Wesentlichkeitstheorie" des Bundesverfassungsgerichts, Einige Anmerkungen zum Parlamentsvorbehalt, DVBl 1987, 1241ff.

— Gemeindliche Selbstverwaltung und Demokratie, AöR 113 (1988), 1ff.

Axer, Peter: Normsetzung der Exekutive in der Sozialversicherung, Tübingen 2000, Habil. jur. Bonn 1999.

Baader, Emil: Parlamentsvorbehalt, Wesentlichkeitsgrundsatz, Delegationsbefugnis, – Eine normanalytische Untersuchung zur Normsetzungsbefugnis und zur Ermächtigung von Selbstverwaltungsorganen –, JZ 1992, 394ff.

Balders, Sven-Frederik: Zur Organisationsreform der Hochschulmedizin: Effizient nur ohne Universität?, WissR 31 (1998), 91ff.

Baldersheim, Harald: Die „Free Commune Experiments" in Skandinavien: Ein vergleichender Überblick, in: Gerhard Banner/Christoph Reichard (Hrsg.), Kommunale Managementkonzepte in Europa, Anregungen für die deutsche Reformdiskussion, 1993, S. 27ff.

Bals, Hansjürgen: Die zentrale Rolle des Haushalts- und Rechnungswesens für Verwaltungsreform und Haushaltskonsolidierung, Der Städtetag 1998, 785ff.

Bauer, Martin/*Böhle*, Thomas: Bayerische Kommunalgesetze, Gemeindeordnung, Landkreisordnung, Bezirksordnung, Verwaltungsgemeinschaftsordnung, Kommentar, 3. Auflage, Loseblatt, München, Stand: August 1999.

Baumeister, Peter: Das Rechtswidrigwerden von Normen, Eine rechtsdogmatische Untersuchung zu den Grenzen der Wirksamkeit und Anwendbarkeit von Normen; Probleme des Spannungsverhältnisses von Recht und Zeit, Schriften zum Öffentlichen Recht, Band 693, Berlin 1996, Diss. jur. Mannheim 1994.

Becker, Jürgen: Gewaltenteilung im Gruppenstaat, Ein Beitrag zum Verfassungsrecht des Parteien- und Verbändestaates, Baden-Baden 1986, Habil. jur. Freiburg im Breisgau 1985.

Behrens, Thomas: Globalisierung der Hochschulhaushalte, Grundlagen, Ziele, Erscheinungsformen und Rahmenbedingungen, Neuwied, Kriftel, Berlin 1996.

Bender, Ignaz: Flexibel und kostenbewußt, DUZ 1997, 20f.

Berg, Wilfried: Vom Wettlauf zwischen Recht und Technik, – Am Beispiel neuer Regelungsversuche im Bereich der Informationstechnologie –, JZ 1985, 401ff.

Bethge, Herbert: Parlamentsvorbehalt und Rechtssatzvorbehalt für die Kommunalverwaltung, NVwZ 1983, 577ff.

Beutel, Frederick K.: Die Experimentelle Rechtswissenschaft, aus dem Amerikanischen übertragen von Uwe Krüger, Berlin 1971.

Blümel, Willi/*Bender*, Ignaz (Hrsg.): Flexibilität der Hochschulhaushalte, Auswertungsseminar am 14./15. Oktober 1993, Speyerer Forschungsberichte 131, Speyer 1994.

Blume, Michael: Zur Diskussion um ein neues Steuerungsmodell für Kommunalverwaltungen – Argumente und Einwände, Der Gemeindehaushalt 1993, 1 ff.

Böckel, Martin: Abbau von Standards, ZG 10 (1995), 344 ff.

Böckenförde, Ernst-Wolfgang: Gesetz und gesetzgebende Gewalt, Von den Anfängen der deutschen Staatsrechtslehre bis zur Höhe des staatsrechtlichen Positivismus, Schriften zum Öffentlichen Recht, Band 1, 2. Auflage, Berlin 1981.

Böhret, Carl/*Hugger*, Werner: Test und Prüfung von Gesetzentwürfen, Köln, Bonn 1980.

— Entwurfsprüfung, in: Bundesakademie für öffentliche Verwaltung (Hrsg.), Praxis der Gesetzgebung, Eine Lehr- und Lernhilfe, Regensburg 1983, S. 264 ff.

— Der Beitrag von Gesetzestests zur Optimierung der Zielverwirklichung, in: Waldemar Schreckenberger/Klaus König/Wolfgang Zeh (Hrsg.), Gesetzgebungslehre, Grundlagen – Zugänge – Anwendung, Stuttgart, Berlin, Köln, Mainz 1986, S. 135 ff.

Bösenberg, Dirk/*Metzen*, Heinz: Lean Management – Vorsprung durch schlanke Konzepte, 5. Auflage, Landsberg/Lech 1995.

Bracker, Reimer/*Dehn*, Klaus-Dieter: Gemeindeordnung für Schleswig-Holstein mit neuer Durchführungsverordnung, Kommentar, Kommunalschriften Schleswig-Holstein, Band 6, Wiesbaden 1998.

Bracker, Reimer/*Conrad*, Carl-August/*Dehn*, Klaus-Dieter/*Erps*, Jan Christian/*von Scheliha*, Kurt-Friedrich: Kreisordnung für Schleswig-Holstein, Kommentar, in: Kommunalverfassungsrecht Schleswig-Holstein, Kommentare, Band II, Loseblatt, Kiel, Stand: 1999.

Braun, Günther E.: Konzept des integrierten Kommunalmanagements, Betriebswirtschaftliches Plädoyer für eine stärkere Berücksichtigung normativer und strategischer Elemente, Die Verwaltung 32 (1999), 377 ff.

Braun, Wilfried: Offene Kompetenznormen – ein geeignetes und zulässiges Regulativ im Wirtschaftsverwaltungsrecht?, – Neues zur Rollenverteilung zwischen Exekutive, Legislative und Judikative im wirtschaftsgestaltenden Sozialstaat –, VerwArch 76 (1985), 158 ff.

Brockhaus-Enzyklopädie: in 24 Bänden, Band 7, 19. Auflage, Mannheim 1988.

Brohm, Winfried: Situative Gesetzesanpassung durch die Verwaltung, NVwZ 1988, 794 ff.

Brüning, Christoph: Die kommunalrechtlichen Experimentierklauseln, – Meilensteine auf dem Weg zur Gemeindeverwaltung als Dienstleistungsunternehmen oder Freibriefe für die öffentliche Verwaltung? –, DÖV 1997, 278 ff.

Brugger, Winfried: Rechtsprobleme der Verweisung im Hinblick auf Publikation, Demokratie und Rechtsstaat, VerwArch 78 (1987), 1 ff.

Bruns, Dirk/*Mohnen*, Elgin: Eine Stadt ohne Bürger? Neue Steuerungsinstrumente in Recht, Politik und Verwaltung – ein Appell für eine „bürgerbasierte" Verwaltungsreform, VR 1999, 2 ff.

Bryde, Brun-Otto: Die Einheit der Verwaltung als Rechtsproblem, 1. Bericht, VVDStRL 46 (1988), S. 181 ff.

Budäus, Dietrich/*Finger*, Stefanie: Stand und Perspektiven der Verwaltungsreform in Deutschland, Die Verwaltung 32 (1999), 313ff.

Bullinger, Martin: Finanzierung der Universität nach ihren Leistungen, JZ 1998, 109ff.

Burmeister, Günter Cornelius: Herkunft, Inhalt und Stellung des institutionellen Gesetzesvorbehaltes, Zugleich ein Beitrag zur Dogmatik des Verwaltungsorganisationsrechts, Schriften zum Öffentlichen Recht, Band 601, Berlin 1991, Diss. jur. Regensburg 1991.

Busch, Bernhard: Das Verhältnis des Art. 80 Abs. 1 S. 2 GG zum Gesetzes- und Parlamentsvorbehalt, Schriften zum Öffentlichen Recht, Band 610, Berlin 1992, Diss. jur. Münster 1991.

Buschor, Ernst: Verwaltungsmodernisierung in der Schweiz, in: Hermann Hill/Helmut Klages (Hrsg.), Start zum 3. Speyerer Qualitätswettbewerb 1996, Speyerer Arbeitshefte Nr. 104, Speyer 1996, S. 29ff.

Busse, Volker: Regierungs- und Verwaltungsreform auf Bundesebene: Veränderungen auf dem Weg zum „Schlanken Staat", Staatswissenschaften und Staatspraxis 1997, 401ff.

Chmel, Andreas: Das Neue Berliner Verwaltungsmanagement, Konzeption und Umsetzung sowie rechtliche Betrachtung eines politischen Kontraktmanagements, Berliner Juristische Universitätsschriften, Öffentliches Recht, Band 15, Berlin 1999, Diss. jur. Berlin 1999.

Chotjewitz, Iwan: Die Organisationsgewalt nach den Verfassungen der deutschen Bundesländer, Frankfurt am Main 1995, Diss. jur. Freiburg im Breisgau 1994.

Clauß, Thomas: Budgetierung im Neuen Steuerungsmodell – Ein systematischer Überblick –, VR 1998, 418ff.

Clemens, Thomas: Grenzen staatlicher Maßnahmen im Schulbereich, Rechtsschutz gegen Änderungen der Schulstruktur, NVwZ 1984, 65ff.

— Die Verweisung einer Rechtsnorm auf andere Vorschriften – insbesondere ihre Verfassungsmäßigkeit –, AöR 111 (1986), 63ff.

Cremer, Wolfram: Art. 80 Abs. 1 S. 2 GG und Parlamentsvorbehalt – Dogmatische Unstimmigkeiten in der Rechtsprechung des Bundesverfassungsgerichts, AöR 122 (1997), 248ff.

Dahlheimer, Manfred: Zur Reform des Gemeindewirtschaftsrechts, BWVP 1994, 197ff.

von Danwitz, Thomas: Der Grundsatz funktionsgerechter Organstruktur, Verfassungsvorgaben für staatliche Entscheidungsstrukturen und ihre gerichtliche Kontrolle, Der Staat 35 (1996), 329ff.

Daxner, Michael: Das neue Hochschulrahmengesetz – (k)eine Hoffnung auf Erneuerung? KJ 1998, 30ff.

Degenhart, Christoph: Der Verwaltungsvorbehalt, NJW 1984, 2184ff.

— Staatsrecht I, Staatszielbestimmungen, Staatsorgane, Staatsfunktionen, 14. Auflage, Heidelberg 1999.

Demuth, Hilmar: Die Ministerialverwaltung als Gegenstand der Verwaltungsreform, in: Martin Morlok/Rupert Windisch/Manfred Miller (Hrsg.), Rechts- und Organisationsprobleme der Verwaltungsmodernisierung, Berlin 1997, S. 75ff.

Detmer, Hubert: Die Novelle des Hochschulrahmengesetzes – auch eine „Rolle rückwärts", NVwZ 1999, 828ff.

Diedrich, Jürgen: Neue Steuerung für eine Bezirksregierung, NWVBl 1999, 325ff.

Dietze, Lutz: Zur Reform der Schulstrukturen im Lichte der Rechtsprechung: Ende der Streitigkeiten in Sicht?, NVwZ 1984, 72 ff.

Dittmann, Armin: Schulträgerschaft zwischen Kreisen und Gemeinden, Schriftenreihe des Deutschen Städte- und Gemeindebundes, Heft 31, Göttingen 1978.

Dreier, Horst (Hrsg.): Grundgesetz-Kommentar, Band II, Artikel 20–82, Tübingen 1998.

Duden: Das große Wörterbuch der deutschen Sprache in sechs Bänden, Band 2, Mannheim 1976.

— Deutsches Universalwörterbuch, Mannheim, Wien, Zürich 1983.

Eberle, Carl-Eugen: Gesetzesvorbehalt und Parlamentsvorbehalt, – Erkenntnisse und Folgerungen aus der jüngeren Verfassungsrechtsprechung –, DÖV 1984, 485 ff.

— Gesetzgebung und ADV, in: Waldemar Schreckenberger/Klaus König/Wolfgang Zeh (Hrsg.), Gesetzgebungslehre, Grundlagen – Zugänge – Anwendung, Stuttgart, Berlin, Köln, Mainz 1986, S. 121 ff.

Eckel, Karl: Das Sozialexperiment – Finales Recht als Bindeglied zwischen Politik und Sozialwissenschaft, ZfSoz 1978, 39 ff.

Ehmke, Horst: Wirtschaft und Verfassung, Die Verfassungsrechtsprechung des Supreme Court zur Wirtschaftsregulierung, Berkeley-Kölner Rechtsstudien, Kölner Reihe, Band 2, Karlsruhe 1961.

Ehrenberg, Christoph: Zum Modellversuch an drei niedersächsischen Hochschulen, „Erprobung der globalen Steuerung von Hochschulhaushalten", NdsVBl 1996, 33 ff.

Eichhorn, Peter: Allgemeine und Öffentliche Betriebswirtschaftslehre, insbesondere Doppik und Kameralistik, in: Doppik und Kameralistik, Festschrift für Ludwig Mülhaupt zur Vollendung des 75. Lebensjahres, hrsg. von Peter Eichhorn, Schriften zur öffentlichen Verwaltung und öffentlichen Wirtschaft, Band 100, Baden-Baden 1987, S. 48 ff.

Eisenmann, Tobias: Die Reform des öffentlichen Haushalts- und Rechnungswesens in Baden-Württemberg, Kann das baden-württembergische Reformkonzept auf der Basis der geltenden Haushaltsverfassung umgesetzt werden?, Tübingen 1998, Diss. jur. Tübingen 1998.

Emde, Ernst Thomas: Die demokratische Legitimation der funktionalen Selbstverwaltung, Eine verfassungsrechtliche Studie anhand der Kammern, der Sozialversicherungsträger und der Bundesanstalt für Arbeit, Schriften zum Öffentlichen Recht, Band 590, Berlin 1991, Diss. jur. Freiburg 1986.

Erbguth, Wilfried: Die nordrhein-westfälische Braunkohlenplanung, VerwArch 86 (1995), 327 ff.

Erhardt, Manfred: Mehr Wettbewerb – weniger Staat: Hochschulreform in Deutschland, WissR 32 (1999), 1 ff.

di Fabio, Udo: Risikoentscheidungen im Rechtsstaat, Zum Wandel der Dogmatik im öffentlichen Recht, insbesondere am Beispiel der Arzneimittelüberwachung, Tübingen 1994, Habil. jur. Bonn 1992.

Fangmann, Helmut: Wider die Bürokratie, DUZ 2000, 20 f.

Fezer, Karl-Heinz: Die Pluralität des Rechts, JZ 1985, 762 ff.

von Fircks, Wolf-Dietrich: Die Universität als Landesbetrieb, Risiken und Perspektiven eines niedersächsischen Modellversuches, Forschung & Lehre 1995, 281 f.

Foerster, German/*Friedersen*, Gerd-Harald/*Rohde*, Martin: Allgemeines Verwaltungsgesetz für das Land Schleswig-Holstein, Kommentar, Band I, Loseblatt, Wiesbaden, Stand: Februar 1999.

Freudenberg, Dierk: Neues Steuerungsmodell in der Landesverwaltung, DVP 1998, 47 ff.

Fricke, Peter/*Hugger*, Werner: Test von Gesetzentwürfen, Teil 1: Voraussetzungen einer testorientierten Rechtsetzungsmethodik, Speyerer Forschungsberichte 11, Speyer 1979.

— Test von Gesetzentwürfen, Teil 2: Experimentelle Methoden zur Unterstützung der Rechtsetzungspraxis, Band 1: Bericht, Speyerer Forschungsberichte 12, Speyer 1980.

Frotscher, Werner: Selbstverwaltung und Demokratie, in: Selbstverwaltung im Staat der Industriegesellschaft, Festgabe zum 70. Geburtstag von Georg Christoph von Unruh, hrsg. von Albert von Mutius, Schriftenreihe des Lorenz-von-Stein-Instituts für Verwaltungswissenschaften Kiel, Band 4, Heidelberg 1983, S. 127 ff.

Gallwas, Hans-Ullrich: Konkurrenz von Bundes- und Landesgrundrechten, JA 1981, 536 ff.

Gassner, Ulrich M.: Parlamentsvorbehalt und Bestimmtheitsgrundsatz, DÖV 1996, 18 ff.

— Gesetzgebung und Bestimmtheitsgrundsatz, ZG 11 (1996), 37 ff.

Geissler, Ulrich: Modellrechnungen zur Vorbereitung sozialpolitischer Entscheidungen, in: Peter Hoschka/Uwe Kalbhen (Hrsg.), Datenverarbeitung in der politischen Planung, Frankfurt, New York 1975, S. 111 ff.

Greenwood, Ernest: Das Experiment in der Soziologie, in: René König (Hrsg.), Beobachtung und Experiment in der Sozialforschung, Köln 1956, Neudruck 1975, S. 171 ff.

Grimberg, Michael: Die Experimentierklausel nach § 146 Gemeindeordnung Sachsen-Anhalt, DVP 1999, 8 f.

Grömig, Erko/*Gruner*, Kersten: Reform in den Rathäusern, Neueste Umfrage des Deutschen Städtetages zum Thema Verwaltungsmodernisierung, Der Städtetag 1998, 581 ff.

Groß, Thomas: Das Kuratorium – Hochschulautonomie durch institutionalisierte Kooperation?, DÖV 1999, 895 ff.

Grunwald, Klaus-Dieter/*Kimmel*, Karl-Heinz/*Müller-Alten*, Lutz/*Scholz-Curtius*, Gotthard/*Wähler*, Klaus: Die Ordnung der Evangelischen Kirche in Hessen und Nassau, Kommentar, 1. Auflage, Loseblatt, Frankfurt am Main, Stand: 1999.

Grzeszick, Bernd: Öffnungsklauseln für die Kommunalverwaltung, Die Verwaltung 1997, 545 ff.

Gunder, Klaus: Mehr Beitragsgerechtigkeit bei den Ersatzkassen durch Beitragsrückgewähr, Experimentierklausel nicht erforderlich, BB 1987, 56 ff.

Häberle, Peter: Zeit und Verfassung, in: ders., Verfassung als öffentlicher Prozeß, Materialien zu einer Verfassungstheorie der offenen Gesellschaft, Schriften zum Öffentlichen Recht, Band 353, 2. Auflage, Berlin 1996, S. 59 ff.

Hahn, Hugo J.: Über die Gewaltenteilung in der Wertewelt des Grundgesetzes, JöR n. F. 14 (1965), 15 ff.

Haratsch, Andreas: Die normative Bezugnahme auf Rechtsnormen, ZG 14 (1999), 346 ff.

Hauck, Katharina/*Helberger*, Christof: Erprobungsmodelle im deutschen Gesundheitswesen – Das BKK-Praxisnetz in Berlin, Sozialer Fortschritt 1998, 139 ff.

Haverkate, Görg: Die Einheit der Verwaltung als Rechtsproblem, 2. Mitbericht, VVDStRL 46 (1988), S. 217 ff.

Heberlein, Horst: Probleme kirchlicher Rechtsetzung am Beispiel des Kirchengemeinde-Erprobungsgesetzes der Evangelisch-Lutherischen Kirche in Bayern, KuR 1996, 209 ff.

— Die Erprobungsgesetzgebung der Evangelisch-Lutherischen Kirche in Bayern, BayVBl 1998, 204 ff.

Heintzen, Markus: Neuere Entwicklungen im Organisationsrecht der Hochschulmedizin, DÖV 1997, 530 ff.

— Zur Verfassungsmäßigkeit von § 292 a Abs. 2 Nr. 2 a) HGB, BB 1999, 1050 ff.

— „Auch wenn 10000 streiken, bleibt es ein Rechtsbruch", in: DIE WELT vom 14.04.2000, S. 42.

Hellstern, Gerd-Michael/*Wollmann*, Hellmut: Wirksamere Gesetzesevaluierung. Wo könnten praktikable Kontrollverfahren und Wirkungsanalysen bei Parlament und Rechnungshof ansetzen?, ZParl 1980, 547 ff.

Hendler, Reinhard: Das Prinzip Selbstverwaltung, in: Josef Isensee/Paul Kirchhof (Hrsg.), Handbuch des Staatsrechts der Bundesrepublik Deutschland, Band IV, Finanzverfassung – Bundesstaatliche Ordnung, Heidelberg 1990, § 106.

Hennecke, Frank: Schule und Selbstverwaltung – Schülermitverwaltung und Elternmitwirkung in der Schulorganisation, in: Selbstverwaltung im Staat der Industriegesellschaft, Festgabe zum 70. Geburtstag von Georg Christoph von Unruh, hrsg. von Albert von Mutius, Schriftenreihe des Lorenz-von-Stein-Instituts für Verwaltungswissenschaften Kiel, Band 4, Heidelberg 1983, S. 931 ff.

Henneke, Hans-Günter: Kommunale Eigenverantwortung bei zunehmender Normdichte, ZG 9 (1994), 212 ff.

Hensen, Horst-Diether/*Kramer*, Wolfgang: Welche Maßnahmen empfehlen sich – auch im Hinblick auf den Wettbewerb zwischen Juristen aus den EG-Staaten – zur Verkürzung und Straffung der Juristenausbildung?, Gutachten F für den 58. Deutschen Juristentag, Verhandlungen des 58. Deutschen Juristentages, München 1990.

Hermes, Reinhard: Der Bereich des Parlamentsgesetzes, Schriften zum Öffentlichen Recht, Band 549, Berlin 1988, Diss. jur. Hamburg 1987.

Hesse, Joachim Jens: Regierungs- und Verwaltungsreform in Nordrhein-Westfalen, Gutachten im Auftrag des Bundes der Steuerzahler Nordrhein-Westfalen e. V., Düsseldorf 1999.

Hesse, Konrad: Grundzüge des Verfassungsrechts der Bundesrepublik Deutschland, 20. Auflage, Heidelberg 1995.

Heuer, Ernst: Kommentar zum Haushaltsrecht, Loseblatt, Neuwied, Stand: Dezember 1999.

Heun, Werner: Staatshaushalt und Staatsleitung, Das Haushaltsrecht im parlamentarischen Regierungssystem des Grundgesetzes, Baden-Baden 1989, Habil. jur. Bonn 1987.

Heußner, Hermann: Vorbehalt des Gesetzes und „Wesentlichkeitstheorie", Aus der neueren Rechtsprechung des Bundesverfassungsgerichts zum Schulrecht, in: Festschrift für Erwin Stein zum 80. Geburtstag, hrsg. von Hermann Avenarius, Hanns Engelhardt, Hermann Heußner und Friedrich von Zezschwitz, Bad Homburg vor der Höhe 1983, S. 111 ff.

Hien, Eckart: Gemeindeordnung mit Verwaltungsgemeinschaftsordnung, Landkreisordnung und Bezirksordnung für den Freistaat Bayern, Kommentar, Loseblatt, München, Stand: Januar 1999.

Hill, Hermann: Einführung in die Gesetzgebungslehre, Heidelberg 1982.

— Rechtsstaatliche Bestimmtheit oder situationsgerechte Flexibilität des Verwaltungshandelns, DÖV 1987, 885 ff.

— Verwaltung im Umbruch, Speyerer Arbeitshefte Nr. 109, Speyer 1997.

— Neue Organisationsformen in der Staats- und Kommunalverwaltung, in: Eberhard Schmidt-Aßmann/Wolfgang Hoffmann-Riem (Hrsg.), Verwaltungsorganisationsrecht als Steuerungsressource, Schriften zur Reform des Verwaltungsrechts, Band 4, Baden-Baden 1997, S. 65 ff.

— Gesetzgebung und Verwaltungsmodernisierung, ZG 13 (1998), 101 ff.

Hill, Hermann/*Klages*, Helmut (Hrsg.): Jenseits der Experimentierklausel, Tagung der Hochschule für Verwaltungswissenschaften Speyer vom 6. bis 8. Dezember 1995, Stuttgart u. a. 1996.

— Berlin – Unternehmen Verwaltung, – Ein erster Erfahrungsbericht zur Umgestaltung der Berliner Verwaltung –, Stuttgart u. a. 1997.

Hirsch, Ernst E.: Experimentierklausel, JZ 1971, 286 ff.

Hoffmann-Riem, Wolfgang: Modellversuch als Scheintest, Zur geplanten Einführung der Kabelkommunikation in Ludwigshafen, ZRP 1980, 31 ff.

— Experimentelle Gesetzgebung, in: Festschrift für Werner Thieme zum 70. Geburtstag, hrsg. von Bernd Becker, Hans Peter Bull, Otfried Seewald, Köln, Berlin, Bonn, München 1993, S. 55 ff.

— Organisationsrecht als Steuerungsressource, – Perspektiven der verwaltungsrechtlichen Systembildung –, in: Eberhard Schmidt-Aßmann/ders. (Hrsg.), Verwaltungsorganisationsrecht als Steuerungsressource, Schriften zur Reform des Verwaltungsrechts, Band 4, Baden-Baden 1997, S. 355 ff.

— Effizienz als Herausforderung an das Verwaltungsrecht, – Einleitende Problemskizze –, in: Eberhard Schmidt-Aßmann/ders. (Hrsg.), Effizienz als Herausforderung an das Verwaltungsrecht, Schriften zur Reform des Verwaltungsrechts, Band 5, Baden-Baden 1998, S. 11 ff.

Homburg, Gabriele/*Reinermann*, Heinrich/*Lüder*, Klaus: Hochschul-Controlling, Speyerer Forschungsberichte 167, Speyer 1996.

Hopt, Klaus: Finale Regelungen, Experiment und Datenverarbeitung in Recht und Gesetzgebung, JZ 1972, 65 ff.

Horn, Hans-Detlef: Experimentelle Gesetzgebung unter dem Grundgesetz, Schriften zum Öffentlichen Recht, Band 567, Berlin 1989, Diss. jur. Bayreuth 1989.

Huber, Peter M.: Allgemeines Verwaltungsrecht, 2. Auflage, Heidelberg 1997.

Hufen, Friedhelm: Verfassungsrechtliche Möglichkeiten und Grenzen schulischer Selbstgestaltung, in: Autonomie der staatlichen Schule und freies Schulwesen, Festschrift zum 65. Geburtstag von J. P. Vogel, hrsg. von Frank-Rüdiger Jach, Siegfried Jenkner, Abhandlungen zu Bildungsforschung und Bildungsrecht, Band 1, Berlin 1998, S. 51 ff.

Hugger, Werner: Gesetze – Ihre Vorbereitung, Abfassung und Prüfung, Baden-Baden 1983.

Isensee, Josef: Privatautonomie der Individualversicherung und soziale Selbstverwaltung, Verfassungsrechtliche Legitimation und verwaltungsrechtliche Folgerungen, Köln 1980.

Isensee, Josef (Hrsg.): Gewaltenteilung heute. Symposion aus Anlass der Vollendung des 65. Lebensjahres von Fritz Ossenbühl, Heidelberg 2000.

Jacobs, Klaus/*Reschke*, Peter: Kostenerstattung in der GKV, Ergebnisse einer Erprobungsregelung, ArbuSozPol 1993, Heft 7–8, 16ff.

Jahrreiß, Hermann: Größe und Not der Gesetzgebung, in: ders., Größe und Not der Gesetzgebung, Walther Richter, Mensch und Recht, Bremen 1952, S. 5ff.

Janssen, Albert: Über die Grenzen des legislativen Zugriffsrechts, Untersuchungen zu den demokratischen und grundrechtlichen Schranken der gesetzgeberischen Befugnisse, Tübingen 1990, Habil. jur. Freiburg 1987.

Jarass, Hans D./*Pieroth*, Bodo: Grundgesetz für die Bundesrepublik Deutschland, Kommentar, 5. Auflage, München 2000.

Jeand'Heur, Bernd/*Korioth*, Stefan: Grundzüge des Staatskirchenrechts, Stuttgart u. a. 2000.

Jesch, Dietrich: Gesetz und Verwaltung, 2. Auflage (Neudruck der Ausgabe 1961), Tübingen 1968.

Jestaedt, Matthias: Demokratieprinzip und Kondominialverwaltung, Entscheidungsteilhabe Privater an der öffentlichen Verwaltung auf dem Prüfstand des Verfassungsprinzips Demokratie, Schriften zum Öffentlichen Recht, Band 635, Berlin 1993, Diss. jur. Bonn 1992.

Jutzi, Siegfried: Landesverfassungsrecht und Bundesrecht, Kollisionslagen und Geltungsprobleme, exemplifiziert an sozialen und wirtschaftlichen Bestimmungen des Landesverfassungsrechts, Schriften zum Öffentlichen Recht, Band 411, Berlin 1982.

— Zur Zulässigkeit genereller Öffnungs- oder Nichtanwendungsklauseln in Rechts- und Verwaltungsvorschriften in bezug auf normative Standards, DÖV 1986, 25ff.

Kanther, Manfred: Die Reform der öffentlichen Verwaltung des Bundes, Der Landkreis 1995, 344f.

Karpen, Hans-Ulrich: Die Verweisung als Mittel der Gesetzgebungstechnik, Neue Kölner Rechtswissenschaftliche Abhandlungen, Heft 64, Berlin 1970, Diss. Jur. Köln 1970.

Karpen, Ulrich/*Freund*, Michaela: Hochschulgesetzgebung und Hochschulautonomie, Der verbliebene Spielraum des Hochschulsatzungsrechts, dargestellt am Beispiel der Hochschulgrundordnung, München 1992.

Kaufmann, Marcel: Europäische Integration und Demokratieprinzip, Studien und Materialien zur Verfassungsgerichtsbarkeit, Band 71, Baden-Baden 1997, Diss. jur. Göttingen 1997.

Kersten, Jens: Alle Macht den Hochschulräten?, DVBl 1999, 1704ff.

Kimminich, Otto: Hochschule im Grundrechtssystem, in: Christian Flämig/ders./Hartmut Krüger/Ernst-Joachim Meusel/Hans Heinrich Rupp/Dieter Scheven/Hermann Josef Schuster/Friedrich Graf Stenbock-Fermor (Hrsg.), Handbuch des Wissenschaftsrechts, Band 1, 2. Auflage, Berlin, Heidelberg, New York 1996, S. 121ff.

Kindermann, Harald: Erfolgskontrolle durch Zeitgesetz, in: Heinz Schäffer/Otto Triffterer (Hrsg.), Rationalisierung der Gesetzgebung, Baden-Baden 1984, S. 133ff.

Kirchhof, Ferdinand: Das Haushaltsrecht als Steuerungsressource, – Neue Steuerungstechniken im Staatshaushalt zum Abbau seines strukturellen Defizits –, DÖV 1997, 749 ff.

Kisker, Gunter: Diskussionsbeitrag, in: Verhandlungen des 51. Deutschen Juristentages, Band II, München 1976, S. M 82.

— Neue Aspekte im Streit um den Vorbehalt des Gesetzes, NJW 1977, 1313 ff.

Klages, Helmut: Jenseits der Experimentierklausel – oder zurück ins Diesseits?, in: Hermann Hill/ders. (Hrsg.), Jenseits der Experimentierklausel, Tagung der Hochschule für Verwaltungswissenschaften Speyer vom 6. bis 8. Dezember 1995, Stuttgart u. a. 1996, S. 7 ff.

Kloepfer, Michael: Diskussionsbeitrag, in: Klaus Vogel (Gesamtredaktion), Grundrechtsverständnis und Normenkontrolle, Eine Vergleichung der Rechtslage in Österreich und Deutschland, Kolloquium zum 70. Geburtstag von Hans Spanner, Wien, New York 1979, S. 85 ff.

— Gesetzgebung im Rechtsstaat, VVDStRL 40 (1982), S. 63 ff.

— Der Vorbehalt des Gesetzes im Wandel, JZ 1984, 685 ff.

— Wesentlichkeitstheorie als Begründung oder Grenze des Gesetzesvorbehalts?, in: Hermann Hill (Hrsg.), Zustand und Perspektiven der Gesetzgebung, Vorträge und Diskussionsbeiträge der 56. Staatswissenschaftlichen Fortbildungstagung 1988 der Hochschule für Verwaltungswissenschaften Speyer, Schriftenreihe der Hochschule Speyer, Band 104, Berlin 1989, S. 187 ff.

Kluth, Winfried: Funktionale Selbstverwaltung, Verfassungsrechtlicher Status – verfassungsrechtlicher Schutz, Tübingen 1997, Habil. jur. Köln 1996.

Knieps, Franz: Krankenversicherungsrecht, in: Bernd von Maydell/Franz Ruland (Hrsg.), Sozialrechtshandbuch, 2. Auflage, Neuwied, Kriftel, Berlin 1996, S. 703 ff.

König, Klaus: Prozedurale Rationalität – Zur kontraktiven Aufgabenpolitik der achtziger Jahre –, VerwArch 86 (1995), 1 ff.

— „Neue" Verwaltung oder Verwaltungsmodernisierung: Verwaltungspolitik in den 90er Jahren, DÖV 1995, 349 ff.

— Verwaltungsmodernisierung im internationalen Vergleich, – Acht Thesen –, DÖV 1997, 265 ff.

König, Klaus/*Beck*, Joachim: Modernisierung von Staat und Verwaltung, Zum Neuen Öffentlichen Management, Baden-Baden 1997.

König, Klaus/*Füchtner*, Natascha: „Schlanker Staat" zwischen Bonn und Berlin, VerwArch 90 (1999), 1 ff.

König, René: Glossar, in: ders. (Hrsg.), Beobachtung und Experiment in der Sozialforschung, Köln 1956, Neudruck 1975, S. 320 ff.

König, Wolfgang/*Malin*, Eva-Maria/*Schmidt*, Elke Maria: Beitragsrückzahlung in der Gesetzlichen Krankenversicherung, Ergebnisse der Erprobung (§ 65 SGB V) bei Betriebskrankenkassen zwischen 1989 und 1994, Baden-Baden 1998.

Krasney, Ernst Otto: Das Erste und Zweite Gesetz zur Neuordnung von Selbstverwaltung und Eigenverantwortung in der gesetzlichen Krankenversicherung, NJW 1998, 1737 ff.

Krebs, Walter: Vorbehalt des Gesetzes und Grundrechte, Vergleich des traditionellen Eingriffsvorbehalts mit den Grundrechtsbestimmungen des Grundgesetzes, Schriften zum Öffentlichen Recht, Band 276, Berlin 1975, Diss. jur. Bochum 1975.

— Zum aktuellen Stand der Lehre vom Vorbehalt des Gesetzes, Jura 1979, 304 ff.

Kücking-Kipshoven, Monika: Beitragsrückzahlung nach dem GSG, – Zunehmender Wettbewerb erfordert neue Bewertungen –, BKK 1993, 562 ff.

Küster, Otto: Das Gewaltenproblem im modernen Staat, AöR 75 (1949), 397 ff.

Kuhl, Thomas: Der Kernbereich der Exekutive, Studien und Materialien zur Verfassungsgerichtsbarkeit, Band 53, Baden-Baden 1993, Diss. jur. Göttingen 1992.

Kunig, Philip: Das Rechtsstaatsprinzip, Tübingen 1986, Habil. jur. Hamburg 1985.

— Zur „hinreichenden Bestimmtheit" von Norm und Einzelakt, Jura 1990, 495 ff.

— Einzelfallentscheidungen durch Gesetz, Jura 1993, 308 ff.

— Die rechtsprechende Gewalt in den Ländern und die Grundrechte des Landesverfassungsrechts, NJW 1994, 687 ff.

Läsch-Weber, Beate: Experimentieren als Teil einer modernen Selbstverwaltungskultur, Der Landkreis 1997, 12 ff.

Lange, Klaus: Die kommunalrechtliche Experimentierklausel, DÖV 1995, 770 ff.

Leisner, Walter: Die quantitative Gewaltenteilung, DÖV 1969, 405 ff.

— „Gesetz wird Unsinn ...", Grenzen der Sozialgestaltung im Gesetzesstaat, DVBl 1981, 849 ff.

Linck, Joachim: Budgetierung, Abdankung der Parlamente und kommunalen Vertretungen?, ZG 12 (1997), 1 ff.

Lippelt, Markus: Ohne Zügel = zügellos? Forschung & Lehre 1999, 192 ff.

Lübbe-Wolff, Gertrude: Die Grundrechte als Eingriffsabwehrrechte, Struktur und Reichweite der Eingriffsdogmatik im Bereich staatlicher Leistungen, Baden-Baden 1988, Habil. jur. Bielefeld 1987.

Lüder, Klaus: Ein kaufmännisches Rechnungswesen für die öffentliche Verwaltung? – Plädoyer für das Überdenken der Zweckmäßigkeit des staatlichen Rechnungswesens in der Bundesrepublik Deutschland, in: Doppik und Kameralistik, Festschrift für Ludwig Mülhaupt zur Vollendung des 75. Lebensjahres, hrsg. von Peter Eichhorn, Schriften zur öffentlichen Verwaltung und öffentlichen Wirtschaft, Band 100, Baden-Baden 1987, S. 245 ff.

Machura, Stefan: Leistungsmessung in der öffentlichen Verwaltung, Die Verwaltung 32 (1999), 403 ff.

Mackensen, Lutz: Deutsches Wörterbuch, 10. Auflage, Köln 1982.

Mader, Luzius: Experimentelle Gesetzgebung, in: Gesetzgebungstheorie und Rechtspolitik, Jahrbuch für Rechtssoziologie und Rechtstheorie, Band 13 (1988), S. 211 ff.

Magiera, Siegfried: Parlament und Staatsleitung in der Verfassungsordnung des Grundgesetzes, Eine Untersuchung zu den Grundlagen der Stellung und Aufgaben des Deutschen Bundestages, Veröffentlichungen des Instituts für internationales Recht an der Universität Kiel, Band 81, Berlin 1979, Habil. jur. Kiel 1978.

Mallmann, Walter: Schranken nichthoheitlicher Verwaltung, VVDStRL 19 (1961), S. 165 ff.

von Mangoldt, Hermann/*Klein*, Friedrich/*Starck*, Christian (Hrsg.): Das Bonner Grundgesetz, Kommentar, Band 1: Präambel, Artikel 1 bis 19, 4. Auflage, München 1999.

Marschner, Andreas: Das Siebte Gesetz zur Änderung des Bundessozialhilfegesetzes, NVwZ 1999, 859 f.

Maunz, Theodor/*Dürig*, Günter u. a.: Grundgesetz, Kommentar, Loseblatt, München, Stand: Februar 1999.

Maurer, Hartmut: Der Verwaltungsvorbehalt, 1. Bericht, VVDStRL 43 (1985), S. 135 ff.

— Allgemeines Verwaltungsrecht, 13. Auflage, München 2000.

Mayer, Otto: Deutsches Verwaltungsrecht, Band I, 1. Auflage, München, Leipzig 1895.

Meyer, Hans: Das parlamentarische Regierungssystem des Grundgesetzes, Anlagen – Erfahrungen – Zukunftseignung, 2. Mitbericht, VVDStRL 33 (1975), S. 69 ff.

Meyer, Hubert: Standardanpassungsgesetz für die Kommunen: Notwendiger Befreiungsschlag oder Kapitulation des Gesetzgebers vor sich selbst, DÖV 1998, 865 ff.

— Länderreport: Mecklenburg-Vorpommern, LKV 2000, 107 ff.

Meyer-Teschendorf, Klaus G./*Hofmann*, Hans: Zwischenergebnisse des Sachverständigenrats „Schlanker Staat", – Qualifizierte Aufgabenkritik – Testkatalog für den Gesetzgeber – Flexibilisierung des Haushaltswesens –, DÖV 1997, 268 ff.

Mickisch, Christian: Die Gnade im Rechtsstaat, Grundlinien einer rechtsdogmatischen, staatsrechtlichen und verfahrensrechtlichen Neukonzeption, Frankfurt am Main 1996, Diss. jur. Regensburg 1995.

Miller, Manfred: Rechtsprobleme modernen Verwaltungshandelns, Das Organisationsrecht als Hindernis auf dem Weg zu einer neuen Verwaltung?, LKV 1998, 421 ff.

Moeser, Ekkehard: Die Beteiligung des Bundestages an der staatlichen Haushaltsgewalt, Eine Untersuchung zur rechtlichen und tatsächlichen Stellung des Bundestages in haushaltswirtschaftlichen Entscheidungsprozessen, Schriften zum Öffentlichen Recht, Band 350, Berlin 1978, Diss. jur. Augsburg 1978.

Mößle, Wilhelm: Regierungsfunktionen des Parlaments, Münchener Universitätsschriften, Reihe der Juristischen Fakultät, Band 65, München 1986, Habil. jur. München 1979.

Müller, Reinhard: Neue finanzwirtschaftliche Steuerungsmodelle im kommunalen Bereich – Stand der Entwicklung und haushaltsrechtlicher Änderungsbedarf, VR 1995, 217 ff.

Mueller-Thuns, Joerg/*Schubert*, Matthias: Aufbau der Verwaltung in Berlin, LKV 1999, 213 ff.

von Münch, Ingo/*Kunig*, Philip (Hrsg.): Grundgesetz-Kommentar, Band 1, Artikel 1–20, 4. Auflage, München 1992.

von Münch, Ingo (Hrsg.): Grundgesetz-Kommentar, Band 3, Art. 70–146, 2. Auflage, München 1983.

von Münch, Ingo/*Kunig*, Philip (Hrsg.): Grundgesetz-Kommentar, Band 3, Artikel 70–146, 3. Auflage, München 1996.

Mußgnug, Reinhard: Der Dispens von gesetzlichen Vorschriften, Heidelberg 1964, Diss. jur. Heidelberg 1963.

— Der Haushaltsplan als Gesetz, Studien der Forschungsgesellschaft für Staats- und Kommunalwirtschaft e. V., Band 6, Göttingen 1976, Habil. jur. Heidelberg 1969.

von Mutius, Albert: Neues Steuerungsmodell in der Kommunalverwaltung, in: Festschrift für Klaus Stern zum 65. Geburtstag, hrsg. von Joachim Burmeister, München 1997, S. 685 ff.

von Mutius, Albert/*Rentsch*, Harald: Kommunalverfassungsrecht Schleswig-Holstein, Kommentar, 5. Auflage, Kiel 1998.

von Mutius, Albert/*Wuttke*, Horst/*Hübner*, Peter: Kommentar zur Landesverfassung Schleswig-Holstein, Kiel 1995.

Neie, Thomas: Zur Neuordnung des Sächsischen Hochschulrechts, SächsVBl 2000, 25 ff.

Nierhaus, Michael: Bestimmtheitsgebot und Delegationsverbot des Art. 80 Abs. 1 Satz 2 GG und der Gesetzesvorbehalt der Wesentlichkeitstheorie, in: Festschrift für Klaus Stern zum 65. Geburtstag, hrsg. von Joachim Burmeister, München 1997, S. 717 ff.

Nocke, Joachim: Die Juristenausbildungsreform als Gesetzgebungsexperiment, in: Winfried Hassemer/Wolfgang Hoffmann-Riem/Jutta Limbach (Hrsg.), Juristenausbildung zwischen Experiment und Tradition, Schriften der Vereinigung für Rechtssoziologie, Band 11, Baden-Baden 1986, S. 25 ff.

Noll, Peter: Gesetzgebungslehre, Reinbek bei Hamburg 1973.

Oebbecke, Janbernd: Verwaltungssteuerung im Spannungsfeld von Rat und Verwaltung, – Kommunalverfassungsrechtliche Grenzen der Einführung neuer Steuerungsmodelle –, DÖV 1998, 853 ff.

von Olshausen, Henning: Landesverfassungsbeschwerde und Bundesrecht, Zur Geltung und prozessualen Aktualisierung von Landesgrundrechten im Bundesstaat des Grundgesetzes, Studien und Materialien zur Verfassungsgerichtsbarkeit, Band 17, Baden-Baden 1980, Habil. jur. Mainz 1977.

Oppermann, Thomas: Nach welchen rechtlichen Grundsätzen sind das öffentliche Schulwesen und die Stellung der an ihm Beteiligten zu ordnen?, Gutachten C für den 51. Deutschen Juristentag, Verhandlungen des 51. Deutschen Juristentages, Band I, München 1976.

Orlowski, Ulrich: Neue Versorgungs- und Vergütungsstrukturen aus Sicht des Gesetzgebers, VSSR 1998, 265 ff.

Ossenbühl, Fritz: Die verfassungsrechtliche Zulässigkeit der Verweisung als Mittel der Gesetzgebungstechnik, DVBl 1967, 401 ff.

— Verwaltungsvorschriften und Grundgesetz, Bad Homburg, Berlin, Zürich 1968, Habil. jur. Köln 1967.

— Kontrolle von Tatsachenfeststellungen und Prognoseentscheidungen, in: Bundesverfassungsgericht und Grundgesetz, Festgabe aus Anlaß des 25jährigen Bestehens des Bundesverfassungsgerichts, Band 1, hrsg. von Christian Starck, Tübingen 1976, S. 458 ff.

— – Rechtsgutachten – erstattet im Auftrage des Realschullehrerverbandes Nordrhein-Westfalen und des Philologenverbandes Nordrhein-Westfalen, Paderborn 1977.

— Aktuelle Probleme der Gewaltenteilung, DÖV 1980, 545 ff.

— Vorrang und Vorbehalt des Gesetzes, in: Josef Isensee/Paul Kirchhof (Hrsg.), Handbuch des Staatsrechts der Bundesrepublik Deutschland, Band III, Das Handeln des Staates, Heidelberg 1988, § 62.

— Rechtsverordnung, in: Josef Isensee/Paul Kirchhof (Hrsg.), Handbuch des Staatsrechts der Bundesrepublik Deutschland, Band III, Das Handeln des Staates, Heidelberg 1988, § 64.

Osterloh, Lerke: Budgetierung und parlamentarisches Budgetrecht aus juristischer Sicht, Staatswissenschaften und Staatspraxis 1997, 79ff.

Otting, Olaf: Neues Steuerungsmodell und rechtliche Betätigungsspielräume der Kommunen, Schriftenreihe des Freiherr-vom-Stein-Institutes, Band 28, Köln 1997, Diss. jur. Münster 1997.

— Kontraktmanagement in der Kommunalverwaltung: Zwischen politischem Anspruch und rechtlicher Verbindlichkeit, VR 1997, 361 ff.

Papier, Hans-Jürgen: Der Vorbehalt des Gesetzes und seine Grenzen, in: Volkmar Götz/Hans Hugo Klein/Christian Starck (Hrsg.), Die öffentliche Verwaltung zwischen Gesetzgebung und richterlicher Kontrolle, Göttinger Symposion, München 1985, S. 36ff.

Papier, Hans-Jürgen/*Möller*, Johannes: Das Bestimmtheitsgebot und seine Durchsetzung, AöR 122 (1997), 177ff.

— Verfassungsrechtliche Fragen der Festsetzung der Beiträge in der Unfallversicherung, Die Sozialgerichtsbarkeit 1998, 337ff.

Penski, Ulrich: Staatlichkeit öffentlicher Verwaltung und ihre marktmäßige Modernisierung, – Vereinbarkeit oder Widerspruch? –, DÖV 1999, 85ff.

Pestalozza, Christian: Gesetzgebung im Rechtsstaat, NJW 1981, 2081ff.

— Berliner Alt-Grundrechte vor und nach der deutschen Einigung – Wege der Harmonisierung von Landes- und Bundesgrundrechten, LKV 1998, 374ff.

Philippi, Klaus Jürgen: Tatsachenfeststellungen des Bundesverfassungsgerichts, Köln, Berlin, Bonn, München 1971, Diss. jur. Saarbrücken 1971.

Pieroth, Bodo/*Schlink*, Bernhard: Staatsrecht II, Grundrechte, 16. Auflage, Heidelberg 2000.

Pietzcker, Jost: Vorrang und Vorbehalt des Gesetzes, JuS 1979, 710ff.

Pirson, Dietrich: Vorläufige und experimentelle Rechtsetzung im Schulrecht und Hochschulrecht, in: Festschrift für Hermann Jahrreiß zum 80. Geburtstag, hrsg. vom Institut für Völkerrecht und ausländisches öffentliches Recht der Universität zu Köln, Köln, Berlin, Bonn, München 1974, S. 181 ff.

Pitschas, Rainer: Neue Versorgungs- und Vergütungsstrukturen in der gesetzlichen Krankenversicherung im Wirkfeld der Gesundheitsverfassung, VSSR 1998, 253ff.

— Verwaltungsmodernisierung, Dienstrechtsreform und neues Personalmanagement, Die Verwaltung 32 (1999), 1 ff.

Post, Alfred: Ein neues Modell der Hochschulfinanzverfassung im Freistaat Sachsen, in: Die Finanzverfassung der wissenschaftlichen Hochschulen, hrsg. von der Arbeitsgruppe Fortbildung im Sprecherkreis der Hochschulkanzler, Essen 1994, S. 173ff.

Prütting, Hanns: Referat, Obligatorische Streitschlichtung im Zivilprozeß – Chancen und Probleme, Verhandlungen des 62. Deutschen Juristentages, Band II/1, München 1998, S. O 11ff.

Pünder, Hermann: Zur Verbindlichkeit der Kontrakte zwischen Politik und Verwaltung im Rahmen des Neuen Steuerungsmodells, DÖV 1998, 63ff.

Püttner, Günter: Kommunale Selbstverwaltung, in: Josef Isensee/Paul Kirchhof (Hrsg.), Handbuch des Staatsrechts der Bundesrepublik Deutschland, Band IV, Finanzverfassung – Bundesstaatliche Ordnung, Heidelberg 1990, § 107.

Rehn, Erich/*Cronauge*, Ulrich: Gemeindeordnung für das Land Nordrhein-Westfalen, 2. Auflage, Loseblatt, Siegburg, Stand: Mai 1997.

Reich, Andreas: Hochschulrahmengesetz, Kommentar, 6. Auflage, Bad Honnef 1999.

Reichard, Christoph: Internationale Trends im kommunalen Management, in: Gerhard Banner/ders. (Hrsg.), Kommunale Managementkonzepte in Europa, Anregungen für die deutsche Reformdiskussion, 1993, S. 3 ff.

— Staats- und Verwaltungsmodernisierung im „aktivierenden Staat", VuF 27 (1999), 117 ff.

Reinhardt, Michael: Konsistente Jurisdiktion, Grundlegung einer verfassungsrechtlichen Theorie der rechtsgestaltenden Rechtsprechung, Tübingen 1997, Habil. jur. Bonn 1996.

Richter, Ingo: Schulversuche vor Gericht, JZ 1978, 553 ff.

— Experiment und Begleitforschung bei der Grundrechtsverwirklichung, in: Winfried Hassemer/Wolfgang Hoffmann-Riem/Jutta Limbach (Hrsg.), Grundrechte und soziale Wirklichkeit, Schriften der Vereinigung für Rechtssoziologie, Band 6, Baden-Baden 1982, S. 77 ff.

Ricker, Reinhard: Die gesetzliche Regelung des Kabelpilotprojektes Ludwigshafen, NJW 1981, 849 ff.

Rinken, Alfred: Einführung in das juristische Studium, Juristenausbildung und Juristenpraxis im Verfassungsstaat, Schriftenreihe der Juristischen Schulung, Heft 9, 3. Auflage, München 1996.

Rozek, Jochen: Das Grundgesetz als Prüfungs- und Entscheidungsmaßstab der Landesverfassungsgerichte, Zugleich ein Beitrag zum Phänomen der in die Landesverfassung hineinwirkenden Bundesverfassung, Studien und Materialien zur Verfassungsgerichtsbarkeit, Band 54, Baden-Baden 1993, Diss. jur. Passau 1992.

Rudolf, Walter: Organisationsrecht, in: Hans-Uwe Erichsen (Hrsg.), Allgemeines Verwaltungsrecht, 11. Auflage, Berlin, New York 1998, § 52.

Rüter, Klaus: Weniger Vorschriften in Rheinland-Pfalz, ZG 15 (2000), 68 ff.

Rupp, Hans Heinrich: Reform der Juristenausbildung unter numerus clausus, Mögliche Auswirkungen des Länder-Staatsvertrags, WissR 6 (1973), 105 ff.

— Hochschulische Selbstverwaltung, in: Selbstverwaltung im Staat der Industriegesellschaft, Festgabe zum 70. Geburtstag von Georg Christoph von Unruh, hrsg. von Albert von Mutius, Schriftenreihe des Lorenz-von-Stein-Instituts für Verwaltungswissenschaften Kiel, Band 4, Heidelberg 1983, S. 919 ff.

— Grundfragen der heutigen Verwaltungsrechtslehre, 2. Auflage, Tübingen 1991.

Sachs, Michael (Hrsg.): Grundgesetz, Kommentar, 2. Auflage, München 1999.

Säcker, Horst: Schulversuche und Verfassungsrecht, RdJB 1972, 13 ff.

— Zur gesetzlichen Regelung von Schulversuchen, DVBl 1972, 312 ff.

Schirmer, Horst Dieter: Rechtliche Ausgestaltung neuer Versorgungs- und Vergütungsstrukturen nach § 73 a SGB V in kassenarztrechtlicher, berufsrechtlicher und wettbewerbsrechtlicher Hinsicht, VSSR 1998, 279 ff.

Schmid, Hansdieter: Neue Steuerungsinstrumente und Budgetierung, ThürVBl 1998, 52 ff.

— Budgetierung – Auswirkungen auf den Haushaltsvollzug, ThürVBl 1998, 178 ff.

Schmidt, Fritz W./*Kneip*, Hans-Otto: Hessische Gemeindeordnung (HGO) nebst Hessischer Landkreisordnung (HKO) und ergänzenden Vorschriften, Kommentar, München 1995.

Schmidt-Aßmann, Eberhard: Verwaltungsorganisation zwischen parlamentarischer Steuerung und exekutivischer Organisationsgewalt, in: Hamburg, Deutschland, Europa. Beiträge zum deutschen und europäischen Verfassungs-, Verwaltungs- und Wirtschaftsrecht, Festschrift für Hans Peter Ipsen zum siebzigsten Geburtstag, hrsg. von Rolf Stödter und Werner Thieme, Tübingen 1977, S. 333 ff.

— Der Rechtsstaat, in: Josef Isensee/Paul Kirchhof (Hrsg.), Handbuch des Staatsrechts der Bundesrepublik Deutschland, Band I, Grundlagen von Staat und Verfassung, Heidelberg 1987, § 24.

— Zur Reform des Allgemeinen Verwaltungsrechts, – Reformbedarf und Reformansätze –, in: Wolfgang Hoffmann-Riem/ders./Gunnar Folke Schuppert (Hrsg.), Reform des Allgemeinen Verwaltungsrechts, Grundfragen, Schriften zur Reform des Verwaltungsrechts, Band 1, Baden-Baden 1993, S. 11 ff.

— Gefährdungen der Rechts- und Gesetzesbindung der Exekutive, in: Festschrift für Klaus Stern zum 65. Geburtstag, hrsg. von Joachim Burmeister, München 1997, S. 745 ff.

— Das allgemeine Verwaltungsrecht als Ordnungsidee, Grundlagen und Aufgaben der verwaltungsrechtlichen Systembildung, Berlin u. a. 1998.

— Effizienz als Herausforderung an das Verwaltungsrecht, – Perspektiven der verwaltungsrechtlichen Systembildung –, in: ders./Wolfgang Hoffmann-Riem (Hrsg.), Effizienz als Herausforderung an das Verwaltungsrecht, Schriften zur Reform des Verwaltungsrechts, Band 5, Baden-Baden 1998, S. 245 ff.

Schmidt-Eichstaedt, Gerd: Bundesgesetze und Gemeinden, Die Inanspruchnahme der Kommunen durch die Ausführung von Bundesgesetzen, Schriften des Deutschen Instituts für Urbanistik, Band 65, Stuttgart, Berlin, Köln, Mainz 1981.

Schmitt, Carl: Verfassungslehre (1928), 8. Auflage (Neudruck), Berlin 1993.

Schmitt Glaeser, Walter: Kabelkommunikation und Verfassung, Berlin 1979.

Schnapp, Friedrich E.: Die Selbstverwaltung in der Sozialversicherung, in: Selbstverwaltung im Staat der Industriegesellschaft, Festgabe zum 70. Geburtstag von Georg Christoph von Unruh, hrsg. von Albert von Mutius, Schriftenreihe des Lorenz-von-Stein-Instituts für Verwaltungswissenschaften Kiel, Band 4, Heidelberg 1983, S. 881 ff.

— Der Verwaltungsvorbehalt, 2. Mitbericht, VVDStRL 43 (1985), S. 172 ff.

Schneider, Günther: Weitere Leistungen, in: Bertram Schulin (Hrsg.), Handbuch des Sozialversicherungsrechts, Band 1, Krankenversicherungsrecht, München 1994, § 26.

Schneider, Hans: Gesetzgebung, 2. Auflage, Heidelberg 1991.

Schneider, Hans-Peter: Gesetzgebung und Einzelfallgerechtigkeit, Zum Verhältnis von Legislative und Judikative im sozialen Rechtsstaat, ZRP 1998, 323 ff.

Schneider, Jens-Peter: Das Neue Steuerungsmodell als Innovationsimpuls für Verwaltungsorganisation und Verwaltungsrecht, in: Eberhard Schmidt-Aßmann/Wolfgang Hoffmann-Riem (Hrsg.), Verwaltungsorganisationsrecht als Steuerungsressource, Schriften zur Reform des Verwaltungsrechts, Band 4, Baden-Baden 1997, S. 103 ff.

Schulin, Bertram: Rechtliche Grundprinzipien der gesetzlichen Krankenversicherung und ihre Probleme, in: ders. (Hrsg.), Handbuch des Sozialversicherungsrechts, Band 1, Krankenversicherungsrecht, München 1994, § 6.

Schulz, W.: Kausalität und Experiment in den Sozialwissenschaften, Mainz 1972.

Schulze-Fielitz, Helmuth: Theorie und Praxis parlamentarischer Gesetzgebung, Schriften zum Öffentlichen Recht, Band 528, Berlin 1988, Habil. jur. Bayreuth 1986.

Schwarting, Gunnar: Reform der Gemeindeordnung in Nordrhein-Westfalen, Der Gemeindehaushalt 1994, 193 ff.

— Zu einigen personalpolitischen Aspekten im Neuen Steuerungsmodell, Die Personalvertretung 1998, 127 ff.

Seibel, Wolfgang: Entbürokratisierung in der Bundesrepublik Deutschland, Die Verwaltung 19 (1986), 137 ff.

Seidel-Kwem, Brunhilde: Kostentransparenz und Wirtschaftlichkeitskontrolle im Landesbetrieb, in: Die Finanzverfassung der wissenschaftlichen Hochschulen, hrsg. von der Arbeitsgruppe Fortbildung im Sprecherkreis der Hochschulkanzler, Essen 1994, S. 157 ff.

Seidler, Hanns H.: Globalhaushalte und ihre rechtlichen Schranken. Oder: Das späte Leiden am preußischen Budgetkonflikt, KJ 1996, 75 ff.

— Die Ersetzung des Rechts durch die Ökonomie, WissR 32 (1999), 261 ff.

Selmer, Peter: Der Vorbehalt des Gesetzes, JuS 1968, 489 ff.

Siedentopf, Heinrich: Experimentierklausel – eine „Freisetzungsrichtlinie" für die öffentliche Verwaltung, DÖV 1995, 193.

Sinemus, Burkhard: Der Grundsatz der Gewaltenteilung in der Rechtsprechung des Bundesverfassungsgerichts, Europäische Hochschulschriften: Reihe 2, Rechtswissenschaft, Band 291, Frankfurt am Main 1982, Diss. jur. Augsburg 1980.

Spörlein, Helmut: Die Reform einer Verwaltung – einige Gedanken zur Verwaltungsreform in Niedersachsen, NdsVBl 1998, 177 ff., 204 ff.

Staupe, Jürgen: Parlamentsvorbehalt und Delegationsbefugnis, Zur „Wesentlichkeitstheorie" und zur Reichweite legislativer Regelungskompetenz, insbesondere im Schulrecht, Schriften zum Öffentlichen Recht, Band 506, Berlin 1986, Diss. jur. Hamburg 1985.

Stein, Frank: Neuerungen im kommunalen Haushalts- und Rechnungsprüfungswesen, Städte- und Gemeinderat 1995, 50 ff.

Stern, Klaus: Das Staatsrecht der Bundesrepublik Deutschland, Band I, Grundbegriffe und Grundlagen des Staatsrechts, Strukturprinzipien der Verfassung, 2. Auflage, München 1984.

— Das Staatsrecht der Bundesrepublik Deutschland, Band II, Staatsorgane, Staatsfunktionen, Finanz- und Haushaltsverfassung, Notstandsverfassung, München 1980.

Stettner, Rupert: Grundfragen einer Kompetenzlehre, Schriften zum Öffentlichen Recht, Band 447, Berlin 1983, Habil. jur. Augsburg 1982.

— Der Verwaltungsvorbehalt, – Zum zweiten Beratungsgegenstand der Staatsrechtslehrertagung –, DÖV 1984, 611 ff.

— Verfassungsbindungen des experimentierenden Gesetzgebers, NVwZ 1989, 806 ff.

Steup, Johannes/*Schneider*, Theo/*Lienen*, Annette: Gemeindehaushaltsrecht Nordrhein-Westfalen, Kommentar, 5. Auflage, Köln 1997.

Stober, Rolf: Zum Gesetzesvorbehalt beim Schulversuch, DÖV 1976, 518ff.

— Kommunalrecht in der Bundesrepublik Deutschland, 3. Auflage, Stuttgart, Berlin, Köln 1996.

Strobl, Heinz: Erfahrungen mit der gemeindehaushaltsrechtlichen Experimentierklausel in Baden-Württemberg, Der Landkreis 1997, 10ff.

Studenroth, Stefan: Einflußnahme des Bundestages auf Erlaß, Inhalt und Bestand von Rechtsverordnungen, DÖV 1995, 525ff.

Tettinger, Peter J.: Rechtsanwendung und gerichtliche Kontrolle im Wirtschaftsverwaltungsrecht, Studien zum öffentlichen Recht und zur Verwaltungslehre, Band 24, München 1980, Habil. jur. Köln 1979.

Thiele, Robert: Niedersächsische Gemeindeordnung, Kommentar, 4. Auflage, Hannover 1997.

Thieme, Werner: Deutsches Hochschulrecht, Das Recht der wissenschaftlichen, künstlerischen, Gesamt- und Fachhochschulen in der Bundesrepublik Deutschland, 2. Auflage, Köln, Berlin, Bonn, München 1986.

— Wiederaufbau oder Modernisierung der deutschen Verwaltung, Die Verwaltung 26 (1993), 353ff.

Trute, Hans-Heinrich: Die Rechtsqualität von Zielvereinbarungen und Leistungsverträgen im Hochschulbereich, WissR 33 (2000), 134ff.

Trute, Hans-Heinrich/*Wahl*, Andreas: Organisationsreform der Hochschulreform und ihre Folgen für die Hochschulbauförderung, WissR 32 (1999), 38ff.

Uerpmann, Robert: Rechtsfragen von Vereinbarungen zwischen Universität und Staat, JZ 1999, 644ff.

Umbach, Dieter C.: Das Wesentliche an der Wesentlichkeitstheorie, in: Festschrift Hans Joachim Faller, hrsg. von Wolfgang Zeidler, Theodor Maunz, Gerd Roellecke, München 1984, S. 111ff.

von Unruh, Georg Christoph: Demokratie und kommunale Selbstverwaltung, – Betrachtungen über die Eigenart des Inhalts von Art. 28 GG –, DÖV 1986, 217ff.

Vogelsang, Klaus/*Lübking*, Uwe/*Jahn*, Helga: Kommunale Selbstverwaltung, Rechtsgrundlagen – Organisation – Aufgaben, 2. Auflage, Berlin 1997.

Wallerath, Maximilian: Kommunale Selbstverwaltung und Verwaltungsmodernisierung – eine Zwischenbilanz –, DVP 1998, 53ff.

— Kontraktmanagement und Zielvereinbarungen als Instrumente der Verwaltungsmodernisierung, DÖV 1997, 57ff.

Wassermann, Rudolf (Hrsg.): Kommentar zum Grundgesetz für die Bundesrepublik Deutschland, Band 2, Art. 38–146, Reihe Alternativkommentare, Neuwied, Frankfurt 1989.

Weber, Werner: Die Teilung der Gewalten als Gegenwartsproblem, in: Heinz Rausch (Hrsg.), Zur heutigen Problematik der Gewaltentrennung, Wege der Forschung, Band 194, Darmstadt 1969, S. 185ff.

Wegge, Georg: Zur verfassungsrechtlichen Abgrenzung unbestimmter Rechtsbegriffe von unzulässigen dynamischen Verweisungen am Beispiel der „betriebswirtschaftlichen Grundsätze" nach § 6 Abs. 2 Satz 1 KAG NW, – Zugleich ein Beitrag zu seiner Verfassungsmäßigkeit –, DVBl 1997, 648 ff.

Wehr, Matthias: Inzidente Normverwerfung durch die Exekutive, Zum kompetentiellen Verhältnis von Normsetzung und Normanwendung, Schriften zum Öffentlichen Recht, Band 761, Berlin 1998, Diss. jur. Würzburg 1998.

Weigelin-Schwiedrzik, Susanne: Die Universität übt sich im Gleichschritt, DUZ 2000, 28 f.

Wieland, Joachim/*Hellermann*, Johannes: Das Verbot ausschließlicher Konzessionsverträge und die kommunale Selbstverwaltung, DVBl 1996, 403 ff.

Wimmer, Raimund: Ein halbes Jahrhundert Gesetzesvorbehalt im Schulwesen, RdJB 1997, 15 ff.

Winkler, Günther: Gesetzgebung und Verwaltungsrecht, in: ders./Walter Antoniolli (Hrsg.), Gesetzgebung, Kritische Überlegungen zur Gesetzgebungslehre und zur Gesetzgebungstechnik, Forschungen aus Staat und Recht, Band 50, Wien, New York 1981, S. 100 ff.

Wohlfarth, Jürgen: Kommunalrecht auf der Grundlage des saarländischen KSVG, 2. Auflage, Baden-Baden 1998.

Wolf-Hegerbekermeier, Thomas R.: Die Verbindlichkeit im kommunalen Kontraktmanagement, DÖV 1999, 419 ff.

Wolff, Hans J./*Bachof*, Otto: Verwaltungsrecht III (Ordnungs-, Leistungs- und Verwaltungsverfahrensrecht), 4. Auflage, München 1978.

Wolff, Hans J./*Bachof*, Otto/*Stober*, Rolf: Verwaltungsrecht, Band 1, 11. Auflage, München 1999.

Wolff, Heinrich Amadeus: Das Verhältnis von Rechtsstaatsprinzip und Demokratieprinzip, in: Staat – Souveränität – Verfassung, Festschrift für Helmut Quaritsch zum 70. Geburtstag, hrsg. von Dietrich Murswiek, Ulrich Storost und Heinrich Amadeus Wolff, Schriften zum Öffentlichen Recht, Band 814, Berlin 2000, S. 73 ff.

Wollmann, Hellmut: Gesetzgebung als experimentelle Politik – Möglichkeiten, Varianten und Grenzen erfahrungswissenschaftlich fundierter Gesetzgebungsarbeit, in: Waldemar Schreckenberger/Klaus König/Wolfgang Zeh (Hrsg.), Gesetzgebungslehre, Grundlagen – Zugänge – Anwendung, Stuttgart, Berlin, Köln, Mainz 1986, S. 72 ff.

— Politik- und Verwaltungsmodernisierung in den Kommunen: zwischen Managementlehre und Demokratiegebot, Die Verwaltung 32 (1999), 345 ff.

Zechlin, Lothar: Globalhaushalte und Produktinformationen an Hochschulen, Anmerkungen zu dem „Neuen Steuerungsmodell", KJ 1996, 68 ff.

Zeis, Adelheid: Ein neues kommunales Haushaltsrecht für ein Neues Steuerungsmodell, – Was kommt nach der Experimentierklausel? –, Tübingen 1999, Diss. jur. Tübingen 1999.

Zimmer, Gerhard: Funktion – Kompetenz – Legitimation, Gewaltenteilung in der Ordnung des Grundgesetzes, Schriften zum Öffentlichen Recht, Band 365, Berlin 1979, Habil. jur. Berlin 1978.

Zimmermann, Ekkart: Das Experiment in den Sozialwissenschaften, Stuttgart 1972.

Sachwortverzeichnis

MIX
Papier | Fördert gute Waldnutzung
FSC® C083411

Kolibri 360 GmbH
Ferdinand-Jühlke-Straße 7
99095 Erfurt, Deutschland
produktsicherheit@kolibri360.de

Druck:
CPI Druckdienstleistungen GmbH
im Auftrag der
Kolibri 360 GmbH
Ferdinand-Jühlke-Str. 7
99095 Erfurt